知行沃土，
读懂中国

光华管理学院"沃土计划"
思想政治实践课程成果汇编

滕飞　鞠晓 ◎ 主编

图书在版编目(CIP)数据

知行沃土，读懂中国：光华管理学院"沃土计划"思想政治实践课程成果汇编／滕飞，鞠晓主编．—北京：北京大学出版社，2023.2
（光华思想力书系）
ISBN 978-7-301-33678-6

Ⅰ.①知… Ⅱ.①滕… ②鞠… Ⅲ.①高等学校—思想政治教育—教学研究—中国 Ⅳ.①G641

中国国家版本馆 CIP 数据核字(2023)第 006184 号

书　　名	知行沃土，读懂中国——光华管理学院"沃土计划"思想政治实践课程成果汇编 ZHIXING WOTU, DUDONG ZHONGGUO——GUANGHUA GUANLI XUEYUAN "WOTUJIHUA" SIXIANG ZHENGZHI SHIJIAN KECHENG CHENGGUO HUIBIAN
著作责任者	滕　飞　鞠　晓　主编
策划编辑	贾米娜
责任编辑	任京雪　徐　冰
标准书号	ISBN 978-7-301-33678-6
出版发行	北京大学出版社
地　　址	北京市海淀区成府路 205 号　100871
网　　址	http://www.pup.cn
微信公众号	北京大学经管书苑(pupembook)
电子信箱	em@pup.cn
电　　话	邮购部 010-62752015　发行部 010-62750672　编辑部 010-62752926
印 刷 者	涿州市星河印刷有限公司
经 销 者	新华书店
	730 毫米×1020 毫米　16 开本　20 印张　370 千字 2023 年 2 月第 1 版　2023 年 2 月第 1 次印刷
定　　价	78.00 元

未经许可，不得以任何方式复制或抄袭本书之部分或全部内容。
版权所有，侵权必究
举报电话：010-62752024　电子信箱：fd@pup.pku.edu.cn
图书如有印装质量问题，请与出版部联系，电话：010-62756370

丛书序言一

很高兴看到"光华思想力书系"的出版问世,这将成为外界更加全面了解北京大学光华管理学院的一个重要窗口。北京大学光华管理学院从1985年北京大学经济管理系成立,以"创造管理知识,培养商界领袖,推动社会进步"为使命,到现在已经有三十余年了。这三十余年来,光华文化、光华精神一直体现在学院的方方面面,而这套"光华思想力书系"则是学院各方面工作的集中展示,同时也是北京大学光华管理学院的智库平台,旨在立足新时代,贡献中国方案。

作为经济管理学科的研究机构,北京大学光华管理学院的科研实力一直在国内处于领先位置。光华管理学院有一支优秀的教师队伍,这支队伍的学术影响在国内首屈一指,在国际上也发挥着越来越重要的作用,它推动着中国经济管理学科在国际前沿的研究和探索。与此同时,学院一直都在积极努力地将科研力量转变为推动社会进步的动力。从当年股份制的探索、证券市场的设计、《中华人民共和国证券法》的起草,到现在贵州毕节试验区的扶贫开发和生态建设、教育经费在国民收入中的合理比例、自然资源定价体系、国家高新技术开发区的规划,等等,都体现着光华管理学院的教师团队对中国经济改革与发展的贡献。

多年来,北京大学光华管理学院始终处于中国经济改革研究与企业管理研究的前沿,致力于促进中国乃至全球管理研究的发展,培养与国际接轨的优秀学生和研究人员,帮助国有企业实现管理国际化,帮助民营企业实现管理现代化,同时,为跨国公司管理本地化提供咨询服务,从而做到"创造管理知识,培养商界领袖,推动社会进步"。北京大学光华管理学院的几届领导人都把这看作自己的使命。

作为人才培养的重地,多年来,北京大学光华管理学院培养了相当多的优秀学生,他们在各自的岗位上做出贡献,是光华管理学院最宝贵的财富。光华管理学院这个平台的最大优势,也正是能够吸引一届又一届优秀的人才的到来。世界一流商学院的发展很重要的一点就是靠它们强大的校友资源,这一点,也与北京大学光华管理学院的努力目标完全一致。

今天,"光华思想力书系"的出版正是北京大学光华管理学院全体师生和全体校友共同努力的成果。希望这套丛书能够向社会展示光华文化和精神的全貌,并为中国管理学教育的发展提供宝贵的经验。

北京大学光华管理学院名誉院长

丛书序言二

"因思想而光华。"正如改革开放走过的四十余年,得益于思想解放所释放出的动人心魄的力量,我们经历了波澜壮阔的伟大变迁。中国经济的崛起深刻地影响着世界经济重心与产业格局的改变;作为重要的新兴经济体之一,中国也越来越多地承担起国际责任,在重塑开放型世界经济、推动全球治理改革等方面发挥着重要作用。作为北京大学商学教育的主体,光华管理学院过去三十余年的发展几乎与中国改革开放同步,积极为国家政策制定与社会经济研究源源不断地贡献着思想与智慧,并以此反哺商学教育,培养出一大批在各自领域取得卓越成就的杰出人才,引领时代不断向上前行。

以打造中国的世界级商学院为目标,光华管理学院历来倡导以科学的理性精神治学,锐意创新,去解构时代赋予我们的新问题;我们胸怀使命,顽强地去拓展知识的边界,探索推动人类进化的动力。2017年,学院推出"光华思想力"研究平台,旨在立足新时代的中国,遵循规范的学术标准与前沿的科学方法,做世界水平的中国学问。"光华思想力"扎根中国大地,紧紧围绕中国经济和商业实践开展研究;凭借学科与人才优势,提供具有指导性、战略性、针对性和可操作性的战略思路、政策建议,服务经济社会发展;研究市场规律和趋势,服务企业前沿实践;讲好中国故事,提升商学教育,支撑中国实践,贡献中国方案。

为了有效传播这些高质量的学术成果,使更多人因阅读而受益,2018年年初,在和北京大学出版社的同志讨论后,我们决定推出"光华思想力书系"。通过整合原有"光华书系"所涵盖的理论研究、教学实践、学术交流等内容,融合光华未来的研究与教学成果,以类别多样的出版物形式,打造更具品质与更为多元的学术传播平台。我们希望通过此平台将"光华学派"所创造的一系列具有国际水准的立足中国、辐射世界的学术成果分享到更广的范围,以理性、科学的研究去开启智慧,启迪读者对事物本质更为深刻的理解,从而构建对世界的认知。

正如光华管理学院所倡导的"因学术而思想,因思想而光华",在中国经济迈向高质量发展的新阶段,在中华民族实现伟大复兴的道路上,"光华思想力"将充分发挥其智库作用,利用独创的思想与知识产品在人才培养、学术传播与政策建言等方面做出贡献,并以此致敬这个不凡的时代与时代中的每一份变革力量。

北京大学光华管理学院院长

本书编委会

顾 问
（按姓氏笔画排序）

马化祥　王新超　卢瑞昌　任　润　刘　俏
刘　烁　刘晓蕾　杨云红　张圣平　张庆华
张志学　易希薇　周黎安　封世蓝　翁　翕
龚六堂　符国群　雷　明　雷　莹

主　编

滕　飞　鞠　晓

执 行 主 编

韩　耕

编　委
（按姓氏笔画排序）

王　欢　王泽龙　尹行健　邓钦文　吕　杨
朱容立　刘　滢　刘小溪　刘恩沛　李　易
李　璇　李东辉　李芯童　张雅琳　陆　点
周昊明　郑明宇　柴闫明　龚晟源　梁一爽
韩滟馨　程锡龙

前　言

近年来,我国经济发展进入机遇与挑战并存的新常态。中国经济在创造奇迹的同时,逐渐暴露出瓶颈难以破除、发展潜力不足、区域矛盾难以协调、地理差异明显等问题。如何进一步推动结构优化转型升级、如何从要素驱动和投资驱动转向创新驱动等,成为新时代经济发展的重要课题。

中国各地经济发展的生动实践成为对经济管理理论进行检验、完善的鲜活素材。充分发挥高校服务经济社会高质量发展的作用,形成可持续、高竞争力的区域经济发展模式,是中国经济发展转方式、调结构的内在需求。与此同时,习近平总书记在党的十九大报告中指出:"青年兴则国家兴,青年强则国家强。"进一步加强高校实践育人工作,对落实立德树人根本任务、培养新时代复合型人才具有重要而深远的意义。为了更好地服务国家重大需求,北京大学光华管理学院自2012年起精心打造"沃土计划"社会实践项目,通过与地方政府、企业对接建立合作关系,组织学生深入基层,在专业教师指导下开展实践调研,充分运用所学知识为地方发展建言献策,致力于实现培养创新人才与推动社会进步的有机融合。

"沃土"二字意为植根于中国大地,植根于基层社会的肥沃土壤。"沃土计划"一方面旨在增进学生对国情、社情、民情的了解,将课堂知识与社会实际相结合,引导学生更加深刻地理解中国特色社会主义道路、理论、制度和文化,培养面向中国、面向未来的富有实践经验的创新人才;另一方面旨在充分发挥光华管理学院的学科优势,结合当前社会热点问题,通过深入实地调研,形成较为成熟的研究成果,聚合多方之力打造青年智库,立足中国实际、研究中国制度、讲好中国故事、解决中国问题。

2018年5月,习近平总书记在北京大学考察时勉励青年学生"爱国、励志、求真、力行""知行合一,做实干家"。同年,北京大学学生思想政治实践课程正式启动。在全校思想政治实践课程建设总体框架下,光华管理学院依托"沃土计划"品牌,进一步加强组织领导,提升协同配合,完善课程体系,优选实践基地,充实资源保障,持续将"沃土计划"思想政治实践课程打造成为培养德智体美劳全面发展的社会主义建设者和接班人的价值引领工程。

自2020年起,"沃土计划"为每个实践团均配备了1~2位专业教师,他们带领学生一同前往实地提供学术指导,同时面向学院硕博研究生群体甄选实践团助教,要求助教必须具备党员身份,以将思想政治教育落到实处。2020年夏天,受新冠肺炎疫情影响,国内多地收紧防控政策。为了优化参与体验,学院克服多重困难,积极争取有利条件,利用多媒体等技术手段,确保实践活动如期开展。

十年来,"沃土计划"经历了从暑期社会实践到思想政治实践课程的转型,项目运行日益规模化、体系化、专业化。

从"1"到"19",实践基地数量不断增加。2012年,"沃土计划"首次落地广东揭阳;经过4年试点,"沃土计划"实践基地数量在2016年增加到5个;2017年突破10个。截至2022年2月,"沃土计划"已建成19个实践基地,远超北京大学对基地数和本科新生数1∶15的目标要求,北起河北、南至广东、西抵青海、东达山东,覆盖全国14个省级行政区,其中既有革命老区,又有改革开放前沿地带,既有工业园区,又有乡村振兴一线,让学生们有充分的机会将"光华思想力"带到更广阔的城镇乡野。

从"不足20"到"突破200",覆盖学生范围逐年扩大。近年来,在学院的精心设计与周密组织下,"沃土计划"日益受到学生青睐。从最初少数同学自愿参与,到学院本科生全体投入,越来越多的同学利用暑期走进基层,贡献青春力量。同时,越来越多的硕博研究生也加入队伍,实践团组成趋向多元化。

从"无"到"有",全员参与的项目支持团队已经成形。学院充分整合教学科研、学生工作等多部门力量,打通第一和第二课堂,邀请各系教授担任实践团指导教师,前期为学生们提供背景研究、研究方法方面的指导,并带领学生们开展实地参访,通过不断的交流讨论,确定调研方向和方案,后期指导学生们在实地调研的基础上完成实践报告。学院党政领导亲自担任指导教师,教授、辅导员、硕博研究生与实践基地齐心协力,努力创设良好的实践育人环境。

2021年是中国共产党成立100周年,同时也是"沃土计划"正式开展的第十个年头。为了系统地总结实践成果,更好地发挥青年智库作用,我们汇总整理了2018—2020年"沃土计划"思想政治实践团队报告,受篇幅所限,本书选取了其中具有代表性的课题和章节,按照不同主题以案例形式呈现。由于原始报告成文时间不一以及学生们的能力有限,如有不妥之处,敬请广大读者谅解。

本书编委会

2022 年 9 月

目录

一、乡村振兴与特色产业 / 1

(一) 农村集体所有制经济 / 1

案例　山东滨州农村集体所有制经济发展 / 4

(二) 特色农业与产业扶贫 / 14

案例1　湖南安化黑茶产业 / 15

案例2　山东日照绿茶产业 / 26

案例3　云南普洱茶和咖啡产业 / 28

案例4　湖北赤壁青砖茶产业 / 46

案例5　江西赣州脐橙产业 / 55

案例6　甘肃玉门枸杞产业 / 59

案例7　云南腾冲健康食品产业 / 67

案例8　福建泉州特色现代农业 / 72

案例9　湖北荆州农副产品产业 / 80

案例10　湖北嘉鱼蔬菜产业 / 86

案例11　湖南益阳生态农业 / 91

二、旅游业与经济发展 / 101

(一) 中国旅游业发展现状 / 101

(二) 中国旅游业相关支持政策 / 101

(三) 旅游业对国民经济和社会发展的意义 / 102

案例1　云南腾冲旅游产业 / 102

　　　　案例2　甘肃玉门旅游产业　　／107

　　　　案例3　江西赣州旅游产业　　／113

　　　　案例4　湖北赤壁旅游产业　　／117

　　　　案例5　湖南益阳旅游产业　　／123

　　　　案例6　青海湖旅游产业　　／129

　　　　案例7　云南普洱旅游产业　　／131

三、传统行业转型升级　　／143

　（一）人才发展　　／143

　　　　案例1　重庆新鸥鹏巴川教育体系的规模化民办教育　　／143

　　　　案例2　湖北荆州工业行业人力资源问题研究　　／155

　（二）中药材与大健康产业　　／159

　　　　案例1　羚锐制药的发展经验　　／160

　　　　案例2　湖北崇阳中药材产业发展分析　　／164

　　　　案例3　云南腾冲中医药与大健康产业　　／169

　　　　案例4　青海海东药企发展思考　　／176

　（三）数字化背景下农副产品企业转型升级与品牌建设　　／179

　　　　案例1　山东滨州"淘宝村"　　／179

　　　　案例2　山东日照电商产业　　／184

　（四）重污染企业转型升级　　／189

　　　　案例　山东济宁碳素集团　　／189

四、科技创新　　／197

　（一）新能源与新能源汽车产业　　／197

　　　　案例1　甘肃玉门新能源产业　　／205

　　　　案例2　江西赣州新能源汽车产业　　／213

　　　　案例3　广州南沙新能源汽车产业　　／217

　（二）智慧信息产业与智能城市　　／223

　　　　案例1　济宁任城智慧信息产业与区域经济发展　　／223

　　　　案例2　湖南长沙智能制造产业　　／227

　　　　案例3　湖南益阳智慧城市建设与智能制造　　／232

（三）面向未来的科研经济 / 239
  案例 1 广州南沙科研经济概况 / 240
  案例 2 广州南沙人工智能产业 / 252
  案例 3 大数据与人工智能在青海数字经济中的应用方案 / 256
  案例 4 中科院计算所济宁分所智城云研究 / 260

五、地方财政与金融发展 / 265
  案例 1 湖北崇阳政府会计制度改革 / 265
  案例 2 土地财政与政企合作——以云南普洱为例 / 270
  案例 3 中小企业融资困境——以济宁任城为例 / 277
  案例 4 湖北崇阳融资担保行业发展 / 283
  案例 5 济宁儒商村镇银行转型升级 / 293
  案例 6 广州南沙金融科技 / 300

一、乡村振兴与特色产业

（一）农村集体所有制经济

2017年10月18日，习近平总书记在党的十九大报告中提出，实施乡村振兴战略。农业农村农民问题是关系国计民生的根本性问题，必须始终把解决好"三农"问题作为全党工作的重中之重。相较于个体经济、私营经济、国有经济、混合所有制经济，农村集体所有制经济是我国特有的一种经济形式，而且占据相当大的比重。发展壮大农村集体所有制经济，是助推乡村振兴战略的有效途径，是实现农民共同富裕的物质保证。

1. 农村集体所有制经济发展历程与现状

在探究农村集体所有制经济存在的问题与解决方案之前，有必要首先摸清该经济形式产生的历史背景与发展历程，从而更好地、更深入地把握农村集体所有制经济改革的脉搏。

农村人民公社发展时期

从中华人民共和国成立初期至20世纪80年代初，我国推行人民公社集体所有制经济体制，彻底解决了农村土地私有、农民劳动积极性不高、贫富差距大等问题，对奠定社会主义公有制经济基础发挥了积极作用，与计划经济体制高度贴合，兴修水利、按计划种植、集中推广农业技术等，充分体现了国有经济体制的优点，保持了较高的生产力水平，但也带来了模式僵化、活力不足等问题。

家庭联产承包责任制时期

1978年，我国实行改革开放，随着计划经济向市场经济转型，劳动力的工作热情得到了极大的释放，推动劳动力按市场配置。在这个大背景下，农村开始实施家庭联产承包责任制,农民以家庭为单位取得土地使用权,在农业技术不发达、全球化产业分工还未展开的情况下,生产力得到解放,劳动效率大幅提升,但也带来了劳动力使用效率低、农业产业化水平不高等一系列问题。

农村集体所有制经济发展时期

进入 20 世纪 90 年代,我国经济发展水平迅速提高,第二产业、第三产业蓬勃发展,城镇化速度加快,农村劳动力向城市转移,以乡镇企业、养殖、联合种植等为代表的集体所有制经济发展迅速,有力地推动了市场经济的发展,在探索中取得了很多类似大邱庄、华西村的成功经验,但也存在发展不均衡等新的问题。

2. 存在的主要困难和问题

市场竞争加剧,优势不断丧失

进入 21 世纪,我国已经进入全球经济大循环体系,形成了完整的产业链,在这一轮优胜劣汰的过程中,农村集体所有制经济正在经受新一轮的洗牌和考验,特别是网络经济时代,依靠信息封闭、市场垄断、模式创新取得的竞争优势很难保持,集体所有制经济在激烈的市场竞争中缺乏活力,产业优势逐渐消失,发展速度和经济效益日益下滑。

市场集聚效应造成农村集体所有制经济人才、资源流失

改革开放试点先行带来了全国经济的大发展,同时,市场调节作用的发挥也造成资金、人才、资源在东部沿海城市大聚集,这使得原本发展得有声有色的农村集体所有制经济受到很大的冲击,在全国人力资源成本不断提高的情况下,农村集体所有制经济依靠低廉的人工成本和消耗资源发展的模式将难以为继,持续下去,对整个经济的发展会带来不利影响。

在政策和法律层面缺乏研究与实践

农村集体所有制经济来源于家庭联产承包责任制,是市场经济发展的产物,受业态和政府监管的限制,目前,没有更多的政策和法律规范支撑农村集体所有制经济的发展,包括资本运作、合并重组、税收、补贴等引导政策很难制定,加之地理位置、交通、信息等条件的限制,转型很慢,缺乏风险识别、管理的机制等,出现了很多自生自灭的情况。

3. 主要思考与解决方案

农村集体所有制经济面临新的改革挑战

集体所有制经济体制的优势在于村集体能够对村办企业实行统一管理,同时调动群众积极性,合力发展;其劣势在于集体所有制经济主要以第一产业为核心,对自然资源的依赖性较强,在市场中的竞争力较弱。不论是人民公社模式,还是家庭联产承包责任制模式,都是与社会经济发展水平相适应的,发展到今天,农村集体所有制经济出现了新的问题和困难,需要统筹规划,在现有基础上向新的层级发展。

加强政府宏观调控和引导

在世界经济中,中国的地位和分工不断稳固,并向新的层级跃进,面临新的发展机遇和挑战,农村集体所有制经济特别是乡镇企业在上一轮发展中发挥了巨大的作用,可开发空间很大,政府应当发挥社会主义市场经济宏观调控的优势,更加关注农村集体所有制经济,在全国一盘棋、产业布局、资源调配等方面下功夫,跨地域规划引导,打破以村为单位的小规模发展经营模式,按产业链规划,释放农村集体所有制经济的活力。

加强法规建设,保护劳动者积极性

除了收入水平的提高,随着经济的发展,我国人均财产的数量也在不断增加,财产形式日益多元化。农村集体所有制经济在权属确定和转让、收益分配等领域依据的是统一的法律,细分程度较低,更多的是依靠村级组织,主要是村"两委"负责人的决策、政策把握程度进行运作,国家机关管理的幅度也较小,在经济规模较小时体现出灵活、快速的优势,但是在参与产业竞争时就出现很多劣势,缺少可行性强的法律法规支撑。

加强理论研究,提供智力支撑

我国逐渐与世界接轨,不断引进先进的工具和手段、吸纳国际型人才,促进经济转型和发展,但农村集体所有制经济始终是我国经济发展的特色。目前,虽然研究机构、高等院校等也在跟进研究,但还没有形成系统的研究成果和理论,多以单点研究为主,缺乏数据分析、理论依据,对引导、指导农村集体所有制经济转型和发展的支撑不足。

物质文明和精神文明相辅相成

发展集体所有制经济,要坚持以经济建设为中心,同时注重精神文明建设;在集体所有制经济壮大以后,要注重民生工程建设,让村民享受到集体所有制经济的丰硕果实。几轮改革极大地促进了农村集体所有制经济的发展,但相比物质文明建设,农村精神文明建设投入,以及劳动力接受培训、享受健康文化生活明显不足,导致管理和从业人员思维受限,反过来影响了农村集体所有制经济的转型和发展。

在过去的一段时间内,农村集体所有制经济为国家发展做出了巨大贡献,如今面临转型和管理的一系列难题,政府应当加强理论研究,不断完善相关政策、法规,加强引导监督,一方面,充分发挥政府的监督作用,保证集体资产保值增值;另一方面,面对激烈的市场竞争,引导产业逐渐向第二、第三产业转型。通过政策支持、法律规范、加大投入,以及引入现代化科学技术与标准化管理制度,做大做强集体所有制经济,为国家产业升级和参与全球竞争增强力量。

案例 山东滨州农村集体所有制经济发展

1. 概述

滨州地理条件较为优越,位于山东北部、华北平原东部、黄河三角洲腹地,平原居多,山地和丘陵较少。滨州地域广阔、狭长,总面积9 600平方千米,人口393万,耕地资源丰富,有可利用耕地面积470 000公顷,占土地总面积的将近一半。滨州因平原较多,地理条件优越,有良好的农业基础,种植业十分发达;在政府的大力支持下,养殖业也蓬勃发展;临河临海地区的渔业资源十分丰富。黄河流经滨州,因此市内水资源充沛。

因为滨州农业基础好、有较发达的农业种植业,山东省政府不断加大对滨州农业的扶植力度,向农村经济合作组织与中小涉农企业进行政策补贴和政策倾斜;此外,为了解决新型经济合作组织融资渠道少、融资难的困境,山东省政府在加大投资力度的同时还注重合作社的多元化发展。滨州市政府大力支持集体所有制经济发展,通过资金、技术、信息等渠道,大力促进农村经济合作组织的发展,缓解其融资渠道少、融资难的困境,支持当地农业产业化发展,以及当地农业龙头企业发展;此外,还通过印发学习资料、设立农村经济合作组织评判标准、传播先进组织经验等方式,引导、推动农村经济合作组织的发展。

2. 滨州农村集体所有制经济发展的优势

综合来看,滨州农村集体所有制经济发展优势明显,以农民专业合作社为例,呈现以下特点:

2.1 形式多样,分布广泛

按从事的行业划分,种植业1 539个(其中从事粮食产业的530个)、林业304个、畜牧业972个、渔业80个、服务业304个、其他55个。按经营服务内容划分,产销一体化服务的1 789个、以生产服务为主的967个、以购买服务为主的69个、以仓储服务为主的62个、以运输销售服务为主的146个、以加工服务为主的221个。按牵头人身份划分,农民牵头的2 957个(其中村组干部牵头的651个)、企业牵头的146个、基层农技服务组织牵头的64个、其他组织或个人牵头的87个。

2.2 组织模式多种,各具优势

从组织模式来看,全市农民专业合作社主要有以下几种类型:①"合作社+农户"模式。在农村家庭承包经营基础上,从事同类农产品生产经营或者提供同类农业生产经营服务的农民,自愿联合起来成立合作社,实行民主管理,经济互助。这种模式在全市占主导地位,有2 306个,占总数的70.9%。②"村集体所有制经济组织+合作社+农户"模式。在一些村组班子较强的村居,依托村委会或生产小组,由村组干部牵头领办合作社,将农户分散的土地集中连片统一种植、统一管理,共同闯市场。这种模式全市有651个,占总数的20.0%。③"企业+合作社+农户"模式。部分有一定规模和实力的涉农企业为了拓展发展空间,出面领办合作社,向入社社员优惠供应生产资料,实行统一田间管理、标准化生产并按保护价收购社员农产品,实现农业增效、农民增收和企业发展三促进。这种模式全市有146个,占总数的4.5%。④"基层农技服务组织+合作社+农户"模式。基层农技服务组织利用自身技术力量强、信息灵通等优势,把农户组织起来成立合作社,走规模经营的道路,实现互利共赢。这种模式全市有64个,占总数的2.0%。⑤除上述四种模式外,也有部分经济能人、其他组织或个人领办合作社,组建"航母舰队",进行合作经营开发。全市共有其他形式的合作社87个,占总数的2.7%。

2.3 政府推进有力,效果明显

近年来,各级政府多措并举,全力推进农民专业合作社发展。2009年4月28日,《滨州市人民政府办公室关于促进涉农行业协会和农民专业合作社又好又快发展的意见》出台,把农民专业合作经济组织建设工作列入年终考核的重要内容,县(区)成立了农民专业合作经济组织领导小组。政府有关部门各尽所能,协同配合,强化指导和服务;按照示范带动的工作思路,开展农民专业合作社示范社创建活动。截至2013年11月,全市共有农民专业合作社县级示范社277个,市级示范社28个,省级示范社7个,国家级示范社17个,全国青年农民专业合作社示范社1个。各级农业主管部门强化工作指导,不断提高规范化水平,鼓励农民专业合作社注册商标,开展农产品质量认证,提高农产品品牌价值。全市拥有注册农民专业合作社415个,通过农产品质量认证的合作社有117个。

3. 滨州农村集体所有制经济发展的阻碍

然而,滨州农村集体所有制经济发展仍然遇到了一定的阻碍,存在某些不足:首先,认识程度不高,重视程度不够。部分基层干部对发展农民专业合作社的重要意义和作用认识不够,组织引导不力,支持不够。其次,内部机制不完善,运行不规范。相当一部分合作社存在重创建、轻管理运作,以及管理的随意性大,不建制度和章程等问题,成了事实上的"皮包合作社"。再次,经营管理人才缺乏,竞争力弱。很大一部分农民专业合作社的经营管理者文化程度、经营管理能力、技术水平较低,难以适应规模化经营管理的需要,合作社普遍缺乏品牌、商标、包装、信誉等无形资产的支撑,产品竞争力较弱。最后,经营规模小,带动力不强。全市农民专业合作社总体上规模小、生产水平低、带动力不强,有些虽然注册的是专业合作社,但履行的是社团服务职能,只停留在信息、技术服务层面,没有真正成为经营服务实体和市场竞争主体。

4. 近年发展情况与特点

近年来,面对集体所有制经济发展过程中暴露出的问题以及既有的优势,滨州转换发展思路,创造性地提出农机专业合作社的形式,为滨州集体所有制经济的发展打造新引擎、创造新动力、带来新机遇。

滨州农机专业合作社的组织形式主要有六种类型:一是农机户之间的联合,即农机大户、农机经营能人等利用生产和经营服务优势,根据农机户的需要而进行自愿联合和合作;二是村与农机户之间的联合,主要是村负责人联合农机户组建农机专业合作社;三是农机部门与农机户之间的合作,基层农机部门组织牵头,利用技术、服务、信息等优势把农机户组织起来;四是农机科研机构与农机户之间的联合,由农机科研机构牵头,联合农机化创新示范基地农机户参与,成立农机专业合作社;五是纯资本之间的合作,主要由具有一定经济实力、头脑灵活的人联合起来,利用资金、管理和政策优势,以股份合作模式成立农机专业合作社;六是农机经销商与购机户之间的合作,即有一定影响力的农机经销商利用农机经营和售后服务优势,组织当地某些购机户成立农机专业合作社,联合开展农机作业服务。

农机专业合作社在滨州发展的成效显著。农机专业合作社在"三夏""三秋"农机化生产和跨区作业市场中凸显合作优势,加快了农机化作业进程,提高了农机社会化服务水平。据统计,2010年"三夏"期间,农机专业合作社完成小麦机收面积131.8万亩,占总量的35%;"三秋"期间,完成玉米机收面积116.3万亩,占总量的38%;完成小麦保护性耕作面积49.2万亩,占总量的51%。"三夏""三秋"期间,滨州组织农机参加跨区作业,其中农机专业合作社跨区作业收入分别占总量的30%和33%。2010年"三秋"前夕,邹平九户农机专业合作社社长成才和魏桥兴灿农机专业合作社社长吴兴灿联合到河北省大厂县考察机械化深松作业市场,并与对方签订了4 000亩深松作业合同,体现了农机专业合作社强强联合的市场竞争优势。此外,农机专业合作社春季积极参加春耕、春播、春灌农机跨区作业,冬季参加农田水利基本建设跨区作业。农机专业合作社凭借独有的资金、机具和技术优势,可以将农民手中大量的零散土地集中起来,搞土地规模化经营,这既降低了经营成本,提高了土地利用率和经营效益,又为大型、新型农机的应用和推广提供了便利条件。如无棣文兴农机专业合作社自2008年秋季起承包1 000亩土地种植小麦、玉米,经济效益、社会效益和生态效益良好;邹平九户农机专业合作社2010年秋季在青阳镇钟家村流转780亩土地,承包期10年,全部应用小麦保护性耕作技术,力争建成现代农业农机化示范区。

5. 发展模式对比——以华西村为例

为了全面了解滨州经济合作组织的发展现状,探讨形成这种区域经济模式的深层原因,下面将滨州农村集体所有制经济的发展与国内农村集体所有制经济的典型——华西村——进行对比。

华西村是传统继承型集体化村庄的代表,地处江苏省江阴市,从一个面积不足1平方千米、人口1 500多人的小村庄,发展成为一个占据35平方千米、人口超过3万人的大华西,华西村瞩目的发展见证了集体所有制经济的力量。华西村原名华西大队,为了走出贫困迈向富裕,村支书吴仁宝选择集体所有制经济模式,整合资本和劳动力,将农业劳作的劳动力分出一部分致力于第二、第三产业的发展。自1960年起,华西村陆续建立粮食饲料加工厂、铁匠铺、废弃纺料站,着手发展村级集体所有制经济。1969年,华西村暗自承受巨大风险创办小型五金厂。改革开放初期,华西村已有固定资产100万元,银行存款100万元。以这些资产为基础,华西村继续快速发展,到2015年其固定资产高达30亿元,拥有58家村办企业,村民人均年收入上升至5万元。华西村股份有限公司2015年上半年实现营业收入11.13亿元,较上年同期增长10.08%,实现营业利润7 835.25万元。1990年,全国掀起乡镇企业改制的浪潮,华西村因地制宜,决定实施"一村两制"的发展策略,允许村民自由决定从事集体或个体经济。党的十五大后,国家提出"抓大放小"的指导方针,华西村积极响应改制,并结合村办企业的实际情况,创新性地提出要一手"抓大放小",一手"抓大扶小",必要时"抓小放大"的改革思路。华西村的干部稳抓牢扯华西经济命脉的毛纺厂、线材厂、型钢厂等大型企业,将部分效益不佳的小型企业转为个体经营,对发展前景良好的小型企业加大各方面的扶持力度,提高企业竞争力。以上种种举措有力地调动了全村人的积极性,有效地提高了企业的效益,使华西村在致富道路上愈行愈远。

综合分析其他地区的集体所有制经济,我们从以下三个方面总结滨州集体所有制经济的不同点:

(1)地理因素。滨州地处黄河三角洲腹地,北邻渤海,东接东营,南连淄博,西靠德州,是山东的北大门。除南部部分地区属低山丘陵外,大部分是平原,地势平坦开阔。然而,滨州早期地质条件较差,拥有大片盐碱地,制约了农业的发展。受盐碱地的制约,加上一开始自身经济状况并不好,难以划拨资金治理土地,因此工业成为滨州发展的重心所在。同时,滨州水路交通不够便利,与外界接触机会少,市场经济条件不够成熟,难以形成良好的发展环境。在这样的历史背景下,依赖群众的力量发展集体所有制经济,前景更为乐观。

(2)人文因素。从文化角度来看,滨州人普遍思想本分,追求安定,乡土情结浓厚。因此,在经济困难时期,一家一户难以单独对抗艰苦的条件,唯有聚集起来,利用集体的力量,才能更快地走出困境。

(3)政策因素。滨州整体产业结构呈现大型龙头企业势头强劲,而中小型企业发展不足的态势。近年来,滨州民营经济快速发展,但是其融资难问题仍未得到有效解决,制约着中小企业的发展。出现这一局面与滨州历史政策有很大关系。长期以来,成熟大型企业一直是金融单位服务的对象,而中小型企业普遍贷款多、额度小、风险大,因此其融资渠道往往是各大商业银行,但后者的投放积极性明显不高。数据显示,自2017年起,山东民间投资同比增速一直大幅落后于浙江、江苏、广东三个省份,这从侧面凸显出山东营商环境不佳。此外,山东小微企业融资难、融资贵、融资渠道狭窄等问题严峻,相关报道屡见不鲜,这些都是民营经济发展壮大道路上的障碍。滨州中小型企业所处的法律环境也不容乐观,尽管政府出台了相应的政策规章,但是未能提供切实有效的保障。

6. 发展建议

我们分别从政府、企业的角度对滨州农村集体所有制经济发展提出建议。

6.1 建议一:关于农村电商新模式的建议

在考察过程中,滨州特色农产品的电商交易平台给我们留下了深刻的印象。

我们认为,农产品电商交易平台将会成为"互联网+"模式下又一次的成功创新。但同时我们也发现,这一平台的销量还存在很大的提升空间,于是我们以此为切口,对如何在现有条件下充分发挥农产品电商应有的市场潜力进行了深入思考。

6.1.1 政府视角

第一,完善基础配套设施。这里并非指整个城市运行所需的所有基础设施,而是农产品电商这一完整产业链所需的基础设施。这方面滨州市政府正在着力打造一个大型的农产品电商交易平台——"青青来了",我们认为这一平台具有很强的创新性,也正因如此,它同时也具有更多向好的可能。①物流完善。作为特色农产品,配送的及时性是非常必要的,考虑到"青青来了"这一平台所面对的客户群应当有一大部分是滨州当地居民,因此在当地建立一个较大的储存仓库应是切实可行的手段,因为在电商交易平台上的特色农产品往往并不是直接的原材料,而是经过加工的二级产品,例如鸭梨醋等,其往往可以支持一段时间的储存。而如果想要让"青青来了"这一平台延伸推广到其他城市,那么也可以采用类似的思路。除建设仓库外,最后的配送过程也具有提升的空间,既可以选择行业领先的物流公司,也可以由政府协助扶持一些物流公司,使其专门从事这一特色农产品电商交易平台的配送工作,达到专业化的效果。②平台优化。物流的完善是一种硬件的提升,除此之外,"青青来了"本身也可以进行平台优化,借助人工智能提升物流水平。具体来说,首先是目标客户的细化,并据此采取不同的营销策略。只要细致地进行一次产品调研,反馈的消费者大数据是完全可以支持消费者细化分类的。其次是营销方式的多样化。借助新兴的直播带货方式,我们认为滨州完全可以结合地方特色,深入农产品的生产基地,呈现最朴实而亲切的乡土风貌,唤起滨州乃至山东人内心中最真实的乡土情感,从而激发购买需求。

第二,促进人才引进。①短期填补人才缺口。我们认为应当依靠主动的政策引导来快速吸引人才。这方面滨州市政府已在改善,例如建成青鸟驿站和创办滨州人才节。对于"青青来了"这一特色农产品电商交易平台来说,如果需要农业方面的人才进行产品优化,则政府部门可以凭借其公信力与一些以农业专业见长的高校进行对接,为应届毕业生召开专门的职业招聘会,详细介绍滨州市的人才引进优待政策。从推广角度来看,任何新兴企业其实都可以与政府建立起这种人才引进渠道,政府负责对这些企业进行考察、评估,同时当这些企业需要人才时,可以由政府出面与相关高校进行对接。利用政府平台,主动吸引目标人才,为企业解决用人难题。②长期培养人才。人才流动问题常常被归结为区域经济发展问题,但其实更应该被看作一个社会环境问题,区域经济发展仅仅是其中的一个重要组成部分,还有更多的侧面需要解读,教育环境就是其中的一个重要维度。首先是基础教育环境,人才在自身获得良好发展的同时,也会考虑如何让子女得到良好的培养。如果滨州能够提供优质的九年制义务教育,使人才的子女有很大机会进入省内优质高中,那么这些在滨州工作的人才就会愿意让自己的子女在这里继续接受教育,这样一来,便能够长期留住人才,将引进的人才培养成为"新滨州人"。其次是高等教育环境。之前所述针对的是引进外来人才的情况,但从根本上说,一个地区如果想要得到源源不断的人才,那么自身必须具有创造能力。坦率地讲,在滨州本地建设一所类似于北大、清华那样的院校是不现实的,但这并不代表滨州不具备培养人才的能力,建造培养专业技术类型人才的院校就是一个很好的方向。

6.1.2 企业视角

第一,促进农业电商与集体所有制经济相结合。滨州在进行农村集体所有制经济体制改革与建设农业现代化的过程中出现了很多无法避免的新矛盾和新问题,广大农村小农户作坊式生产、分散化经营和非组织化等现象暴露出了以家庭联产承包责任制为基础的双层经营体制的局限性,农业生产力与生产关系的矛盾开始显现。例如:①小农户与大市场之间的矛盾。我国农村集体所有制经济改革自我国加入世界贸易组织后不断深化,农业经济的市场化程度不断提高,但是分散经营的农户难以与市场进行有效的对接,农户与市场的矛盾日益突出,"谷贱伤农,谷贵饿农""农民增产难增收"的情况时有发生。分散的小农户与大市场之间的矛盾已经愈演愈烈,成为影响农民增收、制约农村集体所有制经济发展繁荣、阻碍和谐农村构建的重要因素。②市场交易费用较高。在农产品和初级产品的销售市场中,农户总是处于被动的地位。现阶段,我国的农产品交易市场大多处于单纯的农产品交易阶段,且大多属于现货交易,由于农民的文化程度和技术有限,无法对市场信息进行有效的甄别、加工和处理,中间交易费用较高。③分散经营使农户远离产业链上各环节的利益。农户因资金和技术有限,处于供应链最底端的原材料生产环节,生产量较小,产业链较短,产品单一,无法有效地参与到市场竞争中去,也无法享受集体所有制经济和规模效应带来的优势,远离产业链上各环节的利益。如果保持分散化、低成本的个体运营模式,则电商很难实现产业化发展。因此,滨州可以尝试将电商与各类新型农村经济合作组织相结合。将分散的农户联合起来,为其提供较为先进的生产技术、设备、资金支持和销售信息,指导他们开展合理的生产和销售,对于开展农业专业化生产、调整农村集体所有制经济结构、降低农民市场交易费用以及形成产业化经营有很大的积极作用,从而有助于促进粮食增产和农民增收,有效推进农业和农村集体所有制经济结构调整,搞活农村市场流通,保护农民利益。

第二,因地制宜,打造特色农产品。滨州地域辽阔,农作物繁多,基本上每个地方都会有自己的特色农产品,例如邹平的水杏、沾化的冬枣、阳信的鸭梨等。农产品电商在发展过程中要结合当地特色,对当地的特色农产品进行开发,形成规模经济,提高产品效益。在滨州市政府的推进下,滨州农产品地方特色的打造已初具规模。滨州已建成一大批高效特色蔬菜基地,如滨城区三河湖镇拱棚韭菜种植基地,惠民县淄角镇冬暖棚黄瓜、芹菜、彩椒种植基地,博兴县店子镇西红柿、彩椒种植基地,邹平县长山镇山药特色基地等。如果能继续坚持打造地方特色、因地制宜,则既可充分利用各地特色,又可避免产品同质化,打造品牌,一举多得。

第三,严把产品质量关。农产品电商在产品的生产、加工、贮藏、运输等过程中还要严把质量关,做到产品的质量就是企业的生命;建立完善的农产品质量监管机制,在上游要统一生产资料(种子、肥料、种苗等)的来源,生产资料的购买由理事会或社员大会讨论通过,派专人统一采购。农产品的"品控"不乏成功案例,例如青岛胶州大白菜是胶州的特色产品,当地农户自发组织建立胶州大白菜协会,并申请了"胶白"商标,协会在产品的生产、加工、贮藏、销售等生产销售链条上加强控制,严把产品质量关,让每一棵白菜都有出处。滨州可以参照成功案例,以提升农产品质量安全水平为目标,以市场需求为导向,以建设"生态、高效、品牌"农业为突破,从源头上彻底消除农产品质量隐患,确保农产品质量安全;大力实施名牌战略,强化农产品质量认证,提升当地农产品在各级市场的占有率和竞争力。

第四,加强品牌管理,创建知名品牌。品牌管理是通过创立一个好的品牌,而后培育、扩张和保护这个品牌,从而奠定品牌优势,塑造驰名品牌,达到积累品牌资产的目的。高资产、高品质的品牌管理建设需要对品牌的内涵进行创新与规划,从而使产品及其所代表的文化更好地为消费者所接受。从滨州专业合作社的品牌自有度来看,其品牌相对较少,农户对品牌的认知较少。一个品牌代表的不仅是产品的质量,还有该产品的内涵等,例如博兴县众鑫源果蔬专业合作社在国家工商行政管理总局①注册了"东方晨露"商标,贴上标签的产品在市场上大受欢迎,远销国内各大城市。滨州的名优农产品较多,但真正做出品牌的寥寥无几,如果进行统一的品牌管理,那么农产品在市场上的知名度将会大大提高。例如邹平县长山镇自古以出产山药闻名,但市场上的山药品种繁杂,让消费者眼花缭乱。山东志同农业科技有限公司注册了"齐国参"品牌,不仅销售山药,还销售山药制成品,如山药面、山药汁等,产品一经投入市场便深入人心,受到消费者的广泛好评。滨州可以仿照成功案例,结合地方特产,打造独有品牌。以冬枣为例,冬枣生产是滨州沾化的资源优势和品牌优势,可大力推进冬枣标准化生产,以质量和销售为主导,依靠科学技术培育种植基地,提高栽培管理水平,大力发展无公害、绿色冬枣,打造绿色品牌,发展生态旅游观光农业,让冬枣产业造福百姓。

6.2 建议二:关于集体所有制经济发展的建议

6.2.1 组织问题

促进滨州农村集体所有制经济的发展,当务之急是提升基层经济建设过程中的组织能力。基层治理实践中,基层干部对农民专业合作社等集体所有制经济组织形式缺乏重视的情况普遍存在,所以应当从根本入手,加强村级领导班子建设。政府应当向各个岗位的村干部积极提供在市场经济条件下提升其经营管理能力的培训,有计划、有目的地组织农村基层干部到集体所有制经济发展较快的典型地方考察学习,提升其对集体所有制经济发展的全局认识。此外,还应通过举办各种科技培训班、经济理论培训班等教育形式,提高广大村干部的经营管理水平和科技素质,进一步完善激励机制,对农村集体所有制经济发展成效显著的干部给予精神和物质奖励,充分调动其发展农村集体所有制经济的积极性、组织力。

6.2.2 管理问题

建立针对农村集体所有制经济管理部门的现代培训机制,同时吸纳现代化管理人才进入当地集体所有制经济企业。向集体所有制经济管理部门的管理人员讲授现代化、专业化的管理知识,纠正其轻管理运作、管理随意性大的倾向,改善管理混乱、随意的状况。

可行性方面:结合滨州第一届人才节的成功举办以及各类人才落户滨州配

---

① 2018年3月,根据国务院机构改革方案,将国家工商行政管理总局的职责整合,组建中华人民共和国国家市场监督管理总局。

套政策的落地和实施,滨州引进优秀人才的诚意和为之付出的努力已被广大青年人才看到,在这样的背景下,将一部分招纳重点放置在管理人才上,以改进滨州集体所有制经济企业管理落后问题是容易实现的,滨州日益完善的人才落地系统为管理人才的引进提供了比较好的政策基础。滨州市小语种青年志愿服务队汇聚了各地的外语人才,为其人才交流提供了及时的翻译和联络服务。而招纳管理人才对集体所有制经济企业管理层进行培训的计划也完全可以参照类似的运作方式,线上线下双线招募,汇聚管理人才,成立高精尖的培训团队。

有效性方面:集体所有制经济作为滨州的优势发展形态,成为当地经济的重要组成部分和发展模式,其重要性不言而喻,而其面临的管理随意性问题,几乎可以说是阻碍当地集体所有制经济发展的根源性问题之一,这与当地管理部门水平落后、经验有限有关。而近年来新兴的农机专业合作社形式则为改善管理问题做出了比较好的示范。

效果方面:以政府的引导为主要抓手,在最大限度地减轻企业负担的同时调动企业的积极性并获得其支持,兼顾新、老两部分人的需求,一方面培训拔高已有团队的水平,另一方面吸纳专业人才加入已有团队,并从制度建设上确保该措施的落地。而事实上,在这套措施落地形成固定的体系和规模之后,其服务对象完全可以不局限于集体所有制经济企业,而是扩展到滨州当地有精进管理需求的各类企业,产生良好的外部效应。

6.2.3 合作社效能问题

由于合作社数量多、规模小,自身发展能力、带动能力不强,因此其产业化经营程度亟须获得提高。具体措施如下:①扶持部分龙头合作社,做大产业规模,发挥龙头合作社辐射带动作用,大小联动,推动农村合作社的规模化、产业化发展。应当筛选一批规模较大的合作社进行重点扶持,加大其自主创新建设力度,提升合作社农业研发实力、产业带动能力和深加工水平。②探索开展合作社之间的资源整合。针对合作社规模小、生产高度分散、品牌知名度不高和品牌互相贬低的局面,应努力引导合作社以产业为依托、以市场为导向、以品牌为纽带、以产权重组为辅助,建立区域性的联动组织,防止恶性竞争;加强合作社之间的相互协作,进行一定程度的专业化分工,以提升生产效率、合理配置农业生产资源;继续坚持形式多样、各具优势的集体所有制经济组织形式,积极发挥"公司+合作社+农户"经营体制的带动作用。

政府方面要积极发挥统筹作用,增加财政扶持,各级政府可以适当增加财政扶持资金和项目数量,把合作社作为党和政府扶持农业、农村的重要对象;同时,也要加大金融支持力度,实行更加优惠的信贷政策,适当降低贷款利率、简化贷款手续、降低贷款门槛,进而降低合作社贷款成本、贷款难度,为合作社设计专门的信贷产品,鼓励工商资本入股合作社。

(二) 特色农业与产业扶贫

特色农业就是开发区域内独特的农业资源,将区域内特有的名优产品转化为特色商品的现代农业。通过政府出台扶持政策,充分发挥产业优势,做到覆盖到面、精准到点,不留死角。通过提高农民收入水平、缩小城乡差距、改进农业生产方式、优化农业结构、提高农产品质量、改善农村地区发展不平衡的现状,实现经济增长转型,是乡村振兴的治本之策。

精准扶贫是中国政府反贫困战略的重大举措。在精准扶贫实践中,贫困户致贫原因不同因而要求不同的帮扶措施。产业扶贫、异地搬迁扶贫、社会保障兜底被视为针对不同致贫原因的三种精准帮扶措施。相较于异地搬迁扶贫和社会保障兜底,产业扶贫备受地方政府推崇。产业扶贫是指以市场为导向,以经济效益为中心,以产业发展为杠杆的扶贫开发过程,是促进贫困地区发展、提高贫困人口收入的有效途径,是扶贫开发的战略重点和主要任务。产业扶贫是一种内生发展机制,目的在于促进贫困个体(家庭)与贫困地区协同发展,根植发展基因,激活发展动力,阻断贫困发生的动因。依托贫困地区的自然条件、要素禀赋以及经济发展水平等现实条件,政府通过注入扶贫资金帮助贫困地区的贫困人口发展产业,通过产业发展带动贫困人口脱贫。在产业扶贫中,通过发挥产业支撑的保障作用,形成产业发展与精准扶贫的深度融合,不断壮大区域内部的主导产业,使其有效地解决贫困所带来的生存和发展等问题,帮扶广大贫困群体努力发展生产,增强自我造血功能,进而早日实现广大贫困群体脱贫致富的目标。

2016年7月,习近平总书记在宁夏固原考察脱贫攻坚工作时指出:"发展产业是实现脱贫的根本之策。要因地制宜,把培育产业作为推动脱贫攻坚的根本出路。"《中共中央 国务院关于打赢脱贫攻坚战的决定》指出,要加强贫困地区农民合作社和龙头企业培育,发挥其对贫困人口的组织和带动作用。四川省人民政府办公厅《关于支持农业产业化龙头企业(工商资本)带动脱贫攻坚的意见》指出,引导龙头企业到贫困地区建设产业示范基地,领办农民合作社,培育致富带头人,发展"一村一品"富民特色产业。对符合"米袋子""菜篮子"产品生产扶持资金申请条件的龙头企业予以优先支持。立足贫困县主导农业产业,支持农产品产地初加工,指导企业发展农产品精深加工,带动农民就近就地就业增收。鼓励龙头企业到贫困地区组建专业化的旅游开发公司或牵头成立乡村旅游合作社,大力培育休闲农业、生态旅游、文化娱乐、科普教育、康体养生等旅游新业态;放开农业生产性服务业领域市场准入,减少农业生产性服务业重点领域前置审批和资质认定项目;鼓励龙头企业在贫困地区开展特色农产品品牌创建,进入农产品流通领域。

案例 1　湖南安化黑茶产业

1. 概述

从 2006 年湖南省安化县把黑茶作为茶产业发展的重心开始,十多年来,安化黑茶产业稳中有升。截至 2018 年,安化县已有 160 多家黑茶企业,茶叶基地占地 26 万亩,茶叶总产量达到 8.2 万吨,茶叶综合产值达到 180 亿元,实现税收 3.2 亿元。安化黑茶已经成为益阳市和安化县农业产业化发展的标杆以及脱贫攻坚的支柱产业。除新疆、西藏、青海、内蒙古等西部和北部边销地区外,产品成功销往广东、北京、四川等省市,一部分优秀产品更是走出国门,远销俄罗斯、德国、日本、韩国等国家,创造了良好的口碑和声誉。在此过程中,安化县有一些政策和措施很好地反映了具有普适性的发展规律,能够对中国其他地区农业的发展和扶贫工作的推进提供启示。

首先,产业扶贫才是真正长效的扶贫。历史上,安化县所在地区的人民生活水平长期高于全国平均水平,正是因为当地人早早把握住了黑茶这一市场巨大的产业,并带动上下游相关产业如竹篾制作、骡队运输等的兴旺,形成了良好的辐射和带动作用;同样,中华人民共和国成立以来,安化黑茶产业的复兴几近重现了历史上的这一辉煌,也再次印证了习近平总书记所说的"发展产业是实现脱贫的根本之策"。产业扶贫能够将简单的"输血"式扶贫转变为"造血"式扶贫,让贫困地区拥有对抗贫困的内源性力量。但是我们也应该注意,产业扶贫本身见效是较为缓慢的,可能难以在短期内改变当地的贫困状况。对此,我们要注意产业类别的时效性选择。如在安化县内,扶贫工作队采用了家禽养殖和茶叶种植相结合的方式,前者生产周期较短,能够在短期内改变民众的贫困状况,而后者后程发力,能够在相当长时间内为民众提供稳定、可靠并且很可能逐步提高的收入来源。类似地,全国其他地区在扶贫工作中,要逐步确立产业扶贫的主导地位,同时注意搭配合适的产业,这样既能解决民众的燃眉之急,又能为民众提供长期保障。

其次,因地制宜发展特色优势产业。自古以来,安化县在黑茶、红茶、绿茶、水产养殖等方面都具有地理条件和历史积淀的优势,而 2006 年安化县政府经过缜密调查布局后选择将安化黑茶作为重点发展的产业,一方面是因为情势所迫,需要短期内做出重大改变,而各方面均匀发力是为力所不能及的;另一方面是因为安化县具有得天独厚的适宜黑茶生长的地理条件:冰碛岩风化后形成的弱酸性土壤富含矿物质、500~1 000 米的海拔高度、终年云雾缭绕的漫射光环境……现在回过头来看可以得出结论:地方发展一定要结合当地的先天条件甄选适合的产业,这样方能实现产业效益的最大化。

最后,行业的健康发展需要打通全产业链。这一点启示并不是从安化黑茶的优势得出的;相反,当前安化黑茶正面临这样的问题。当地茶企的注意力大部分放在黑茶产业链的上游,的确在原料质量和加工技艺上可圈可点,但普遍缺乏对产业链下游的关注。最直观的表现就在于,安化黑茶在安化县域内或湖南省内人尽皆知,但走出湖南省后,尤其是在年轻人群体中,知者寥寥无几;由此也造成了近几年新栽茶叶进入丰产期后,许多企业表达了对茶叶滞销可能性的担忧。事实上,从数据上看,到 2017 年,黑茶仅占中国茶叶市场 3% 的份额,而安化黑茶又仅占黑茶市场 22% 的份额,考虑到国内茶叶巨大的市场价值,安化黑茶还有很大的上升空间。接下来便需要各大茶企发挥聪明才智,探索适合的方式打开产业链下游市场。与之类似,国内某些产业的上游产业链环节数量或质量并不达标,如国内的智能手机行业,过去长期处于"要系统没系统,要软件没软件,要硬件没硬件"的尴尬局面,大量的资源涌入产品销售环节,各厂商在销售环节竞争激烈,但都缺乏自给自足的能力;近年来,以华为、中兴等为首的公司开始开发上游的芯片、系统等,这一局面才有所改善,但要真正改变还有相当长的距离。放诸四海,不论什么产业的发展都需要整条产业链的各个环节共同发展,只有这样才能实现整个产业的健康发展。

2. 安化黑茶优劣势分析

安化黑茶作为一款极具特色的茶产品,既有自己独到的优势,又有特殊的劣势。

2.1 优势

(1) 解油腻、助消化的保健功效。随着人们生活水平的提高,"三高"等疾病的发病率不断上升,而黑茶在助消化、解油腻等方面的明显功效,恰恰使其成为解决这一健康问题的良药,也使黑茶成为越来越多的人选择的消费品。

(2)历久弥香的收藏价值。黑茶不同于其他茶类,其保质期长,而且时间越久发酵越充分,味道越醇厚、悠香。目前,市面上正兴起一股黑茶收藏热,在我国广东、香港、台湾以及东南亚的一些地方,有年份的黑茶具有广阔的市场。一些高收入人群也钟爱收藏陈年黑茶。黑茶的这一特性使其具备持续发展的无限潜力。

(3)特色鲜明的制作工艺。千两茶、百两茶的"花卷"制作方法,是国家级非物质文化遗产,具有深厚的历史底蕴。"花卷"式的包装方法,既方便运输、利于保存,又有助于茶叶在微生物作用发酵下的自然转化,有利于提升茶质。这也是安化黑茶独有的一大卖点。

2.2 劣势

(1)香气内敛,较为寡淡。在品茶过程中,"茶香"对品鉴者嗅觉的刺激是很重要的一个环节,但安化黑茶香气比较淡,而且香味不如绿茶、红茶,这使得消费者在第一次品尝时很难被安化黑茶吸引,容易将其归类为低档茶。

(2)包装复杂,不易冲泡。黑茶的传统包装"花卷"和"茶砖",都需要消费者自己使用特定的工具进行一系列比较烦琐的操作,之后才能把黑茶转变成能够冲泡饮用的散茶。这不符合现代人快节奏的生活方式与图方便、图快捷的心态,使得其消费群体比较窄;其煮茶的烦琐过程也使得政府、企业等不会把黑茶作为批量购买的饮品。

(3)色泽暗淡,"颜值"较低。与绿茶、红茶的清澈透亮相比,黑茶的色泽相对而言比较暗沉,"颜值"不高,这使得其对新客户,尤其是年轻人的吸引力比较差,高端产品的档次也难以体现。

可以说,黑茶在保健作用、历史内涵上有其独特的优势,但在包装方式、色香味上还有很大的改进和提升空间。

3. 目前存在的问题

3.1 农户角度

3.1.1 缺乏危机意识

在调研过程中,多数农户受访者都表达出对未来美好生活的向往,但他们大多没有考虑过如果企业倒闭了、茶叶市场不景气,自己该何去何从、自己能有什么样的应对措施。由于这些农户受教育水平较低,目光不够长远,对市场的认识不够充分,因此对安化黑茶产业的现状与自己现在的收入关心较多,对未来、对市场的发展预期关心较少,而对未来过于乐观则可能忽略一些风险与危机。农户危机意识的缺乏会是安化黑茶产业长远、长久发展的一颗定时炸弹,在市场危机来临时,农户可能会缺乏有效的应对措施,甚至导致像20世纪90年代大面积退耕还林毁坏茶园那样的非理性行为,对安化黑茶产业造成莫大的威胁。

3.1.2 过度依赖企业收购

安化县政府要求茶企以保护价收购茶农所生产的全部茶叶,而且要求保护价应略高于市价。可以说,这是一种由政府强制管控的非市场行为。六步溪村一农户表示,自己劳心劳力去联系买家,拓宽销售渠道,得到的卖价可能还不如保护价,收益可能还不如直接卖给茶企。久而久之,农户会形成对茶企收购鲜叶的依赖心理,不担心自己种的茶叶没有出路、没有市场,不去主动拓展、联系其他渠道,而只着重于种茶环节。但是,在安化县脱贫摘帽后,如果政府或茶企调整保护价政策,比如放宽强制收购措施,或者降低保护价,等等,而农户不能及时调整自己的销售渠道,则可能导致茶叶积压、滞销,农户利益受损,和茶企、政府人员产生矛盾纠纷等问题。

3.1.3 对高收购价心安理得

安化县茶企收购茶叶的保护价略高于市价,更远高于周边区县的价格,这并不符合市场调节的规律,容易引起农户的盲目自信。在调研过程中我们发现,部分农户对2019年鲜叶价格小幅下降至约8元/斤或多或少有一些抱怨,其实这个价格仍然是周围区县的四五倍。2018年鲜叶价格虽然达到10～12元/斤,但茶企仍全盘收购,因此不少农户会认为自己的茶叶就值10～12元/斤,2019年是茶企故意压价,榨取生产者剩余。不了解价格信息的农户其实忽略了供需关系、市场行情波动等因素对当年价格的影响,所以过度高估了茶叶价值。因此,如果保护措施变动,茶叶价格降低,必然会使农户产生不满情绪,对茶企和政府的收购环节产生抗拒心理,影响该过程的顺利进行,从而引发一些不必要的纠纷。

3.1.4 设备缺乏,生产效率低下

以采茶环节为例,采茶分机械采茶和人工采茶两种方式。机械采茶的效率是人工采茶的10倍,但价格只有人工采茶的1/3到1/4,同时采茶质量不比人工采茶差。可以说,如果在适合的地区全部以机械采茶代替人工采茶,则可以带来鲜叶采摘效率的成倍提高,同时大幅降低企业的生产成本。但是一台机器大约要花费几千元钱,由于农户偿债能力较弱,贷款难度较大,因此不愿意也没有能力去投资和购买机器设备,这样就会导致农户自有茶园采摘规模小、机械化程度低、生产成本高,从而影响安化鲜叶的市场竞争力,减少农户的盈利,增加农户的劳动量和劳动时间。目前,政府、企业还没有出台相关的政策,对购买机器设备的农户进行补贴、资助,或者提供租借机器设备的相应渠道,来改善这一困局。

3.1.5 小农思维的局限

农户小农思维的局限主要体现在两个方面:一是农户思想保守,缺乏创新性,使得新政策、新模式、新理念推行存在难度。很多农户一开始不理解、不接受土地流转的模式,譬如部分农户认为这是"别人拿着自己家的土地赚钱",会损害自己的利益。农户的这种固定的思维模式大大提高了推行新模式、开展新项目的难度。二是在和村支书的交流中我们了解到,一部分思想不积极的农户有"等、靠、要"的想法。委托帮扶的模式以及政府兜底的政策使得这一部分农户不需要从事什么劳动就可以从中获利,这虽然有助于实现社会公平,推动安化县整体脱贫,但同时也助长了很多农户不劳而获的侥幸心理,造成了一定的效率损失。这一点也限制了安化黑茶以及相关扶贫项目的发展。

3.2 企业角度

3.2.1 务工人员年龄结构存在风险

利源隆茶厂厂长吴大师在受访时提到,由于部分年轻人的出走,当前,安化黑茶企业雇用的员工中很大比例是50～70岁的中老年人。这些人一方面行动力较弱,生产效率不高;另一方面如果在务工过程中受伤,则会给企业带来诉讼、赔偿等一系列问题,成为企业长期健康稳定发展的潜在威胁。同时,缺乏鲜活血液也使得很多企业在生产、设计、营销上的观念比较落后,与新时代、新市场、新渠道的结合不够紧密。遗憾的是,目前实践中缺少详细、有效、有足够吸引力的人才引进制度和吸引年轻人回乡工作的政策,难以有效改善务工人员的年龄结构。

3.2.2 外地茶叶进入安化黑茶产业现象严重

在调研中我们得知,大部分安化茶企都会从外地收购散茶来调剂成本。一方面,外地茶叶的质量远不如安化本地茶,甚至一些下脚料也被倾销到安化,对安化黑茶产品的质量安全形成严重隐患。这些挂着安化黑茶牌子的"假冒伪劣产品"对消费者的体验造成了一定的负面影响,极大地损害了安化黑茶的品牌形象和口碑。另一方面,外地茶叶的大量涌入也会对安化本地优质茶叶形成逆向选择(Adverse Selection),最后导致"劣币驱逐良币"的现象出现,使得茶企偏向于收购外地低廉茶叶以降低生产成本,而对本地优质茶叶的需求减少。可以说,外地茶叶的涌入这一问题对安化本地茶企和茶农都会产生一定的负面影响。

3.2.3 安化黑茶目前存在市场乱象

在安化茶企中,中小企业占比较大。某些中小茶企缺乏规范的生产流程、生产设备和技术人员,产品质量无法得到保证;政府在监管过程中发现一些小茶企直接在地上晾晒茶叶,个别生产经营者甚至用一些低劣假冒原料进行加工。这些生产不规范的现象会严重损害安化黑茶在外的声誉和品牌形象。

3.2.4 交通和基础设施不便利、不完善

规划问题。部分道路的规划不够合理,空间运用效率低,比如高速公路出口设置、道路设置布局等,使得政府资金投入所获得的效益不高,对企业和农户的帮助有限。

基建问题。安化县基建的效率与速度较低,很多落后地区的道路建设推进缓慢,这使得茶叶的种植、运输等一系列环节不但耗时增加,而且成本上升,不利于茶产业降低成本,缩小了茶企、茶农的利润空间。

3.2.5 市场营销上存在缺口

相比云南普洱等黑茶,安化黑茶面临知名度低、受众少、市场和需求没有被完全打开的问题。绝大多数安化中小茶企都缺乏专业的营销团队,也缺乏投放广告的资金;而大茶企的营销仍然集中在几种传统的营销手段上,对新媒体的适应性不强,吸引力差,收效一般。另外,对安化黑茶这一集体品牌的宣传还主要停留在专题报道、茶博会等老旧的形式上,缺少对安化黑茶历史底蕴、文化价值、健康功效的深度挖掘,提不出一句让人耳目一新、有深度、有高度的宣传语;此外,宣传、营销过度侧重于中高端市场与老客户,对年轻人的针对性差,难以提高黑茶市场的占有率,拓展新市场。可以说,无论是集体品牌的推广还是个体品牌的宣传,都是安化黑茶未来发展亟待解决的问题。

3.2.6 企业抱团意识不强

适度的合作、共享、抱团可以在一定程度上形成规模经济,既容易提高安化黑茶的知名度与品牌影响力,又可以减少重合,形成差异,从而降低成本,提高效益。虽然现在有130多家企业共享安化黑茶这一集体品牌,但是很少有多家企业联合发展、分工协作、抱团进行营销研发的案例。目前黑茶市场上各大企业之间几乎没有合作,这就导致其产品同质化严重,营销各自为营,单打独斗,研发重合点多,成本虚高。可以说,各企业若不能团结一心,则不仅会阻碍整个安化黑茶产业的发展,而且不利于茶企个体的发展。

3.2.7 家族企业占比较大

家族企业在安化黑茶企业中占比较大,虽然家族企业在一定程度上意味着

企业文化的传承与发展,但也会引发一系列问题。一方面,年长者思维比较保守,对大额投资过度担忧,这可能导致企业错失一些良好的投资机会和扩张机遇。另一方面,家族企业可能带来一些激励机制上的不足,使得员工积极性下降,最终导致人才流失。家族企业应想办法改变激励机制,转变思维,改革制度,从而弱化这两点对家族企业未来发展的制约。

3.2.8 中小企业缺乏资金来进行规模扩张

虽然当地政府出台了一定的信贷支持政策,但由于安化中小茶企投资风险大,固定资产、可抵押资产价值低,银行不希望贷款给中小茶企。中小茶企缺乏资金,难以做大做强,规模扩张的速度减缓,难以形成规模经济,成本难以降低,同时利润空间受限。这在一定程度上导致目前黑茶市场上中小企业多、大企业少,企业规模偏小,各企业良莠不齐,存在鱼龙混杂的局面,不利于安化黑茶市场的长期稳定发展。

3.3 政府角度

3.3.1 风险防范和监督机制不健全

政府工作人员对未来黑茶产业的风险认识有失偏颇,一些工作人员盲目乐观,出现了"报喜不报忧"的情况。政府对很多黑茶产业明显存在的问题没有及时发现并有效监督,缺乏有效的制定标准、强化监督、防范风险的措施、政策,甚至某些地方政府工作人员提到解决质量问题只能靠企业"自律"。"自律"固然是很重要的一环,但政府也应该发挥好监督作用,履行监管义务,制定相关标准,完善准入机制,加强奖惩措施,鞭策和督促安化黑茶产业升级,提质控量。

3.3.2 示范企业的审核标准不明和过度保护

当地政府会授予几家发展较好的龙头企业"示范企业"称号,企业在获得"示范企业"称号后在很多方面都可以享受政策优惠与政府补贴。但实际上,在示范企业的评审过程中,具体的评审标准、评审流程、落选原因等信息都没有公开,很多没有获得"示范企业"称号的企业会认为政府存在偏袒,从而产生不满情绪。此外,示范企业每年都能获得政策优惠和政府补贴,形成了"强者更强"的马太效应,非示范企业难以与之竞争,发展空间受限。长此以往,将不利于市场多元化、稳定、平衡、健康发展,容易导致寡头、垄断等问题的出现,损害社会福利。

3.3.3 与生态保护区种植茶叶的农户缺乏有效沟通

有些农户认为政府在生态保护区上制定的政策损害了其利益:政府每年只会给予农户每亩土地十几元钱的补贴,但农户每年会因此而产生约2万元的损失。有些农户认为生态保护区相关政策不够合理,这个问题在我们在云上茶厂采访六步溪村家住生态保护区附近的村民陶汉元、张念田等时表现得尤为突出。其实政府这样做的目的主要在于想通过减少补贴促使贫困户搬离生态保护区,搬进城镇,但政府部门并没有把自己的想法有效地传达给贫困户,没有积极出台搬迁优惠政策,也缺乏与贫困户的对接、交流与疏导,使得在农户看来这只是一种区别对待,自然会产生抱怨、不满等情绪。总而言之,在生态保护区的问题上政府与农户之间仍缺乏有效沟通,存在信息不对称的情况。

综上,虽然安化黑茶产业的发展前景广阔,但在农户端、企业端、政府端三个方面还存在一些问题制约着其发展。针对这些问题,我们提出了一些解决措施,来更大限度地挖掘和激发产业发展潜力,促进农户、企业、政府三位一体共同发展。

4. 发展前景

2017 年,湖南省人大常委会调研组《安化黑茶产业发展调研报告》中提到安化县未来黑茶产业的总体目标:到 2020 年,实现黑茶年产量 15 万吨,综合产值 300 亿元以上,税收 10 亿元以上;到 2026 年,实现综合产值 500 亿元以上,税收 20 亿元以上。

2018 年,安化黑茶产业实现茶叶加工量 8.2 万吨,综合产值 180 亿元,税收 3.2 亿元。2007—2026 年安化黑茶产业宏观数据如图 1-1 所示。

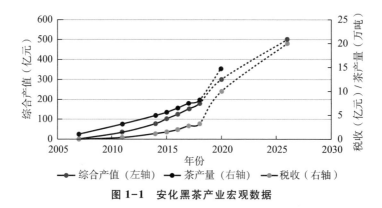

图 1-1 安化黑茶产业宏观数据

从图 1-1 中可以看出,自 2016 年起,安化黑茶产业的综合产值、茶产量、税收的增长速度皆呈现放缓趋势,实际上这也符合一个产业边际效应递减的长期发展趋势;而如果按最初设定的目标,则未来 8 年黑茶生产将需要非常大的规模扩张;加之近年来安化县许多茶企都强调"提质控量"的发展要求,我们认为,有必要重新考核安化黑茶产业下一步的发展目标,从而能够更好地指导黑茶产业的良性发展。

5. 政策建议

5.1 加大基础设施尤其是道路交通建设的投入

受制于多山多水的地理特征,长期以来安化县域内的基础设施建设一直处于较不发达的水平。截至2018年,各村镇的水电通信问题基本得到解决和保障,但面对未来乡村振兴的发展目标依然有许多需要改进和提升的软肋。前期规划的"马安高速"在2018年竣工通车,其是安化县域内第一条投入使用的高速公路,积极效果十分明显:通车之前,从益阳市前往安化县的主要道路是308省道,全长约131公里,需要花费2小时30分钟;通车之后,车程缩短至1小时40分钟。一个地区的道路交通建设将对几乎所有产业发展起到基础性的作用,这也是安化县扶贫攻坚、乡村振兴战略实施的基础工程,未来安化县应继续加大基础设施尤其是道路交通建设的投入。

5.2 在规划落实中注意严格性和灵活性相结合

2007年,市、县两级政府结合黑茶产业的实际情况和未来发展预期,从生产规范、文化影响、科技投入和体制建设等方面制定了科学、详尽的规划。十几年来,规划的实施效果显著,但在灵活性方面尚有可以改进之处。例如,安化县设立了茶旅服务中心及其前身茶业办,但由于缺少省市层面的对口部门,因而目前处于一个很尴尬的"灰色地带",其职能的行使也遇到了许多阻碍。不可否认,茶旅服务中心对安化黑茶产业的资源整合和行业发展发挥了巨大作用,而这样的限制却让其潜能难以得到真正释放。此外,针对"马安高速"和"官新高速"出口设置问题,如果出现了实际情况和规划不同的局面,那么也应该本着"实事求是"的原则,结合具体问题适当调整前期规划,杜绝"教条主义"。对于其他规划目标或组织框架,也应该以类似的态度适时予以调整,以保证产出的最大化。

5.3 加强扶贫项目的宣传和信息公开,打消企业的疑惑和猜忌心理

在访谈过程中,有少数几家茶企表示它们并不清楚"示范企业"的评选过程,也不知道政府部门是以什么标准对候选企业进行评审的;除此之外,在2015年、2016年两年的"省级重点产业扶贫项目"申请环节中,安化县160多家茶企仅有一家提出申请并通过省级团队考察,总体而言,企业对此的反应并不积极。出现这样的情况,有可能是因为少数企业自身获取资讯的渠道不够通畅,也有可

能是相关部门在就扶贫项目进行宣传时力度不够、解释不够清晰。在进行类似评比的过程中，政府部门应该加大信息公开力度，让获评的企业名正言顺、落选的企业心服口服。

5.4 衡量扶贫语境下黑茶价格杠杆，建立下一阶段泡沫破裂的风险化解机制

自2015年脱贫攻坚进入决胜阶段以来，安化县大部分茶企在政府的鼓励和引导下，都采取了"保底价收购"或"保护价收购"的方式收购农户手中的鲜叶或毛茶，但随之而来的问题是，原料收购成本的抬升最终会通过产业链传导至黑茶成品当中，或者说最终的黑茶商品价格是带有一定泡沫的。除了少数主打高端茶业的厂商（如高甲溪），其他茶企是难以长期承受这种非市场因素带来的价格升高的。对此，一方面，政府可以结合当前扶贫工作开展的实际情况，逐步放宽对茶叶收购价的管控，让市场这只"看不见的手"发挥更大的作用；另一方面，可以在公开说明的前提下，引进安化县周边地区的茶叶原料作为企业调节成本的一种手段，同时使用安化黑茶产业的精良加工流程对这部分原料进行处理，最终实现对周边地区的辐射，提升周边地区茶叶产品的价格和品质，避免恶性竞争，形成抱团发展。

5.5 以国家强制力落实安化黑茶行业标准，防止劣币驱逐良币

截至2018年，安化县已经牵头制定黑茶行业8个国家标准和13个地方标准，但在执行过程中仍遇到了前文所说的一些困难。对此，要进一步解放思想、实事求是，赋予安化县茶旅服务中心更多的职能和更大的职权，更好地发挥其安化黑茶产业指挥棒和监管处的作用；同时，要赋予已经实行的行业标准足够强大的执行力，要果断授权符合行业标准的企业使用"安化黑茶"的公共品牌商标，坚决强制不符合行业标准的企业退出区域品牌集体，并于产品包装醒目位置标明审核结果。通过这种方式，对外树立彼此一致的良好的黑茶品牌形象，这对黑茶产业未来的长期健康发展将起到很大作用。

5.6 申请单独海关商品的HS编码

《安化黑茶产业发展调研报告》提及安化黑茶缺乏国家出口单独海关商品的HS编码，导致黑茶在出口时都是打着"普洱茶"的名号，这自然不利于在其他国家提升安化黑茶的知名度和树立安化黑茶的品牌形象。但多年过去了，这个问题尚未得到有效回应。因此，安化黑茶应申请单独海关商品的HS编码。

6. 企业发展方向

6.1 加强传统工艺的改良升级和新产品的研发

安化黑茶有着悠远的历史和深厚的积淀,许多不可或缺的生产技艺赋予其不可替代的滋味和地位;但面对当今时代的快速变化,一味地执着于过去的生产方式和产品种类显然是不可长久的。针对这一问题,我们建议黑茶企业同制茶大师达成合作,甄别"古法工艺"中不可分割的部分和已经落后的部分——对于前者,在保留原始工艺精华的基础上结合现代科技进行改进,对于后者,则应该果断舍弃。在参观湖南华莱万隆黑茶产业园时,流畅的生产线、干净整洁的车间、训练有素的工人都给我们留下了深刻的印象,而这样的现代化改造对于企业的产品质量、品质控制和成本降低都会产生积极作用,这也是华莱能够发展成为黑茶行业中的龙头企业的一大助力。

6.2 增强市场划分和消费者群体划分的意识

安化黑茶的养生保健功能的确十分突出,一直以来也是其在消费者心目中的名片,但许多茶企并没有明确阐述企业某款产品的特定卖点是什么,针对的消费人群又是什么,更多的情况是将历史上的"三尖三砖一花卷"标志性产品分别做出来并装进现代化的包装中。我们建议,茶企充分利用安化黑茶深厚的历史文化底蕴,更有方向性地开发不同定位、适合不同消费人群的产品。比如,可以抓住安化黑茶吸油降脂而又区别于常见减肥产品、不带有副作用的特性,重点发挥其减肥功效,开发适合有减肥意愿人群长期饮用的健康减肥产品等。

6.3 重视茶产业链下游的开发利用

这一问题在各种类型的茶企中多多少少都存在,但在民营茶企中更为突出。像中茶湖南安化第一茶厂和白沙溪茶厂这样的国企,除了秉承黑茶的制作工艺,企业内部还运行着较为成熟的管理模式和营销模式,也大都组建了专门的营销团队;反观民营茶企,尤其是带有家族传承色彩的部分茶企,则需要提高自身对于产业链下游的重视程度。对此,八角茶叶有限公司董事长提出了一个不错的构想。他表示,未来八角茶叶有意向同类似于"小罐茶"这样已经建立起全国销售渠道的企业(茶叶经销商)展开合作,这一方面不需要花费巨大的成本去建立自己的销售渠道,能够把更多的资源投入产品的研发和升级之中,另一方面可以享用成熟经销商的渠道红利,弥补安化黑茶以边销起家导致知名度较低的先天不足。我们也认为这将是解决安化黑茶产业链下游开发不足的较好对策。

6.4 打造自身品牌特色,避免同质化恶性竞争

安化县域内有多达 160 家茶企,但大多数都在做"安化黑茶"产品,而没有做出自家特有的产品——也就是说,安化黑茶当前的情况就像大约十几年前国内家电市场的情况那样,品牌纷杂而产品同质,整个黑茶行业还没有进入成熟稳定的发展阶段。为了避免当年国内家电市场"价格战"的恶性竞争,从而导致长期不盈利甚至亏损的状况,我们建议各家安化黑茶企业从当下开始打造自身品牌特色,做好产品差异化工作,避免出现前文提及的恶性竞争。

6.5 在"走出去"的过程中增强彼此抱团的意识

当前,中国的"一带一路"倡议方兴未艾,沿线国家的贸易往来日益频繁,国内许多企业也在"一带一路"建设中发现了新的商机。由于历史上的先天优势,黑茶在我国西北和中亚地区已有较高的知名度,许多茶企也正在探索新时期的有效发展方式。针对前文提及的抱团意识不足的问题,在"走出去"的过程中,为了扩大影响力和知名度,各茶企应该从某种意义上改变国内市场中的竞争形式,以类似于联盟的姿态和标准塑造安化黑茶的良好形象,优先占据广阔的海外市场;待形成一定的市场势力后,再发挥自身优势和特色进行良性竞争。这样一方面有利于增加黑茶的需求,另一方面有助于各茶企相互帮助、相互学习,有利于整个行业的良性发展。

案例 2 山东日照绿茶产业

1. 概述

日照是世界茶学家公认的三大海岸绿茶城市之一。日照绿茶是中国最北方的茶,因当地昼夜温差极大,茶叶生长缓慢,故较南方茶含有更多的维生素、矿物质和对人体有利的微量元素,具有一定的营养价值和药用价值,有香气高、滋味浓、叶片厚、耐冲泡等特点,属于中国高档茶。1966 年"南茶北引"获得成功后,经过 50 年的发展,日照茶园面积稳步扩大,质量效益日益提高,市场不断拓展,对农业增效、农民增收和农村集体所有制经济增长发挥了积极作用。

日照是山东最大的绿茶生产基地和山东茶叶的主产区。2014 年,全市从事茶业种植、加工、销售人员近 30 万人,茶园亩收入过万元,是同等立地条件下其他农作物收入的 3~5 倍;已经形成"散户独立种植""企业+农户""龙头企业+基地+专业化农户"三种生产模式和种植、加工、销售一体化的产业链。

日照绿茶目前存在的问题有:规模效应弱,茶园集约化程度低;绿茶种植时间短,产业持续带动力不足;发展方式传统,销售渠道单一;茶文化缺少内涵,品牌效应不明显。其中,没有统一品牌问题较为突出:B2B(企业与企业)方面,大型茶企转型缓慢,发展思路与品牌文化不健全;B2C(企业与个人)方面,中小型茶企缺乏品牌观念,盲目追求"量"和"利";C2C(个人与个人)方面,茶农单打独斗,压低利润,生存困难;就行业整体而言,产品融合发展不足,缺乏竞争力。

2. 如何形成自主品牌

2.1 政府角度

强化质量监管。一是加快构建全市茶叶安全生产、质量检测和质量追溯"三大体系",形成长效监管机制。二是着力加强茶叶质量监管和品牌保护,成立由相关部门组成的茶叶监管中心,并加快低产茶园改造。政府应分批更新改建25年以上的老龄低效茶园,建设优质高效示范园,坚决打击假冒伪劣行为,提高茶叶单产和质量,保护"日照绿茶"的品牌声誉。

在各茶叶集中种植地扶植龙头企业,引导农户与企业充分对接。着力招引茶叶加工大企业、大项目。引导企业整合品牌资源,加强品牌营销,并要求相关企业规范使用、维护和宣传区域品牌,加快建设日照干鲜茶叶交易中心,以创建具有影响力和知名度的特色茶叶品牌。

深入挖掘日照绿茶文化,加强茶文化宣传,做好品牌营销、推广。政府应牵头成立茶文化研究组织,研究日照绿茶文化同日照历史、地理、人文之间的关系,结合日照"南茶北引"的历史,在早期种茶、加工等地设立纪念标志,在市区交通要道、显要位置设立大型宣传牌;结合日照城区分布特点,在市植物园、公园等旅游景点规划兴建茶楼、茶馆等品茶、展销和茶文化宣传设施;在繁华的娱乐街区,打造茶文化走廊或茶馆一条街,形成多方位浓厚的茶文化氛围。在文化对外宣传方面,政府应牵头打造高质量的茶文化宣传片,提高日照绿茶的知名度,吸引中外游客进一步了解、体验日照茶文化。

结合旅游业拓宽绿茶销售途径。政府可以开发茶旅游项目,研究和开发茶叶产品,建设一批集茶叶种植、加工、销售、文化、体验于一体的"乡村特色茶园",与现有旅游项目融合,打造旅游一条线,增强旅游业对茶叶销售的带动作用。同时,政府还可以通过茶叶节、推介会、研讨会及产品展销会等方式拓展销售渠道,为茶叶品牌宣传搭建平台,推进品牌运作,提升品牌影响力。

2.2 企业角度

拓宽销售品类及模式。打造多元品种,延长销售周期,由单一的日照雪青绿茶逐渐发展成为以日照绿茶为主,日照红茶、日照白茶等多种品种共同发展的多元化销售模式。日照绿茶的加工炒制也由简单的卷曲形向龙井形、毛尖形、铁观音形等方面拓宽。

产品分级,找准市场定位。对绿茶产品进行差异化分级,提高价格与质量的适配度,拓宽购买群体。

打造多元销售模式,拓宽销售媒介、平台。茶文化的一大特点是地域性很强,一个地方的人更多的是喝当地产的茶叶,喝惯了当地产的茶叶,则喜好很难发生改变,企业可据此与每位客户建立长久的关系,并搭建销往各地的渠道,与客户签订为期数年的固定订单,并在价格上给予优惠,不论客户搬往何处,每年都为其寄送新鲜的茶叶。另外,近年来,"互联网+"商业模式正处于风口,网络红人成为品牌文化传播的重要媒介,企业可邀请知名博主制作相关文化体验节目,借用博主个人的名人效应精心打造富有特色的精品宣传节目,进行产品的商业化运作。

结合企业规模制定相应战略。B2B方面:大型茶企应完善种植基地,科学种植,实现产品的多样化、有机化,提高产品的竞争力,打造自己的品牌文化,在规模扩大的同时提高质量,龙头企业之间应展开深度的合作与交流,打造日照绿茶地区性品牌;B2C方面:中小型茶企应树立品牌维护意识,在实现产品多元化的同时突出特色,提升质量,打造"纯手工茶"标签,凸显日照绿茶的品质和做工;C2C方面:茶农应摆脱单打独斗的局面,抱团成长,建立集种植、加工、销售于一体的茶农合作社,打造自己的品牌,并提升品牌影响力。只要绿茶的质量、口碑有了质的提升,随着"互联网+"时代多种销售模式的快速发展,日照绿茶就能逐渐提升品牌影响力,并享受品牌影响力带来的福利。

案例3 云南普洱茶和咖啡产业

1. 概述

1.1 茶产业

1.1.1 背景

普洱是著名的茶产区,也是自古以来最大的普洱茶集散中心。普洱茶以山头闻名,普洱及周边茶产区境内多山,山地垂直气候差异显著,不同山头上的茶叶各不相同。景迈山是普洱市境内最著名的茶产区,拥有目前保存最完整、历史最悠久的人工栽培型古茶林,是中国茶文化中唯一的"申遗"茶山,不少优质品牌普洱茶均出自此山,例如普洱市龙头茶企的"澜沧古茶"等。

普洱市生态环境优越,受亚热带季风气候的影响,大部分地区常年无霜,冬无严寒,夏无酷暑。普洱市年均气温为15~20.3℃,年无霜期在315天以上,年降雨量达1 100~2 780毫米,当地气候完全满足普洱茶生长所需的气温及降水条件。普洱市山区占98.3%,林地居全省之首,森林覆盖率达74.59%。普洱市海拔为317~3 370米,中心城区海拔1 302米,满足普洱茶生长所需的海拔高度条件。当地土壤多为红壤、砖红壤,有机质含量较高,极其适宜普洱茶的生长。

"十二五"以来,随着经济的迅速发展和农村产业结构调整的不断深化,通过规模化、规范化、集约化发展,普洱市进一步发展壮大了茶产业,茶叶收入已成为边疆贫困山区广大农民的主要经济来源。普洱市茶产业占全省茶产业产值的比重达25%以上,2014年产值突破了百亿元大关。近年来,全市上下共同致力于生态茶园建设,共投入2亿多元资金,完成了全市159万亩生态茶园种植覆荫树的任务。

普洱茶的分类标准有很多,依据调研及相关资料,这里主要谈两种分类方式下的茶品种:以茶树种植管理方式分类,可以分为野生茶、茶园茶。野生茶生长在野外,无人工管理,完全自然生长和发展;茶园茶由人工种植、人工管理。以茶树龄分类,可以分为古树茶、野放茶、台地茶(狭义)。古树茶种植在禁采范围之外,茶树龄在百年以上,无论是否人工种植,都是长期无人工管理;野放茶的形成有其历史原因,茶树龄通常在50年至100年之间,由人工种植,无人工管理;台地茶通常指狭义台地茶,绝大多数为1985年以后推广种植的,茶树龄在20年左右,多为人工培育无性繁殖灌木型,密植,高度人工管理。

1.1.2 种植管理模式

普洱茶的种植结构为古树茶、台地茶等相结合。普洱市鲜茶(包括古树茶、台地茶)种植模式主要分为两种:以企业为主导的茶农入股模式,以政府为主导的专业合作社模式。以企业为主导的大型茶园项目,如龙生茶业的8万亩茶园,让独立茶农成为企业员工,并以土地经营权入股,使茶农通过土地要素、劳动力要素获取收入,实现了扶贫增收;以政府为主导的专业合作社,弥补了企业的空缺,集中了未被企业吸纳的独立茶农,力争实现90%以上的独立茶园都有企业或合作社主体。

普洱市政府在行业管理层面有自己的布局,并已形成一定的规模。其中,普洱市政府以诚信联盟的打造为主要工程,联合六大茶山的企业、合作社,建立统一的种植规范及产品质检标准,给合乎规范的企业产品授以"有机茶"二维码标签认证。"有机茶"认证标准目前已受到许多权威国际质检机构的认可。通过组建诚信联盟,政府旨在积极应对茶叶质量下滑的挑战,从而更好地维护普洱茶的品牌形象。

1.1.3 销售状况

目前,普洱茶及各种茶类饮料在国内市场主要通过直产直销、电商销售、餐饮合作、商超合作途径销售。其中,在新冠肺炎疫情期间传统途径深受影响的情形下,普洱当地的茶商、茶庄老板上线抖音、快手等平台,从直播入手,开辟销售自家茶叶的新渠道。但是,普洱茶的售卖商户普遍为小型个体户,文化素质和水平较低,因此,在开拓新的渠道方面容易受到市场影响,并且其开拓能力也较为有限。

1.1.4 品牌现状

普洱茶的品牌发展经历了较为漫长的过程。在发展初期,由于行业规范与市场准则的缺失,大量生产企业涌入普洱茶行业。这在促进行业飞速发展的同时,也造成行业集中度低、企业生产质量参差不齐等问题,没有具有较明显优势的茶企。自2007年起,思茅市(后更名为普洱市)政府将普洱茶确定为该市第一支柱产业,大力发展普洱茶产业,并在此后几年中先后提出"科学普洱""人文普洱"等发展概念。经过五年(2009—2014)的发展和行业重新洗牌,品质和品牌较佳的企业市场在扩大,品牌集中度越来越高。据中国茶叶流通协会统计,截至2014年,云南已有茶叶初制厂8 000余家,精制茶企1 000余家;产值千万元以上茶企170余家,同比增加100余家;亿元以上茶企24家,同比增加20家,产业集中度明显提升。其中,大益茶业、七彩云南茶业等行业龙头企业预计将在未来带领普洱茶行业迈入更快发展阶段。

大益茶业成立于1938年,集团母公司为云南大益茶业集团有限公司,集团旗下包括勐海茶厂(勐海茶业有限责任公司)、东莞市大益茶业科技有限公司、北京皇茶茶文化会所有限公司、北京大益餐饮管理有限公司、宜兴宜工坊陶瓷工艺品有限公司等成员企业,拥有"大益"品牌。作为专业茶产品及相关服务供应商,大益产品线已涵盖普洱茶、红茶、绿茶、保健系列茶等众多品类。集团出品的传统紧压茶、包装散茶、新型袋泡茶等众多形态的茶产品均获国家环保总局有机食品发展中心颁发的"有机"(天然)食品证书,多次荣获国际、国家、部省级金银奖,并通过欧盟国际有机认证,远销日本、韩国、马来西亚、欧美等地区。2008年,"大益茶制作技艺"成为普洱茶工艺代表,入选国家级非物质文化遗产名录;2010年1月,大益茶签约广州亚运会,成为茶产品供应商暨指定用茶,亦成为首家赞助国际大型综合性体育赛事的茶企;同年11月,集团获准在勐海茶厂设立茶行业首个博士后科研工作站;2011年,"大益"牌经国家商务部正式认定为"中华老字号";同年年底,被商务部认定为"中国驰名商标"。至今,大益茶已成为经典茶品与健康品质生活方式的代表之一。

七彩云南茶业在西双版纳建设自有万亩有机生态茶园,在班章、南糯等古茶山与100余家茶叶初制厂长期深度合作,建设勐海和昆明两个国内标准的大型现代化茶叶加工厂。

虽然目前普洱茶行业内企业和品牌众多,但真正被市场认可的品牌为数不多,能够代表普洱茶的地方品牌更是寥寥无几,品牌行业集中度有待提高。原因大致有以下几点:①企业资本化面临困难,茶行业具有投入产出周期较长的特点,而目前普洱茶行业以中小、私营企业为主,都是家庭式、家族式管理,达到一定规模并拥有种植、加工、销售全产业链的品牌企业较少;②新生代茶企不断崛起,相较于"澜沧古茶"等老牌传统茶企,"小罐茶""喜茶"等新生代茶企在管理模式、品牌建设、专业化程度等方面都更具优势,也因此吸引了更多的融资,现有老牌茶企在品牌建设上缺乏特色定位,没有将产品与当地特色资源等结合起来形成独具特色的品牌效应;③行业缺少系统的质量标准体系,"普洱茶热"在推动普洱茶走向全国的同时,也带来了原料、年份、生产、价格、消费等方面的混乱局面,大大小小的作坊、茶厂、茶店遍布全省,卫生条件差、产品质量低、品质不稳定、假冒伪劣泛滥等现象令人担忧,究其本质,是因为普洱茶缺少一套系统的、统一的质量标准体系,商家和业界人士自成体系,没有一个公认的评价标准。因此,如何建立科学的理论体系,引导、规范市场是亟待解决的问题。

1.1.5 市场需求现状

自普洱茶行业产生及稳步发展以来,由于其生产集中在云南,基于地域优势和气候优势,普洱茶的消费市场一直以沿海的广东地区、港澳台地区为主,尤其是在2004年及以前。这些地区作为传统消费市场,在过去几年中一直在稳步发展并呈现扩张趋势。而与这些趋于成熟的传统消费市场相比,2008年以来,新兴消费市场如北方部分地区虽然发展较快,但仍不够稳定,普洱茶在这些地区被其他茶叶品种代替的概率也更高。然而,尽管广东地区一直是全国最大的普洱茶消费市场,几乎每年都要消化全国普洱茶产量的七成左右,但与此同时,在北方最大的茶叶批发市场——济南批发市场,普洱茶的销量却一路上扬。更有趣的是,在电商给出的销售数据中,来自广东地区的消费者消费仅占两成。显而易见,北方地区对普洱茶有着旺盛的消费需求。不过,可惜的是,由于运输存在一定的困难,以及其他种种制约因素,这种需求暂时得不到充分的满足。这种消费市场的北移趋势也体现在,由于北方缺乏正规、优质的普洱茶交易市场,普洱茶的线上销售比例在不断上升,2015 年普洱茶的线上全年交易额便已超过 10 亿元。

从全球视角来看,近年来,全球茶叶市场需求持续增长。其中,亚太地区的绿茶消费增长势头强劲,而北美、西欧地区的红茶市场也已发展成熟。统计数据显示,2017 年全球茶叶产量约为 557 万吨,其中中国、印度两国的茶叶产量位居世界前位。

1.2 咖啡产业

中国的咖啡种植源自云南,云南咖啡种植区位于世界上乘咖啡豆的"黄金种植带"。数据显示,云南咖啡年产量占全国的 95% 以上,其中将近半数来自普洱产区。2012 年 12 月 10 日,中国果品流通协会授予普洱市"中国咖啡之都"称号。普洱咖啡正以其香浓醇厚、余韵悠长的独特魅力逐渐进入大众视野。

1.2.1 背景

"十一五"以来,普洱市委、市政府牢固树立"生态立市、绿色发展"理念,始终把发展特色生物产业和文化旅游养生产业作为普洱参与未来全球竞争的主攻方向,紧紧围绕打造"中国咖啡之都"的战略目标,把咖啡产业作为优势骨干产业来抓,咖啡产业呈现快速发展的势头,普洱咖啡的国际品牌地位得到进一步提升,普洱已成为全国种植面积最大、产量最高、品质最优的咖啡主产区和咖啡贸易的主要集散地。

普洱咖啡种植区地势北高南低,最高海拔 3 370 米,最低海拔 317 米,平均海拔 1 500 米,适宜种植的海拔为 700～1 600 米;土壤类型主要为红壤、砖红壤等,适宜种植的土壤为红壤、砖红壤、赤红壤,pH(氢离子浓度指数)值为 5.5～6.5;种植地选择在半山区和山区的平缓坡地、低山、丘陵等地势开阔的区域,一般海拔 1 200 米以下的选择阴坡,海拔 1 200 米以上的选择阳坡。普洱咖啡种植区内属于亚热带季风气候,兼具低纬、季风和高原气候三大特征,昼夜温差大,冬暖夏凉,降雨量大于蒸发量。普洱市光、热充足,水资源丰富,有利于咖啡的种植和生长。普洱咖啡种植区内有澜沧江、红河、怒江三大水系,众多河流为普洱市提供了丰富、清洁的水资源,十分适宜咖啡的种植与加工。

1.2.2　种植情况

普洱地区种植的咖啡品种以小粒种咖啡为主,咖啡的种植主体最初以企业为主,个体咖农的种植量比较小。随着市场的不断扩张,越来越多的农户选择自主独立种植咖啡,并且这一趋势还在不断发展。当前,许多农户既为某些企业种植咖啡,也在自家田地上种植咖啡;有些农户已脱离企业,开始完全自主种植。另外,农户的咖啡种植也得到了政府以及大型企业的扶持。普洱市委、市政府在咖啡的用地、劳动力、项目申报、培训等方面投入了大量的精力与资金,积极与相关部门进行协调,从而动员咖农种植咖啡。由于所处的地理位置和特殊的气候条件,普洱咖啡一直被公认为比较好的咖啡,为世界知名咖啡企业所青睐。每年,普洱市咖啡产业联合会都会组织企业将咖啡样品送往国家农业农村部食品质量监督检验测试中心以及国际权威机构进行检测。在历次送检中,普洱咖啡的品质均优于国际标准;在众多测试和评比中,普洱咖啡也多次位居前列,这些都证实了普洱咖啡的优良品质,为其进一步发展提供了良好条件。

1.2.3　加工情况

普洱市属于经济欠发达地区,全市有300多家咖啡企业,但因交通、设备、技术等诸多方面的限制,企业和个体户的生产规模较小,生产加工体系不够完善,加工业以初加工,即从咖啡鲜果到咖啡生豆的加工过程为主。与咖啡种植业相似,普洱市的咖啡加工业也以农户自行加工和企业统一加工两类方式为主。一些企业选择收购个体农户自主种植的咖啡鲜果,与企业种植的咖啡鲜果一起进行初加工。同时,许多拥有自己的咖啡园的农户也拥有独立的初加工设备,在种植之后进行脱壳、晒果等初加工工序。普洱咖啡初加工业小作坊众多、设备落后、标准化程度低、加工质量参差不齐等,对咖啡生豆产品的质量产生了一定的负面影响。

为了加强咖啡初加工的质量管理,2014年普洱市政府也出台了《普洱市咖啡初加工管理办法(试行)》等政策以规范咖啡初加工,为咖啡初加工业提供一系列的支持和保障,从而提高咖啡生豆质量。

1.2.4　销售情况

普洱市的咖啡产业以咖啡的种植和初加工为主,咖啡产品以原材料产品为主,包括咖啡鲜果和咖啡生豆。雀巢等跨国公司会向个体农户发放采购证,向其直接收购质量较好的咖啡生豆或咖啡鲜果,其中生豆收购价为13～15元/公斤,鲜果收购价为2元/公斤左右,略高于咖啡期货的价格。对于质量较差的咖啡豆(如碎豆),也有特定的交易地点供农户进行交易。同时,农户也会将一部分咖啡鲜果或咖啡生豆卖给当地的咖啡种植和加工企业。大部分咖啡加工企业会将初加工后的咖啡生豆销售给国内外的大型采购商,其中出口国家主要为日本、瑞士等,其收购价也以咖啡期货价为基准。

为了搭建云南咖啡仓储和交易平台,维护咖啡市场的秩序,保证交易的顺利进行,按照云南省政府的部署,普洱市在2014年通过招商引资,建设了云南咖啡交易中心。交易中心组建了高标准的专家团队,与SCAA(美国精品咖啡协会)和CQI(咖啡品质学会)建立了合作关系,设立了杯品中心、评测中心,提高了咖啡豆的精品率,促进了云南咖啡产业的快速、稳定发展,提供"一站式"交易配套服务。中心在册种植商会员1 000余家,包括咖啡企业和规模较大的个体农户;在册采购商会员2 000余家,涉及欧美、日韩、中东以及国内主要城市的咖啡生产商、贸易商和连锁咖啡店。目前,云南咖啡交易中心已经成为云南面向各地的主要交易平台和全球咖啡产区产品进入中国市场的重要渠道。

1.2.5 发展模式

普洱市的咖啡产业主要分为咖农、小型种植加工厂以及咖啡交易中心三个主体,最终采购商为品牌厂商和贸易商。

咖啡产业上游的鲜果种植业主要由咖农和小型种植加工厂组成。咖农种植出的咖啡鲜果一部分由咖农自行加工成生豆,另一部分以鲜果形式直接出售。咖农的主要销售对象为以村为单位的咖啡生产和加工企业(如普洱市思茅区大开河咖啡专业合作社)以及对接的品牌厂商和贸易商(如雀巢)。在种植过程中,为确保咖啡生豆的质量,企业会向咖农提供相关技术指导,并在收豆前对其品质进行鉴定和评级。销售上,一方面,咖农将大部分质量较好的生豆和部分鲜果以略高于咖啡期货价的价格卖给对接的品牌厂商,具体价格由品牌厂商制定;另一方面,咖农将其他生豆和鲜果卖给当地的小型种植加工厂,以供进一步的加工和销售。

对于小型种植加工厂,其加工并出售的大部分鲜果来自厂商的咖啡种植园,其余部分收购自当地的咖农。种植加工厂将鲜果加工为生豆,并以咖啡期货价销往对接的销售市场,如中国东南沿海地区,以及包括德国、瑞士、日本在内的海外市场。

在咖啡的种植、加工和销售方面,普洱市政府都给予了一定的扶持和帮助。在出台优惠政策、加快基础设施建设、发放补贴和金融助推的同时,政府也主持建设了以云南咖啡交易中心为代表的一系列中间交易平台。一些加工企业和规模较大的个体农户在该平台注册,同时以期货定价的形式进行挂牌交易,流向咖啡下游流通产业。交易平台的建立为咖啡的产品评级、质量认证以及交易效率的提高提供了便利。

2. 目前存在的问题

2.1 茶产业

质量标准体系仍不健全,质检机构权威性不够。《普洱市茶产业"十三五"发展规划》中提到,"有机认证茶园面积小、巩固难,有些地方仍在施用违禁农药。'有机'认证及'有机'产品监管难,认证标准、产品质量参差不齐,追溯难。在经济全球化的今天,国内企业的产品质量与国际标准还未实现无缝对接"。现实情况告诉我们,仅仅建立诚信联盟这样的联盟性质的组织是远远不够的。我们可以把普洱茶品牌看作一个可以让全市茶农、茶企以及政府受益的公共品,而个体农户、企业或合作社提高自身产品质量所耗费的成本,可以视为向公共品投入的资金。在其他竞争对手降低质量以期降低成本时,如果个体加大成本投入以期提高质量,但又没有一个权威性的质检机构,则个体势必将因利润空间压缩而被淘汰(劣币驱逐良币)。以上是这个问题背后的根本原因。

缺乏龙头茶企,企业小、散、弱。小企业多,大企业少,科技创新型企业少,市场占有率不高,开拓能力有待加强,普洱茶品牌没有取得应有的效益。在与普洱市政府工作人员的座谈会中我们了解到,诚信联盟并不被所有企业欣然接受。企业分散在各个茶山,在地理位置、技术水平、地形地貌、企业文化等方面存在差异,统一质量标准并不符合所有企业,尤其是中小企业的利润目标。

政府财政紧张,产业联盟组建方面投入力度不够。首先,众所周知,鲜茶属于农产品,所以普洱市政府无法向生产鲜茶的农产品加工企业征税。其次,普洱茶加工业相对落后,茶叶加工业属于市场导向型产业,大企业更倾向于将加工厂开在更接近市场的大城市市郊,普洱市对茶叶加工品消费需求并不十分旺盛,故第二产业,也就是茶叶加工业发展缓慢。最后,"茶+旅游"、高端定制茶服务等第三产业近年来发展迅猛,但其体量仍不足以作为支柱产业提供大部分政府税收。

2.2 咖啡产业

2.2.1 品牌凌乱,缺乏知名企业及高端品牌

普洱市茶叶和咖啡产业发展中心相关数据显示,截至2020年,普洱市有咖

啡企业 73 户,规模以上企业仅 11 户,出口企业仅 12 户,初加工厂 412 个,专业合作社 220 个。普洱市本土咖啡企业以爱伲咖啡、北归咖啡、漫崖咖啡为代表,其中仅爱伲咖啡的年销售收入超过 2 亿元,缺少闻名全国的咖啡品牌。尽管普洱已经成为全国种植面积最大、产量最高、品质最优的咖啡主产区,但其企业的知名度、龙头企业的带动作用十分低下,使得普洱本土的咖啡品牌在中国的市场占有率低下。

2.2.2 品牌竞争激烈,市场占有率低

一方面普洱咖啡的市场知名度低,另一方面白领高知群体对咖啡的需求高涨使咖啡产业在长期看来具有较大的潜力。在逐利心态的驱使下,各式各样的咖啡品牌相继诞生,普洱的各个咖啡品牌一方面相互竞争,另一方面也面临与国内已有跨国公司的竞争,产业竞争激烈。普洱当地缺乏相应的行业协会制定相关的行业标准、确定相应的行业准入门槛,整个行业缺乏统一的发展规划和蓝图构想,同时有些农户已脱离企业,开始完全自主种植。这既加剧了普洱当地各咖啡品牌的竞争,又使普洱咖啡各企业的凝聚力不强,产品缺乏稳定性和一致性。尽管普洱当地咖啡豆的品质高、风味佳,但在市场交易中依然处于劣势。同时,以茶为主的中国大众对咖啡普遍了解得不够深入,在咖啡品牌选择上倾向于国际知名企业,中国本土的咖啡不常在其消费列表中。

2.2.3 产品定位不清晰,推广时无差异化特色或亮点

营销策划通常分为两部分:一是打造产品亮点,二是让产品亮点广为人知。普洱咖啡在营销上存在两个问题:一是没有产品亮点,二是没有营销渠道。当下,消费者对咖啡的需求包含三个层次,即生理需求、情感需求和社交需求。层次越高,受众群体越小,客单价越高。速溶咖啡仅能满足生理需求;而现磨咖啡能提供更好的口感,不仅能满足最初的生理需求,还能通过精致生活方式的呈现进一步满足情感和社交需求。在被问及金树挂耳咖啡及精品豆的特色时,咖企只是提及咖啡豆的一般功效,无法说出其产品定位及特色,比如其具有功能优势,纯粹度更高,提神醒脑效果更好,更能满足人们对咖啡的生理需求;抑或是精品豆具有性价比优势,同等价格下其产品品质更好;等等。由于产品定位不清,因此无法对其优势进行营销推广。

2.2.4 咖啡中游企业官方网站配套不完善

以金树咖啡为例,其拥有微信公众号和官方网站。进入其官方网站后能够发现,其宣传页设计简单,操作卡顿,很多链接已失效。其最新的消息发布于 2016 年 2 月 26 日,自此之后再未更新,产品中心也只有两款产品,包装老旧,后

续的新产品也未曾列示在官方网站上。对比雀巢咖啡的官方网站,由于产品种类丰富、内容饱满、操作简单,消费者进入网站后对产品一目了然。每一款产品都有对其口感的详细介绍,且内附购买链接,消费者可直接被引流到电商平台购买。

2.2.5 企业微信公众号定位不清晰,功能不齐全,关注量较小

以金树咖啡为例,根据 2020 年 8 月调研所见,其公众号定位为咖啡官方订阅服务平台、普洱咖啡交流平台,界面底端分为咖啡商城、活动中心、会员中心,均围绕咖啡订购而设计。但点击具体功能时,领优惠券、超值砍价、整点秒杀等类似团购的活动均未开放,实际功能缺失,运营维护不足。该公众号于 2018 年 10 月 30 日推出第一篇文章,却不是咖啡的相关内容,而是其公司生产的芒果,后于 2018 年 12 月 4 日推出第一篇有关咖啡的文章。其后该公众号以每三四个月推出一篇文章的速度运营,推送、排版不吸引人,推送的原创内容包括公司售卖的芒果、公司年会、咖啡文化介绍等,其间还夹杂转发咖啡大赛简介、普洱咖啡推介等文章,内容杂乱不一。该公众号从 2018 年开通到 2020 年 8 月共发布 14 篇文章,其中有关咖啡的文章共 8 篇,占比 57%,有关芒果的文章共 3 篇,有关公司管理的文章共 3 篇,而公众号平台简介内容则为咖啡官方订阅服务平台、普洱咖啡交流平台,由此可见,平台推送内容与平台定位初衷相违背;平台服务对象不明,运营者不清楚文章内容是服务于内部工作人员还是外部订购客户,若服务于外部订购客户,则是仅针对订购咖啡的客户,还是既包括订购咖啡的客户又包含订购芒果的客户。

2.2.6 销售渠道单一,无法获取新客户

由于普洱咖啡尚未打出知名度,只被少数业界人士及咖啡爱好者熟知,因此要想喝到精品云南普洱咖啡,大家都选择直接去原产地——普洱——找咖啡厂商采购。于是,普洱咖啡厂商选择产品参赛,获奖后会被业内人士获知,业内人士前往普洱采购,喝完后再次找厂商订购,由此形成业内人士—普洱咖啡厂商的闭环,使得普洱咖啡只在小众群体内流转,而无法被引流到大众面前。

2.2.7 缺少专业人才

如今,微信电商规模有限,消费者更多地选择淘宝、天猫、京东等电商平台。我们也建议企业家充分利用互联网电商平台,但他们提到,这类想法曾付诸实践过,但在与设计旗舰店的公司接洽的过程中出现了问题,导致最终没有成功开设天猫旗舰店。此外,当地人才流失严重,中老年人又无法掌握互联网技术,所以电商平台迟迟没有推进。

2.2.8 咖啡产品附加值较低,利润微薄

目前,云南省咖啡产业以种植业为主,企业主要收购和销售咖啡豆,速溶咖啡、即饮咖啡等终端消费较少,产业链短,产品附加值较低,加工技术落后,品质不稳定,深加工产品少,市场开拓严重滞后,缺乏知名品牌,无法摆脱国际期货市场价格波动的影响。受期货价格和国际大型咖啡采购商商业模式的长期影响,云南省咖啡产业在国际市场上缺乏定价权和话语权,使云南咖啡处于低附加值的商业咖啡初级原料种植和销售状态。云南普洱产量超过70%的咖啡主要以原料的形式出口给雀巢、星巴克、麦氏等跨国大型咖啡企业。而在产业链中,上游种植业的价值贡献仅占整个产业链的1%,属于低利润区。

2.2.9 企业规模有限,产业链难以拉长

云南咖啡交易中心的数据显示,普洱咖啡交易的单品均价大多集中在20元及以下。少量精品二级与三级咖啡的定价在55元和35元上下浮动。定价较低、成本相对较高使得咖农的收入十分微薄。2018年,全国咖啡豆均价为14.81元/千克,较上年18.01元/千克下降17.77%,比国际小粒咖啡均价2.81美元/千克(按人民币对美元汇率6.62计算,为18.60元/千克)低20.38%。2018年,云南省咖啡豆均价为14.78元/千克,较上年下降17.57%,低于15.00元/千克的成本价。而对咖啡烘焙厂动辄上千万、上亿元的投资,远远超出咖农本身的承受力;普洱市咖啡产业总体缺少统一的发展目标,也难以集资协商购买烘焙机器;政府对咖啡产业的扶持力度有限,近年来中央农业发展资金项目每年安排840万元用于热作产业(主要是橡胶和咖啡)发展,由于主要针对的是扶贫工作,因此最终用在非贫困县咖啡产业上的资金仅为100多万元,只能实现小范围的生产示范。同时,由于交通、设备、技术等诸多方面的限制,企业和个体户大多是作坊式生产,加工产业以初加工为主。并且,许多拥有自己的咖啡园的农户也拥有独立的初加工工具,在种植之后进行脱壳、晒果等初加工工序。普洱咖啡初加工业小作坊众多、设备落后、标准化程度低、加工质量参差不齐,给行业统一管理带来了较大的困难,也对产业的长期良性发展形成了一定程度的阻碍。

2.2.10 受下游企业定价限制

云南普洱咖啡最初是在雀巢公司的大力扶持下发展起来的,所以选种了产量最大、抗病高产、口味一般、没有明显特色的卡蒂姆品种。尽管在近几年的发展过程中,普洱当地的咖农种植了整体来说口味更好、价格也更高的铁皮卡咖啡豆,但其种植量相对较小。与雀巢公司的长期合作,一方面能够在某种程度上保

障咖农的相关利益,确保咖啡豆的销路;但另一方面也使得普洱咖啡的销路狭窄,销售渠道较少,受下游企业垄断定价的影响较大。雀巢公司不再包销后,普洱咖啡豆的销售也将受到极大的影响。长期以来,普洱咖啡产业的主要结构为散户咖农和小型区域种植加工厂相结合,而通过对其销售结构的分析不难发现,其海外市场占据很大比重,且以国际性大公司为主,咖啡生豆种植方在定价上较为被动,仅仅具有微弱的定价能力。同时,咖啡种植是当地农户的主要收入来源,农业种植受气候等不可抗力因素的影响较大,咖农的抗挫折能力较弱,在销售与否的决策上也较为被动。

3. 解决方案

3.1 茶产业

3.1.1 打造茶文化旅游产业

完善并加强品牌故事和文化背景建设。树立以文化为主题的品牌,将云南马帮文化融入品牌之中进行营销宣传,让人们能够将普洱茶与马帮文化紧密地联系在一起。①设计一套讲述马帮文化的手册,作为消费茶叶的附赠产品。手册可分为简易版和深入版,简易版主要针对年轻人或是更加注重粗体验的消费群体,如可以流行的二次元漫画形式,通过简洁有趣的叙述来帮助消费者了解马帮文化与普洱茶之间的联系,加深消费者对普洱茶的印象,从而能够潜移默化地影响消费者,使其喜爱普洱茶;深入版则针对注重深体验的消费群体,通过对马帮文化进行更细致、更专业的讲述,让这一类茶文化爱好者在品茶的同时,深入体会普洱茶背后的马帮文化故事。②对不同的茶饼或其他茶产品冠以颇具特色的名称。可采用马帮中不同的头衔名称,例如马锅头、马脚子、马帮二锅头等有趣的称谓,或者采用马帮中常用的特色语言——"马语",以此来增强普洱茶消费者的品茶体验感,提高其对普洱茶的喜爱程度。③设计以茶为主题的文创产品。例如,设计出普洱市吉祥物,将普洱茶与马帮文化的特征紧密地结合在一起,作为普洱市的地标来吸引游客;针对年轻消费群体设计其他小型文创产品,如书包挂件、毛绒玩具等;设计出与马帮文化相结合的普洱茶具,如可将茶杯的把手设计为马鬃样式,茶杯表面印制马帮跋山涉水运输货物的图案,或者针对年轻消费群体设计出样式独特的便携式泡茶杯,以加深人们对马帮文化的记忆。

与大健康产业相结合。针对不同消费群体的特点与需求,利用不断更新的医学成果,借助高科技生产出不同类别且更加专业化的保健性茶叶或治疗性茶叶,以此来针对不同人群进行定向销售。①以"降脂"为特色——推出以"降脂"为特色的普洱茶,以预防肥胖和高脂血症。面对需要降脂减肥且注重产品对身体无毒无副作用的消费群体,可以"降脂降糖"为切入点,同时利用高科技,在茶叶中加入一些降脂降糖的中药元素,将它做成一款降脂保健茶,从而更有针对性地面向特定消费群体。②以"调节代谢紊乱"为特色——以"调节饮食诱导引起的糖脂代谢紊乱"为主旨推出相应的普洱茶产品。普洱茶是以云南特有的大叶茶的晒青毛茶为原料,在高温、高湿的环境中以及微生物的参与下,经特殊发酵工艺生产而成的。晒青毛茶在渥堆过程中内含物质会发生急剧的改变,其中没食子酸(Gallic Acid, GA)含量显著增高,成为普洱茶中的一个特征性、具有生理活性的简单酚类化合物。GA 具有调控线粒体能量代谢、调节胰岛素敏感性和葡萄糖吸收、维持脂质和葡萄糖稳态的作用。GA 还能够促进线粒体能量代谢、改善胰岛素抵抗和提高胰岛素敏感性,从而调节饮食诱导引起的糖脂代谢紊乱。可利用普洱茶这一特有成分的功效推出相应的调节代谢紊乱产品。

与日用品相结合,打造特色产品。①与牙膏相结合。茶叶里含有氟与茶多酚等物质,氟在预防龋病中有重要作用。茶叶中的氟类和酚类不但可以防止毛细血管出血,而且对牙周炎、咽炎、喉炎、口腔溃疡等有消炎作用,此外,普洱熟茶的氟含量平均值高于普洱生茶。由此可利用茶成分的医用功效,与舒适达、佳洁士等牙膏品牌合作,推出以普洱生茶成分为主的牙膏产品,针对幼儿和学生进行推广。②与护肤品相结合。研究发现,喝普洱茶后人体 SOD(超氧化物歧化酶)含量增高,抗氧化系统活性增强,普洱茶提取物及普洱茶多糖有延缓人成纤维细胞复制性衰老的功效,是一种高效的抗氧化剂和人体自由基清除剂,具有很好的抗衰老和护肤效果;普洱茶中也含有丰富的维生素,维生素 B2 能增强皮肤弹性,维生素 E 是一种极强的抗氧化剂,具有抗衰老效应。由此可利用普洱茶显著的抗氧化、抗衰老功效,推出以天然普洱茶成分为主的护肤品。

与旅游业相结合,扩大受众群体。将茶文化体验与自然景观欣赏结合在一起,在类似小熊猫庄园这样的景区中加入茶文化体验之旅,作为一个附加项目打包整合在整套的旅游项目中。这样既能满足人们的旅游需求,又能同时让游客体验不同的旅游项目,无形中加深其对普洱茶的印象。

3.1.2 针对消费模式、消费场景进行营销升级

从 to B(面向企业)和 to C(面向消费者)两个市场进行考虑,普洱茶的销售渠道如图 1-2 所示。

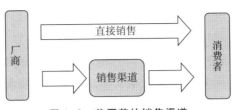

图1-2 普洱茶的销售渠道

普洱茶厂商将茶叶销售给消费者的渠道有如下几种:①通过批发商进行批发,茶叶店进行分销。该方式属于传统的营销模式,也占据了较大的比重。一般以多级代理的分销模式和连锁茶叶直营店为主要形式。前者的优势在于渠道广泛,管理难度较低;后者的优势在于容易形成品牌依赖,且降低成本。②线上渠道。自移动互联网普及以来,电商营销的新方式冲击着整个消费领域。普洱茶厂商大多建立了以淘宝、天猫、京东店铺或微信公众号小程序为主的电商营销渠道。2019年是直播带货元年,不少普洱茶厂商通过直播平台进行网络带货。但中国普洱茶网显示,网络直播带货的逻辑并不适用于普洱茶,其带货效果远不如想象中的理想。现在,很多普洱茶品牌的直播方向都从带货转向对茶文化及品牌的介绍。中国茶叶的消费群体一般集中在25岁以上,在年轻人的消费中属于小众部分。通过新型的电商直播或短视频方式让年轻人了解普洱茶的文化及这类生活方式,并逐渐形成需求,比直接的带货更有意义。年轻人对茶的需求较低这一问题往往源于体验与了解不足,因而如何使其形成对普洱茶的直观体验,是直播中需要注意的地方。同时,可以推出一些特色组合式创新产品,打造潮流包装方式,形成热度。③茶博会、品茗会等体验式现场营销。在全国各地定期开展各类茶博会、品茗会,让消费者亲自对不同的茶产品进行免费体验,从而起到品牌推广及现场营销的作用。

面向其他企业及商家,有如下几种销售渠道:①茶座及餐饮企业用茶。以广东省的早茶为代表(广东同时也是茶叶最主要的消费地区之一),各地的茶座及餐饮企业对茶叶具有较大的需求,且茶叶需求包括高端、低端等不同层次。与这类企业的长期合作有助于普洱茶销售的稳定。②奶茶店用茶。市面上奶茶店用茶以红茶、绿茶、乌龙茶为主,普洱茶的渗透率较低。在奶茶颇受年轻人追捧的现状下,打入奶茶市场对于普洱茶来说是一次有利的机遇。普洱茶可以与相关奶茶店合作,也可以建立以普洱茶为品牌特色的终端奶茶店,形成差异化市场,获取终端溢价及更加稳定的客源。③与旅游产业合作。普洱市旅游资源相对发达,可以基于历史悠久的茶文化,使普洱茶产业与旅游产业相结合,让游客在旅游中品尝普洱茶,产生增加普洱茶受众,同时优化游客体验的双赢效果。

3.1.3 平衡多方利益

只有理解各方的利益诉求,才能从中找出一个使各方都满意的平衡点。从企业的角度来看,其诉求是获取更多的利润。只有具备更强的盈利能力,企业才能更好地承担社会责任、带动当地经济。从政府的角度来看,其初衷是发展当地特色茶产业:在保证并逐步提高古树茶、台地茶质量的同时,进一步打造区域茶品牌;将提质保量与品牌推广相结合,最终实现区域经济繁荣。从茶农的角度来看,其诉求则相对简单,即获得更高的收购价格(也可视为员工的工资)以及更稳定的收入,提高生活水平。

3.1.4 "嵌套型"体系构建规划

尽可能降低散户在市场上的份额,吸收大型茶企或政府合作社加入产业联盟。届时,一盘散沙的个体小农将以合作经济法人而不再是单个自然人的形式出现在市场经济的舞台上。这样散户小农在茶产品市场上的话语权将被放大,茶农方面的诉求能够得到满足。所谓"嵌套型"结构,是指产业联盟与各企业的关系将类似企业与散户的关系,其本质在于强化产业联盟的职能。在政企合作中,产业联盟的存在与壮大有利于使政府始终处于指导地位,更好地实现政府诉求。关于如何强化产业联盟的职能,我们希望动用政府强制力,构建强有力的信用体系和奖惩机制,对不达标的产品予以禁售,或者对违反规则的企业予以警告甚至取消其成员资格。另外,通过产业链的延长,第二、三产业的发展,新产品的开发,区域品牌的推广等一系列措施实现政府增收的部分,可以作为联盟的运营资本入资企业或用于扶持政策,这样既能增强政府对整个产业的把控,又能满足企业的盈利需求。

最后,在管理层面,不论是政府联合企业、企业管理茶农还是合作社茶农自发管理,都必须制定规则,杜绝假公济私的行为。政府在进行自身廉政建设的同时,必须加强对散户、企业行为的监督。例如,合作社茶农自发选举管理人员时,政府需加强选举制度的规范性,加强对选举人员、程序的监督,建立奖惩机制;在合作社初创、困难时期,充分调动茶农的积极性。

3.2 咖啡产业

3.2.1 政府加强对咖啡产业的扶持和引导

政府牵头组成行业协会。在政府的牵头下,各咖啡企业加入行业协会,更有助于实现信息共享、统一标准、统一定价,避免协会内部企业竞争,充分发挥"集中力量干大事"的体量优势,共同把普洱咖啡打造成响亮的品牌。在建立行业协会后,政府还应在协会内部建立完善的奖惩制度,避免部分企业为攫取利益而无视协会规则,导致行业协会形同虚设而达不到预期效果。

充分发挥咖啡产业集聚效应。政府依靠本地众多优质咖啡供应企业的吸引力,积极从外部招商引资,让更多的咖啡深加工企业在普洱落地。这样能够提升普洱咖啡整体的知名度,从而更能吸引投资商前来投资,由此形成良性循环,实现咖啡产业的经济利益和品牌形象的双丰收。

着力培养龙头企业。政府应在当地企业中遴选若干产业基础扎实、企业活力充沛、发展前景光明、经济效益突出的企业,推动资金、项目、技术、土地等政策和资源向这些企业倾斜,争取打造几家具有较高品牌知名度的龙头企业。在打造龙头企业的目标实现后,应充分发挥龙头企业的号召和示范作用:总结企业的培养经验,鼓励后发企业积极向龙头企业学习,"以先富带动后富,最终实现共同富裕";同时,鼓励龙头企业进行产品创新,改造和提升传统的生产方式,提高附加值,延长咖啡产业链,向产业链终端和价值链高端发展,最终推动整个普洱咖啡产业的转型升级。

借助政府力量进行宣传。政府在合适的网络平台上推广"普洱咖啡"这一整体品牌,让普洱咖啡走出普洱、走出云南。这样做的另一个优势是,政府拥有远高于企业的公信力和号召力,政府打出的广告往往更能让潜在的消费者记忆深刻。

政府给予财政政策优惠。中小企业是促进经济发展的重点,扶持中小企业一直受到国家高度重视,国家也已经出台一系列完备的指导意见。例如:金融方面,建立针对中小企业的专门金融机构和信用制度,由财政投入资金,向中小企业发放低息贷款;税收方面,减轻中小企业的法人纳税负担,对采用现代化设备的中小企业采取特别折旧制度,以及采用实现特定政策目标的特别减税措施来支持中小企业;财政补贴方面,对从事中小企业贷款、咨询、指导等工作的地方公共团体和中小企业团体,给予财政补贴。普洱市在通过财政政策扶持当地咖啡企业发展的过程中,应贯彻中央精神,将上述几条落到实处;同时,在扶持过程中应结合当地的实际情况,因地制宜、善于变通,制定有普洱特色的中小企业扶持政策。

3.2.2 以高校为切口开展市场调研

调研内容主要包括咖啡消费群体的消费习惯(比如更倾向于速溶咖啡还是现磨咖啡,是否有饮用精品咖啡的习惯,更接受挂耳咖啡还是手冲咖啡,对咖啡风味口感的了解程度),饮用咖啡的频率与次数,可接受的价格区间,对普洱咖啡的认知程度,是否愿意接受并消费普洱咖啡,对普洱咖啡的预期价格区间等,调研地点主要在大城市、特大城市的办公区和高校内,调研方式主要是问卷调查。在进一步的营销中,基于市场调研获得的数据,可以进行更具有针对性的产品研发、生产数量、营销手段等方面的规划。

受制于消费能力、校园环境等因素,大学生群体对咖啡的消费存在特殊性,大多以咖啡馆购买为主。这样的独特性为调研提供了便利。在高校进行咖啡消费调研时,可以采取两种方案相结合的方式:一方面进行问卷发放,收集大学生群体咖啡的消费习惯、消费偏好、消费能力、消费频率等信息;另一方面在咖啡馆内进行实地考察,通过询问咖啡馆员工、观察人流进出等方式获得高校大学生群体的咖啡消费相关信息。通过对校园各个地点人流量的观察和测验,寻找人流量最大、咖啡消费热情最高、饮用最便利的地点,设立咖啡馆或咖啡销售点,实现线下咖啡的精准销售。

此外,随着互联网技术的发展和自媒体的兴起,单一的线下销售渠道难以满足咖啡产业发展壮大的目标和需求。在对高校线下销售渠道进行调研的同时,也要进行线上销售渠道的调研与分析,了解在当前大城市尤其是高校校园中新兴销售渠道的接受程度、使用程度、其他产品通过线上渠道的消费量。对销售渠道的调研是重要方面,此外还需要了解大学生群体使用较多的渠道、更青睐的方式等。在得到调研结果后,针对咖啡的独特性,寻找适合咖啡销售的线上销售模式,实现线上与线下消费的联动。

3.2.3 加强普洱咖啡产业与旅游产业的结合

普洱当地有较为成熟的旅游产业体系和完整的旅游管理团队。咖啡产业和旅游产业相结合,对于咖啡产业来说,能够使人们对咖啡尤其是云南咖啡的认识更加深入和客观,同时能够提高普洱咖啡的曝光度,有利于相关产品的销售;对于旅游产业来说,普洱当地自然风光的观光式旅游未免会让游客感到同质化,适当地加入诸如咖啡豆采摘类的活动,提升人们的参与度,有助于旅游公司旅游产品的销售。

延长咖啡产业的产业链,增加咖农的收入来源。目前,云南咖农的主要收入来源是咖啡豆的种植和初加工出口,主要集中在产业链上游,年收入大部分取决于当年咖啡期货的价格,很少有咖啡豆衍生产品的收入。将咖啡产业和旅游产业相结合后,能够形成新的消费产品,增加咖农的收入来源,使其获得更高的经济利益。普洱咖啡产业与旅游产业相互促进,具体如图1-3所示。

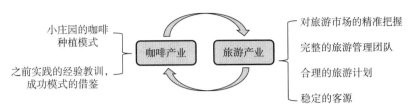

图 1-3 咖啡产业和旅游产业相互促进

3.2.4 加强普洱咖啡的宣传

普洱咖啡的宣传方法如图 1-4 所示。

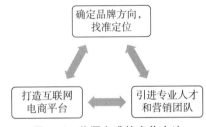

图 1-4 普洱咖啡的宣传方法

确定品牌方向，找准定位。云南的咖啡豆以小粒咖啡为主，95% 的咖农种植的都是卡蒂姆品种，常让人感觉品质不够高。随着云南咖啡交易中心的建立和咖农观念的转变，许多人开始引进新的咖啡品种并且培育高品质的卡蒂姆品种，这逐步改变了人们心目中云南咖啡豆品质不过关的刻板印象。

打造互联网电商平台，搭建普洱咖啡的推广平台并运营相关社交账号。诸如抖音、微博、公众号等社交账号的运营成本较低，所需的专业知识也较为简单，但是可以增加产品的曝光度，提升产品的知名度，这也是许多企业提升知名度并树立品牌的常见方式。

引进专业人才和营销团队。引进人才并留下人才，这是政府和企业都应该去想、去做的事情。上海、杭州等城市陆续出台的高层次人才引进政策都取得了不错的效果，普洱市政府可以借鉴其他地方的经验，在自身现实情况的基础之上对政策做出适当的调整，使之符合普洱市当地的发展现状。至于企业，当地咖企可以向茶企谋求合作，双方共同推出专属于普洱的茶和咖啡的礼盒或伴手礼（类似联名的性质），借助普洱茶的名气来提升咖啡的名气，这同时也符合人们旅游后购物的习惯，省去了许多不必要的麻烦。

3.2.5 尝试农民专业合作社模式

农民专业合作社作为解决当前我国农业经营小而散、小而弱等问题的有效手段，近年来被广泛应用于全国各地，对普洱市咖啡产业的发展具有较强的借鉴意义。普洱咖啡专业合作社应当制定相应的规章制度,实现生产方面的联合,严格界定产权界限,制定具有公信力和法理依据的分配方案;加强配套服务设施建设,尤其在金融和技术指导层面;为咖农提供金融信贷对接,通过集体运作的方式拓宽融资渠道,分散融资风险。

案例4 湖北赤壁青砖茶产业

1. 概述

1.1 历史悠久

赤壁产茶历史悠久,源远流长。三国时东吴士燮、庞统、神医华佗等曾在此"采茶作药,医护将士"(《江表传》),茶事初兴。魏晋时采茶业已在鄂南初步发展。到了唐代,鄂南茶叶已被列为贡品,茶叶在民间广泛种植,如今羊楼洞松峰山上的一株千年老茶树据说就是唐太和年间所植。陆羽《茶经·茶之出》有载:"江南出鄂州、袁州、泉城红、泉城绿、吉州。"从中亦可一窥当时产茶业之盛。

元明时期,鄂南已成为湖广一带最重要的产茶区域,从那时起羊楼洞成为鄂南茶的产销集散中心。为了适应长途运输的需要,羊楼洞人民改良生产方法,先将茶叶拣筛干净,再蒸汽加热,然后用脚踩制成圆柱形状,创造了"帽盒茶",这也就是今青砖茶之滥觞。

清中后期,现代意义上的青砖茶开始出现。宣统年间修订的《崇阳县志》载:"往年山西商人购于蒲圻羊楼洞,延及邑西沙坪,其制采粗叶,入锅火炒,置布袋中,揉成,再粗者,入甑蒸软,取捎细叶洒面,压做砖。竹藏贮之。贩往西北口外,名黑茶。"除了制作工艺稍显落后,当时的青砖茶已经与现代青砖茶无太大区别。同治光绪年间,赤壁羊楼洞进入茶事极盛期,年销往西北的砖茶可达30万担以上,镇上茶庄近百家,工人计日或计件取值,最大的茶厂有17个分庄,雇工总数达数百人。当时以鄂南赵李桥为起点、在历史上存在了两个多世纪的茶马古道总长近万里,行程需数月,成为沟通中国与欧洲茶叶贸易的桥梁和纽带,为东西方文化交流做出了不可磨灭的巨大贡献。

20世纪初,羊楼洞的晋商"聚兴顺"将牌坊图案印于米砖茶之上,用作产品标识,"牌坊"商号诞生,随后"火车头"等商号相继出现,米砖茶生产有了长足的发展。抗日战争爆发后,羊楼洞被日军铁蹄践踏,多家茶商被日军侵占。中华人民共和国成立后,国家接收民族资本,成立了"中国茶业公司羊楼洞砖茶厂",赤壁产茶业翻开了新的篇章。

1.2 区位优势

赤壁位于湖北省东南部幕阜山脉低山丘陵与江汉平原的接壤低丘地带,气候宜人、雨量丰沛、光照充足、四季分明、无霜期长,茶园多位于红色、黄色酸性土壤覆盖的平原缓丘地带,土壤富含铁、钙、锌、硼、镁、钼等多种微量元素,含水适中,通气良好,是理想的高品质茶叶产域。

1.3 品质优良

得天独厚的生态条件加上流传百年的制作工艺成就了青砖茶独一无二的优良品质。过去茶马古道繁盛的日子里,青砖茶主要销往我国西北地区以及蒙古、格鲁吉亚、俄罗斯等国。那里的人们离不开青砖茶,不仅因为它可以生津止渴,更因为它具有化腻健胃、降脂瘦身、御寒提神、杀菌止泻等神奇功效。现代科学研究发现,赤壁青砖茶具有降血脂、降血糖、降血尿酸、抗辐射、抵御和修复酒精肝损伤、减肥等保健养生功效。

1.4 现有品牌及产业集群状况

1.4.1 产业集群快速成长

赤壁砖茶产业 2015 年经湖北省经信委审批,首次成为省级砖茶产业集群,并已连续三年通过评审。该集群包括占地 1 000 亩的赵李桥砖茶产业园、占地 1 700 余亩的羊楼洞茶生态文化产业园和占地 300 亩的茶庵轻工食品工业园。到目前为止,园区内的茶叶生产加工上下游企业共 35 家,其中砖茶加工企业 9 家,红绿茶出口加工企业 1 家,名优绿茶、红茶与老青茶加工企业及砖茶物流企业 25 家。

园区核心区内有砖茶加工企业 8 家,其中羊楼洞茶业股份有限公司为国家级农业产业化龙头企业,湖北赵李桥茶厂有限公司、湖北赤壁赵李桥茶业有限公司、湖北羊楼洞果茶股份有限公司为 3 个省级农业产业化龙头企业,另有 4 家市级农业产业化龙头企业。

1.4.2 品牌资源概况

全市茶产品资源丰富。据统计,全市共有各类茶产品注册商标 52 个,其中砖茶类 46 个,另在国家市场监督管理总局注册了"赤壁青砖茶""赤壁米砖茶"区域公共品牌,羊楼洞青(米)砖茶还获批国家知识产权局的地理标志保护产品认证。

赤壁市自 2014 年起,集全市之力打造赤壁青(米)砖茶公共品牌,组织开展全国性的"赤壁砖茶杯"诗歌散文大奖赛活动;同时投入广告宣传,市政府连续三年列支 300 万元产业基金,设立大型广告宣传牌,在中央 7 台《农业气象》节目进行产区宣传;并且抱团外出参展进行产品推介,在国内各大城市和"一带一路"沿线国家加大展示窗口建设力度,先后在国内十大主要城市开设了 100 余个赤壁青砖茶产品体验窗口,组织茶企到哈萨克斯坦、俄罗斯、蒙古、法国、匈牙利、印度、马来西亚、泰国、新加坡等"一带一路"沿线国家进行品牌推介展示。

2. 政府政策

生态优先,建设绿色茶园。在羊楼洞茶生态文化产业园,赤壁市推行"园区+公司+基地+农户"发展模式,强化生态、绿色、有机茶园基地建设,打造优质茶源。5 万亩茶叶基地,每亩 25 片黄板、每 30 亩一盏杀虫灯、使用生物农药进行防控,产出的鲜叶可达到出口标准。另外,随着制茶加工设备的进一步更新,以中茶 108、楮叶齐等优良品种为原料加工而成的绿茶品质明显提高。另由陈宗懋带领的中国农业科学院茶叶研究所、湖北省农业科学院茶叶及植保专家共同发起的"赤壁青砖茶专用原料生产绿色防控"院士科研推广项目落户赤壁,该项目将针对赤壁青砖茶产区的实际情况开展科学研究并示范推广。

实施品牌战略,叫响"赤壁青砖茶"。2018 年上半年,宣传组共完成接待工作二十余次,利用"赤壁青砖茶"微信公众号对外进行宣传推广,同时联合赤壁电视台等媒体报道赤壁茶产业发展动态。2018 年,赤壁市茶产业发展局、市商务局、市城投公司在主要对外通道和市区主要路段等投放赤壁青砖茶公共品牌广告牌,赤壁墨茶茶业有限公司董事长曾幼林做客央视《信用中国》节目,宣传"赤壁青砖茶"。

实施项目战略,夯实产业实力。赤壁市加强新建高品质青砖茶原料加工中心,仅在 2018 年就有羊楼洞果茶股份有限公司投资 3 000 万元新建三个加工中心,为青砖茶的创新升级打下了坚实的基础。

优化政策环境,助推产业升级。赤壁市以"顶层设计、突破瓶颈、一企一策、稳步推进"为战略方针,缩小产业奖补范围,加大奖补力度,重点扶持龙头企业,坚持对符合奖补政策的基地和茶企进行验收。

3. 目前存在的问题

产能不足。赤壁青砖茶与云南普洱茶相比仍有较大差距,产量少导致市场占有率和消费者知晓率低,不容易受到投资方的重视与关注。

生产线智能化、标准化水平低。赤壁青砖茶茶园的生产比较粗放,仍处于靠牛耕、人锄、撒肥和不灌水的原始状态,完全机械化的现代生产线并没有得以普及。

茶业基地建设难度大。一是土地流转难;二是连片荒山较少,多为人工林地。茶园建设前期3~4年收益为零,承包费比新建茶园的费用还要高。

品牌建设不足。目前,青砖茶品牌有二十多个,竞争激烈,内耗严重。除"川"字牌、羊楼洞等少数茶品牌有些影响外,还没有真正意义上在全国知名度很高的品牌,品牌种类繁多,导致品质良莠不齐。品牌知名度一直比较低,失去了抢占市场的先机。

行业标准化、规范化不足。青砖茶产品分类没有统一的规范,砖茶产品单一,等级划分不明确。赤壁砖茶只有青砖茶和米砖茶两大类,其中米砖茶又可分为火车头和牌坊两种,行业内部知道火车头是便宜的,牌坊是贵的,但也仅此而已,导致消费者难以辨别茶叶质量。

茶叶发展形式缺乏根本突破。赤壁青砖茶已经在简化喝茶步骤上做出了较多尝试,但是仍然不够彻底。茶业发展形式应该朝向极简和极繁两个极端,极简是让消费者即刻喝到装在一次性容器中的茶产品,极繁则是让消费者完整地体验茶道文化、冲泡过程甚至参与到茶叶的种植与制作过程中去。

市场没有真正打开。青砖茶的消费群体仍然比较小,青砖茶解块难,冲泡饮用不方便,外观不美,熟悉砖茶过去生产方式的人记忆里不卫生的印象难以消除。米砖茶只在赤壁和茶叶专业人群里的知名度较高,但真正天天喝的人少之又少,同时饮茶主体仍为中老年人,年轻人的市场还没有真正打开。

市场销售结构不理想。根据赤壁市茶产业发展局2018年1月的统计数据,赤壁青砖茶产品60%为边销,40%为内销,而边销20%和内销60%以上的产品即全部产量的36%实际上都转化为金融产品与收藏产品,而且被消费的这一部分茶叶多为低端产品,真正被消费的高端产品数量很少。

宣传深度不足。许多品牌的成功在于企业把产品品牌与用户的沟通放在第一位。目前,国内市场上也不乏一些现象级的"爆款"茶饮品牌(如茶颜悦色、喜茶等),这些茶饮品牌往往更注重与年轻消费者的沟通,并且重设计、重推广,使品牌在短期内变成一个超级符号,而这正是传统茶叶品牌所不具备的优势。未来,青砖茶的宣传工作需要与消费者特征相结合,不断加强宣传深度。

4. 年轻群体茶饮消费情况分析

为了提升年轻群体对赤壁青砖茶的消费,我们对其茶饮消费情况进行了问卷调查。

4.1 问卷概况

本次调研共收集到 308 份问卷,其中 18~28 岁人群为 256 人,占比 83.12%;18 岁以下人群为 45 人,占比 14.61%;28 岁以上人群为 7 人,占比 2.27%。问卷填写者多为在校大学生(包括本科生、研究生),展现出年轻群体对茶饮的看法。

4.2 问卷结果

结果表明,大多数年轻人(占比 69.16%)只是偶尔饮用一次传统茶饮,较少数年轻人(占比 19.15%)有规律、习惯性饮用,少数年轻人(占比 11.69%)完全不饮用。问卷结果具体如图 1-5 至图 1-13 所示。

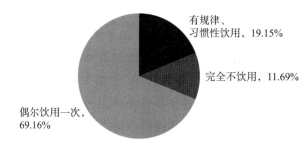

图 1-5 年轻群体饮用传统茶饮的频率

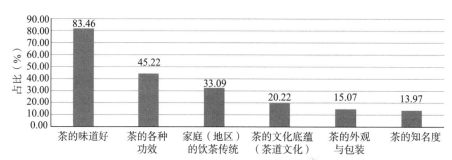

图 1-6 年轻群体饮用传统茶饮的原因

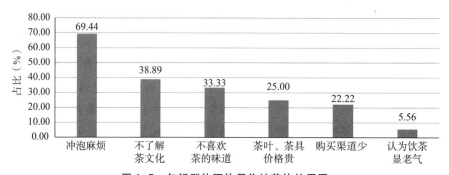

图 1-7 年轻群体不饮用传统茶饮的原因

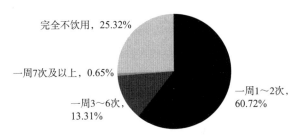

图1-8 年轻群体对现制茶饮的饮用习惯

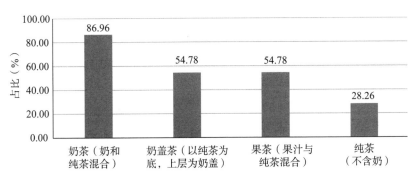

图1-9 年轻群体主要偏好的现制茶饮种类

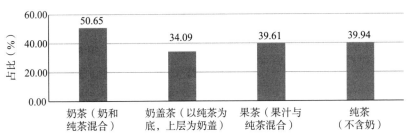

图1-10 年轻群体对新款茶饮的偏好情况

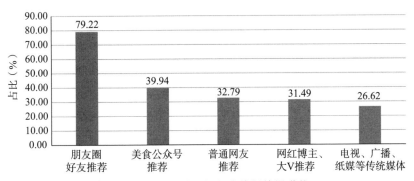

图1-11 年轻群体了解新式饮料的渠道状况

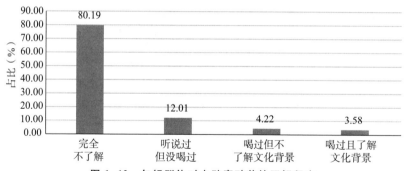

图1-12　年轻群体对赤壁青砖茶的了解程度

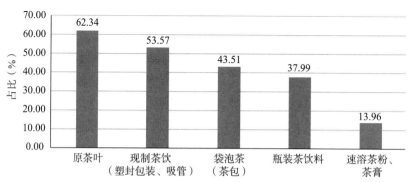

图1-13　年轻群体对茶饮种类的偏好情况

4.3　问卷结果分析

根据问卷结果,我们可以得知年轻群体饮用传统茶饮的频率较低,主要受冲泡麻烦以及不了解茶文化的影响。但是受时尚化、潮流化因素的影响,绝大多数年轻人具有饮用现制茶饮的习惯,对奶茶和奶盖茶的偏好程度较高。在接受一款新式饮料的影响渠道中,朋友圈好友推荐以及新媒体(包括美食公众号、网友、网红大V)具有较大的影响力,同时除原茶叶外,现制茶饮、袋泡茶与瓶装茶饮料为吸引年轻群体的主要茶饮形式,因此可以在这三种形式上发力。此处,赤壁青砖茶在年轻群体中的影响力较小,因此需要提高其在年轻群体中的知名度。

5. 促进赤壁青砖茶产业发展的建议

5.1　发展时尚化的新中式茶饮

5.1.1　新中式茶饮的特点——以茶颜悦色为例

以茶为基,中茶西做。茶饮品质主要取决于基底茶,所用茶叶是新中式茶饮的最大成本项。在产品方面,茶颜悦色做了一些微创新,其产品围绕茶底进行分类,其中"浣纱绿"是绿茶系列,"红颜"是红茶系列。

精致中国风(徽标、包装、店铺装潢、产品名称)。茶颜悦色的画风更加中式,与其强调的"中茶西做"相呼应。其徽标是一个红底的古装女孩,产品系列用的是"浣纱绿""红颜""豆蔻""花间词"这类古典的名字。

文创产品。茶颜悦色有自主设计的文创产品,除茶饮店本身销售之外,其还有单独的零售品牌店——"知乎,茶也"。

价格较一线低。茶颜悦色饮品的单价在15元左右,低于一线城市新式茶饮(15~25元)和星巴克(30~40元)等饮料品牌的产品价格。

新媒体口碑营销具备休闲化、社交化、标签化的特征。在消费升级的大背景下,消费者购买新中式茶饮不仅是为了获得其作为饮品本身的价值,更是为了获得张弛有度、劳逸结合的社交价值和休闲价值,新中式茶饮与年轻群体对生活方式和身份认同的追求不谋而合,兼具时尚标签属性。

地域限定。作为地域性品牌,茶颜悦色希望先把长沙周边做透,然后再向其他区域拓展。因此,许多外地游客为了喝一口地道的茶颜悦色饮品专程前往长沙进行"打卡",形成了饥饿营销的效应,茶颜悦色因此成了继文和友臭豆腐之后长沙的一张新饮食名片。

5.1.2 创建赤壁青砖茶专属的新中式茶饮

要在新中式茶饮品牌中开辟属于赤壁青砖茶的一条道路,基本的思路如下:①建立自己的品牌或与现有茶饮品牌进行合作。鉴于赤壁市经济条件有限,且建立品牌仍需要成熟的管理团队和后续运营,难度较大,因此其可以和现有茶饮品牌合作推出新的产品。②发展多样化,引入西式做法。由调查问卷结果分析可以看出,以茶为原料进行加工的西式茶饮比纯茶受欢迎程度更高,因此在青砖茶纯茶的基础上进行改造势在必行。③革新包装。新中式茶饮的包装都比较有质感,设计追求简洁大气,没有过多的装饰,有些包装印有精心设计的中国风花纹图样和品牌徽标。④注重互联网口碑营销。专注于打造良好的互联网口碑,可以与明星偶像、知名博主或美食类公众号合作进行宣传,也可以在微博、知乎、百度知道、百度贴吧等平台上以消费者体验和感受的形式进行软广告宣传,同时在大众点评、美团、饿了么等平台上注重消费者评价和诉求的反馈。

5.2 发展主打时尚健康的瓶装茶饮形式

5.2.1 背景

随着经济发展水平和文化素质的提高,人们在饮食方面越来越注重健康,尤其是紧跟时尚潮流的年轻群体,更加追求健康的饮食方式。基于此,茶饮料产业呈现快速增长的态势,而高糖、高热量的碳酸饮料则出现了萎缩。

5.2.2 发展思路

一是利用青砖茶的健康减脂功效,进入"轻功能茶饮料"领域。二是产品外包装采用时尚化的设计,满足年轻群体对产品外包装精致美观的需求。三是初步采取与大型饮品厂商合作开发的模式。四是加大新媒体营销的力度。年轻群体与互联网连接紧密,是微博、微信的主要使用者,因此在微博上可以利用网红博主、明星大V进行推荐,在微信上可以通过较高知名度的公众号进行发文介绍,以此提升青砖茶茶饮的知名度。五是通过契合年轻群体的购物方式——网购——在天猫、京东等各大电商平台开设专卖店,并且开展鼓励卖家评论茶饮功效的点评活动,通过口碑建设塑造产品健康时尚、减脂减肥的形象。

5.3 大力发展赤壁青砖茶工艺品

5.3.1 背景

赤壁青砖茶以其独特的工艺与良好的品质闻名世界,其坚硬紧实、如砖一般的形态在古代长途运输过程中发挥了重要作用。这种特殊性如今又有了新的用途,近年来,一些茶砖工艺品,如茶屏风、茶墙挂件等,以其独特的收藏价值、审美价值和健康价值等受到人们的喜爱。

我们通过企业参访了解到,青砖茶工艺品大都用作礼品、收藏品或家居饰品。好的青砖茶工艺品,饮用则可以减肥减脂、修复肝损伤等;摆放则可以吸附有毒气体,散发独有的茶香,非常符合现如今礼品馈赠的大趋势。因而将青砖茶工艺品作为礼品来发展,值得认真考虑。

青砖茶收藏市场近年来也十分火爆。对于青砖茶,向来有"三年成药,十年成宝"的说法,不少20世纪七八十年代的茶砖已经涨到十几万元,再加上其精美而独特的制作工艺,如今已成为赤壁及周边地区许多个人与企业的收藏选择。青砖茶工艺品如果能够继续在品质、设计、格调上下功夫,定能在收藏品中拼得一席之地。

5.3.2 自身优势

青砖茶工艺品具有样式精美、艺术价值高、支持定制模式、个性化强、保健功能强、收藏价值高、文化底蕴深厚等独特优势。

5.3.3 发展方式

线上通过公共品牌入驻天猫、京东等电商平台,建立旗舰店,同时充分利用网络新媒体进行宣传。

线下可开设直营店,吸引不熟悉青砖茶工艺品的客户,同时也方便不习惯网购的客户选购;可尝试与餐饮公司、酒店等建立长期合作关系,供给优质产品,客户的良好口碑也能起到广告宣传的作用;邀请相关科研机构对青砖茶工艺品进行科学检测,出具专业意见,让其保健功能得到专业认证,提高产品信誉和竞争力,日后还应与相关机构合作开发效能更好的产品;推出一些具有代表性的优秀作品,积极参加各地的相关展览活动;与旅游业相结合,根据赤壁当地的文化特色,生产制作适宜在景区售卖的小工艺品。

案例 5 江西赣州脐橙产业

1. 概述

种植脐橙是赣州市政府经过几次失败的尝试后摸索出的、适合当地的脱贫手段。脐橙产业带动了当地的民众就业,促进了经济发展与社会稳定,为赣州带来的不仅是经济效益,更是社会效益,政府需要给予足够的重视。从引入至今,赣州市政府始终将脐橙产业定位为脱贫致富产业,因此政策规划也始终以民众利益为出发点,促进产业的良性发展。

脐橙产业自 1971 年被引入赣州以来,经历了从重数量到重质量、从粗放式到集约式规范化的发展过程,其定位始终为地区脱贫致富产业,可以看出政府的政策导向在其发展中发挥了重大作用。

下面从种植环节与加工销售环节两方面分析赣州脐橙产业存在的问题:从种植环节来看,受黄龙病影响,种植面积和产量呈下降趋势;早晚熟品种规模较小;种植户分布呈现小、多、散的特点,传统观念限制了土地流转;产业组织化程度低;果园基础设施薄弱。从加工销售环节来看,近年来鲜果销售价格持续走高;销售渠道中农批市场仍占主导,以微商为主的网络销售增长迅猛;销售企业以中小型果品企业为主,龙头企业规模有限;产品结构中鲜果销售占绝对主导地位,深加工能力欠缺;品牌营销方面,地区品牌影响力远大于企业品牌。

2. 赣州气候条件

由于纬度等地理环境因素以及脐橙产业起步早、政府和大企业进军等,信丰、安远等赣州南部县域的脐橙果品质量、种植面积、产量均占据赣州脐橙产业领头羊的地位。但从 2013 年开始,受大规模黄龙病暴发的影响,赣州南部受灾严重,脐橙种植面积至少减少 20 万亩,产量至少减少 30 万吨。在近年来的复种过程中，南部种植面积和产量在逐步提升，但截至2018年仍未恢复到2013年受灾以前的水平。此外，由于黄龙病目前仍然属于柑橘类作物无法医治的病害，只能尽力予以防治，一旦防治工作不到位，果树受到病毒感染，就只能被砍掉，因此一些在上次灾害中受创严重的果农对脐橙种植失去了信心，转而投向其他产品（如猕猴桃、鹰嘴桃等），同样导致一部分种植面积和产量无法恢复。

与此同时，赣州北部宁都等县由于脐橙产业起步稍晚，在黄龙病灾害中受灾轻微，因而能够吸取南部县域发展过程中的经验教训，总体规划布局更为合理，加之引进南部县域的柑橘种植人才提供了技术支持，近年来种植面积和产量大幅提升，逐渐形成与安远、信丰脐橙分庭抗礼之势。

赣南气候温暖，雨水充沛，无霜期长，昼夜温差大，具有得天独厚的气候资源优势，非常适合脐橙生长。赣南脐橙一般于2月上、中旬萌芽，2月下旬至3月上旬现蕾，4月上、中旬开花，4月下旬进入第一次生理落果，5月上、中旬开始第二次生理落果，7—9月为果实膨大期，10月中旬开始转黄，11月上旬至12月上旬果实成熟。从春芽萌发至果实采收，年生育期为280～300天。春季日均气温稳定在12.8℃以上时，脐橙开始萌发；日平均气温在23～29℃时，其生长发育最为适宜。脐橙生长要求年降雨量在1 000毫米以上，赣南年均降雨量为1 450～1 750毫米，完全能够满足要求，但因季节分配不均，春夏季洪涝、伏秋期干旱等会影响脐橙的生长发育。脐橙属耐阴性较强的果树，但日照与脐橙优质高产关系密切。日照不足，则脐橙生长结果和果实着色较差。赣南年均日照时数为1 340～1 840小时，大多数县（市）在1 550小时左右，能满足脐橙生长的要求。

冬季冻害是影响脐橙种植的主要气象灾害。脐橙能忍耐短期-6.5℃的低温，温度低于-5.1℃连续超过24小时有可能导致植株被冻死，冬季极端最低气温最好在-3℃以上，1月平均气温要求在6℃以上。分析赣南各县（市、区）极端气温能够发现，极端气温达到-6.0℃的县（市、区）有信丰、寻乌、龙南、定南、于都、上犹、南康和章贡。

3. 政府的支持

3.1 成立专门的研究中心

2007年，赣南脐橙工程技术研究中心成立。2008年10月，江西省脐橙工程技术研究中心依托赣南师范学院、赣州市果业局、赣州市柑橘研究所等单位组建成立。2013年4月，在科技部、江西省科技厅以及赣州市委和市政府的支持下，由赣南师范大学牵头,联合江西绿萌科技控股有限公司、赣州市果业局、赣州市柑橘研究所组建国家脐橙工程技术研究中心。2017年11月,国家脐橙工程技术研究中心顺利通过科技部验收评审专家小组的验收评审。

3.2 国家脐橙工程技术研究中心技术试验与应用现状和问题

3.2.1 技术试验途径

考虑到脐橙种植面临土壤、气候、温度等自然因素影响及其生长周期影响,研究中心在技术成形后必须在试验田上进行一段时间的相关技术试验操作。试验田来源主要有:①赣南师范大学提供的种植着500株脐橙的试验田,方便研究中心进行技术试验;②研究中心通过联系下级研究基地,寻找符合地形地貌、温度湿度等要求的试验田进行技术试验;③研究中心通过合作、租赁等方式与当地果农进行联系或交易,引用其种植地进行技术试验;④研究中心与企业进行项目合作时,部分企业会提供试验田,如农夫山泉为研究中心提供企业的基地试验田等。

3.2.2 技术应用途径

考虑到赣南脐橙种植面积广阔,果农分布较为分散,研究中心技术成熟后,应用技术的途径主要有以下几种:①通过市果业局以及研究中心的牵线定期召开技术交流大会,将共享的成熟技术带回各地,因地制宜对果农进行技术培训,且建立相关监督体系对技术应用进行记录与情况反馈;②通过"校地合作",进行每年两期的果农培训和技术培训,且研究中心技术人员被邀请至乡、镇、村各级担任脐橙发展顾问;③通过各级研究中心以及果业局、果茶局的网络平台进行技术传播和反馈。

而针对企业合作项目,技术往往被直接应用于企业的基地试验田,此类技术一般是为该企业量身定做的,未必适用于当前的一般种植地,且企业自身掌握技术源于市场行为,难以共享。

3.2.3 技术试验与应用存在的问题

无论是一般性质的技术试验还是与企业进行项目合作的技术试验,赣南师范大学及其下级研究基地提供的试验田或企业提供的基地试验田面积都有限,且容易受限于脐橙种植的生长周期,可能无法在短时间内进行多样技术的试验,拖延实验进程导致后续工作无法有序进行。

研究中心通过合作或租赁的方式将果农的种植地作为试验田时,往往不能如愿。主要原因是近年来赣南脐橙虽产量下降,但价格上升幅度较大,形成"减产"而"增收"的局面,在高利润以及试验田的风险性面前,果农不愿意低价合作或出租种植地,而研究中心经费有限,无法支撑高额的租赁费用,故试验田的扩张仍任重而道远。

目前,许多研究仍处于进行阶段,还不能应用到下级的果园中进行试验,且技术应用存在滞后性,技术试验与应用的时间成本非常高。

3.2.4 双向互动现状

国家脐橙工程技术研究中心位于主要种植区内,占据距离优势,与果农之间的交流互动效果优于其他研究中心。

研究中心与果农双方都存在交流互动的自发性,果农遇到种植问题自发向研究中心寻求帮助,而研究中心也乐于发现问题、解决问题并共享解决方案和成果。

3.3 国家脐橙工程技术研究中心经费来源与存在的问题

3.3.1 经费来源

国家项目资金与省级、市级经费来源。国家脐橙工程技术研究中心自成立以来,先后向国家"十一五"科技支撑计划重点项目、国家科技部、国家农业农村部、江西省自然科学基金等申请经费,最高单项项目经费可达 2 006.8 万元。申请项目覆盖育种与栽培、病虫害防控、商品化处理技术与装备开发、贮藏保鲜与资源利用、电子商务与信息化技术五大研究领域。

企业合作项目经费支持。除了常规的项目研究经费申请,研究中心实验室同时对脐橙深加工项目进行探索和研究,包括脐橙糕点、果酒、脐橙精油、护理产品等。此类深加工项目经费通常来自农夫山泉等成熟的品牌企业以及仍处于市场调研阶段、尚未进入赣南脐橙市场的新兴或创业企业。品牌企业通过与研究中心合作增加产品种类,提高产品质量,增强产品优势;新兴与创业企业则通过与研究中心合作探索赣南脐橙的深加工副产品,进而找到市场需求的商品。

大学学院的经费支持。研究中心依托赣南师范大学脐橙专业应运而生,赣南师范大学脐橙学院与研究中心直接挂钩,实地培养掌握脐橙技术的人才。基于其赣南师范大学所属学院的性质,研究中心的日常运行经费主要来源于学校支持。

3.3.2 存在的问题

国家项目资金及省级、市级经费支持有限,而面对黄龙病防治研究的瓶颈,研究中心在技术设备、人才引进等方面需要充足的资金。研究中心尝试通过与企业的合作项目进行经费的补充,于是引发了以下问题:

企业合作项目具有不稳定性,体现为合作项目时间分布不均匀,容易出现合作空窗期,缺少稳定的经费来源。与此同时,新兴与创业企业初期过于看重符合市场需求的深加工产品的收入,而不愿意进行赣南脐橙收购、加工、销售等阶段的前期固定成本投入,新兴企业进入脐橙市场的成本和门槛非常高,进而导致企业合作项目的数量有限,且容易出现"半途而废"的情况,停止合作项目和经费支持,导致研究中心与企业合作项目存在不确定性。

研究中心与赣南师范大学脐橙学院直接挂钩,日常运行经费来源于学校支持,但学校经费也有限,且需兼顾多个学院,无法过多向研究中心倾斜。这一现状与研究中心的日常运行经费需求相矛盾。

案例6 甘肃玉门枸杞产业

1. 概述

玉门枸杞主要产地位于花海和小金湾一带,产品分为黑枸杞和红枸杞两种,其中占绝对多数的是红枸杞,黑枸杞较少。近年来,随着当地种植枸杞面积的进一步扩大与相应技术的进步,产量节节升高,同时因其产地灌溉用水为祁连山脉渗透下的高山冰雪融水,自然生态良好,使得玉门枸杞品质极其优良,口感鲜甜可口,也是无公害、无农药残留的绿色纯天然健康食品。

截至2021年8月,玉门市枸杞种植面积达25.3万亩,其中红果枸杞22.24万亩,黑果枸杞3.06万亩,现已形成花海片区、下西号片区、昌马赤金冷凉片区及农垦团场片区四大枸杞种植片区,枸杞种植基地初具规模。

由于优良的种植条件,玉门市枸杞栽植能够做到当年挂果、五年丰产。亩产干果从第一年到第五年盛果期分别约为30公斤、80公斤、100公斤、150公斤、300公斤。但由于受技术投入、田间管理等因素的影响,玉门市不同产区产量、产值差别较大。

销售方面,玉门市现有枸杞线上销售企业、合作社23家,年线上销售量551.1吨。2017年,全市枸杞总产值达7.5亿元,农民人均纯收入达3 800元。但近年来枸杞的市价有所波动,价格下降的部分原因是全国枸杞种植面积增大,产量增加,供过于求;对于前些年价格飙升的黑枸杞而言,价格则逐渐回归理性。

根据产品生命周期(Product Life Cycle)理论,产品市场寿命分为介绍期、成长期、成熟期和衰退期四个阶段。中国枸杞干果产品经过前两个阶段,现已进入成熟期,主要体现在多产区大面积生产且稳定进入市场销售,枸杞工业产值快速增长;市场需求趋于饱和,产大于销;随着种植和经营企业快速进入,产业集中度降低。而玉门枸杞起步较晚,现大致介于成长期和成熟期之间。根据产品生命周期理论,这一阶段由于同质产品增加和竞争加剧,枸杞干果生产者不得不在质量、服务方面增加投入。衰退期是指不再适应市场需求的产品的淘汰阶段,如品种差、农残高枸杞产品已经被现代农业科技指导下的无公害和有机枸杞逐渐排挤,生命周期将陆续结束。而与枸杞干果不同,枸杞精加工产品仍然处于介绍期,特点为产品单一、生产批量小、市场认知度极低,诸多产品处于概念化研发阶段,购买者少。

2. 玉门地理环境

枸杞具有耐旱、耐盐等生物学特性,是重要的经济、生态和药用三位一体的植物,已成为西北地区重要的经济作物之一。枸杞种植最适宜区域是北纬36°至45°,东经80°至120°,年平均气温5.6℃至12.6℃,土壤有机肥含量0.5%以上,土壤pH值7.0至8.5。

我国枸杞种植产地多,种植面积逐年增加,2018年全国枸杞种植面积近240万亩。目前,枸杞产地主要包括宁夏、甘肃、青海、新疆、内蒙古等省区。宁夏作为历史悠久的枸杞种植区,保持绝对优势,规范化、标准化种植水平最高,形成了区域绿色枸杞和有机枸杞标准,研发了宁杞号系列优良品种。青海、甘肃、内蒙古等省区的枸杞种植近年来也发展迅速。2018年,甘肃枸杞种植面积占全国的19.4%,玉门占全国的5.2%;全国枸杞年产量超过25万吨。

玉门市拥有一方得天独厚的适宜枸杞种植的水土。以花海片区为例,其地处北纬39°至41°、东经96°至98°,平均海拔1 255米,年日照时数3 200小时左右,年平均气温6.9℃,年降雨量63.3毫米,平均无霜期135天,属典型的荒漠气候;土壤熟化程度高,有机肥含量达1.5%至2.5%,土壤pH值为7.5至8.5,土壤含盐量0.4%左右(如表1-1所示)。

表1-1 玉门市地理条件

地理条件	枸杞种植最适宜区域	玉门市
地理位置	北纬36°至45°,东经80°至120°	北纬39°至41°,东经96°至98°
年平均气温	5.6℃至12.6℃	6.9℃
土壤有机肥含量	0.5%以上	1.5%至2.5%
土壤pH值	7.0至8.5	7.5至8.5

玉门市因光照时间长、无霜期长、昼夜温差大，特别是在枸杞果实采摘的关键时期降雨量小，故枸杞果实不易受有害生物侵染，这样既降低了生产成本，又减少了农药残留。当地农业农村局研究显示，花海大畅河宁杞1号与宁夏中宁产地枸杞1号相比，表现出病虫害发生率低、粒大饱满、制干速度快等特性，其品质被认为已经优于原产地宁夏枸杞的品质。

3. 发展建议

3.1 生产种植环节

3.1.1 存在的问题

合作社等生产组织形式有待健全。目前，玉门枸杞种植的生产组织形式主要分为团场（如黄花农场和饮马农场），乡级、村级合作社（如陇宇果品农民专业合作社），以及农业开发区等。前两者在生产上相对规模化和集约化，且通常能覆盖加工和销售环节，但部分农民专业合作社并没有很好地发挥引领作用，资金使用不合理。大畅河农业开发区的种植户组织相对分散，合作社引领作用不强，抵抗风险的能力也较弱。

资金不足。枸杞种植周期前期所需资金较多，如果遇上自然灾害或者价格过低，则会雪上加霜。当枸杞市场出现价格波动时，农民将难以获得银行贷款，使得种植规模较小的承包户亏损压力增大。

种植品质良莠不齐。在种植品质上，相当规模的种植园区主要还是以增加亩产量为第一目标，尽管这一方面推动了高产品种如宁杞7号的引入与推广，但另一方面某些种植园区盲目追求亩产，导致种植过程中无视生产标准化，限量施肥、病虫防治等环节随意性大，更不用提控产保质等举措了。因此，尽管种植自然条件优良，但种植品质良莠不齐。

人工成本较高。在人工成本上，枸杞种植的机械化水平普遍偏低，而所需人工中，由于枸杞成熟时节采摘工作的紧迫性，采摘枸杞的人工费最高，在总成本中占比最大。

3.1.2 建议

凝聚合作社力量，化解农户资金紧缺问题与潜在纠纷。发挥重点合作社的示范作用，完善农村金融体系，发挥玉门农村商业银行、中国农业银行金穗惠农服务等的作用；探索信用合作社等模式，减缓农户用钱难问题；发挥管理委员会和带头合作社的作用，加强对组织形式较松散的农业开发区中承包户的统筹、引领工作，协调农户间与工人间的和谐关系，避免潜在纠纷。

逐步推行枸杞种植标准化。近年来,农村合作社的发展和土地流转进程的加快为标准化种植提供了条件。玉门市农业农村局应当对农业开发区枸杞种植建园规划、盐碱地板结地土壤改良、定植、土肥水管理、整形修剪、病虫防治等栽培过程予以长期技术指导,对标准化种植示范田、示范户适当予以奖励。

循序推进枸杞全产业机械化试点。玉门市劳动力的流失倒逼农业机械化发展。枸杞机械化发展的适宜性目前仍然较低,且前期投入较大,但未来应该会成为降成本、提效率的重要发力点。玉门市可以从较简易的田间管理机械开始,在一到两个重点合作社先进行农机试点;同时,完善机器分筛、智能色选等技术,明确枸杞分级价格差异,避免混级均价,从源头上提升农民追求枸杞质量的积极性。

未雨绸缪,保护农业生态系统。长期来看,农业生态系统保护的重要性不容小觑。农业生产具有自然周期性,前车之鉴远有内蒙古枸杞种植条件恶化,枸杞企业家迁往玉门;近有瓜州遭遇病虫害,蜜瓜节受影响等。玉门市应当吸取教训,着眼于长期,避免未来当地枸杞种植的优良条件也遭受考验;加强技术投入,推广有机肥,增强地力保护的意识;对于枸杞常发当地病虫害(枸杞白粉病、根腐病、炭疽病、枯萎病及枸杞跳蚤等),坚持"预防为主,综合防治"的原则,精准防治,防患于未然;抗击病虫害应以高效、低毒、低残留、生物农药为主。

3.2 加工环节

3.2.1 提高初级加工的效率;进行市场细分,拓展深加工品类

短期来看,初级加工即晾晒和烘干仍然占较大比重,因而初级加工效率的些微提高都会对枸杞加工环节的改善起到推动作用。可以建设烘干房,逐步用烘干代替自然晾晒,完善烘干技术并探索节能方法。

长期来看,除了枸杞酒、枸杞蜜等产品,还可以鼓励农业科技和加工的龙头企业研发枸杞果酱、枸杞籽油、枸杞原浆、枸杞酊、枸杞水溶胶/花露水、枸杞精油等产品。这些产品尚未形成细分市场,是传统枸杞干果之外的一片蓝海。其中,某些枸杞产品如枸杞果酱,较适合有果酱食用习惯、健康意识较强、对健康食品价格弹性较小的欧美市场。

3.2.2 进一步提升加工厂的自动化水平和卫生标准,塑造行业规范

长期而言,自动化加工流水线可以节省大量人工成本,促进规范化。鼓励一定规模以上的加工企业外出考察学习,购置优良设备,逐步转向全流程自动化、机械化。同时,加强厂房卫生标准并定期进行检查,塑造良好的企业文化和精神面貌。

3.3 销售环节

3.3.1 充分利用互联网,拓展营销手段,选择有针对性的营销方法

近年来,随着互联网不断深入千家万户,其宣传与传播作用对企业的品牌建设日益重要。当地企业、合作社、种植户可以与短视频如抖音的流量主播、微博的健康博主合作,展示本地种植示范园风貌、农忙时的田园风光、枸杞烹调的新方法、枸杞养生常识等。未来甚至可以邀请知名微信自媒体进行一些契合中东部地区年轻消费者需求的精准营销。多种营销手段连接供需两端场景,降低了品牌建设成本,有助于更多的个体消费者了解玉门枸杞。

对于附加值较高的枸杞产品,尤其应注意选择有针对性、有重点的营销方法,如冻干枸杞应瞄准中高端市场,突出强调其营养无流失的特点。此外,应定位精细,引领潮流。江中猴菇依托药企背景,紧密跟随年轻人的消费、触媒习惯,开拓市场空间。在产品定位上,江中猴姑米稀针对当下都市年轻人"胃不好"的现状,瞄准"养胃"概念,锁定"早餐"餐桌,采用制药标准,引领食疗新潮流。同理,枸杞早餐粉可以针对当下年轻人和青少年用眼过度、眼科疾病多发的现状,再结合中医"久视伤肝"理论,主打"清肝明目"的食疗功效,依托中医古方,添加红豆、薏仁等,走家庭亲子食疗路线。

通过"慢综艺"广告深度植入,实现精准营销。在广告投放上,江中猴姑没有漫天撒网,而是瞄准了《向往的生活》这类受年轻人追捧的慢综艺,通过与节目内容的有机结合,跟随生活情境呈现产品,使"猴姑"系列产品与"养胃"在消费者心目中形成强关联,取得了很好的效果。

发挥政府的引领作用,理清重点扶持品牌,推进"三品一标"建设。首先需要注意的是,品牌建设通常是建立在成熟的产业发展之上的,并不是任何阶段的"万能药"。玉门市几个枸杞产业相对发达的乡镇都先后进行了"三品一标"认证,多数品牌规模较小。我们认为,与其"多点开花"却"小而不精",不如"先强带后强",集中精力重点培植大品牌如"玉门红"(同时体现地理标志和品牌特点,拥有东部地区的专业营销团队,进行完整的品牌诠释,档次优势明显),通过这些企业的成功反过来助力提升玉门枸杞的名望。

根据枸杞市场占有率数据,短时间内,宁夏枸杞在传统的黑、红枸杞干果市场上具有无可撼动的霸主地位,玉门枸杞品牌一时不易进入;而冻干枸杞、枸杞原浆、枸杞粉等精加工产品暂未形成明显的等级格局,企业容易在该新兴市场打响名号,争取份额。我们建议,对于此类品牌如"花碧绮",政府可以给予优惠的产业政策,助力其发展;同时,企业应谨慎进行市场调研和产品改良,不断提升技

术水平,获得先行者优势。另外,现有商标名,如"漠杞源""戈绿源"等同质化现象严重。对于新申请的商标,政府应给予适当的引导,推动创新,体现独特性,以更好地吸引消费者。

此外,还可以积极举办或参加农产品展销会等活动,"走出去"与"请进来"并举,推进玉门枸杞品牌建设。上海农业博览会、枸杞采摘节、玉门农产品订货交易会等是玉门枸杞品牌推广的良好机遇与重要载体,为终端消费者和以枸杞为部分原料的下游生产商提供了认识玉门枸杞的机会,有助于积累形成品牌主动权和能够跨越中间环节的品牌影响力。在"走出去"方面,玉门枸杞品牌可以与各大博览会组织方,如全国农业展览馆、上海农业展览馆积极沟通,甚至在条件允许的情况下走出国门参加国际枸杞展览会等;增加参展"亮相"次数,并借此发展农业订单模式。在"请进来"方面,玉门枸杞品牌可以继续举办农产品订货交易会与枸杞行业展览会,未来可以以东道主的身份邀请甘肃各地乃至省外的各枸杞品牌参展。

规范枸杞的外包装等,打造本地共享的公共包装形象。可以由玉门市商务局或玉门市电子商务公共服务中心出资,进行玉门枸杞的公共包装设计、制版与生产,降低包装制作的平均成本,这不仅有助于解决包装使用上的乱象,还有助于品牌形象的推广。

3.3.2 完善基础设施

建立健全合作社与生产共同体体系,形成规模经济,畅通信息渠道。规模经济是指通过扩大生产规模而引起经济效益提高的现象。我们建议进一步完善合作社体系,"抱团取暖",汇集充足信息。通过组织会议、电话交流、微信推广,利用现成资源(如微信公众号"枸杞通")甚至是设计 App(应用程序)等形式,共享天气、市场、农业生产的先进技术、收购方和批发商对枸杞的需求等信息,使合作社中的生产者拥有有利于生产的充足信息,降低信息不对称,帮助农户畅通销路,增产增收。

完善枸杞储藏、运输基础设施建设。针对农户压货能力较弱的问题,我们建议在预算约束内,由政府帮助完善个别地区枸杞干果保存的设施建设;同时,不断完善交通基础设施建设,降低货运成本。

3.3.3 畅通线下渠道

优化线下销售网点的分布与产品种类,有的放矢地提升线下销量。线下玉门特色农产品专卖店的消费群体不仅包括本地市民,更包括到玉门旅游的游客。因此,为了提升线下特色农产品专卖店这一渠道的销量,我们建议在游客较多的旅游景点(如赤金峡漂流区和有较稳定客源的铁人村附近)开设玉门特产直销店,这样既能满足游客的消费欲望,也契合全域旅游业"旅游+购物"的概念。同样,在嘉峪关机场、兰州机场和各大火车站等游客较为密集的地方,可以开设特产店,或者在机场"陇原特产"设置柜台,上架小包装、精包装枸杞礼盒。这不但有利于扩展销路,提高玉门枸杞品牌的知名度,而且机场或火车站的特产店还可以为新品类枸杞产品(如枸杞茶叶)的市场调研提供一些基本的消费者偏好信息和反馈。至于特产店本身,我们认为应优化品类及布局,将高附加值且更加吸引人的中高端枸杞产品(如精美包装的冻干枸杞)、新兴产品(枸杞原浆等)与大品牌的产品放在着重强调的位置并提高其占比,明确强调特产店服务游客、打响玉门品牌的定位,避免消费者将其与农贸市场等同起来。

抓住小包装休闲零食与方便食品产业的发展浪潮,与相关企业达成合作。研究显示,健康化、年轻化、代餐化、高端化是休闲零食产业的四大发展趋势。在高强度、快节奏的现代社会,人们的工作压力大且时间日益碎片化,迫切需要能够迅速充饥或带来愉悦感的食物,因此独立小包装的休闲零食和方便食品日益受到欢迎。与此同时,消费者对健康饮食的渴望越来越强烈,90后甚至00后对养生保健生活方式的追求已蔚然成风。因此,以枸杞为配料的休闲零食和方便食品符合当今消费者对健康与即时的诉求,具有广阔的市场前景。我们认为,玉门当地枸杞企业可以与中端的食品加工企业进行合作,成为休闲零食和方便食品的枸杞配料供货商。例如时下流行的"每日坚果",可以将枸杞加入其坚果组合;新兴的坚果酸奶,可以在酸奶的坚果配料包中加入枸杞;又如方便面、面包和新兴的冻干粥,枸杞也可以进入配料包等。通过积极开拓种种可能性,一方面可以使合作企业在差异化竞争中获得一定的优势,另一方面在一定程度上也可以拓展玉门枸杞的销路。

充分利用"一带一路"倡议所带来的发展红利,借助区位优势,大力发展枸杞出口业务。《中共中央 国务院关于实施乡村振兴战略的意见》提出,要构建农业对外开放新格局。其中就包括优化资源配置,着力节本增效,提高我国农产品国际竞争力;实施特色优势农产品出口提升行动,扩大高附加值农产品出口;深化与"一带一路"沿线国家和地区农产品贸易关系。在国内对枸杞的需求较为稳定的现状下,可以通过出口枸杞等方式拉动外需,开拓海外市场,增加销售渠道。而目前,在中亚、西亚、东南亚等"一带一路"沿线地区,枸杞市场仍处于相对空白状态。

相关研究曾在经典引力模型的基础上对中国与"一带一路"沿线国家农产

品贸易潜力进行过测算。结果显示,地理位置的绝对距离与班轮运输联通性指数对贸易流量有显著正影响。玉门市正位于丝绸之路经济带上,地处河西走廊西部,地理位置可以说较为便利,而其交通的发展离不开甘肃省政府对交通基础设施建设的重视。甘肃省应当把道路联通作为"一带一路"甘肃段的基础性工作,推进兰州、敦煌、嘉峪关航空口岸和武威铁路口岸的对外开放;开辟货运班列,实现铁路连通、公路畅通、航路广通。

3.3.4 发展线上电商

健全现有的电子商务服务体系。明确定位,审慎使用拨款资金,集中精力发挥服务功能。在为重点农业科技企业和重点品牌服务的同时,也为广大村镇的农民服务。有选择性地重点建设电商品牌(如"沙田香"),进一步规范产品定价和运费,降低店铺运营管理的随意性。同时,注销"僵尸店铺",削减并整合其他线上店铺,避免"多而杂"。

促进服务中心体系建设。电子商务服务中心为了更好地统筹各服务点,形成有力的服务体系,可以采取的措施包括但不限于:①定期为各乡镇服务点负责人提供培训和经验分享,通过微信群等方式加强服务点负责人之间的交流与互助;发展到一定阶段后,也应注意协调服务点之间的竞争与合作关系。②利用中心优势资源,统一为各乡镇制作带有产地标识的包装袋、产品追溯二维码。③提高对各服务站的考核检查频率,有针对性地提出意见和建议,同时也可以根据线上销售情况和当地居民反馈,为乡级和村级的服务点设置星级评价体系,激发其积极性。④帮助各服务点打开电商服务业务在各乡镇的知名度,让枸杞种植户了解并逐步选择将自产枸杞销售给服务点。

完善服务点体系建设。①各乡镇电子商务服务点应当明确包装、发货、客服、营销等一系列服务定位,进一步规范运营方式和运营内容,提升服务点负责人的素质。如果服务中心能够卓有成效地统一制作包装,则各服务点可以节省大量成本;且统一包装后售价普遍会比种植户短视频平台直销价更高,使种植户更愿意将自产枸杞销售给服务点。②允许服务点负责人通过收取中间服务费的形式赚取差价。产品通过负责人的微信或其他电商平台销售后,负责人应负责答疑、退换货等服务。③可以为村民提供其他辅助服务,如可以传递淘宝、拼多多等平台日常用品、工业品等的促销信息,帮助村民团购生产资料,学习网购,避免遭受诈骗,等等,建立亲民惠民的情感联系。

多种方式发展枸杞的线上销售。①有层次、分阶段地发展电子商务。抓住国家"电商助农扶贫"的政策导向,利用互联网时代的多种新兴平台,鼓励更多的电子商务尝试,重视种植户自下而上、自发的电子商务创新。②由简单至复杂、阶段性地发展电子商务,针对不同品类进行渠道研究,如从低成本、低门槛的微店、微信公众号、短视频平台直播,到申请要求相对较低的公益平台水滴筹中的"水滴集市",再到入驻拼多多等平台等。

案例7 云南腾冲健康食品产业

腾冲地处云南,旅游资源十分丰富;作为云南腾药的重要发祥地,具有厚重的医药文化积淀;作为茶叶重要产地,在茶文化以及以茶产品为卖点的健康行业具有竞争力;作为拥有大量温泉、空气负(氧)离子丰富的林地城市,具有强大的疗养功能,对注重健康的大众具有很强的潜在吸引力。在这样的时代背景下,腾冲有充分的条件成为大健康产业发展的沃土。

1. 芒棒镇古树茶产业

1.1 基本情况

自然条件上,腾冲自然条件适宜,茶树品质高。加工基础上,古树茶分类定级、精细化加工、产品包装等方面技术落后、基础薄弱。经营状况上,因市场驱动力不足、产品经营理念落后,古树茶产品被定位为普通茶叶,茶农以自给自足的简单加工方式为主,经营管理模式粗放、效益低下。同时,近年来部分企业特别是当地龙头企业对古树茶产业投入严重不足,以圈占资源为目的,仅将部分有影响力、生长年份较长的古树茶挂牌收购且签订协议年限长达10年,没有对该镇古树茶产业起到整体带动作用。

1.2 政策建议

成立专业合作社。建议按"政府引导、企业扶持、农户自愿"的原则,以社区或村民小组为单位成立专业合作社,统一采销、统一管护、统一分类标准、统一品牌,走规模化、专业化发展之路。

强化加工。对现存小型茶叶加工厂进行整合规范化管理,根据需要新建合作社或共建茶叶加工厂;快速提高茶叶制作水平,按照名优茶加工标准,淘汰过时的加工工艺和设备,提高产品质量和生产效率;积极引进龙头企业发展精加工,加强质量监管,推进产业发展规范化;建立符合现代食品加工要求的绿茶生产技术,强化市场准入管理,统一制作工艺,促进茶产业规范化发展。

强化管理。坚决杜绝加入合作社的农户以一次性转让的方式与第三方私自约定,鼓励企业、专业合作社或民营业主等新建高标准有机茶园;通过以土地入股、土地出租等土地流转形式将既有的培管不到位、效益不明显的基地集中整合起来,采取"企业+基地"经营管理模式,由企业、专业合作社或民营业主统一经营管理;通过"企业+农户"模式,实行订单农业,确保农户利益;适度规模扩张,整合茶园,统一规划。

突破销售。抓好鲜叶交易市场建设,引入竞争机制,实行茶叶阶梯价格,防止低价、压价收购;抓好干茶销售市场建设,积极探索现代营销方式,鼓励经营者开设茶庄、门店,发展专卖店、专柜、连锁营销,构建和开拓市场多元渠道,搞活茶叶流通,提高茶叶在市场中的占有率;统一茶叶品牌,出台相关制度或通过协议形式对在芒棒镇收购、加工、销售的茶叶企业明确提出统一打造"芒棒古树茶"品牌的要求;积极联合有关部门向上申请"芒棒古茶树"地理标志。

延长产业链,提升茶产业综合效益。建议借助生态旅游业的蓬勃兴起,在全镇生态优美、茶叶种植较为集中的江东片区开辟茶文化旅游观光线路;注重开发茶旅游产品,制作适合旅游销售的茶叶产品及相关纪念品,创新营销模式,与旅游紧密结合;开发休闲观光茶园,选择交通较为便利、茶园景观秀美之地,配套相应的设备供游人采茶制作、品茶休闲;推进茶馆业的兴起,与当前兴起的农家乐相关联,科学规划建设一批文化味浓、品位高、富有特色的茶馆。

2. 明光镇健康食品产业

2.1 小耳朵猪产业

2.1.1 发展现状

为了促进特色畜牧业的发展,促使产业增效、农民增收,近年来,腾冲市明光镇党委、政府积极采取各项措施培植壮大明光小耳朵猪产业。经明光镇党委、政府的数年努力,明光镇形成了以明光小耳朵猪生态养殖协会及明光小耳朵猪养殖专业合作社为主导,以保种场、规模养殖场为核心,带动农户分散养殖的养殖模式,为实行统一的技术路线、畜产品的生态及安全提供了保证。但因存在散养户饲养方式落后,缺乏疾病防控意识,规模养殖场技术力量薄弱,新技术落实不到位,部分养殖户对市场前景感到忧虑,养殖信心逐渐降低,各养殖户之间的利益紧密度不强,各自为政等困难,明光小耳朵猪产业发展不平衡、不充分。

2.1.2 目前发展面临的问题

合作社未起到预期效用。明光镇专门成立了小耳朵猪养殖专业合作社,但各内设部门职责不明晰。

小耳朵猪知名度低,品牌效应小,无专门人员进行销售推广。

猪肉价格相对较高,小耳朵猪肉无法大众化消费。采用纯天然的养殖模式使得小耳朵猪的生长周期长、肉质鲜美,但由此养殖户的养殖成本高导致猪肉价格高,而明光镇的经济发展水平较低,相对高价的小耳朵猪肉无法大众化消费。

农户养殖热情低,小耳朵猪数量少。大部分农户无法承担大规模养殖的成本,大都是1～2只的小户养殖。没有良好的销售渠道保障更加大了农户的养殖风险。

无固定的销售渠道。小耳朵猪出笼后无下游企业直接订购,也无龙头企业牵引销售。虽然当地政府倡导企业牵头带领农户养殖合作,但"三高"模式下企业无法保证盈利,政府也无相应的政策支持企业,以至于没有企业带头进入小耳朵猪的销售渠道,小耳朵猪的销售淡旺季随着当地旅游的淡旺季而改变。

交通不便。明光镇矿产丰富,来往的重型货车较多,加之天气变化无常,导致从芒棒镇到明光镇的国道道路损毁严重,不利于农产品和农副产品对外运输。

养殖风险大。小耳朵猪的养殖和销售受瘟疫与市场价格波动的影响大。

2.1.3 政策建议

政府加强对道路的维修,完善交通体系,保障交通运输。加强对超载、超运货车的管控和治理,政府支撑、村民合法监督。

政府加强对小耳朵猪养殖户的资金扶持。与当地银行沟通,对有能力、有抱负的农户贷款养殖合理减息、简化贷款手续,尽可能提供资金、技术、政策上的支持。

培训专业兽医,组建专业兽医团队。由专业兽医团队对小耳朵猪的养殖、生产、护理、病害预防进行专业化的监管与指导。同时,公开兽医团队联系方式、组建微信群,做到农户有需求时兽医能及时、迅速地到达现场进行有效的指导和救助。

政府牵头、农户支持,引进龙头企业,如猪肉制品加工厂入驻当地。政府通过提供土地政策支持、减免企业税收等方式吸引企业投资建厂。

提高小耳朵猪的知名度,提升品牌效应。由政府牵头加强广告宣传,一是在推出以"健康腾冲"为主题的旅游主打项目时,将小耳朵猪等当地特色食品作为宣传亮点。二是通过网络、电视、报纸等各种媒体加大对小耳朵猪的宣传力度。三是聘请一些权威专家对小耳朵猪的性能及肉质等做更深入的研究。四是逐步探索建立明光小耳朵猪营销团队,积极参与各种农产品和农副产品展示会,叫响"明光小耳朵猪"标准品牌,提升品牌效应。

实施产业化经营。通过招商引资、社会融资、项目争取等方式,培育小耳朵猪养殖龙头企业,探索与肉食品深加工龙头企业的对接,走"养殖基地(专业合作社)+农户"的产业化经营之路;充分发挥保种场的作用,向其他规模养殖场及农户提供优良的纯种仔猪,并逐步探索实验小型猪的养殖,在保种的同时也能实现经济效益的最大化;充实明光小耳朵猪生态养殖协会及专业合作社的管理人才,大力发展经纪人队伍和营销队伍,强化养殖户与肉食品深加工企业之间的连接。

2.2 茶产业

2.2.1 发展现状

腾冲目前已有极边公司的"极边"、三泰公司的"云山玉叶"、微诚公司的"明光珠露"、明林公司的"人瑞源"四个茶叶商标及系列产品。其中,极边公司在腾冲、保山、昆明都有销售网点,并在积极开拓云南省内其他地方及外省的销售市场,其他公司的销售渠道也正在拓展,通过网上销售,年销售额达上百万元。

2.2.2 目前发展面临的问题

(1)茶园基础设施建设滞后,茶园和厂房对外运输道路大都为土路。

(2)主要茶企为当地以极边公司为首的四大民营企业,企业用于设备改造更新、项目投资的资金不足,生产规模受到限制。

(3)由于明光茶叶加工技术较为落后,产品粗加工厂房和深加工厂房分离。

(4)茶叶的供给大幅增加,茶产品价格不断走低。茶叶技术人员较少,当地茶叶办组织开展茶叶耕种管理的技术培训次数有限,茶叶种植技术得不到提高。

(5)茶企主要为民营企业,恶性竞争较为严重,每家企业都有自己独一无二的高品质茶叶种植技术,但是相互之间交流少,高品质的种植技术无法进行交流互补,技术信息不流通。

(6)茶叶市场不稳定以及茶叶价格波动大导致农户茶叶滞销,茶产品积压,给企业和农户带来较大的经济损失。

(7)茶叶来源多样化易使茶叶质量参差不齐。

(8)茶叶知名度较低,营销宣传力度较小,市场覆盖范围有限。

2.2.3 政策建议

(1)完善茶园基础设施建设。推广使用喷灌技术,积极采用机械化耕种、除草、施肥技术,加强茶园与工厂之间的公路建设维修。

(2)规范茶叶市场,避免无序竞争。积极扶持当地龙头企业,为其提供政策支持、财政补贴,帮助其引进技术。

（3）政府主导进行茶产业的品牌建设和推广,为当地的茶企做"免费广告"。

（4）政府起到"中间人"的作用。将实力较强的民营茶企聚集在一起进行茶叶种植、生产、加工、销售方面的经验技术交流与分享。各企业之间不应该仅仅是竞争的关系,更应该做到"合作共赢"。通过技术交流,更有效地推动当地茶叶种植技术的进步和营销推广。

（5）加大科技引入和技术投资力度,同时鼓励企业将深加工厂房与粗加工厂房集中起来进行建设,形成规模效益。引入茶叶保鲜技术,采用集"采摘—粗加工—深加工"于一体的加工模式,更进一步地保证茶产品的高质量。

（6）制定茶叶收购标准。通过制定相应的行规和茶叶收购标准,有效提升从农户手里收购的茶叶质量。

（7）积极引进人才。政府应出台相应的住房政策、补贴政策、工资政策,以吸引大批有技术、有知识、有能力的茶叶种植人才进入当地。

（8）积极承办或参加全国性、世界性的茶艺博览会,打响茶叶品牌的知名度。

（9）推广休闲观光茶园建设。这样既能带动旅游服务业的发展,又能为茶叶的销售打开渠道,还能增加农户与外界的交流。

2.3 苦荞产业

2.3.1 目前发展面临的问题

（1）苦荞加工未形成产业集群,机械设备更新速度慢,加工技术落后。

（2）制造加工成本投入太大,费用太高。

（3）苦荞市场混乱、不稳定,价格波动较大。苦荞价格低,导致农户种植苦荞收入低,种植热情不高。

（4）某些行业存在违法企业,政府为打击违法企业制定相关政策时并未考虑正规农产品加工厂,阻碍了以苦荞加工厂为代表的一部分小微企业的生存与发展。

（5）政府招商引资支持龙头企业,通过大力投资扶持高新技术产业,但对农户加工厂等小微企业补贴少。

（6）生产线单一。农产品是单一化的生产线,一套机械设备只能加工一种农产品,资源使用效率低。

（7）知名度低,销售困难,存在"做广告没有资金""不做广告没有销量"的问题。

2.3.2 政策建议

(1) 政府与银行协调,对当地的实干小微企业适当提高贷款金额,同时降低贷款利息,简化贷款手续。

(2) 引进苦荞加工的相关先进单位和企业,形成产业集聚,降低生产成本和销售成本,有效促进技术创新、产业创新。

(3) 积极补贴农户和加工厂。通过优惠政策鼓励农户积极种植苦荞,增加苦荞的供给;同时鼓励补贴加工厂,使其更有信心、更有动力和资本进行加工制造。

(4) 政府在制定相关政策时,要实地调研"区别对待",真正了解企业需求和发展现状,对大企业、中高端企业的建设发展和小微企业的建设发展提供不同的政策支持。

(5) 加大对小微企业的补贴力度。政府在扶持小微企业时,应不仅仅提供小范围的资金扶持,对其机械设备、生产技术都应提供支持。

(6) 政府推动广告宣传。"世界苦荞在中国,中国苦荞在凉山",凉山县政府的积极广告宣传为其苦荞产业的发展解决了最主要的销售问题。因此,明光镇政府可以效仿凉山县政府的做法以提高明光苦荞的知名度,提升品牌效应;在推出以"健康腾冲"为主题的旅游主打项目时,将苦荞等当地特色农作物作为宣传亮点;通过网络、电视、报纸等各种媒体加大明光苦荞茶、苦荞饼的宣传;同时聘请一些权威专家对苦荞的成分及作用等做更深入的研究;逐步探索建立明光苦荞营销团队,积极参与各种农产品展示会,提升品牌效应。

案例 8 福建泉州特色现代农业

泉州市属亚热带海洋性季风气候,年平均气温 19.5～22.0℃,终年温暖湿润,四季如春。境内溪流密布,多达 34 条,总长度 1 620 公里,渔业资源丰富。地表水总量为 87.6 亿立方米。2016 年,全市平均降水量 2 524.6 毫米,折合年降水量 274.32 亿立方米,比多年平均值偏多 54.7%,比 2015 年偏多 47.7%,属偏丰水年。全市森林蓄积量 4 338.5 万立方米,森林资源丰富。

1. 主要做法与成效

1.1 着力发展品牌农业,提升农产品质量效益和市场竞争力

一是加强农产品商标建设。积极引导农业龙头企业、农民专业合作社等农

业经营主体注册农产品商标,优先推荐农产品商标认定中国驰名商标和福建省著名商标。通过"公司+商标+农户"的产业化经营模式,深入开展"一县一地理标志"创建活动,有效解决农业生产规模小、经营分散、市场反应慢、无法形成品牌优势等问题。二是加强农产品区域公用品牌建设。依托泉州市独特的区域自然资源、产业资源和农产品资源优势,打造泉州农产品的区域"金名片"。三是大力推进农业标准化生产。着重抓好农业质量标准体系、农产品质量安全检测体系和农业标准推广体系建设,夯实品牌质量基础。例如,安溪县制定并推行《地理标志产品 安溪铁观音》等"四个标准体系"。四是加快发展农产品安全认证。鼓励生产和经营主体参与无公害、绿色、有机食品及地理标志的认证,提高扶持和奖励标准,譬如晋江、安溪、永春、德化创建省级农产品质量安全示范县。

1.2 着力发展智慧农业,提升传统农业的科技含量

一是大力发展设施农业。2013年以来,市级财政统筹安排1.95亿元专项资金,相关县(市、区)安排配套资金,以"项目实施、先建后补、以奖代补"方式带动专业大户、家庭农场、农民专业合作社、农业企业等各类经营主体投入设施农业建设。二是实施"互联网+"现代农业行动。大力发展农业新型业态,推进现代信息技术在农业生产、经营、管理和服务等方面的应用。着力推进农业物联网技术应用,截至2017年已在食用菌、果蔬、茶叶、畜禽养殖等特色基地建立起35个市级农业物联网应用示范点,水培、气雾培、基质培、水肥一体化栽培等物联网技术得到广泛的推广应用;筹建"泉州市农业信息综合服务平台",打造集监管、服务、招商、生产、销售于一体的全市综合性农业信息化平台,扶持发展农产品电子商务。

1.3 着力发展生态农业,提升农业可持续发展水平

一是推广绿色生产技术。在茶产业方面,开展生态茶园核心示范片建设,新植名优茶叶1万多亩,改造低产茶园10万亩,建设生态茶园35万亩,创建茶叶、芦柑等绿色食品原料生产基地26万亩。同时,蔬菜、茶叶和果树的生物防治、物理防治等病虫害控制新技术得到广泛的推广应用,全市建立农作物病虫害绿色防控技术示范片20个,示范面积达2.9万亩。二是推进种养业废弃物的资源化利用。引导养殖场(户)引进当地适用的、先进的规模化畜禽养殖污染治理技术,使"漏缝地面—免冲洗—减排养殖"、异位微生物发酵床零排放养殖技术以及"猪—沼—果"立体循环农业模式等技术得到推广应用。三是全面实施畜禽

养殖污染防治。泉州全市重新划定畜禽禁养区、禁建区和可养区。四是基本建立病死畜禽无害化处理机制。截至2016年,全市共建成病死畜禽无害化处理点256个,建立了覆盖饲养、屠宰、经营等各环节的病死畜禽无害化处理体系。

1.4 着力发展休闲农业,提升农村产业融合发展水平

把休闲农业作为拓展农业功能和产业融合的一项举措,组织实施休闲农业"324"工程,重点建设24个休闲农业承载点。2009年以来,市级财政每年安排支农资金200万元,每年扶持鼓励10家休闲农业示范企业以及休闲农业配套设施建设,积极鼓励和引导社会资本发展休闲农业及乡村旅游业。初步形成了采摘果园、市民农园、森林公园(森林人家)、休闲渔村(水乡渔村)、休闲农庄、度假山庄、农家乐休闲村、古村聚落、现代农业示范园区、乡村特色工业休闲游等10种泉州特色休闲农业模式。

1.5 着力发展园区农业,构建现代农业发展新平台

1.5.1 "两区"建设

一是建设泉州国家农业科技园区。自2013年9月经国家科技部批复同意建设以来,园区重点开展科研设施、科技研发和服务平台建设。二是建设安溪县国家现代农业示范区。以茶叶全产业链现代化建设为示范主题,构筑茶叶质量、科技、品牌、产业和创新五大高地。此外,安溪县先后于2017年9月获批创建第二批国家现代农业产业园,2020年2月获得第三批中国特色农产品优势区认定。

1.5.2 "两园"建设

一是建设惠安县国家级台湾农民创业园。建园以来,坚持"推进合作、增进交流、互利共赢、共同发展"的建设理念,突出园区产业特色,强化两岸农业合作与交流,有序推进园区发展。二是建设福建农民创业园(示范基地)。通过加强园区基础设施、税费优惠、用地安排、财政支持、品牌创建、融资投入、科技创新、保障体系等方面的建设,以示范带动为引领,引导相关企业向园区集中,推动主导产业转型升级。

2. 工作思路和主要举措

2.1 实施产业振兴工程,加快推进农业产业提质增效

2.1.1 以农业园区创建为载体,加快构建现代农业产业体系

重点围绕茶叶、水果、蔬菜、食用菌、畜禽、林木、水产等7个特色产业,创建

一批现代农业园区,其中,国家级1个、省级7个、市级9个和县级27个。在稳定粮食生产播种面积213万亩、总产量72万吨的基础上,持续发展品牌农业、智慧农业、生态农业、园区农业、休闲农业这"五大农业"。

2.1.2 以坚持绿色发展为导向,加快构建现代农业生产体系

一是强化农业技术装备建设。组织实施粮油高产创建示范片项目,继续推进抛荒山坡田复耕种粮项目。提升农业基础设施建设水平,加强种养设施、农业公共服务能力建设,加大农田水利等基础设施建设力度,加快推进农业机械化。二是强化农产品质量安全监管。加快农产品质量安全可追溯信息平台、农资监管信息平台的推广运用,强化农药、兽药、饲料监管。三是促进泉台农业交流合作。依托台湾农业技术交流推广中心等平台,提高科技创新能力,强化基础研究,并已在柑橘黄龙病防控技术方面有所突破。

2.1.3 以新型主体培养为纽带,加快构建现代农业经营体系

一是培育新型农业经营主体。扶持农业产业化龙头企业,新增农民专业合作社。二是培养新型职业农民。开展新型职业农民素质提升工程,培训新型职业农民。三是发挥农村实用人才带头人作用。发挥讲师团在农村建设、农业生产、企业管理等方面的优势,为全市"三农"工作队伍助力献智。

2.2 实施宜居环境工程,建设宜居宜业宜游乡村环境

2.2.1 深入推进美丽乡村建设,优化农村人居环境

一是突出环境整治。扎实推进"千村整治、百村示范"工程建设,持续开展农村生活污水垃圾治理行动,深化农村环境卫生保洁考评工作,建立"后进创先"工作机制。二是突出生态修复。实施海洋生态环境修复行动,提升泉州湾河口湿地生态修复质量,打造全省生态名片。三是突出设施建设。落实"河长制"工作任务,抓好重大水利项目建设;提级改造农村电网;实施公路安全生命防护工程,建立农村公路路长制度。

2.2.2 开展农业面源污染防治,改善农业生产环境

一是持续开展畜禽养殖污染整治。推进生猪规模养殖场建档立卡管理,推进畜禽养殖废弃物资源化利用,建立畜禽养殖综合整治的长效管理机制。二是健全农业投入品减量使用制度。继续实施化肥农药使用量零增长行动,强化病虫害统防统治和全程绿色防控,规范限量使用饲料添加剂,减量使用兽用抗菌药物。建立农业投入品电子追溯制度。三是进行循环农业的推广与应用。推广粪污资源化利用的种养立体循环农业模式,有效改善农业生态环境。

2.2.3 积极拓展农业多种功能,改善乡村创业环境

一是开展休闲农业知名品牌创建活动。二是开展重要农业文化遗产挖掘和保护活动。推进农耕文明、民俗文化、景观资源的动态传承,提升农业文化遗产的影响力。三是办好涉农展会,开发农业创意产品。引导支持农业企业"走出去",参与国际合作。

2.3 实施农民增收工程,深化改革创新,保障农民权益

2.3.1 深化农村土地产权制度改革

一是做好确权颁证后续工作。强化工作力量的同时,巩固和完善农村基本经营制度,扶持和引导种养大户及农业合作社发展农业适度规模经营。二是加快推进农村集体产权制度改革。逐步建立农村土地所有权、承包权、经营权"三权分置"工作机制。三是扎实推进国有农(林)场改革。扶持多种形式的农业适度规模经营,创新国有农场经营管理体制,继续推进国有林场改革工作。

2.3.2 提升农村金融创新服务水平

一是继续壮大农业增信担保体量。进一步壮大小额贷款公司整体实力,建立健全全市政策性融资担保体系,扩大注册资本,重点解决农业经营主体融资难问题。二是完善政策性农业保险。推广新险种业务,同时积极推进商业性农险。鼓励保险公司开展农产品质量安全保险试点,增加农产品质量安全品牌的影响力。三是注重农业贷款风险把控。引导金融机构注重考察,降低农村"两权"抵押贷款处置风险。同时,完善农村信用体系建设,为试点营造良好的金融生态环境。

2.3.3 提高农民工就业创业守业能力

一是加强技能培训。组织农民工参加技能提升培训,并按规定落实职业培训补贴。二是降低准入门槛。以创业为导向,降低市场准入门槛和制度性交易成本,支持农民工返乡就地创业就业。三是增强品牌意识。以守业为导向,积极引导农民专业合作社注册集体商标,提高农产品附加值。四是提升农业社会化服务水平,推动"农产品进城、工业品下乡"。

2.4 实施稳定脱贫工程,确保小康路上一个都不掉队

健全脱贫长效机制。严格按照政策不变、力度不减的规定,进一步落实医疗保障、教育保障等政策。建立市级精准扶贫信息平台,实现挂钩帮扶工作线上动态监管。同时,继续推进产业就业、造福工程等综合措施,构建起稳定脱贫的长

效机制。

加大挂钩帮扶力度。实施第五轮整村推进工作,安排96名干部进驻96个贫困村开展为期3年的挂钩帮扶工作。建立干部挂钩帮扶考核办法,实行正向激励和责任追究相结合,推动帮扶干部以户为中心履职尽责。

增强村财创收功能。盘活旧厂房、旧仓库、旧校舍"三旧",开发荒山、荒沟、荒丘、荒滩"四荒"。

加强扶贫领域监管。加强扶贫系统自身作风建设,加强和完善扶贫资金使用管理制度与公示公告制度。

2.5 实施乡村治理工程,加强农业农村基层基础工作

加强农村基层党组织建设。强化农村基层党组织领导核心地位,创新组织设置和活动方式。持续整顿软弱涣散村党组织,稳妥有序开展不合格党员处置工作。着力引导农村党员发挥先锋模范作用,为推动乡村振兴提供坚强的思想和组织保障。

坚持和完善村民自治制度。创新村民自治的有效实现形式,推动社会治理和服务重心向基层下移。完善村规民约和村民自治章程,健全民主决策、民主管理和民主监督制度。

加大农村法治建设。坚持以法治为本,树立依法治理理念,强化法律在维护农民权益、化解农村社会矛盾方面的权威地位。积极开展农村法治宣传并创新宣传方式,建设群众身边的法治文化阵地。进一步加快立体化、信息化社会治安防控体系建设,提高农村地区的社会治安掌控能力和水平。

弘扬文明乡风。以全国移风易俗试点工作为契机,深入宣传道德模范、身边好人的典型事迹,弘扬真善美,传播正能量。同时,整治墓地生态、大操大办等突出问题,实现常态长效,切实将移风易俗与文明创建进行实质挂钩。

3. 目前存在的问题与建议

3.1 融资方面

泉州市特色农业的发展在融资方面存在资金短缺、没有合适的金融机构为农村集体所有制经济提供帮助、农业风险较大、政府政策补贴力度较小且主要侧重于设施方面等问题,建议通过完善金融信用体系和金融担保体系加以解决(农村金融信用担保体系结构如图1-14所示)。

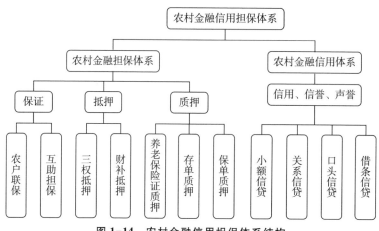

图1-14 农村金融信用担保体系结构

3.2 "空心村"情况加重,年龄段或出现断层

关于农业人才短缺阻碍经济发展的对策具体有:为外来人才提供精神上的支持;为外来人才提供互相交流的平台,让他们感到有收获;在优秀人才到农村前,各级领导给予关怀,提供温暖;为外来人才提供全面保障,帮助他们做好职业规划,明确发展目标;改善农村环境,为吸引人才做出努力;提供良好的工作平台。

是否具有一定规模的农业项目和实验基地、当地人员的配合以及政府的相关措施关系到能否留住人才。建议构建具有竞争力的酬薪体系,在农村地区工作的优秀人才的薪酬应当与同等级城镇人员持平,甚至更高。对于在农村地区工作的优秀人才子女的教育问题,相关部门或可推出优惠政策,采取免费入学等助学奖励措施。积极培养当地农业人才,深入探索"产学研"模式,发挥各自优势,效仿"村村大学生"计划模式(从农村招收相当于高中文化程度的农民,单独考试,免费入学,完成两年学业返回原地就业、创业或担任村干部)。加强培训,切实加强农技推广队伍建设。

3.3 土地流转制度不规范,农民传统观念根深蒂固

在土地方面,泉州市具有以下问题:农村土地流转管理不规范,缺乏制度和法律依据;交易平台和服务平台缺失;农村土地流转的相关保障机制不健全,社会保障和福利机制没有完全建立;农民传统观念根深蒂固,宣传政策不到位;设施用地矛盾突出,附属设施用地审批问题严重影响生产。

建议强化监督,加快推进农村土地流转市场建设,制定符合当地实际的交易规则;积极推进确权工作,完善土地流转程序;加强配套设施建设,完善农村土地

流转保障制度;合理确定土地流转周期与时段;改变农民传统观念,加强土地政策宣传。同时,促进农民解放思想,开阔思路,加强正面引导,让土地流转政策深入人心,调动农民的积极性,使土地流转由政府引导逐步转向农民自觉;加强信息传递平台建设,促进土地供求信息高效、准确地在农民和业主之间传递;充分发挥农民主体作用,鼓励农民入股和参与经营,提高农民的积极性和参与度;明确设施用地用途,为企业提供审批政策解读和指导。

3.4 缺少科技人才和资金、政策支持

在科技方面,泉州市具有以下问题:缺少愿意扎根一线的农业工作者,缺少资金与政策支持;农业从业人员老龄化问题突出,受教育程度偏低,管理经营粗放;农业企业与高校、科研机构的合作程度低等。

建议实施有关政策鼓励高校毕业生投身农业科研、实践一线,推进农村金融服务体系的建立与完善,积极引导民间资本的投入;加强农业技术培训,推进二次教育,推行机械化,减少重复机械的人工劳动;在村内设立农业科技推广站,定期举行农业科技推广集会;寻求与电商平台的合作,扩大农产品的销售范围;强化产学研结合的资金支持和政策引导,加大产学研合作技术创新投融资支持力度。

3.5 出口存在弊病,国际化欠缺

在产品出口方面,泉州市具有以下问题:国际性人才短缺,缺乏制定并有力执行品牌国际化战略的人才队伍,品牌运作难以适应国际市场需求;农产品品牌缺乏整合性;对"一带一路"倡议的利用程度不够;农产品由于保鲜期短等特性不适合出口;出口政策过于烦冗,国家对农产品的支持力度不够大。

建议通过加强国际化人才培养和储备,提升国际化人才队伍的整体竞争力;加强国际化战略调研,切实制定企业品牌国际化战略;加强农业企业国际化组织结构整合,提升企业国际化战略的执行力;加强企业品牌的国际化组织结构整合;适应出口条件,进行转型升级;向政府提出简化、系统化出口政策和手续的建议;加强对"一带一路"倡议的重视,积极与"一带一路"沿线国家交流合作。

3.6 品牌标准化欠缺,宣传推广力度不足

在品牌建设方面,泉州市具有以下问题:大部分企业初始规模小,产业技术、质量参差不齐,存在土地承包障碍,难以实现统一生产;缺少营销人才,没有形成产业链,品牌宣传推广面临困难。而在营销方面,泉州市缺乏营销学方面的专业人才,也没有产业链为品牌的建设和宣传工作提供便利。

具体建议:提倡以"大户经营"代替"千家万户经营";扩大规模,增加品种数

量;做出亮点(特色产品、特色服务、文化体验等);进行标准化生产,制定企业品牌标准,稳定产品质量;推出优惠政策,引进营销学、品牌建设人才。

案例9　湖北荆州农副产品产业

荆州市是全国闻名的粮、棉、油和鱼、肉、蛋生产基地,改革开放以来,荆州市的农业生产和相关产业链的建设不断完善,逐渐形成了以水稻、葡萄、油菜及各类水产为优势产业的现代农业和以大米精深加工为主的食品加工业。"十二五"以来,荆州市以现代农业种植和食品加工业为主的农业经济格局正面临深刻的变化。

从需求来看,随着消费结构升级,消费者对食品营养和安全提出了更高的要求,食品消费从生存型消费加速朝健康型、享受型消费方向转变,食品行业朝安全、健康、营养、方便方向发展。从供给来看,高新技术不断转化成食品生产新技术,而技术与食品行业的融合催生了保健与功能性食品产业等新业态,促进了食品行业朝高端化、多元化、信息化方向发展。同时,供给侧结构性改革有助于推动食品行业的有效供给,"一带一路"倡议为食品行业提供了广阔的市场空间。

荆州市致力于营造食品行业健康发展环境,实施食品行业人才支撑战略,加大绿色食品领域金融支持,发挥食品行业协会作用,落实食品行业政策;着眼于品牌建设工程,筑牢品牌发展基础,构建农业品牌体系,完善品牌发展机制,挖掘品牌文化内涵,提升营销能力,用品牌强农,以品牌兴农。

1. 福娃集团

1.1　概述

福娃集团(原湖北银欣集团有限公司)是由农业农村部等九部委评定的首批农业产业化国家重点龙头企业,是湖北省委、省政府"十二五"期间重点支持的11家农业产业化龙头企业之一。福娃集团以大米粗加工起步,依托江汉平原丰富的粮食资源,致力于发展健康稻米精深加工、循环利用产业。福娃集团近年来一直致力于用科技手段大力发展稻米精深加工产业,全力打造稻米生态农业产业链,已形成稻米加工、食品加工、生态农业三大产业体系,建立起生态综合种养基地、粮食收购仓储、精深加工、销售及相关配套产业一体化的,以稻米为主,占地面积1 500亩的粮食精深加工工业园区;通过土地流转大力建设现代农业示范基地,稻虾共生生态农业基地规模已达3万亩,充分保证了稻米精深加工所需原料和品质,提高了农副产品的附加值,增强了企业的抗风险能力,并带动农户增收。

食品加工是福娃集团三大产业体系之一,虽然该集团并没有公布具体的产量及财务数据,但是据其相关负责人介绍,福娃集团食品加工规模相当可观,产值在三大产业体系中占比较大。但是,由于食品加工产业利润非常低,因此,在集团未来的规划中,食品加工会处于次要地位。

1.2 销售模式与问题

目前,福娃集团食品销售渠道有经销商销售、网上销售、线下实体店销售几种途径。其中,经销商销售在销量上占了大头,网上销售及线下实体店销售销量微乎其微。福娃集团曾试图通过大型超市进行销售,但是大型超市收取的销售分成高,再加上税费,使得品牌溢价低的福娃食品利润率极低。因此,目前福娃食品主要采用传统的经销商销售的模式。福娃集团在全国各地区分别有不同的经销商,这些经销商根据自己的情况向福娃集团下订单,福娃集团将订单指定的产品卖给经销商,再由经销商进行销售。经销商之下往往有许多分销商,而在分销商之下仍然有更小的分销商。一方面,由于存在多级分销商,福娃集团能够得到的利润依然十分有限;另一方面,福娃集团将产品销售给经销商后就不再关注产品去向,因此难以对市场形势及消费者需求做出准确判断,并且难以对产品品质进行监控和开展售后服务。除此之外,由于经销商往往不只经销福娃食品一种产品,因此其在福娃食品的销售上存在懈怠,不利于福娃食品充分开拓市场。而福娃集团又过度依赖经销商,这使得其在销售中处于被动地位,既无法决定食品的最终销量,又在与经销商的议价中处于劣势。

网上销售方面,福娃集团2010年开始涉足电商领域,2017年电商平台销售额突破2 000万元。福娃集团目前已经成立电商部,在天猫、京东等第三方平台进行产品销售,对产品进行梳理规划,使近十款产品月销破万元。随着竞争日趋激烈,集团积极参加各类电商平台促销活动,并且加大了广告投入。尽管福娃集团在电商领域取得了销量上的突破,但是电商销售在其总销售中所占的比重仍然太小,依旧面临诸多问题。

综上,福娃集团目前仍旧依靠产品营销,品牌知名度低,无法形成品牌溢价,能够得到的利润十分有限。随着人民生活水平的提高和消费的升级,消费者对价格不再那么敏感,低价的吸引力在弱化。另外,产品低价在很大程度上意味着质量低下,消费者更愿意高价购买大品牌的产品。因此,能否提高品牌的知名度,在很大程度上决定着福娃集团的发展水平。

1.3 发展建议

（1）加强企业的信息化建设，对现代农业生产基地进行实时直播，对大米的生长、成熟、粗加工、食品加工等进行详细记录，使消费者能够对每一袋福娃产品的来源进行追踪，通过网上平台将自然生态的稻米生长场景呈现给消费者。

（2）不断开拓研发新产品，组织员工集思广益，或者向现有客户征集想法，逐渐推出新产品。新产品研发成功后，组织消费者试吃，对新产品的口感、品质等进行评估，以确定是否能够推向市场。

（3）大力发展电商渠道。目前，福娃集团在各大电商平台都有旗舰店，未来在电商渠道可以健康为卖点进行宣传，并且播放现代农业生产基地的实时直播。采用新型的营销方式，例如与直播平台的主播合作，进行主播试吃活动，挖掘主播背后的粉丝经济。

（4）电商渠道成熟之后，逐渐将经销商销售方式转变为直销方式，建立试点直营店，对市场反应进行测试，根据市场反应开设后续直营店。

（5）寻求与周边食品加工或农产品加工企业合作，通过建立合资企业建立联合品牌，或者以当前的福娃品牌为依托，委托周边食品加工企业进行加工，由福娃集团负责食品的统一销售。

（6）福娃集团自身建立起一整套食品品质监督、包装生产线，确保食品的品质及包装规格一致，为打造良好的品牌形象奠定基础。

2. 小龙虾养殖业

2.1 概述

中国小龙虾产业从最初的"捕捞+餐饮"起步，逐步形成了集苗种繁育、健康养殖、加工出口、精深加工、物流餐饮、文化节庆于一体的完整产业链。据测算，2017年全国小龙虾全社会经济总产值约2 685亿元，同比增长83.15%。其中，养殖业产值约485亿元，以加工业为主的第二产业产值约200亿元，以餐饮为主的第三产业产值约2 000亿元，分别占全国小龙虾全社会经济总产值的18.06%、7.45%、74.49%。

小龙虾是监利县[①]农业发展的重要产业。监利是农业大县、产粮大县，也是水产大县，水产面积近10万亩，水产产值占农业产值的近40%，其中小龙虾养殖

---

① 2020年6月12日，经国务院批准，民政部批复同意湖北省撤销监利县，设立县级监利市，以原监利县的行政区域为监利市的行政区域。

近80万亩(虾稻共育约60万亩),小龙虾产值约占全县水产产值的60%,且发展迅猛。小龙虾是增加农民收入的有效途径,也是推动农业供给侧结构性改革的有力抓手。小龙虾市场需求旺盛,养殖、加工前景广阔。监利小龙虾资源丰富、肉多质嫩、特色鲜明,日益受到消费者的青睐。发展小龙虾养殖、推广虾稻共育模式,对于监利发展现代农业、推动农业供给侧结构性改革具有十分重要的意义。

2.2　目前存在的问题

近年来,监利在大力发展小龙虾养殖技术、扩大小龙虾养殖面积的过程中,获得了较好的市场反响和相对稳定的市场地位。但从长远来看,监利目前的发展模式仍存在许多问题,为其小龙虾养殖业未来更好地发展埋下了隐患。

(1) 与其他小龙虾产销地相比,监利小龙虾"有量无名",缺乏市场知名度。目前在市场上得到普遍认可的小龙虾知名品牌是盱眙和潜江,其价格与其他产地的龙虾相比也略高。监利在整个小龙虾产销环节中无法直接接触消费者,盈利能力较弱,且严重依赖盱眙、潜江等下游采购商,独立发展能力亟须得到提升。

(2) 监利小龙虾仍停留在产业链上游,产品附加值较低、进入壁垒较低、产品同质化严重。在小龙虾产业链上与监利形成鲜明对比的是重点发展龙虾餐饮娱乐业的潜江,潜江的小龙虾全产业链产业发展模式不仅推动了一、二、三产业的交互融合,而且目前同类竞争者压力较小,利润水平也显著高于监利。

(3) 龙虾养殖产业迅速扩张的规模和日趋激烈的竞争态势也在对监利小龙虾发展模式转型升级提出要求,由养殖拓展至深加工及餐饮等产业链中下游成为较优选择。行业内持续涌入的竞争者不断瓜分日趋饱和的小龙虾养殖市场,对原本占据行业领先地位的监利构成威胁。

(4) 监利小龙虾养殖仍以中小型企业及合作社为主,质量良莠不齐,缺乏标准化、规模化生产。监利小龙虾虽然有着悠久的发展历史,但一直以散户养殖为主,没有形成规模化经营,因此也导致其生产效率较为低下。并且由于散户各自的养殖方式不同,小龙虾质量难以得到保障。

2.3　发展建议

(1) 从规模化、标准化做起,由政府牵头,发挥福娃集团等大型企业的龙头作用,制定小龙虾生产质量规范,保障监利小龙虾的品质形象。

(2) 由政府出资或筹资建立监利统一的小龙虾分拣和集散中心,以市价集中收购县内散户生产的小龙虾,限制其分散出售。在分拣和集散中心内,按标准严格规范分拣称重流程,对小龙虾进行再次筛选,保障在市场上流通的监利小龙虾的品质,使之成为高质量、令消费者放心的品牌。

(3)延长小龙虾产业链,发展口味虾或即食龙虾仁等休闲食品,进行小龙虾深加工。

(4)通过媒体营销、口碑营销等方式逐渐让监利小龙虾进入消费者视野,打造专属监利的小龙虾品牌形象。市场推广应主要针对年轻群体,充分利用新媒体抓取消费者眼球,初步打开市场,创造有独特风格的品牌形象。

(5)与良品铺子等休闲食品品牌进行合作,拓宽线下宣传销售渠道。由于良品铺子销售的休闲食品除自家厂商生产的外,多为与其他品牌合作,故可达到双赢的效果。

(6)注重小龙虾产地的生态环境保护,开发以旅游观光和深入体验为主的现代农业园区,带动监利第三产业的发展。

(7)在生态龙虾养殖产地称号得到一定的市场认可后,可进一步推出高端礼品虾,作为高品质龙虾赠礼的代表,向市场推广,以实现较高的产品附加值。

3. 金秋葡萄园

3.1 概述

湖北省金秋农业高新技术有限公司(以下简称"金秋公司")成立于1998年11月,是湖北省第一家以葡萄生产为主导产业,集科研、生产、销售、推广于一体的农业高新技术企业,下属机构包括湖北省葡萄工程技术研究中心、金秋农业科技示范园等。金秋公司先后引进葡萄品种百余个,建成湖北地区面积最大、品种最多、品质最优的葡萄资源保存圃;推广应用新品种二十多个,面积6 000多亩,创收增值数亿元。

二十多年间,金秋公司获得了长足发展:打造"荆秋缘"葡萄品牌,承担国家葡萄生产科研项目,建设葡萄专业合作社和葡萄交易市场等,凭借着企业精神优势、科技进步优势、品牌文化优势和销售策略优势,金秋公司在自身做大做强的同时,也在推动公安县乃至湖北省葡萄产业实现新突破。

3.2 目前存在的问题

现阶段,金秋公司的进一步发展也存在瓶颈限制。

(1)研发能力较弱。作为一家高新技术企业,金秋公司是湖北省的龙头企业和葡萄种植的带动者,面临技术进步和品种改良创新的压力。公司自身是由种植大户白手起家建立的,且当前经营运作主体仍为农户,与外界合作较少,这直接限制了其技术创新和研发能力。公司拥有的专利多为较实用的生产种植技术,而涉及农作物品种的真正核心技术几乎没有。

(2) 加工技术低。金秋公司从发展葡萄种植业起步,经过多年探索,在引进良种、改良生产技术方面有较大突破,但始终停留在产业链上游,未向下游加工方向发展,也缺乏发展精深加工的技术团队。

(3) 资金来源过于单一,难以支持长期发展。金秋公司的资金完全自给,未曾向银行借债。公司当前的规模较小,资金自给在一定程度上能够规避风险,但也反映了公司内部缺乏完整的资金链,从长远来看不利于扩大生产规模、延伸产业链,难以支持其长期发展。

(4) 标准化生产程度较低,高产带来效益下降。公安县并没有在全县范围内形成一整套规范的葡萄产品生产技术操作流程,质量参差不齐。同时,专业合作组织的作用不够强,对散户的整合力度不足,缺乏统一的标准,效益下滑。

(5) 销售平台受限,限制了其品牌影响力的提升。金秋公司当前主要通过自行搭建的微商平台向外界销售,并采取捆绑销售的方式,客户面有限,难以构建有影响力的品牌。

3.3 发展建议

(1) 优质品种限量销售,占据高端市场。由于公安葡萄具有品质好、上市时间独立等几大优势,针对阳光玫瑰等优质品种,可以采取打造精品形象、限量销售的销售策略,同时采用礼品形式的包装,满足高端市场的需求,打造高品质农产品品牌,提高市场认知度、强化品牌优势。

(2) 深度发展葡萄加工业,充分利用过剩原料,与优质品牌战略并行,实现产品发展模式双线升级,为企业争取市场优势。葡萄加工业的进一步发展又有利于整个公安葡萄产业结构的完善和成熟,延伸产品价值链。

(3) 加快上市步伐,促进融资。金秋公司应加大融资力度,一方面尽全力加快上市步伐,从而拓展最稳定、有效的融资渠道;另一方面通过良好、有效的宣传手段,吸引更多外界资金融入,增强公司发展活力。

(4) 加大科研投入,推动技术进步。只有加大科研投入,做好科技试验示范推广,大力发展农业科技并依托农业科技创新提升综合生产能力,才能为金秋公司自身做大做强提供强有力的支撑。

(5) 寻求、引入、培养人才。在现有农业科研团队基础上,金秋公司可在全国范围内选拔和培养农业科研杰出人才;在国内葡萄产业尚属空白且国内急需的学科领域引进杰出科研人才;另外,可扶持农技推广人员到高等农业院校、科研院所、大型农业企业学习和研修,开展新品种、新技术的试验示范和推广活动,参加新品种、新技术的展览展示活动,不断提高其整体水平。

案例10 湖北嘉鱼蔬菜产业

1. 发展现状

1.1 基本情况

湖北省嘉鱼县蔬菜产业起步于1985年,近年来按照"构建大板块,打造大优势,做大、做优、做强蔬菜产业"的思路,加强蔬菜板块建设,大力推进标准化生产,着力实施蔬菜新品种"双百工程",不断调整优化蔬菜品种结构,加快无公害蔬菜质量认证,积极发展蔬菜加工,推动全县蔬菜产业取得了长足发展。截至2020年,全县已组建25万亩蔬菜基地。

嘉鱼县蔬菜产业总体实现了"五个转变":蔬菜生产由简单低效种植向现代高效生产转变,蔬菜经营由单纯贩卖向产加销一体化转变,蔬菜消费由保障数量安全向保障质量安全转变,蔬菜产业经济由优化农业结构向内活经济、外促出口转变,蔬菜产业由农业中的弱小产业向高效支柱产业转变。嘉鱼县还先后被农业农村部认定为全国无公害蔬菜生产示范基地,被国家标准化管理委员会评为全国蔬菜标准化生产示范县,被湖北省政府命名为全省蔬菜大县。

1.2 优势分析

1.2.1 蔬菜产业化发展的优势

嘉鱼县蔬菜产业化发展有六大优势:一是有生态廊道地势平坦的肥沃田园,面积达30万亩;二是自然条件优良,全年日照充足,年平均降雨量为1 431毫米,无霜期为249～262天;三是灌溉水利网络健全,全县投入2.96亿元对水利设施进行了全面整修,特别是对江汉平原的"百里长渠"灌溉网络进行了全面疏通和硬化,灌溉受益面积达229 995亩;四是交通方便,投资4.3359亿元的武嘉一级公路改造完成后,从武汉市到嘉鱼县只需40分钟,县城离京珠高速只有12.2公里、离京广高速只有19公里、离赤壁市只有40公里,潘家湾蔬菜基地离咸宁市区只有30公里;五是蔬菜产区内无化学工业与矿业污染源,只有一片净土和净空;六是菜农有数十年丰富的栽培技术实践经验,对操作程序和管理技术驾轻就熟。

1.2.2 蔬菜产业发展特色突出

一是区域化规模格局基本形成。目前,全县形成了四大蔬菜板块。二是产业素质明显提高。露地蔬菜标准园规模不断扩大,蔬菜设施栽培实现了从小拱棚到大中拱棚再到温室大棚的梯次发展。与高等院校、科研院所及国内知名种子公司展开广泛合作,一批从事蔬菜生产和营销的专业化队伍带动全县蔬菜产业又快又好发展。三是蔬菜质量明显提高。截至2020年11月,全县获得绿色食品认证的蔬菜品种有40个,获得无公害农产品认证的有129个。"嘉鱼蔬菜"品牌市场知名度和影响力正逐渐提高。四是产业化经营稳步发展。转变蔬菜产业发展方式,坚持用抓工业的方法抓蔬菜产业,由抓"田头"向抓"龙头"转变,做强龙头企业。五是示范区创建成效显著。自2009年以来,该县开展了以提升品质、安全高效、农民增收为目标的优质蔬菜示范区创建活动,全力推进10万亩优质蔬菜示范区建设。

1.3 蔬菜产业发展中的问题

一是蔬菜产业化程度较低,产业优势不够突出,缺乏带动能力强的龙头企业。二是蔬菜产品优质化程度不高,有机、绿色蔬菜认证量少,缺乏知名品牌。三是资金投入较少,基地建设档次较低,保护设施抗御自然灾害的能力不强。四是菜农的组织化程度不高,标准化生产技术推广慢,科技成果转化慢。五是市场建设相对滞后,市场设施、功能不够健全,信息化程度较低。

2. 总体发展思路和目标

2.1 基本原则

坚持因地制宜,尊重农民意愿;坚持区域化布局、规模化种植、标准化生产、商品化处理、品牌化销售、产业化经营;坚持产品质量安全第一,实现产量、质量和效益的统一;坚持以农民为投入主体,企业积极参与,政府适当补贴;坚持品牌化发展战略,努力拓展市场空间。

2.2 发展主要目标

优化全县蔬菜生产区域布局,改善蔬菜基地基础设施条件。健全蔬菜产品集散市场体系,完善蔬菜质量安全监测监管体系,实施蔬菜质量安全可追溯制度,实现地产蔬菜产品抽检合格率达到98%以上。实现蔬菜产品基本自给,均衡保障蔬菜安全有效供给,促进菜农稳定增收。全县蔬菜生产、加工、出口总产值年均增加3亿元,蔬菜为农民人均纯收入贡献达到8 300元。从2012年起全县无公害蔬菜生产率达到100%,到2022年绿色蔬菜、有机蔬菜占比分别约达50%和6%。

经过几年的努力,培育和组建2个带动力强的龙头企业,企业产值过亿元。重点扶持5个蔬菜专业合作组织,以健康栽培模式和"公司+合作社+基地+农户"生产销售模式为主,发展订单生产面积达30万亩,提高蔬菜产业化生产水平。充分发挥嘉鱼县蔬菜产业协会的主导作用,整合力量,把"嘉鱼蔬菜"品牌打造成中国名牌农产品品牌,并依托品牌效应,提高市场占有率和竞争力。

2.3 产业区域布局

根据转变产业发展方式的要求,嘉鱼县应根据以下三个基本原则进行蔬菜产业布局:

(1)就近供应原则。本着节能降耗的原则,蔬菜市场主体应遵循就近供应的原则。

(2)国家地方统筹兼顾原则。大路菜承担着保障全国蔬菜供应安全的重任,应作为重点进行规划;以鱼岳、新街镇为代表的精细蔬菜,以及以新街、渡普镇为代表的水生蔬菜,应作为地方蔬菜供应来源进行科学规划。

(3)突出优势特色原则。"两瓜两菜"(冬瓜、南瓜、大白菜、甘蓝)是嘉鱼县有明显地域特色和区位优势的外向型产业,是菜农增收的重要组成部分,应作为重点进行规划。

3. 发展重点

蔬菜产业的下一步发展需着重抓好几个重点:抓好潘家湾镇3万亩绿色蔬菜标准化示范区建设;抓好潘家湾、鱼岳、新街、渡普、簰洲湾等产地蔬菜交易市场建设;充分发挥潘家湾湖北嘉农供应链管理有限公司(潘家湾镇)和嘉鱼冷链物流有限公司(新街镇)的引领作用,拓宽流通渠道,提高嘉鱼蔬菜的市场占有率;抓好"嘉鱼蔬菜"品牌宣传与使用,激励加工企业注册"嘉鱼蔬菜"旗下的商标,提高嘉鱼蔬菜的知名度;同时抓好绿色蔬菜和有机蔬菜的质量认证;抓好蔬菜加工龙头企业的发展,培育3~5家竞争力强、带动力强的蔬菜加工龙头企业和物流企业;抓好蔬菜高新技术核心示范区建设,建立蔬菜新品种、新技术、新模式科技示范基地;抓好蔬菜合作组织建设,建立蔬菜专业合作社80个,网络农户2万户,大力发展订单蔬菜生产,努力实现"农超对接""农企对接"和"农校对接";抓好蔬菜示范区建设,重点抓好潘家湾镇露地蔬菜标准园示范区和新街镇精细蔬菜示范区建设,大力发展观光农业、休闲农业等新型农业,努力推进传统农业向现代农业转变;抓好现代农业蔬菜集约化育苗中心建设,建设育苗温室7 000平方米,年生产优质瓜菜苗2 000万株,年销售收入2 000万元;加强蔬菜科技研究、培训,提高全县农民科技种菜水平;抓好蔬菜质量安全监督和生产投入品监管。

4. 发展措施

4.1 推进蔬菜产业结构调整,优化蔬菜种植结构

加快推进设施蔬菜、精细蔬菜示范区建设,充分发挥示范区的引领和带动作用,引导全县蔬菜结构调整,适度压减大路菜种植面积,调大适销对路的"名优特新"精细蔬菜种植面积,大力发展精细特色蔬菜,通过现代农业示范区的示范带动,调优全县蔬菜种植结构,推动该县蔬菜产业提档升级。

4.2 积极推动土地流转,提高蔬菜规模化水平

坚持因地制宜,突出区域地方特色,重点抓好"四大板块"的规模扩张。一是政策鼓励引导流转,二是合作组织推动流转,三是龙头企业带动流转,四是培植市场加快流转。对流转出的土地,科学规划,合理布局,主要用于蔬菜产业园区的建立,逐步实现适度规模经营。

4.3 实施设施提升工程,提高蔬菜基地装备水平

一是加快新型日光温室的建造和旧温室的改建。全面改善设施的采光、保温性能,提高其抵御风雪、严寒、雨涝等灾害性天气的能力,为提高设施蔬菜的稳产水平奠定基础。二是大力发展工厂化穴盘育苗。培育一批管理规范、技术先进、销售和服务网络健全的工厂化育苗企业。三是改善田间基础设施。在设施蔬菜重点产区,加强生产道路、排灌沟渠等设施的修整改造,配备必要的水电设施,为生产提供保障。四是改善优质安全蔬菜基地环境。严格农业环境保护执法,严肃查处违法行为,坚决防止蔬菜基地周边的工业污染、面源污染,始终保持土壤洁净、水源良好。

4.4 实施质量提升工程,提高蔬菜质量安全水平

一是严格投入品管理。全面实行农药备案、专营、准入制度,大力推广低毒高效农药和生物农药,打击制销假冒伪劣农资行为,推动放心农资进村入户。二是抓好标准化生产。加快制定蔬菜标准化操作规程,加强有机、绿色、无公害食品和国家农产品地理标志认证,每年"三品一标"认证10个以上。三是积极推进蔬菜病虫害的统防统治。组建由植保技术人员参加的蔬菜病虫害专业防治队

伍,全力保障农业生产安全和农产品质量安全。四是建立健全质量检测体系。加强产品质量检测机构和检测点的建设,形成能够有效运转的蔬菜产品质量检测体系。五是建立全程质量追溯体系。建立蔬菜生产档案信息输入系统和蔬菜产品质量查询系统。

4.5 实施科技兴农工程,提高蔬菜科技化水平

实施露地蔬菜和精细蔬菜两大高标准示范园区创建,使其成为优质蔬菜的示范园、优良品种的展示园、辐射周边发展的科技园。加强与高等院校、科研院所及国内外知名种业公司的交流合作,积极引进高层次专业技术人员,充实蔬菜科技队伍。健全科技推广服务体系,培养一批有文化、懂技术、善经营、会管理的高素质新型农民,加快科技成果转化和推广应用。

4.6 实施蔬菜信息体系建设工程,提高蔬菜信息化水平

一是搞好产前调研。了解消费需求,预测市场空间,指导农民科学选择栽培品种、生产茬口、种植模式,解决要种什么的问题。二是研究开发"蔬菜专家咨询系统"。通过信息网络实现专家在线服务,提供及时、有效的农技、农资服务,解决怎么种好的问题。三是搞好市场分析、预测和研究。建立市场预警机制,降低市场风险,为企业经营、农民生产、客商运销提供及时、准确的市场信息服务,解决怎么卖好的问题。

4.7 扶持壮大龙头企业和合作组织,提高蔬菜产业化水平

一是培植龙头企业。对全县蔬菜龙头企业进行整合、嫁接、改造、提升,加快设备更新和改造,重点开展高产优质蔬菜研发,并借助产业优势尽快引进一批知名度高、带动力强的加工企业,积极引导其培育生产基地,发展订单生产。二是升级龙头市场。借助潘家湾、新街两大蔬菜市场的建设升级,进一步改善全县重点产地蔬菜市场的设施条件,规范市场管理,增强市场功能,加强供应链管理和冷链物流体系建设,使70%以上的蔬菜通过市场进入大中城市。三是大力发展合作组织。引导蔬菜生产经营者按照自愿互利的原则,兴办蔬菜专业合作社等各类合作组织,不断强化统一品种、统一投入品供应、统一技术标准、统一检测、统一标识、统一销售"六统一"服务,尽快形成"龙头企业(或市场、协会、合作社、流通大户等)+基地+农户"的产业化经营格局。四是引导支持蔬菜产销对接。引导大型零售流通企业和学校、酒店等最终用户与产地蔬菜生产合作社、批发市场、龙头企业等直接对接,减少流通环节,降低运营成本,促进蔬菜产区和销区建立稳定的产销关系。五是加强采后处理和建立冷链物流体系。按照标准化流程加强蔬菜产品采后处理,搞好保鲜运销;积极引导龙头企业和合作组织打造冷链

物流体系,减少蔬菜保存和运输过程中的损耗。

4.8 实施名牌创建工程,提高蔬菜品牌知名度

大力开展品牌推介、产品展销等促销活动,全力提高品牌蔬菜的知名度和市场竞争力。通过整合现有资源,倾力打造"嘉鱼蔬菜"品牌,并做大做强。

案例 11 湖南益阳生态农业

1. 南县稻虾

1.1 发展现状

1.1.1 产业规模不断扩大,种养效益显著提升

益阳市南县垸内湖泊众多,水土肥沃,资源丰富,是发展小龙虾养殖业的理想之地,并成为益阳市稻虾产业重点基地。在县委、县政府的引导扶持下,经过十来年的摸索,南县深入推进稻虾全产业链发展,取得了较好的成效。

2015—2018 年,南县全县稻虾生态种养面积逐年扩大,2015 年种养面积为 9.3 万亩,2016 年迅猛发展到 24 万亩,2017 年达到 30 万亩,截至 2018 年年底,全县共发展稻虾生态种养面积 50 万亩(如图 1-15 所示)。《中国小龙虾产业发展报告》(全国水产养殖网 2018 年发布)显示,南县小龙虾养殖产量已跃居全国第四(5.9 万吨)。

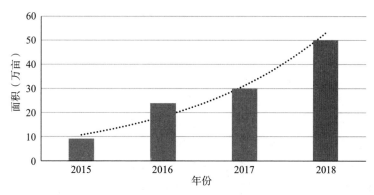

图 1-15 南县稻虾生态种养面积

1.1.2 坚持政府引导,强化政策扶持

县委、县政府高度重视稻虾产业发展,成立了由县委书记、县长任顾问,县委副书记任组长的南县稻虾产业发展领导小组;出台了推进稻虾产业发展的实施意见,明确了打造稻虾产业百亿工程的发展目标,规划布局了标准化种养基地建

设、稻虾精深加工、稻虾产业特色品牌、洞庭虾世界、稻虾产业宣传推介等8项重点工作,分别由8位县委常委挂帅;为了加快推动稻虾产业发展,切实加大了财政扶持力度,全面支持稻虾产业"七大工程"的落地。

1.1.3 关注主体培育,经营活力旺盛

按照"政府引导、民间组织、市场运作"的发展思路,以项目扶持为抓手,切实加大了对稻虾种养新型经营主体的培育力度。2019年,农业产业化国家重点龙头企业克明面业稻虾米精深加工自动化生产线、顺祥食品小龙虾生产线正式投产。

1.1.4 驰名品牌百花齐放,产业内涵影响深刻

益阳市已启动"南县小龙虾国家地理标志证明商标"注册工作(商标注册证如图1-16所示),切实加强对小龙虾加工品牌、区域优质大米品牌的培育、认定、宣传和推广,不断提升稻虾产品品牌的内涵和美誉度,培育了一批省内外市场叫得响、过得硬、占有率高的精品名牌。

图1-16 "南县小龙虾"商标注册证

1.1.5 研发高新技术,完善基层服务培训体系

目前,南县已与湖南农业大学黄璜教授、湖南省农业科学院赵正洪研究员、湖南省水产科学研究所王冬武研究员、黑龙江生物科技职业学院范秀娟教授等一些专家学者联系,组建了稻虾产业技术攻关团队,协同攻关稻虾产业技术发展中的关键问题。另外,组建了以县级专家技术团队、乡镇农业综合服务站、村级稻虾种养能手共同参与的技术指导组。技术指导组充分发挥技术指导作用,采取提供信息、发放资料、到村培训等方式,提供技术指导与服务。

1.1.6 三产融合深度推进,综合效益明显提升

经过多年来的探索实践和创新发展,南县稻虾产业已逐步形成"种养加、农工贸"一体化、三产融合发展的大格局。一是以园区为依托,打造典型示范样板。2016年以来,南县启动了"1+10"特色农业产业园建设,初步建成20多个以

稻虾产业为主的现代特色农业产业园。二是以骨干企业为依托,迅速发展二、三产业。顺祥食品公司长期深耕淡水鱼类食品加工,已初步形成以小龙虾为特色、以淡水鱼类健康食品加工为主业的全价值链经营体系。其小龙虾产品年加工能力达到5万吨,成为湖南省小龙虾加工出口基地,出口量占全省小龙虾出口总量的90%以上。

1.2 存在的主要问题

规划引领相对滞后。一方面,随着南县稻虾产业进入快速发展轨道,在较好的经济效益刺激下,稻虾种养面积急剧扩张,农户开始不顾生产条件盲目跟风,在未经技术指导的前提下,各类旱土被改为水田、池塘被改为水田、沙田被改为虾田,导致无序发展,缺乏长远发展的战略性规划。另一方面,服务稻虾产业的能力跟不上稻虾产业的发展。稻虾产业种养、加工、物流、营销等一体化的产业发展机制构建以及技术支撑体系和产业服务体系建设都不完善,三次产业融合度不高。

产业链延伸不够。目前,南县有规模的小龙虾加工企业仅有顺祥食品公司一家,小龙虾加工科研力量仍较弱。顺祥食品公司以整只虾、小龙虾仁、小龙虾尾等食用虾产品为主,缺少小龙虾副产物的综合利用和精深加工企业。全县稻虾仍处于粗加工阶段,在全国具有影响力的加工企业基本没有。

抵御风险能力不强。当地农户稻虾种养历史不长、经验技术不足,防范风险能力薄弱,应急能力差,尤其是在遇到小概率恶性事件时,更是手足无措。技术把握不好,就会导致投入高、费时多,收效甚微甚至亏本。

产业扶持力度不够。稻虾产业发展的各项工作,包括2019年"七大工程"的落实需要一定的资金。由于南县财力单薄,现在虽然利用了一些项目资源,但资金缺口依然较大,部分工作仍然无法开展。

龙头带动作用不强。一方面,大型种养企业有自己完整的一套种养、加工、销售链,无须和小型散养户合作;另一方面,普通养殖户养殖的小龙虾品质无法满足大型企业的要求,也不愿意花费更多精力去达到大型企业的标准。加之当地专业合作社、农村专业技术协会发展不太完善,没有形成合力,功能不够强大,故而龙头企业的辐射和带动效果不明显。

1.3 发展建议

加强技术研究,促进技术升级。一是加大水产专业毕业生的人才引进。二是加大基层农业推广系统技术人员的系统培训力度。三是加大稻虾种养大户的培训力度。四是加大与上级科研院所和推广单位专家学者的对接力度。

重点加强小龙虾疫病监测和防控,特别是小龙虾病害绿色防控技术攻关和研究。

推进品牌打造,提升品牌影响力。一是加快推进"南县小龙虾""南洲稻虾米"湖南省十大农业区域公用品牌打造,支持稻虾加工重点企业争创"湖南省十大农业企业品牌"。二是加大品牌宣传力度,探索利用新媒体等宣传媒介,将"南县小龙虾""南洲稻虾米"打造成全国颇具影响力的品牌。鼓励龙头企业及专业合作社开展绿色、有机稻虾产品认证。

政府引导,发挥龙头企业的辐射和带动作用。当前,南县的农村专业技术协会发展并不完善,在发挥龙头企业的辐射和带动作用方面,还需靠政府牵头,涉农、涉科部门联手,号召和鼓励、发动种养大户、养殖基地、养殖协会更多地帮扶小型户、散养户。

延展产业链条,推进产业融合发展。一是深度开展稻虾产品精深加工,加快发展方便、保质、利民的稻虾加工优质产品。二是整合各方资源进入稻虾产业,鼓励把高标准的虾稻生态种养基地融入"田园综合体"和"全域旅游示范点"的建设中,将稻虾生产、生态观光、休闲旅游、科普教育、民俗特色融为一体。

提高宏观调控能力,完善相关监管规定。一是努力推广优良品种,淘汰劣质品种,培育知名品牌。二是完善检测机制,打造阳光工程。适时引入权威检测机构,对全县的稻虾种养环境及产品品质进行检测,得出检测数据,及时向社会公布,为广大种养企业和散养户提供有益的参考,也为政府宏观调控提供科学的决策依据,从而确保稻虾产业的可持续发展。

支持标准化建设。一是在基地建设用地申请和农用设施用地申请上给予大力支持,争取上级国土部门对稻虾产业配套设施用地给予专项指标,合理布局农村三次产业用地范围,规划和完善配套设施用地。二是根据稻虾种养规划,合理布局辅助设施用地,对于非永久性建筑尽量按设施农用地审批,减轻企业负担。三是在稻虾种养基地基础设施建设方面给予支持,争取中央、省、市在高标准农田建设、农水项目等方面给予南县更多的支持和倾斜,推进稻虾种养基地标准化建设。

2. 沅江芦笋

2.1 发展现状

2.1.1 各级领导越来越重视

为了加大对沅江芦笋产业的扶持力度,快速推进沅江芦笋产业化进程,沅江市委、市政府成立了以市委书记任顾问,市长任组长,市委、市政府、市人大、市政协有关领导参加的沅江市芦笋产业工作开发领导小组,组建了专门的工作机构。沅江市政府与中国农业科学院、湖南理工大学合作,编制了《2016—2025年沅江芦笋产业发展规划》,确定了产业发展思路、发展目标。湖南省农业农村厅、省财政厅、省发展改革委、省商务厅等部门领导多次到沅江调研芦笋产业,并将沅江芦笋列为沅江市"一县一特"特色产业;益阳市委、市政府把沅江芦笋产业作为重点农业产业品牌向上级重点推介。省级多个职能部门多次到沅江市调研落实芦笋产业各方面的支持政策。

2.1.2 媒体宣传越来越火,知名度越来越高

沅江芦笋是湖南省十大农业企业品牌,产业发展目前已经取得显著成效。益阳市委、市政府明确沅江芦笋产业发展的任务和目标,有力地推动了产业的发展。沅江芦笋在省内外以及各大中城市的认可度越来越高。

2.1.3 产业队伍越来越壮大

据统计,2019年芦笋企业临时性用工超过1万人。芦笋企业产业链延伸加速,部分厂家开始联合原料基地的农民成立芦笋专业合作社,并成立了多个芦笋产业销售团队,对外推介队伍越来越壮大,推介力度明显加大。

2.1.4 产品种类越来越多,质量越来越高,采摘、加工能力明显提升

沅江芦笋产业现已形成芦笋食材、芦笋即食产品、芦笋粉汁、芦笋糖块、芦笋面条、芦笋饼干、芦笋饮料、芦笋袋泡茶、芦笋酱等10大系列29种产品,正在开发营养保健和美容护肤等高附加值产品。2018年12月,湖南博大天能实业股份有限公司与中山大学新华学院张博钧博士合作成立益阳市博大芦苇产业发展研究院,加快了沅江芦笋作为功能食品和保健品的研究开发,有力地提升了沅江芦笋产业链的综合效益。

2.1.5 销售越来越规范,市场越来越广

2018年,沅江对全市芦笋生产企业进行了两次生产质量培训,有关职能部门组织了两次有针对性的生产质量大检查,对发现的问题及时通报并整改,杜绝了质量上不过关、产品标示和标牌不健全的产品流入市场,极大地促进了沅江芦笋产业的健康发展。沅江芦笋销售从沅江周边加速向外辐射;2019年,芦笋产品已经销往北京、上海、广州、深圳、成都、武汉、重庆、长沙等30多个大中城市,市场反响好,客商回头率高。

2.1.6 产业发展没有"硬伤"和短板

芦笋作为野生蔬菜,营养价值高,具有一定的药用保健价值,符合现代健康

安全食品理念天然野生、有机环保的特点,能够延长产业链、提升附加值。沅江芦笋产业具备做大做强的潜力和现实基础。巨大的、仍可扩张的野生芦笋基地也从根本上解决了原料不足的问题。

2.1.7　开展产学研合作,促进沅江芦笋产业发展

2015年以来,为了寻求芦笋产业发展科技支撑,沅江市深化了与湖南省农业科学院、湖南农业大学、湖南中医药大学的产学研合作,共同把脉沅江芦笋产业发展,为其提供一系列技术服务,取得了很好的产学研成果。

2.2　存在的主要问题与发展建议

存在的主要问题:一是缺乏培训机构,芦笋产业专业化、科学化发展存在瓶颈。二是资金短缺,招商引资困难。三是沅江市交通不便,芦笋产业销售渠道受影响。四是人才短缺,本地人才不愿意回来建设家乡,企业和人才发展速度与产业发展需求不匹配。

发展建议:培养芦笋产业专业化人才。面对人才引进困难的现状,沅江市可以将人才引进改变为侧重人才培养,与湖南农业大学等高等院校合作,培养芦笋产业的专业化人才(这种专业化人才更易被留住);也可以效仿南县稻虾的推广措施,开展培训活动,对相关人员进行系统化培训。

品牌建设与宣传。企业自身的宣传力度不够,尚未打响沅江芦笋在全国各地及海内外的知名度。《人民日报》等官方权威媒体有利于沅江芦笋品牌形象的建立,但在对消费者的吸引力方面有所欠缺,建议利用在线视频平台加强产品宣传。可以利用类似于《舌尖上的中国》等美食节目推广沅江芦笋,让更多的人了解到沅江芦笋的营养价值;可以通过节庆活动来推广品牌,比如沅江芦苇叶可被用来做粽叶,可以在端午节举办粽子大赛等吸引全国各地的游客到沅江旅游;可以在每年3—5月芦笋新鲜采摘期举办各类亲子活动,吸引游客前来体验挖芦笋的过程;也可以举办美食节对各类芦笋美食进行评比并进行推广。作为低脂高营养食品,芦笋可以被打造成"轻食"产品。健康饮食理念的盛行,加之目前"轻食"理念在年轻人中广受欢迎,可以极大地助力沅江芦笋的推广。

3. "互联网+"现代农业

3.1　发展现状

智慧农业悄然兴起,促进了农业生产。互联网的信息集成、远程控制、数据快速处理分析以及云计算、物联网等新技术开始运用于农业生产之中,以自动化、标准化、智能化和集约化为特点的智慧农业正在悄然兴起。这一方面大大提

高了农业生产效率,另一方面提升了农产品质量安全水平。

电子商务方兴未艾,拓展了产品销售渠道。2016年,全国电子商务销售额达26.1万亿元,占社会消费品零售总额的20%以上。各涉农电子商务主体依靠天猫、淘宝、京东和微信第三方平台开展电子商务,实现了农产品的快速流通。据原益阳市农业委员会调查统计,2015年全市通过电子商务销售农产品达25亿元以上,同比增长20%以上。涉农电子商务的发展不仅提高了安化黑茶、桃江竹笋、资阳休闲熟食、沅江芦笋、南县挂面、大通湖水产等产品的市场知名度,还有力地带动了快递行业的发展。

信息技术跨界融合,壮大了农业经营主体。各类新型农业经营主体敏锐地抓住"互联网+"的发展大潮,通过互联网将农业产前、产中和产后联系起来,成为促进现代农业发展的重要手段。据初步统计,益阳全市新型农业经营主体触网率超过50%。传统农业经营主体借助"互联网+"发展壮大,新型农业经营主体借助"互联网+"飞速崛起,工商资本借助"互联网+"跨界进入农业。

3.2 存在的主要问题

物流服务水平不高。"互联网+"现代农业特别是电子商务的发展对物流行业提出了更高的要求。截至2019年,益阳市第三方物流配送和信息化普及仍处在初级阶段,物流公司基本呈零散配置状态,快递投放点不规范,特别是乡村物流网点不健全;物流体系滞后,导致物流成本偏高;此外,冷链服务不到位,完整、独立的冷链体系尚未形成,特别是冷链物流基础设施严重落后,互联网基础设施相对薄弱。

互联网普及率不高,在全省仅排名第12位,特别是农村地区互联网基础设施较为薄弱。另外,农业数据资源的利用效率低、数据分割严重,信息技术在农业领域的应用大多停留在试验示范阶段,信息技术转化为现实生产力的任务艰巨。

人才稀缺问题凸显。随着"互联网+"现代农业的迅速发展,专业化人才需求旺盛,而既懂农村、农民和农业,又懂互联网和商业的跨界人才稀缺,愿意到农村工作的人更少。本土化互联网人才稀缺,成为制约"互联网+"现代农业发展的短板。

农产品自身特性影响农业电子商务的发展。从生产特性来看,农产品具有季节性、地域性的特点,影响产品推广。从商品特性来看,农产品天然的生物属性使其具有易腐性、弱质性(脆弱性)的特点,对运输、包装、时间等都有严格要求。

运作和协同机制不健全。缺乏协调统筹机制，在缺少市级顶层设计的情况下，各地"互联网+"现代农业一哄而上、各自为政，极易形成片面性、局部性的发展态势，不利于"互联网+"现代农业的整体推进、协调发展。

3.3 发展建议

3.3.1 抓好顶层设计，明确发展路径

明确发展目标。实现"一个平台、三个显著"的目标，即"互联网+"现代农业公共服务平台基本完善、农业生产智能化水平显著提升、涉农电子商务发展规模显著壮大、农业管理服务信息化水平显著提高。

出台发展规划。紧扣《国务院关于积极推进"互联网+"行动的指导意见》（国发〔2015〕40号）和原农业部、国家发展改革委、中央网信办等八部门联合印发的《"互联网+"现代农业三年行动实施方案》等精神要求，尽快编制出台全市"互联网+"现代农业发展行动实施方案。

加强组织领导。建议成立全市推进"互联网+"现代农业发展工作领导小组，统筹协调全市"互联网+"现代农业发展。

3.3.2 抓好关键环节，实现重点突破

加快发展涉农电子商务。大力培育农业电子商务企业，积极引进国内大型互联网平台进入农业农村领域，加大对本土农业电子商务企业的扶持，鼓励和引导涉农企业自建农业电子商务平台，与第三方电子商务或物流企业合作，开展多种形式的网络营销，力争打造一批全国知名的农业电子商务企业。

大力推进农业生产智能化。以设施园艺、畜禽水产养殖、水利设施、农产品产销衔接等为重点，大力推进物联网等现代信息技术和农业智能装备在农业生产领域的应用。考虑到农业互联网应用的成本高，为了加快示范推广，形成规模效应，可鼓励和支持各类农业经营主体与农业物联网技术及设备提供商建立有效的合作机制，对技术设备应用后的增值收益部分合理分成。

努力完善基础设施。一是加快农村互联网的提质升级。落实以宽带为重点内容的通信普遍服务补偿机制，加快农村基础通信设施、光纤宽带网和移动通信网、广电有线网络建设，推动"三网融合"和光纤入户，形成覆盖城乡的超高速、大容量、高智能传输网络。二是加快完善物流配送体系。统筹规划全市农产品流通设施布局，加快建设覆盖城乡的农产品流通网络，加强批发市场、农贸市场、农产品集配中心建设。三是创建"互联网+"现代农业综合示范区。紧紧围绕国家现代农业示范区建设，选择基础条件好的农业区，整合资金，聚焦项目，集中建设一批农业物联网技术应用和农产品质量安全追溯示范项目，扶持一批企业和

农民专业合作社开展农产品电子商务应用示范。

着力培育新型农业经营主体。一是挖掘新型农业经营主体潜力。鼓励龙头企业、农民专业合作社、种养大户、家庭农场等新型农业经营主体运用互联网新思维、新技术、新模式改造流通方式、管理方式和经营方式,带动农户积极应用农业物联网和电子商务,提高农业生产经营的科技化、精细化和高效化水平。二是加强新型职业农民培育。为新型职业农民提供在线教育培训、移动互联、在线管理考核和政策配套等服务,提高农民运用手机上网发展生产、便利生活和增收致富的能力。三是为新型农业经营主体提供金融保障。

积极构建农产品质量安全追溯机制。强化农产品质量安全与互联网深度融合,加强上下游追溯体系业务协作协同和信息共建共享,形成全市一盘棋的农产品质量安全追溯体系。规范追溯信息采集、发布行为,加强信用体系建设,建立健全农产品质量安全公共服务体系。

不断优化管理服务。广泛依托现有各类"三农"服务网络体系,深入推进信息进村入户工程。

3.3.3 抓好人才培训,加强队伍建设

做好各类培训。加强对领导层和干部层的培训,不断提高各级各部门推动"互联网+"现代农业发展的意识和水平。培养一批应用领军人才和创新团队。借助人才培养平台,以返乡创业群体、大学生尤其是1984—1995年出生的"千禧一代"为重点对象,加强电子商务职业教育和专业技术培训,努力培养一批既懂理论又懂业务、会经营网店、能带头致富的复合型人才。

引进紧缺人才。坚持以项目和事业吸引人才、留住人才,主动对接电子商务平台企业、物流企业和农业实体企业,通过招商引资积极引进企业紧缺的电子商务、现代物流、农业科技等战略性新型人才,着力解决"互联网+"现代农业发展的人才瓶颈。针对"互联网+"现代农业创业团队和人才制定更加市场化、更具针对性的政策。

强化典型带动。坚持典型引路、示范带动的原则,大力开展"互联网+"现代农业示范县镇、示范企业和先进个人评选活动,在农产品加工企业、电子商务企业、专业合作组织、创业青年中选树一批先进典型,培育一批示范单位,切实发挥引领示范作用。

3.3.4 抓好政策服务,强化发展保障

加大财政支持力度。建议在整合现有资金渠道的基础上,设立"互联网+"现代农业发展专项基金;同时,可以考虑探索对农产品上行的快递费用进行补贴。

建立多元投融资机制。按照"谁设计、谁建设、谁经营"的原则,建立政府引导、多方投入的投融资机制,引导、鼓励社会资本投资建设"互联网+"现代农业基础设施和应用系统。促进银政企电子商务融资合作,鼓励金融机构增加信贷投放,满足"互联网+"现代农业企业多元化的资金需求。

优化"互联网+"现代农业发展环境。完善电子商务监管服务体系,制定和推广电子商务交易及有关服务行为规范。维护电子商务交易秩序。加强电子商务行业协会建设。完善电子商务纠纷处理、争议调解、法律咨询等综合服务体系,推动行业规范、有序发展。

二、旅游业与经济发展

（一）中国旅游业发展现状

近年来，中国经济稳步发展，人民生活水平日益提高。在此背景下，作为第三产业的旅游业市场规模不断扩大，相关行业迅猛发展。2019 年，中国旅游总收入约为 6.63 万亿元，占第三产业增加值的 12.41%，入境游客达 14 531 万人次，与此同时，中国的旅游消费及国内旅游人数也处于攀升期，保持了稳步发展的态势。

在旅游业资源禀赋方面，中国旅游资源丰富，种类多元。截至 2019 年年末，中国共有 5A 级景区 274 个。悠久广博的历史文化和富饶的自然资源提供了丰富的旅游资源，构成吸引人们进行旅游消费的基础。此外，科技与交通的发展也促使中国旅游业市场格局发生巨大变动：网络信息的便利使人们旅游地点的选择、出行方式、支付手段等方方面面都产生了深刻的变化，新渠道、新模式不断涌现。

旅游业属于典型的朝阳产业，具有很大的发展空间。未来随着中国人均可支配收入的不断上升，中国旅游业的市场潜力将进一步得到释放。

（二）中国旅游业相关支持政策

2014 年，国务院印发《关于促进旅游业改革发展的若干意见》，明确要增强旅游发展动力，拓展旅游发展空间，优化旅游发展环境。在完善旅游发展政策方面，提出切实落实职工带薪休假制度、加强旅游基础设施建设、加大财政金融扶持、优化土地利用政策、加强人才队伍建设5条内容。

进入"十三五"发展阶段，中国对旅游业发展的政策扶持进一步发力。2017年中央一号文件《中共中央 国务院关于深入推进农业供给侧结构性改革 加快培育农业农村发展新动能的若干意见》首次写入"旅游+"概念，提出大力发展乡村休闲旅游业，充分发挥乡村各类物质与非物质资源富集的独特优势，利用"旅游+""生态+"等模式，推进农业、林业与旅游、教育、文化、康养等产业深度融合；丰富乡村旅游业态和产品，打造各类主题乡村旅游目的地和精品线路，发展富有乡村特色的民宿和养生养老基地；鼓励农村集体经济组织创办乡村旅游合作社，或与社会资本联办乡村旅游企业；多渠道筹集建设资金，大力改善休闲农业、乡村旅游、森林康养公共服务设施条件，在重点村优先实现宽带全覆盖；完善休闲农业、乡村旅游行业标准等。

（三）旅游业对国民经济和社会发展的意义

在经济发展上，发展入境旅游可以带动创汇增收，发展国内旅游则可以拉动内需，带动相关产业发展，促进居民收入增长。改革开放以来，国内旅游业迅猛发展，有力地带动了交通、餐饮和商业等相关产业的发展。此外，旅游业的发展也带动了三次产业的协同发展，有利于产业结构的转型升级。

在社会发展上，旅游业有利于增加就业，消除贫困，促进城乡经济和区域经济的协调发展。旅游业属于劳动密集型产业，许多工作需手工操作，且需提供专业的人性化服务，因而能带动大量就业。同样，旅游业在解决"三农"问题、促进城乡经济协调发展上也具有重要意义。"开发一个洞，富裕一个村""开发一处景，富裕一个乡"的典型，直至今日仍在全国各地涌现。

案例1　云南腾冲旅游产业

1. 发展现状

腾冲是一颗镶嵌在祖国西南边陲的璀璨明珠，面积5 845平方公里，辖10镇7乡2街道，居住着汉、回、傣、佤、傈僳、阿昌等25个民族，2017年年末全市总人口68.27万。腾冲与缅甸山水相连，国境线长150公里，距缅甸第三大城市密支那200公里，距印度边境城市雷多602公里，是中国陆路通向南亚、东南亚的重要门户和节点。

多年来,腾冲按照"区域性国际化旅游城市"的发展定位,立足生态、气候、资源、区位优势,将旅游产业作为带动全市经济社会发展的重要抓手,加快推进旅游标准化建设,全面构建食、住、行、游、购、娱六要素齐全的旅游产业体系。住宿方面,截至2017年年末,全市有二星级以上宾馆(酒店)16家,其中五星级3家、四星级5家,共有床位近3万个,并拥有一批特色酒店和民居旅馆。

1.1 旅游资源

全市风景区总面积达730平方公里,拥有主要旅游资源点349处,截至2017年年末有A级景区6个(其中5A级1个、4A级1个、3A级2个、2A级2个)。早在300多年前,明代旅行家徐霞客就把腾冲作为他旅行的最后一站。在腾冲游历40天后,他写下《腾越游记》,留下了"迤西所无"的感慨。大自然的鬼斧神工造就了火山奇观——神柱谷、火山堰塞湖湿地——北海湿地、全国唯一的城市火山堰塞瀑布——叠水河瀑布、坝派巨泉和黑鱼河等地质奇观,也孕育了最优质的温泉——荣获首届中国温泉金汤奖的火山热海旅游区的悦椿温泉村的温泉。

在这里,可以品味原生态的自然风光:世界物种基因库——高黎贡山,滇西道教名山——云峰山,中国面积最大的古银杏村落——江东银杏村,中国红花油茶第一村——马站和睦村,世界面积最大的人工秃杉林——天合山秃杉林,世界大树杜鹃王——界头大树杜鹃。在这里,还可以体验中国第一魅力名镇和顺古镇的魅力,重温滇西抗战的血色记忆,探究腾冲600年的翡翠加工贸易史,品味2 400多年的南方丝绸古道文化,领略缅甸密支那异域风情。万年火山热海、千年古道边关、百年翡翠商城使腾冲成为一年365天都适合养生度假的天堂。

1.2 全域旅游示范区建设情况

2016年2月,腾冲被确定为首批国家全域旅游示范区创建单位。多年来,腾冲坚持以全域旅游统领全市经济社会发展,精心谋划,创新举措,着力构建"全景域体验、全过程消费、全产业融合、全民化共享"的全域、全业、全民旅游发展新格局,促进旅游由观光消费型向休闲度假、运动康体、养生养老等复合消费型转变,促进旅游产业转型升级。2017年,全市共接待游客1 414.58万人次,实现旅游总收入151.07亿元,同比分别增长33.1%和50.8%。2018年1—5月,全市共接待游客571.51万人次,实现旅游收入51.97亿元,同比分别增长16.2%和23%。

(1)以全域旅游统筹全市经济社会发展。充分发挥旅游业作为腾冲优势产业的带动作用,强化要素资源整合,按照"规划围着旅游做,城市围着旅游造,产业围着旅游调,项目围着旅游建"的思路,制订了《全域旅游示范区创建工作方案》，编制了《全域旅游总体规划》，用全域旅游理念和标准来统筹棚户区改造、特色小镇建设、脱贫攻坚、美丽乡村建设、产业发展、生态保护等工作，实现了"产业因全域旅游而更加优化，城乡因全域旅游而更加美丽，百姓因全域旅游而更加富有"。

（2）以融合发展推进旅游业转型升级。紧紧围绕旅游优势产业，以全域旅游为导向，整合资源，推进旅游业与其他产业深度融合，打造"农业围绕旅游增价值，工业围绕旅游出产品，服务业围绕旅游成规模"的旅游大产业格局。

（3）以重点项目建设支撑全域旅游创建。按照"循序渐进、滚动发展、系统推进"的原则，谋划了全域旅游项目141项，总投资1 031.7亿元。2017年，重点推进"城市四项工程"、游客集散中心等一批重点旅游项目，完成旅游类投资超过50亿元；曲石小江桥漂流一期和康藤帐篷营地项目建成投入运营。龙江特大桥腾冲岸桥面观光开放运营。

（4）以环境提升增强全域旅游发展后劲。按照"全域交通便捷化、全域市场规范化、全域服务精细化"的要求，全面提升旅游环境。

（5）以品牌打造提升腾冲旅游竞争力。加强核心品牌建设，围绕高端化、国际化、特色化目标，出台《腾冲市旅游品牌化发展实施意见》。市本级财政每年安排专项经费300万元，全力建设"世界温泉朝圣地""户外运动大本营""休闲度假目的地"三个旅游品牌。①着力建设户外运动赛事品牌。腾冲已多次举办国际马拉松赛事，在2017中国马拉松年会上，腾冲国际马拉松正式升级为银牌赛事，同时荣获2017中国马拉松自然生态特色赛事奖；2018年3月，腾冲高黎贡超级山径赛成功举办，25个国家的1 814名选手参赛。②着力提升景点景区品质。腾冲高山乌龙茶马站景区和杜鹃王珍奇古木文化博览园被评定为国家3A级景区。2018年，滇西抗战纪念馆（国殇墓园）进行4A级景区创建工作，北海湿地和银杏村开展申报4A级景区前期工作。③着力推进民宿品牌建设。制定《腾冲市和顺古镇民宿管理办法（试行）》，成功举办腾冲首届民宿大会和云南、台湾两岸民宿高峰论坛，成立云南民宿学院腾冲分院和町隐•八闽民宿学院腾冲分院。加大旅游宣传和营销力度。多次举办高黎贡山花海节；通过举办乡村音乐节、欢乐跑、摄影大赛、自行车骑行大赛等活动进一步提升界头花海全域知名度。2017年以来，举办了长沙、郑州、南京等旅游文化专场推介会；冠名昆明至太原"腾冲号"文化旅游列车；与昆明航空合作，冠名喷绘"腾冲号"飞机；开通腾冲直飞长沙、南京、广州、珠海和腾冲经停重庆至郑州航线。2017年，腾冲机场运送旅客9 974万人次，增长23.8%；2018年1—5月，腾冲机场累计起降航班

5 202架次,同比增长23.6%,运送旅客5 722万人次,同比增长26.4%,累计客座率达80%。

(6)以改革创新激发转型升级活力。第一,制定出台了一系列政策文件,强化全域旅游制度保障。第二,成立了城投、水投、旅投等国有投资公司,与东方园林、清华启迪、中和集团、北京行知探索等企业加强合作共建,采取PPP(Public-Private Partnership,政府和社会资本合作)等模式,有效解决资金不足等问题。第三,组建了腾冲旅游警察队、旅游市场监管执法队,在火山热海、和顺古镇等7个景区设立了旅游巡回法庭,成立了旅游行业、旅行社、翡翠、琥珀、民宿等协会,进一步完善旅游业市场综合管理模式。

(7)以旅游扶贫助农增收。积极引导群众由旁观者、局外人变为参与者、服务者和受益者,通过旅游带动群众增收。一是通过景区门票优惠、组织户外活动等措施,激发群众的"腾冲"情怀和自觉参与、支持旅游发展的热情。二是开展多样化的旅游扶贫模式。结合不同情况,有针对性地创新扶贫载体,争取旅游扶贫效果最大化;通过旅游扶贫实践,推广"景区+农家"模式,以景区景点为依托,鼓励周边农户包装农家庭院建筑,发展特色农家乐和特色客栈,参与旅游接待服务。初步形成以和顺古镇、江东银杏村、北海湿地为代表的景区与农家互促共荣的乡村旅游发展格局。三是以旅游拉动就业,提高群众参与旅游产业发展的组织化程度。积极探索建立"政府主导、市场主体、全民参与"的模式,形成"大旅游、大联动,大产业、大家做"的浓厚氛围,探索"以旅扶贫""以旅富民"的新路子,真正让农户吃上"旅游饭",带动群众增收。2017年,腾冲实现了8个贫困村共计7 091名贫困人口脱贫。

2. 面临的机遇与挑战

2.1 资源条件

腾冲的经济和科技相对落后,现代文化层面的旅游资源相对匮乏。腾冲目前的文化旅游资源主要集中在历史文化层面和民俗文化层面。

在历史文化层面,腾冲是文献之邦,也是省级历史文化名城。腾冲在西汉时称滇越,大理国中期设腾冲府。由于腾冲地理位置重要,历代都派重兵驻守,明代还建造了石头城,人们称之为"极边第一城"。腾冲与缅甸等东南亚国家素来交往密切。抗日战争期间,腾冲也是滇西和缅北等战场的要塞。目前,腾冲拥有滇西抗战纪念馆(国殇墓园)、艾思奇纪念馆、寸氏宗祠及和顺古镇等历史文化景观。

在民俗文化层面,腾冲居住着汉、回、傣、佤、傈僳、阿昌等 25 个民族。除民族节日外,民族的山寨、农家特色菜、山歌民戏、民间皮影戏、手工造纸和马帮文化等具有鲜明特色。

2.2 开发成果

融合美丽乡村建设,按照"四区十四组团"空间发展布局,腾冲市高标准编制了《腾冲市全域旅游总体规划》,截至 2017 年年末已有 60 余个古村落被纳入规划。主打的界头花海节已举办多次,农家乐更是呈现高速增长的态势,作为重点项目的江东银杏村在高峰期客流量可达一天两万人,发展势头喜人。

在全国的宣传取得一定成效,部分文化品牌打出知名度。和顺古镇被评为中国十大魅力名镇之首,成为腾冲的龙头景点;界头万亩油菜花在全国打响了知名度。

文化资源保护和开发工作较扎实。积极申报文化遗产项目,保护特色民俗,例如皮影戏、佤族清戏和手工造纸等。积极开展全民健身活动,建设绿色长廊;开发温泉疗养,建设康养旅游文化;开发火山探险,打造体育旅游文化特色。

2.3 目前存在的问题

第一,资源分布不均,相关度不高。旅游资源空间分布相对集中,如和顺古镇、界头镇等旅游资源较丰富,但是其他乡镇旅游资源先天相对匮乏,且乡镇之间各自为政,缺乏旅游资源的关联与整合。

第二,资源种类多,但开发力度小,知名度低,规模小,且传承问题较严峻。虽然手工造纸、皮影戏和油纸伞制作等具有较强特色,也作为文化遗产受到保护,但宣传力度不够,导致无法形成有机关联,也难以吸引外地游客。在传统工艺的传承方面,熟习的人年纪太大不符合申报要求,而下一辈的人技术又不够娴熟。此外,在宣传推广上的滞后也使得这些传承人难以凭此谋生,大多只能将其作为副业,阻碍了文化资源的进一步开发。

第三,保护性开发问题重重。例如,和顺古镇核心区域的开发与古镇保护相冲突,火山探险等旅游项目的设立又与自然环境保护相冲突。如何制定统一的开发和保护标准,目前仍是困扰政府的一道难题。

第四,地方政府财政困难,融资难度进一步加大,文化资源开发资金缺口大。

第五,旅游资源多掌握在私人手中,政府威信不足,企业难以被说服,不愿意联合,无法形成整体上的竞争优势。

3. 发展建议

继续发挥比较优势,坚持打造历史、民俗等特色旅游项目。树立特色意识,做到"人无我有、人有我优、人优我特"。建立起一套文化旅游资源的旅游价值评估体系,重点开发和精进旅游价值高的项目,对旅游价值低的项目酌情补差。

树立精品意识。采取"串点连线式"精品开发线路,供游客整体购买。在提升游客旅游便利度的同时,促进区域整体发展。

进一步加强基础设施建设,加强安全与卫生监督,食、住、行、游、购、娱一体化,不断完善旅游产业链。

加强专业人才的引进和培养,做好旅游规划,提升旅游人员服务水平。

加强宣传工作,聘用专业人员,扩大影响力。

加强政商合作,政府加大扶持力度,对配合政府工作、表现良好的企业给予一定的税收优惠,并在官方影响力较大的平台上与旅游产品一起打包宣传,这既可以提升游客的体验感和信赖度,又可以构建良好的政商关系。

案例2 甘肃玉门旅游产业

玉门是古丝绸之路重镇,历史悠久、文化灿烂,因西域和阗美玉由此通关而得名,又因唐代诗人王之涣"羌笛何须怨杨柳,春风不度玉门关"的诗句而声名远扬。玉门因油而兴、依矿而建市,是中国石油工业的摇篮、"铁人"王进喜的故乡、全国重要的新能源基地、国家园林城市、全国文明城市提名城市,县域综合实力连续多年位居甘肃省第一。

玉门地处敦煌与嘉峪关之间,具有丰富的历史文化资源和独特的自然风光,旅游业发展正当其时。2019年全年,玉门接待游客368.6万人次,同比增长31.3%;实现旅游总收入33.5亿元,同比增长32.4%。目前,政府将文化旅游业规划为蓄力发展的五大产业之一,全力推进省级全域旅游示范区创建,着力打造玉门老城、祁连魔山、天境昌马三大旅游目的地,逐步构建以精品景区为核心、特色小镇为载体、乡村旅游为依托、村落廊道连接的全域旅游新格局。

1. 玉门旅游业发展的SWOT(优势、劣势、机会、威胁)分析

1.1 优势

玉门旅游资源丰富,古今交相辉映。在自然旅游资源方面,魔山地质公园是

玉门一处典型的地质博物馆;赤金峡水利风景区依山傍水,风景独特秀丽,气候宜人,开设的漂流等项目相较于周边城市的西域景观具有独特的吸引力;玉泽湖生态旅游景区坐落于玉门市新市区北面,布局优美,景色宜人,为市民和游客提供了休闲、娱乐的好去处。在历史文化旅游资源方面,玉门历史悠久,文化底蕴深厚,是我国青铜冶炼(金属冶炼)、边塞文化、石油工业的摇篮。著名的玉门关已经成为玉门市的重要历史符号。北朝时期因佛教东传而形成的昌马石窟、伊斯兰教先贤长眠的吾艾斯拱北充分展现着文化的交融。从汉到清,历朝历代都会在玉门设立防御工事,烽燧、古城都分布在这片土地上,为后代留下了宝贵的遗迹。在近代历史文化旅游资源方面,"铁人"故乡和油井也是玉门的一大标签,王进喜留下的红色精神在提高玉门知名度和丰富玉门文化内涵上具有重要作用。

同时,玉门市政府大力支持当地旅游业的发展,开展"六大行动",大力开展全域旅游无垃圾环境形象整治行动,积极配合实施全线景观廊道基础设施改造提升行动,开展游客投诉受理先行赔付行动、旅游服务质量提升行动、全民文化旅游宣传行动,积极参与国内重点客源市场开拓行动,改善了文化旅游的营商环境。

1.2 劣势

配套设施薄弱,游客消费受限。旅游景区数量、旅游住宿单位数量、配套设施较为薄弱,旅游消费工作尚欠发展;而由于地域受限,项目受制,客源存忧。玉门旅游产业项目较为单一,虽然建成省级铁人精神基地,但对旅游产业带动作用不明显。玉门客源多是来自周边城市的游客或本地居民,对东部沿海地区游客的吸引力有待提升;并且宣传力度不够,品牌、资金不充分。玉门作为一个2019年刚刚摘掉"贫困"标签的城市,依靠吸引内部资金进行投资建设显然是远远不能满足发展需求的;通过对外招标进行融资或者吸引企业进驻的方法又面临诸多困难,例如旅游项目投入大而资金回收周期长、外省企业对玉门资源不够了解而不敢投资、企业的规划理念与当地政府的理念不和、西北地区环境保护要求过高而盈利率低"劝退"企业,等等。

1.3 机会

大敦煌文化旅游经济圈的建立。大敦煌文化旅游经济圈以敦煌为中心,辐射玉门市、瓜州县、肃北县、阿克塞县,整合以鸣沙山月牙泉、敦煌雅丹地貌为代表的地质奇观,以肃北透明梦柯冰川为代表的壮美风光,以阿克塞哈萨克族、肃北蒙古族为代表的民族风情,以瓜州锁阳城、破城子为代表的历史文化遗址等

"一市三县"文化旅游资源,突出特色产品挖掘,完善旅游要素供给,提升旅游消费水平。而玉门距离敦煌仅两个半小时车程,是甘青大环线上的重要一环,更是大敦煌文化旅游经济圈必不可少的一环。打造文旅高地、提高对外开放水平、完善立体交通网络、强化支撑保障措施,不断融入大敦煌文化旅游经济圈,实现一体化联动发展,是推动玉门文化旅游产业发展的关键举措。大敦煌文化旅游经济圈不仅有助于提升玉门文化旅游的吸引力,推动配套设施与基础建设的完善,更有助于进一步扩大国内外客源市场,形成玉门文化旅游核心品牌,使玉门真正成为敦煌、嘉峪关这两大历史文化旅游目的地之间的重要休闲体验旅游承接地,成为丝绸之路上重要的国际旅游目的地。

"一带一路"倡议的提出。2013年9月和10月,习近平总书记先后提出共建"丝绸之路经济带"和"21世纪海上丝绸之路"的合作倡议。"一带一路"旨在借用古代丝绸之路的历史符号,依靠中国与有关国家既有的双多边机制,借助既有的、行之有效的区域合作平台,积极发展与沿线国家的经济合作伙伴关系。近年来,玉门主动融入国家"一带一路"和"西部大开发"发展格局,适应时代潮流,牢牢抓住机遇,紧密结合国家战略,发挥区位、产业、资源、通道优势,在中国和世界的交流、合作、交融、互鉴中扮演着重要角色。

"一带一路"的深入发展不断催热"丝路游",为玉门文化旅游注入新的活力与机遇。玉门应该利用国际陆海贸易新通道,积极抢占文化"制高点",夯实文化旅游基础,丰富文化旅游产品的内涵,打造区域旅游集散地和国际旅游目的地,同时加快综合运输通道建设,积极打造丝绸之路经济带国际综合交通枢纽,提升城市知名度。

智慧旅游的发展。智慧旅游是一种利用物联网、云计算、下一代通信网络、高性能信息处理、智能数据挖掘等技术在旅游体验、产业发展、行政管理等方面的应用,使旅游物理资源与信息资源得到高度系统化整合和深度开发激活,并服务于公众、企业、政府等的面向未来的全新的旅游形态。作为甘肃旅游的重要节点,玉门能够借助智慧旅游的"东风",综合运用大数据、云计算、人工智能等现代技术手段,着力构建数据支撑、科技引领、业态创新、跨界融合的智慧旅游服务体系,促进旅游业向信息化、智能化转变。

1.4 威胁

玉门旅游资源的特色和优势不明显。甘肃省政府公布的"大敦煌文化旅游经济圈"玉门部分的规划思路缺乏系统性和完善性,玉门虽然拥有十分优质的文化旅游资源,但无论是历史文化旅游资源的挖掘还是旅游硬件的建设都属于起步阶段,与甘肃省其他重要旅游城市,诸如拥有莫高窟的敦煌和以丹霞地貌闻名的张掖,都有不小的差距,在旅游市场中竞争力并不强,市场选择驱动下的游客分流结果可能并不乐观。尤其对于门槛较低的旅行社抱团式的旅行方式而言,确定具体旅行线路的重要主体——旅行社在设计产品时的市场导向尤为强烈,现行敦煌与张掖相关的旅游线路大多不包含玉门。因而潜在的竞争是玉门文化旅游产业发展的一大威胁。

周边城市虹吸效应和形象遮蔽明显。玉门目前处于由传统工业城市向新型产业城市转型的关键时期,资金和人才是十分关键的元素,而文化旅游产业的建设在起步阶段尤其需要大量的资源投入基础建设工作中。但众多项目资金没有得到很好的解决,加之转型期间基数庞大的石油工人群体大量外流,加重了城市虹吸效应的影响,故资源难以获取是玉门文化旅游产业发展的另一大威胁。

2. 目前存在的问题

2.1 人口问题

根据第七次全国人口普查数据,玉门市常住人口为 13.77 万人,人口相对较少,对旅游业的发展产生了一定的制约。第一,人口少导致旅游服务人员少,很多景点甚至不提供导游讲解服务,只能靠游客自己搜索相关信息,旅行全程基本都靠自助。第二,玉门老龄化问题严重,人口老龄化客观上要求调整现有的产业结构,以满足老年人口对物质和精神文化的特殊需要,而且老龄化问题严重很可能导致当地人观念转变难度大,一些旅游开发项目的推进可能因此而受阻。第三,本地市场狭小,人口少,相关的旅游消费需求自然就小,不利于带动当地旅游业的发展。第四,当地缺少旅游相关人才,如规划设计人才、外语导游等。第五,玉门本地民族众多,各民族的文化都具有独特性和不容侵犯性,进行相关的旅游开发需要格外注意,避免引发民族问题。

2.2 资金问题

政府拨款流程繁复且耗时长,而玉门刚脱贫不久,并没有过多的资金投入在第三产业上。企业投资又对企业的规模和流动资金有较高的要求,且如何吸引其进行投资也是一大难题。此外,还需要注意的是企业向政府承接服务时,一些开发理念和开发重点需要协商洽谈,否则当出现理念不合而合作失败的情况时,又将损失一大笔资金。

2.3 生态及水资源问题

玉门位于西北地区,众所周知,由于深居内陆,降水较少,气候干旱,西北地区面临的一个最主要的生态难题就是土地荒漠化。想在一片片戈壁荒漠中开拓出一座"旅游的绿洲"难度极其之大,在旅游开发建设中稍有不慎,便有可能对本就脆弱的生态环境造成不可逆转的损害。此外,水资源问题不容小觑。自2017年以来,玉门市政府多措并举加强水资源管理,始终将其作为"第一标尺",坚持以水定需求、以水定发展,严格落实水资源消耗总量和强度"双控制"管理措施,着力提高水资源利用效能。严重的缺水问题对于景区的开发和相关基础服务设施的建设都是一道难题,旅游服务接待水平也有可能因此而打折扣,影响游客体验。

2.4 宣传问题

受制于旅游业起步较晚、景区资金投入巨大、政策落地情况以及周围旅游城市的同质化竞争等因素,玉门作为一座后起的旅游城市,竞争力明显不足。此外,玉门旅游业的相关景点虽然宣传方式多样(民俗节日和相关赛事的举行),但是宣传力度不够,可能仅限于本地及周边人能够了解相关信息;没有最大限度地利用当下的信息网络覆盖受众群体。虽然玉门也在各大平台如抖音、微信开设账号进行宣传,但由于形式和内容可能缺乏新意,仍无法真正地走进大众,也未能有效地开辟更大的市场。

2.5 基础设施问题

玉门在食宿、游览、购物等方面的基础设施上仍有所欠缺。在食宿问题上,玉门旅游食宿基本只能在市区内解决,而景区多在镇上或郊区,大多距离市区较远。在游览问题上,玉门大多数景区都大而广,但并没有观光车等代步工具,游客多靠步行,十分疲累。在购物问题上,由于景区位于乡镇,商品的供应有限,在质量和种类上不能满足四面八方前来旅游的游客需求;另外,玉门的特产及文创产品的代销点较少,很多景区甚至完全没有,形成游客"有钱无处花"的尴尬局面。

3. 发展规划与建议

3.1 外部空间规划

城际上,与周边的敦煌、嘉峪关等旅游业发展相对成熟的城市进行捆绑式合作或者联动发展,受益于辐射效应;在全省范围内,利用并融入甘青大环线,以此为契机打响玉门品牌,暂时先将文化旅游业的发展目标定位为敦煌与嘉峪关两大知名旅游城市的中转休息驿站,考虑"自助旅游"理念的逐步融入;国际上,利用机会逐步扭转基础设施和交通设施劣势也是重要的发展思路。玉门可以利用甘肃交通大发展的契机加强与周边地区的联系，进一步辐射更大范围，吸引我国西部和中亚来客。

3.2 内部项目设计

从玉门内部的资源整合出发，规划旅游线路或进行模块打包，以红色旅游为引擎、自然风光线路为亮点、历史文化线路为重点，结合其他线路的联动辅助以及基础设施的配合建设，全方位整合玉门内部的文化旅游资源，循序渐进推动其文化旅游业发展。同时，辅助开发市区游、乡村游，将玉泽湖生态旅游景区、特色小镇、特色乡村作为开发重点，老城区考虑打造影视城、影视基地，推动不同线路的联动发展及基础设施建设，进一步探索发展"全域旅游"，各行业积极融入其中，各部门齐抓共管，全城居民共同参与，为前来旅游的游客提供全过程、全时空的体验产品，全面满足游客全方位的体验需求。

产业协同方面，旅游业作为综合性的服务行业，融合性极强，以旅游业为中心延长经济链条发展其他产业的"旅游+"模式，能够起到良好的资源整合作用。例如，推行"农业+旅游"联动模式，如开发枸杞文化节、韭菜博物馆等项目；推行"工业+旅游""新能源+旅游"联动模式，如开发玉门油田老一井等能源产业的研学观光项目。

3.3 营销宣传建议

玉门应充分利用区位优势，与周边城市达成宣传上的合作，进行联动营销，借助旅游业发展较好的城市提高知名度，进而打开更广阔的市场。

3.3.1 企业

景区运营需要考虑长远目标，短期和长期两手都要抓、两手都要硬。利用传统推广、新媒体推广、短视频直播等方式加强宣传。

3.3.2 政府

铺设顶层设计，筑牢政策基础。玉门市政府成立了文化旅游产业发展领导小组，将文化旅游产业作为全市五大主导产业之一。带头强化多方联盟，提高景区吸引力。依托资源禀赋，加快发展"文化+旅游""体育+旅游""农业+旅游""教育+旅游"等新型业态，做好融合发展文章。立足景区管理，提高服务质量。加强景区管理工作，不断提高景区服务意识、责任意识。确立和巩固文化标签，并引导市民进行宣传。政府可以通过宣传栏、广告牌、思政教育课堂等方式加强在本地的宣传教育工作，提高本地居民对玉门文化旅游的认知水平。

3.3.3 本地居民

引导本地居民增强对玉门文化的了解，提升文化自觉和文化自信，培养对本地文化的自豪感和自信心,从内心深处增强文化认同;此外,在微博、抖音等各类社交平台上以话题讨论的形式宣传玉门、推广玉门。

案例3　江西赣州旅游产业

1. 发展现状

赣州历史悠久,文化繁荣,旅游资源丰富。近年来,赣州旅游系统围绕国家、省、市发展全域旅游的决策部署,对旅游产业的重视程度不断提升,推进力度不断加大,旨在将旅游产业打造为全市主要产业之一。

赣州在文化旅游产业的发展上具有独特的优势。一方面,旅游产业是21世纪公认的"黄金产业"。随着经济的发展和人民生活水平的提高,人们的旅游需求不断增大。赣州地区的旅游市场还处于未完全开发的状态,市场空间巨大。另一方面,文化是旅游的灵魂,而旅游则是文化的载体。赣州地区集客家文化、生态文化、宋城文化、红色文化、阳明文化等一系列文化资源于一体,在文化旅游方面拥有巨大的发展空间。

赣州各县市区旅游业发展各有特色。安远县生态环境优越,旅游业发展前景广阔;石城县从2006年开始实行"旅游新县"战略,大力发展旅游业;龙南市旅游业走在赣州市前列,早在几年前就开始重视当地旅游业的发展,既有美丽的自然景观,又有保存完好的历史文化遗产;章贡区是宋城文化、客家文化的荟萃之地,文化古迹保存完善;兴国县作为全国闻名的苏区模范县、将军县,红色文化底蕴厚重,资源优势明显;瑞金素有"红色故都"之称,具有浓厚的红色文化传承色彩,拥有赣州最具知名度的旅游景点,是赣州典型的红色旅游强市,也在着力打造以"古色""绿色"为主题的旅游文化。

2. 面临的问题和挑战

优质景区较少,竞争力不强。赣州虽然旅游资源丰富,旅游景点众多,但缺乏具有高知名度、代表性的旅游景点。很多景区虽然在当地具有较高的知名度,但基础设施建设、旅游服务体验等方面做得还不够好,不具有高端性以及唯一性,缺乏竞争力,很难吸引到其他县市和外省游客前来游玩,难以起到带动全域旅游发展的作用。这种现象在安远县、兴国县和章贡区比较典型。

旅游业资金短缺。旅游业是一个投入高、成本高、回报周期长的产业。景区建设、旅游交通规划、星级酒店打造以及高级管理人才吸引都需要大量的资金。

一方面，赣州经济欠发达的现状限制了政府向旅游业投入大量资金；另一方面，旅游业回报周期长的特点也使企业不愿投入资金去发展旅游业，难以吸引到社会资本。这也导致很多地区虽然拥有非常丰富的旅游资源，但景区开发相当滞后。

景区基础设施建设有待提高。赣州旅游业态相对单一，大多数景区以观光型为主，游客的体验感不足，对深刻文化内涵的挖掘也有待加强。

景区没有明确的形象定位，操之过急。赣州旅游资源丰富，仅就品牌方面便可总结出几种各具特色的文化，如红色故都、江南宋城、客家摇篮、天然氧吧等，这是赣州发展旅游业得天独厚的优势之所在。然而，对于单个景区而言，却并非要做到面面俱到。在调研中我们发现，许多景区都出现形象定位不清晰、不明确的问题，景区基础设施建设往往还未打造好，便急于发展其他种类的特色文化。

宣传方式单一。在整个赣州市，不同县、不同景区所采用的宣传方式大同小异，主要还是通过微信公众号、高速公路和出租车等公共交通工具以及电视台投放广告等方式进行宣传，难以展现地方特色。

3. 发展建议

3.1 改进宣传方式

目前，赣州地区旅游景区的宣传还是以介绍为主。其实，在宣传上能够开发更多的形式，比如请游客描述自己的旅游体验，形成公众号推文，而不单单以介绍的方式让游客了解景区。同时，政府可以考虑邀请网络红人到赣州体验，在平台上进行直播或是制作综艺型视频，借助网络红人的知名度对景区进行宣传。在旅行社以及旅游网站上投放广告时，争取将赣州景点作为旅游推荐目的地。此外，目前赣州在游客间宣传网络的建立方面也较为滞后，政府可以考虑开发类似大众点评一类的游客评价平台，让单个游客的游览体验被更多的人了解，通过游客间的推荐吸引更多的新游客。

3.2 加强基础设施建设

赣州地区大部分景区存在基础设施建设不完备，难以带给游客良好的旅游体验的问题。第一，构建网上反馈渠道，了解景区的什么方面最为吸引游客，在这方面继续完善，打造景区特色品牌。第二，开发电子导览讲解。一方面，普及智慧旅游App；另一方面，在一些特色景点放置电子设备，使游客可以通过操作设备听到景点故事的讲解。第三，发展景区内交通。对于一些占地面积较大的景区而言，景区内交通的打造必不可少。这类景区可以在特色景点之间开放摆渡车,使游客游览起来更加便利;同时,特色交通方式也能作为吸引游客的一个亮点。

3.3 着力打造景区独特性

赣州地区大部分景区可替代性较强,因而缺乏竞争力,难以吸引到较远地区的游客。当下,文化是旅游发展的命脉,要想宣传景区之美,根本上要将旅游与文化充分结合,深入挖掘文化内涵,在此基础上传扬文化,以此来打造景区卖点。赣州旅游资源的种类众多,可以采用"旅游+"的融合发展模式,比如赣南脐橙享誉世界,在发展乡村旅游时,加入脐橙采摘的元素会是亮点所在。同时,跨部门的合作能够形成旅游发展合力,提高效率,优化资源配置。

3.4 打造完整的旅游产业链

赣州地区多数景区之间相互关联较弱,各自的营销宣传、人才引进、资金引进都较为分散,景区发展也各行其是。对此,可以打造多样化的旅游线路,注重优质人才培训,实现多样化营收。

4. 案例简述

4.1 红色景区瑞金

瑞金是著名的红色故都,是中央红军长征出发地,是苏区时期党中央驻地,亦是中华苏维埃共和国临时中央政府诞生地。瑞金完好地保留了大量珍贵的红色文化资源,并在此基础上形成了一条完整的旅游产业链。在瑞金不同的景点之间有专门的公交车以及旅游观光车,使游客能十分便利地来往于不同景点之间。虽然单个景点的游览时间不长,在单个景点游客可能无法获得非常好的旅游体验,但全域旅游形成的完整旅游线路以及便利的公共交通解决了这个问题。丰富的文化底蕴是瑞金旅游的特色,政府在挖掘、开发历史文化以及发展旅游模式上的投入使得旅游业成为瑞金的支柱型产业之一。

4.2 赣州极地海洋世界景区

赣州极地海洋世界位于章贡区郊区,是赣州最大的海洋馆。在打造特色方面,开发商投入良多。虽然赣州极地海洋世界给游客提供了近乎完美的游览体验,但在旅游服务方面还不够完善。海洋馆二楼虽设有休闲餐厅,但其容纳量无法满足游客的需求。此外,极地海洋世界附近虽有许多农家乐,但相较于每日的客流量而言,农家乐的数目过少。旅游服务设施的完善需要尽快提上日程。

4.3 正桂、上游乡村旅游点项目

近年来乡村旅游兴起,正桂村和上游村是龙南市乡村旅游的代表性景区。

正桂村交通便利,设有大型的生态停车场。景区内部拥有丰富的自然景观,同时,当地村民经营着丰富的小吃、农家乐、特色产品等,游客在这里既能体验到许多特色美味,又能现场观看特色产品制作工艺,体验制作过程。正桂村营造出了一种乡村独有的轻松闲适的氛围,逐渐成为城镇居民周末节假日的休闲胜地。

不同于正桂村,上游村在景点打造、体验项目建设以及主题宣传方面,都致力于让游客体验到真正的乡村生活。景区也规划出许多田地,人们可以通过互联网认购,委托工作人员种植指定作物,在节假日或是其他空闲的时候带孩子来这里体验农耕的乐趣。

正桂村以观光为主,上游村以体验为主,虽是不同的发展模式,但都能带给游客独特的乡村体验。同时,旅游业的发展也是政府扶贫项目的一部分,项目给当地居民提供了工作机会,改善了居民的生活状况。这种旅游项目与扶贫项目相结合的模式在赣州并不少见。

4.4 罗汉岩风景名胜区

罗汉岩风景名胜区位于瑞金市,交通便利,游客从市区可直接乘坐公交车到达山脚下的游客服务中心。景区分为前山和后山,可供选择的路线有很多,游客可以根据自己的体力和时间安排选择路线,能够有效地满足不同游客的需要。沿途有山歌表演、休息区域,同时还有农家乐等配套设施,无论是当地居民还是慕名而来的游客,都能在这里获得所需的服务。

4.5 虔心小镇

虔心小镇是一座以"虔"文化为主体、茶旅结合的生态旅游特色小镇。小镇专注围绕"虔""茶"的主题,整个景区建设浑然一体,完全与自然相融,颇有一种返璞归真之感。虔心小镇就这样以独特、明确的景区定位吸引了众多游客。不仅如此,虔心小镇施行"门票 100% 抵消费"模式,游客只要扫描二维码,就可以到景区内消费,并且全额抵扣。随着"全域旅游"的兴起,"门票经济"逐渐被取代,许多景区选择免门票,而虔心小镇模式不仅不会在运行初期为财政带来过大压力,反而是一种符合时代发展需要的产物。

4.6 大通天寨景区

大通天寨景区位于石城县大畲村,由典型的龟裂丹霞地貌风景名胜区通天寨风景区、大型亲子游乐园花乐园、温泉景区、大畲荷花园和沿途村落共同组成。在地理位置相隔不远的基础上,几种不同类型、别具特色的景区组合对单个景区的资金投入、宣传推广、基础设施建设、交通等多方面的要求显著降低,景区建设的压力随之减小。景区不必专门投资建设住宿、餐饮等配套设施便能够满足游客多样化的需求,而不同景区间的联合既提高了知名度和影响力,又因融合不同类型而变得适用面更加广泛,从而吸引更多的游客慕名而来。随着旅游业的蓬勃发展,景区建设也迎来了新的机遇与挑战。多数景区并没有独一无二的"卖点",也就难以借此吸引游客,然而景区之间的联合却能够为景区发展再添一把火,起到"1+1>2"的效果。

案例4　湖北赤壁旅游产业

1. 概述

赤壁市隶属于湖北省,是由咸宁市代管的县级市,地处湖北省东南部、长江中游的南岸,为幕阜低山丘陵与江汉平原的接触地带,西临长江,东望九宫山,北倚省会武汉,南临湘北重镇岳阳,素有"湖北南大门"之称。赤壁市既在武汉城市群和长株潭城市群的经济技术辐射区内,又处于长江经济带,作为南北交通要冲、省际交流窗口,拥有良好的区位优势。

"万里寻茶道,赤壁借东风。"2016年2月,赤壁市入选首批"国家全域旅游示范区"。近年来,赤壁市把全域旅游发展作为基本方向,希望通过旅游业的蓬勃发展带动县域经济的快速发展。2017年8月,湖北省全域旅游现场会在赤壁市召开,体现了省旅游发展委员会对赤壁市经济、社会发展的关注和支持。

除入选国家全域旅游示范区外,赤壁市近年来更先后获评"中国优秀旅游城市""全国旅游标准化示范城市"。截至2018年7月,全市共接待海内外游客561.44万人次,实现门票收入7 515.88万元,旅游总收入达到30.15亿元,同比分别增长14.3%、13.6%、13.2%。

1 800多年前,"以少胜多、以弱胜强"的赤壁之战在此打响,三国鼎立的格局由此形成。时至今日,三国赤壁古战场已成为国家5A级旅游景区、国家重点文物保护单位、全国中小学生研学实践教育基地、湖北省中小学生研学实践教育营地、湖北省文化产业示范基地、湖北省爱国主义教育基地,传承着源远流长的三国文化。作为我国古代"以少胜多、以弱胜强"七大战役中唯一尚存原貌的古战场遗址,如何将其发展为全国乃至世界性的三国文化旅游地,加快三国文化与赤壁旅游业的融合发展,已成为当地面临的一个至关重要的课题。

2. 发展条件

2.1 有利条件

2.1.1 自然环境优良，旅游资源丰富

赤壁市山清水秀,自然环境优良,土壤肥沃,物产丰富,风景宜人。赤壁市植被覆盖率高;有陆水湖作为母亲湖,涵养水源,水质清澈;也有森森竹海和万亩茶园,形成天然氧吧,净化空气;更有大批借地势和历史而成的人文景观(如赤壁古战场和羊楼洞等),每年吸引着中外大批游客。此外,赤壁市还有丰富的水果资源,黄桃、猕猴桃等果树采摘也是其自然资源的一大亮点。总体来看,赤壁市旅游资源丰富,有着天然的环境优势。同时,赤壁市气候宜人,四季分明,为其发展养老养生旅游产业提供了可能。

2.1.2 立体交通网络，游客客源兴旺

赤壁市地处湖北省东南部,区位优势明显,交通运输网发达。在京广铁路、107 国道、京珠高速等干道的影响下,大批客源从附近大城市如武汉、长沙、岳阳等被输送至赤壁。赤壁市修建有多个一级、二级客运站,能够初步满足游客的交通需求。此外,赤壁市位于长江沿岸,长江水系与公路、铁路共同构成了交通运输网。

2.1.3 三国历史文化悠久，人文气息浓厚

赤壁是东吴的军事战略要地,是十多位将领驻军屯田练兵之地,留下了大量的驻军遗址遗迹和传说故事。1998 年 6 月,原蒲圻市正式更名为赤壁市。由于三国赤壁之战的历史背景和千百年来与赤壁文化、三国文化相关的诗词歌赋、历史故事,赤壁在全国名声大振。三国赤壁之战是历史上以少胜多的重要战役,是三国文化的核心之一;千百年来的文人墨客也在赤壁留下了许多脍炙人口的诗篇,例如苏轼的《念奴娇·赤壁怀古》等,更增添了赤壁的人文气息,提升了其知名度。

三国赤壁古战场景区旅游资源实体巨大,拥有 8 大主类、23 个亚类,涉及 58 个基本类型、112 个资源单体。它不仅拥有世界稀有、全国唯一保存原貌的千年古战场遗址,同时还拥有长江奇特的"赤壁矶头"景观和千年银杏、千年古藤以及长江贵族江豚等大量珍稀物种,其资源实体的完整性与稀缺性由此可见一斑。

2.1.4 特色产业优势，茶叶享誉全国

茶文化是赤壁市的又一特色。赤壁作为万里茶道的起点,千百年来与茶文化有着密不可分的联系。赤壁市有"中国青砖茶之乡""中国米砖茶之乡"的美

誉,赵李桥砖茶制作技艺被列入国家级非物质文化遗产名录。赤壁茶拥有"川"字牌和"羊楼洞"两个中国驰名商标,与茶文化结合的旅游项目也是其一大亮点。万亩茶园和俄罗斯方块小镇以及羊楼洞明清石板街等人文自然旅游景观都注入了赤壁茶元素,吸引了大批游客。

目前,羊楼洞砖茶已经成为国家地理标志产品。1996年,羊楼洞古镇被列入第四批市级重点文物保护单位。2002年,湖北省政府将其列入省级重点文物保护单位。2010年12月13日,羊楼洞村被住房和城乡建设部、国家文物局批准为中国历史文化名村,也是唯一以茶文化遗产为主旋律的中国历史文化遗产。

2.2 不利条件

2.2.1 景点联系较弱,整体定位不清晰

赤壁市旅游资源丰富,但地理位置上较为分散,景点之间缺乏强联系,没有一个鲜明的主题和核心将各个景点串联起来,故出现"有形而无神"的溃散状。作为旅游城市,赤壁市本应打出鲜明的城市招牌,并且让每一个来到赤壁的游客感受到。人们提到深圳就会想到创新、"改革开放"文化,提到上海就会想到"中国金融大动脉",提到北京就会想到"政治文化中心",提到桂林就会想到其甲天下的山水风光,但从赤壁北站出来时,如果不是因为"赤壁"这个名字,从外表和宣传来看这里与普通的三、四线城市并没有什么差别,茶文化和三国文化在城市布景中的体现不明显,广撒网式的旅游开发会让来到这里的游客摸不着头脑。

2.2.2 基础设施建设有待进一步完善

同为三、四线旅游城市的张家界(荷花机场)、桂林(两江机场)都有自己的机场,且与特大城市、大城市通达度很高。赤壁市的立足点是"全世界唯一",那么在基础设施特别是交通方面更应加大建设力度。三国赤壁古战场景区距城区约30分钟车程,羊楼洞景区距城区约18分钟车程,其他景点更为分散,全市却没有开出一条专门的旅游专线将各个景点联系起来,散客到赤壁后会感到交通不便。统观整个行业,从客源地到目的地的路程最长,但路上耗费的时间占整个旅程的比例并不高;相反,到达目的地后前往各个景点的路程不长,但路上耗费的时间和精力却是最多的,这也直接影响到游客体验,因此,如何提高游客到达目的地后的旅行效率至关重要。

2.2.3 大城市对中小城市的虹吸效应

大城市对中小城市的作用力除了辐散效应,还有虹吸效应。中国高铁的快速发展让国内经济由外需主义向内需主义转变,由海权经济向陆权经济转换,港口城市的地位弱化,高铁节点城市获得发展契机,武汉、长沙等准一线城市很有

可能利用交通意义上被缩短的城市距离吸收周边中小城市发展所必需的投资、人才，导致周边中小城市发展放缓。大城市的综合实力越强，高铁的连通就越会加剧其对周边资源的虹吸效应。

2.2.4 高铁沿线阻力可能分散潜在客流

赤壁市的客源定位是高铁 3 小时城市圈、高速公路 5 小时城市圈，辐射范围包括鄂、湘、粤。赤壁市优越的旅游资源确实可能对这些地区的旅游客流实现虹吸，但沿线的其他特色城市、旅游城市可能产生"分流"作用，减少赤壁市所吸引的游客量。

2.2.5 全域视野下的挑战

赤壁市旅游市场的挑战主要来自周边地区的竞争。东湖和洪湖是陆水湖的主要竞争对手，东湖经过长期的发展已经形成一定的品牌和市场，洪湖因影视剧《洪湖赤卫队》而闻名全国。面对这两大竞争对手，陆水湖应着重发挥区位优势，强化景区基础设施，挖掘水域人文内涵，提升旅游价值，并加大宣传力度。

从全国来看，三国胜迹湖北多。宜昌地区的长坂坡、襄樊地区的古隆中、荆州地区的华容道和古城墙都有可能分散赤壁的客源，因此赤壁市更因打造自身文化特色，寻找长远出路。

3. 总体发展思路和任务目标

3.1 目标设定

2016 年，赤壁市委、市政府联合下发《赤壁市创建国家全域旅游示范区实施方案》(以下简称《方案》)，提出以"全景赤壁 全域推进"为方法，逐步实现全域景观化、环境一体化、市场规范化、服务精细化，促进旅游城市转型升级、全域发展。力争通过三年时间，顺利通过"国家全域旅游示范区"各项指标的验收。通过全面提升旅游产业总体发展水平，实现"华中地区休闲旅游度假基地"建设目标，带动赤壁经济社会发展。

《方案》还提出四个具体目标：旅游城市特质更加鲜明，旅游综合改革取得突破，旅游业综合贡献显著增加，旅游城市形象更加凸显。

3.2 重点任务

赤壁市旅游发展在"十三五"开局之年获得了新的产业抓手，进入新的历史发展时期。赤壁市致力于实现"全城是景"的全域旅游城市格局，力争走向全国。

3.2.1 "一心、两极、三景、四区"的旅游产业空间布局

一个城市核心:以"城市绿肺"陆水湖为核心,以中心城区为目标导向,带动城市综合服务。两极龙头引领:升级"三国赤壁故地"与"万里茶道源头"两大产品为两大旅游产业增长极。三大乡村美景:以柳山湖、沧湖+黄盖湖、余家桥为试点打造三大乡村美景集聚示范区。四块休闲片区:一湖两山生态休闲区,三国文化研学休闲区,汤茶养生休闲度假区,乡村度假休闲体验区。

3.2.2 "旅游+"拉动融合,延长产业链

"旅游+城市":优化城市环境,推进主城区品质提升和要素补充;完善城市游憩功能,将自身打造成中部城市群的生态"绿心"。"旅游+文化":充分挖掘三国、茶马、乡村文化底蕴,推出具有赤壁地方特色的文化产品。"旅游+工业":对羊楼洞茶文化生态产业园、赵李桥茶厂等进行引导,使工业设计、生产、营销成为旅游风景线。"旅游+农业":引进浙江颐高集团,打造特色乡村休闲旅游开发模式;支持农产品乡村主题建设,发展农业观光项目。"旅游+乡镇":支持赵李桥镇、官塘驿镇、柳山湖镇等打造省级旅游名镇;支持柳山湖镇易家堤村、余家桥乡丛林村、官塘驿镇葛仙山村等打造美丽乡村示范点或旅游名村。"旅游+医疗":依托城市建设养生养老一体化旅游产品,发展养生养老度假产业。

3.2.3 供给侧旅游要素完善

按照"旅游惠民,主客共享"的理念,加强旅游城市基础配套及公共服务设施建设。坚持把实现旅游产业可持续发展作为全域旅游建设的重中之重,以旅游产业要素供给能力的完善支撑旅游产业大发展。

3.3 政策支持

3.3.1 三国赤壁古战场

为促进赤壁旅游跨越式发展,打造中国优秀旅游目的地,赤壁市政府提出将三国赤壁古战场景区打造成国家 5A 级旅游景区的目标。从 2008 年起,赤壁市政府便开始对照国家 5A 级旅游景区的标准对其进行全面提档升级,并向湖北省、咸宁市旅游局提出了创建申请。2014 年,赤壁市旅游局与景区共同完成了《湖北三国赤壁古战场景区总体规划》。2015 年,赤壁市旅游局新修订了《关于推进旅游产业发展及旅游标准化创建奖励办法》。三国文化旅游产业建设主动适应新常态,新的奖励政策充分体现了新形势下政府对旅游新业态发展的支持与鼓励。

3.3.2 青砖茶

有力的政府支持也为羊楼洞砖茶文化旅游产业的发展提供了有力保障。

2013年出台的《湖北省现代茶叶产业发展规划》将赤壁砖茶作为两个振兴品种之一,将羊楼洞砖茶系列列为两个重塑历史品牌之一。中央电视台、湖北电视台也多次前往羊楼洞探访砖茶文化,收集素材,推出了《茶叶之路——两湖茶事》《砸来砸去 青砖茶砸出财富》等纪录片,吸引了全国各地茶文化爱好者的眼球,促进了羊楼洞砖茶文化旅游业的发展。

4. 发展建议

针对赤壁市的全域旅游,市场定位是根本。赤壁市旅游资源丰富为天然优势,可以让想要深入了解赤壁的人发现其优渥的自然资源和丰富的"玩点",但这在某种意义上也是其制约因素,它使得整个城市的定位不突出、不鲜明,所有的旅游资源有形而无神地散落在各处。因此,赤壁的城市定位应该更多地做减法,"板凳要坐十年冷",聚焦狭长市场,对于"食之无味,弃之可惜"的"鸡肋"景点要勇于放手,抓大放小,先舍后得,做好"茶文化"和"三国文化"两个文化品牌,深入挖掘其背后的经济开发潜力,再通过与之相关的延伸产业带动全域经济发展。

围绕定位,有以下可以改进的地方:第一,完善交通设施建设,有机串联景区项目。目前,赤壁市基础设施建成度与其成为"旅游城市"的目标还有一定的距离,交通便利性不足、景点通达度不高,分散的客源如同牢笼中的困兽。建议在全面开放经营后至少打造两条旅游专线,分别将与茶文化主题、三国文化主题有关的景点和地区串联起来,旅游巴士的装潢、设计可以有效融入茶文化、三国文化的因素,让来访游客浸润于大文化氛围中。第二,依托文化旅游概念,打造全方位旅游文化体验。相比之下,赤壁市也可以有针对性地塑造街景,打造主题公园、旅游节、影视城等,辅之以配套的服务设施,为游客营造完整的旅游体验。第三,加强品牌形象的塑造,形成良好的声誉和较强的品牌吸引力。赤壁市目前已通过举办国内国际活动、参与各大媒体纪录片的录制获得了一定的名誉,但许多旅游景点还在改造,部分区域的开发还处于招商引资阶段,尚未开放,因此没有正式对外开展城市宣传。旅游城市的品牌口碑尤为重要,应尽快占领网络舆论的高地,目前几大旅游攻略平台上游客对赤壁的印象"平平无奇",甚至有些"失望",赤壁在练好内功后要加速重塑城市形象,为未来客流的稳定打下坚实的基础。

总而言之,赤壁市的全域旅游建设需要分阶段进行,发展过程中应注意尽量避免追求"大而全",而是要突出重点,挖掘自身的特色和优势,筑牢自身的独特性和不可替代性两大基础,占据周边市场,之后再向全国、全世界迈进。

案例5 湖南益阳旅游产业

1. 概述

1.1 区位概况

益阳市位于湖南中北部,跨越资水中下游,处沅水、澧水尾闾,环洞庭湖西南,居雪峰山的东端及其余脉,是湘中丘陵向洞庭湖平原过渡的倾斜地带。益阳市地形西高东低,成狭长状,地理坐标为东经110°43′02″至112°55′48″、北纬27°58′38″至29°31′42″,东西最长距离217公里,南北最宽距离173公里,从地图上看,像一头翘首东望、伏地待跃的雄狮。益阳市东与岳阳县、湘阴县交界,东南与宁乡市、望城区接壤,南与涟源市、新化县相连,西与溆浦县、沅陵县交界,西北与桃源县、鼎城区、汉寿县、安乡县毗邻,北与华容县相连。同时,益阳市是长沙—张家界高速公路(G5513)上的重要节点,是长沙至张家界的必经之地。此外,益阳市是长江中游城市群重要成员、环洞庭湖生态经济圈核心城市之一,也是长株潭城市群成员之一。

1.2 旅游资源概况

益阳市根据资源状况和市场需求,打造出一系列具有鲜明地域特色的旅游产品,初步构建起其旅游品牌形象。益阳市被亚洲旅游业金旅奖组委会评为"亚洲金旅奖·首批十大休闲(度假)旅游目的地"和"亚洲金旅奖·首批最美生态旅游目的地";安化县成功创建"湖南省旅游强县",并获得"中国最美小城""中国最佳养生休闲旅游胜地"称号;安化县江南镇、赫山区沧水铺镇、桃江县桃花江镇被评为湖南省特色旅游名镇;黄沙坪镇被评为首批湖湘风情文化旅游小镇;高新区清溪村、安化县高城村、赫山区仙峰岭村、桃江县崆峒村、长春镇赤江咀村、安化县乐安镇尤溪村、桃江县罗溪村、大通湖千亩湖8个村庄被评为湖南省特色旅游名村;梅山文化生态园、皇家湖福林庄园、银城第一庄等10处乡村旅游地被评为湖南省五星级乡村旅游区(点)。这些旅游品牌有效地传播了益阳市的美好形象,加快了美丽乡村的建设步伐,为益阳市旅游业进一步提高市场认知度、走向更为广阔的旅游市场打下了良好的基础。

1.3 旅游业发展概况

"十二五"期间,益阳市旅游业呈现高速增长态势,主要旅游业指标基本实现了翻一番的目标。从2011年到2014年,全市接待国内外游客由1 296万人次增长到 2 538 万人次,年均增长 20.1%,旅游总收入由 76.3 亿元增长到 160.5 亿元,年均增长 18.5%。截至 2014 年,全市直接或间接从事旅游业的人数已达 82 134 人;拥有旅游餐饮住宿企业 758 家,床位总计 54 571 张,其中四星级酒店 3 家、星级农庄近 200 家、农家乐 1 000 多家;拥有省级旅游教育培训单位 3 家、旅行社 32 家、旅游企业 50 多家,并评选出一批品牌农家菜和美食店;旅游商品和购物场所进一步增多。"十二五"期间,益阳市旅游收入占全市 GDP(国内生产总值)的比重由 2011 年的 10.45% 上升到 2014 年的 12.81%,旅游业的高速发展已经成为促进益阳市经济发展的重要手段,旅游在经济与社会发展中扮演的角色日益重要。

2. 发展现状

2.1 区位因素分析

2.1.1 长沙—张家界旅游线路

根据 2018 年 7 月统计数据,长沙和张家界分别是湖南省最受关注的两个旅游目的地,并且"热度指数"远远高于排名在其之后的城市。目前,在市面上存在多条长沙—张家界旅游精品线路,可以说,长沙—张家界是湖南省最具影响力的旅游线路。而益阳地处长沙—张家界高速公路上,长期以来都是长沙—张家界的重要过路站,若能将其"过路站"的地位转化成"重点站",定能获得巨大的发展潜能。

2.1.2 长株潭城市群

长株潭城市群是"两型社会"建设综合配套改革试验区,位于湖南省中东部,为长江中游城市群重要组成部分,包括长沙、株洲、湘潭三市,是湖南省经济发展的核心增长极。长沙、株洲、湘潭三市沿湘江呈"品"字形分布,两两相距不足 40 公里,结构紧凑。2007 年,长株潭城市群获批为全国资源节约型和环境友好型社会建设综合配套改革试验区。在行政区划与经济区域不协调的情况之下,长株潭城市群通过项目推动经济一体化,致力于将自身打造成为中部崛起的"引擎"之一。而益阳市到长株潭城市群中心城市——长沙——的行程仅有 77.7 公里,区位优势十分明显。

2.1.3 洞庭湖生态经济区

继长株潭、大湘南、大湘西发展进入国家战略层面之后,湖南省区域经济发展版图的第四大板块——洞庭湖生态经济区规划编制工作正式启动。打好洞庭湖这张湖南最响的名片,争取将洞庭湖生态经济区建设上升为国家战略层面,有利于进一步完善湖南区域发展总体布局,推动和实现区域经济协调发展,对于落实主体功能区规划,保障国家粮食生产安全、长江流域水资源生态安全和构筑长江黄金水道发展轴线,促进中部地区崛起具有重大意义。益阳市只有积极融入洞庭湖生态经济区,才能发挥自身最大的优势——洞庭湖的名片,真正打响益阳市的旅游品牌。

2.2 旅游资源分析

一方面,随着人民生活水平的提高,旅游消费将呈现大众化、普遍化的态势,旅游休闲将逐渐进入普通公众的日常消费领域,传统的景区景点观光、游山玩水等依然受欢迎,中医药旅游、养生保健旅游、体育健身旅游、户外探险旅游、工业遗产旅游、会展奖励旅游、研学旅行与修学旅游等个性化旅游蓬勃发展,自驾旅游、房车旅游、邮轮游艇旅游、低空飞行旅游等日益盛行,旅游市场空前活跃。但是益阳市对相关旅游产品的打造不足,难以形成竞争优势。

另一方面,益阳因洞庭而生,依洞庭而长,拥有目前国内最完整的洞庭湿地生态旅游资源,湖泊与沼泽相连,湿地与城市相融,水路与陆路交通自然衔接,是环洞庭湖生态经济圈中城市与洞庭融合最自然、最紧密的区域,但目前益阳市的拳头旅游产品明显不足以支撑洞庭旅游品牌,主要表现为:缺乏引爆洞庭旅游的核心产品,缺少打通城区与湖区、湿地的旅游产品纽带,欠缺相应的旅游产业链体系。同时,全域旅游开发背景下的产品建设使益阳市旅游形象不够鲜明,黑茶、竹海、洞庭、美人等多种品牌形象摇摆不定,在一定程度上影响了益阳市核心旅游品牌的形成。

2.3 整体定位问题

线路中转站的需求、对接长株潭城市群的需求:现阶段益阳市必须整合利用已有的旅游资源,进一步发展本地旅游业,扩大旅游市场,逐步提升旅游影响力,不断积累生态旅游发展经验,为长远性的战略部署打下坚实的基础。

积极融入洞庭湖生态经济区的需求:打造益阳市最响亮的旅游名片,提升自己的核心竞争力,同时最大化地利用洞庭湖的旅游资源,促进全域旅游业共同繁荣。

3. 案例分析:清溪村

3.1 简介

清溪村又名石桥村,位于益阳市中心城区西南部,隶属益阳高新技术产业园区(以下简称"高新区")谢林港镇。面积3平方公里,辖17个村民小组608户

1 780人。清溪村是中国文化名人、现代著名作家周立波先生的出生地及其著作《山乡巨变》《山那面人家》等的创作背景地,享有"山乡巨变第一村"的美誉。

2007年10月,益阳市委、市政府及高新区工委、管委会按照"城乡统筹"和"两型社会"的要求,确立了依托周立波故居及清溪村自然人文资源,坚持"文化与经济、田园与民俗、作家与作品、传统与现代"相结合的原则,规划建设"全国重点文物保护单位""中国历史文化名村""全国文明风景旅游区""国家AAAA级旅游景区";充分发挥清溪村的区位优势、人文优势、产业优势和生态优势,再现当代农村新的"山乡巨变"。目前,作为新农村建设的名片,清溪村展示了田园与民俗、作家与作品、传统与现代的乡村旅游特色,打造了爱国主义教育与乡村体验相结合的红色旅游点,接待省内外游客数百万人次,相继被评为国家AAAA级旅游景区、中国幸福村、中国绿色村庄、首批中国乡村红色遗产名村、中国特色村等国字号品牌荣誉。

3.2 SWOT分析

3.2.1 优势

生态优势。清溪村依山傍水,环境宜人,不仅村落内的基础绿化率很高,而且极其适宜种植观赏性植物,例如景区内种植了大面积的荷花,正值花期之时,景象精妙别致。同时,村内的水体与植被等受污染和破坏的情况极少,生态环境基础优越,游客在其中有景可观,有物可赏,具有天然的旅游吸引力。

文化优势。与其他生态环境同样良好的村落所不同的是,清溪村拥有属于自己的文化内核——作家周立波先生出生于此,同时清溪村也是其著名作品《山乡巨变》的诞生背景。清溪村借助文化的"东风",并以此为核心,先后成功举办了"中国首届乡村文化旅游节""清溪书韵·中国当代著名书法家走进山乡巨变第一村"等文化主题活动,产生了较大、较好的社会影响。

区位优势。清溪村距离城区车程约为11千米,耗时半小时左右,同时益阳市也设置了公交线路连接城区和毗邻清溪村的邓石桥乡,交通十分便捷。得天独厚的区位优势在很大程度上能够使清溪村在众多村落中脱颖而出,成为人们前往益阳旅游的首选景点之一。

管理优势。清溪村由高新区社会事务发展部下辖的负责旅游的部门统一管理,该单位除清溪村景区外,还管理了包括益阳大剧院、益阳奥林匹克公园在内的众多文旅单位,使景区的运营有所保障,也增强了景区发展和管理的稳定性。

3.2.2 劣势

发展空间狭小。清溪村的部分村民始终以农耕为业,小农意识较为强烈,对待旅游业发展持偏执态度,认为旅游业的扩展势必影响自家的生活水平;此外,清溪村存在发展不均衡的现象,其中部分富裕村民认为没有扩展的必要,这些都阻碍了景区的进一步扩张,导致清溪村旅游业的发展空间比较狭小。

缺乏年轻血液。一方面,在全国高质量人才集中涌向一线、二线城市的大背景下,益阳市对外地人才的吸引力不足,而清溪村景区作为位于益阳市郊区的村落,对人才的吸引力相对市区更低一筹;另一方面,从与当地书记访谈的过程中我们了解到,当地年轻人的工作积极性较低,"啃老"现象严重,本地人才建设乡村的热情不足。从这两个方面来看,在清溪村建设的过程中,人才匮乏现象比较严重,如何完成乡镇新老领导班子之间的交接,是一个亟待解决的问题。

文化内核的影响力并不突出。虽然清溪村正尝试建设诸如荷塘等特色景观以提升景区的观赏性,但是其目前的核心竞争力仍是以"周立波文化"为中心的周立波故居。然而,纵向比较来看,由于故居类景点的特殊性,其很难产生游客对景区的黏性,即绝大多数游客在参观结束后,由于已经对其产生了充分的了解,不会选择再度前往,这就导致景区的持续吸引力不足。横向比较来看,周立波作为现代作家,其影响力逊于同类景区,如杜甫草堂、鲁迅故居等的代表性人物,导致其对外地游客的直接吸引力和影响力并不突出。

生态问题。清溪村景区对游客的吸引力来源于其生态环境优势,但是其试图提升经济效益的过程会给周边生态环境带来巨大的压力,如何协调景区发展与生态环境的关系,是非常棘手的问题,也是清溪村需要重点关注的问题。此外,随着益阳城区的逐渐扩张,清溪村可能会最终成为"城中村",因此,如果不能制定有效的规划方案,达成生态与发展兼顾的共识,那么清溪村及其周边的生态环境将会受到严重威胁。

3.2.3 机遇

第一,围绕"山乡巨变"主题,结合时下热点——乡村振兴,升华清溪村文化内核。第二,伴随益阳市深化洞庭湖生态经济区的步伐,吸引洞庭湖旅游客源。第三,积极融入长株潭城市群,打造长沙—益阳—张家界精品旅游线路。

3.2.4 挑战

景区定位。益阳市意图将清溪村景区打造成为益阳市民的文化公园,这将会把清溪村限制在极为狭小的市场空间内。据统计,目前景区的年客流量约为35万人次,2018年益阳市赫山区人口为76.32万人,而资阳区仅有42.21万人,景区如果持续走"市民的文化公园"路线,那么其峰值客流量将较难突破百万的数量级;同时,如果益阳市意图依托生态旅游资源积极融入洞庭湖生态经济区,则像清溪村这类的景区就不能只抓住本市内部的市场,而是要最大化地利用本地丰富的生态旅游资源"走出去"。所以,清溪村当前的定位对景区未来的发展将会产生阻碍作用。

景区的市场化运作。目前,景区在市场化运作方面有所欠缺,如果想将其旅游产业做大做强,那么推动市场化改革以降低管理成本、提高经济活力势在必行。然而,在现有管理模式的基础上,如何顺利完成市场化管理的推进工作,同时采取防范市场风险的保障措施,是景区在前行道路上的另一大挑战。

3.3 发展建议

3.3.1 营销宣传

旅游景区的宣传与普通产品的宣传有所不同:普通产品的宣传更加注重宣传的流量以提升品牌知名度,这样能使消费者在选择产品时考虑其更为熟悉的品牌;而旅游景区的宣传不能只注重宣传的流量,而是要关切宣传流量的转化率,做到"精准宣传",避免出现景区虽然有一定的知名度,但是无人前往的尴尬境地。周立波是益阳市文化名人,是益阳市"名片"之一,周立波故居的名头在益阳市无疑是十分响亮的,然而事实情况是,清溪村的游客年流量约为30万,然而同类景区——紫薇村——的游客年流量已经达到350万,由此可见清溪村的增长空间之大和提升营销宣传手段的必要性。清溪村可以制造相关话题或推行主题日活动,例如开展"清溪村荷塘网络摄影大赛""周立波作品主题阅读日"等活动来吸引游客。另外,随着网络宣传比重的增大和游客年轻化趋势的日益明显,清溪村也要抓住机遇,进行网络宣传。可结合微信公众号平台和微博平台,建立微信公众号和官方微博,并持续更新内容。一方面在线下持续举办宣传活动,另一方面在线上进行报道,提高清溪村的曝光度。除此之外,视频作为直接的、信息量大的信息传递方式,也是值得关注的一条途径。

3.3.2 坚持保护

清溪村的突出优势在于其原生态的村落布局,以及未完全商业化的朴素风貌,在进一步开发的过程中,要坚持生态环境保护优先,推进生态文明建设,保护清溪村景区原有生态以保证景区的旅游竞争力。但是与此同时,随着宣传的加强,游客量将逐渐增加,游客的不断进入必然会对居民的正常生活造成干扰,如何平衡经济利益与生态环境保护仍是一大难题。但可以确定的是,保护居民目前正常的、原生态的生活模式,也就是在保护清溪村的旅游特质,所以对居民生活的保护也应引起重视。值得一提的是,这里的"保护居民生活",并非限制生活的发展,而是应该让其自然地展现出"山乡巨变"的风貌。

3.3.3 确立定位

前文已经提到,清溪村目前的景区定位比较受限,导致其发展空间狭小,一方面经济效益并不突出,另一方面投资吸引力不足。所以,清溪村需要确立一个明晰且合理的发展定位——这对于景区的吸引力和发展都发挥着重要作用。目前来看,清溪村应该整合区位优势和生态优势,将"打造田园康养体验基地"作为景区继"城市的文化公园"后的下一个定位,同时也应该利用其文化优势,将乡村文化和田园康养相结合,制造吸引游客的"爆点"。

3.3.4 商品异质化

综观全国乡村旅游和生态旅游市场,景区推出的商品同质化现象严重;对比益阳本市的其他旅游景区,所谓的"益阳特产"也并不具有景区独有的特色,而故居类景点本身的游客黏性又较低,所以清溪村必须推动商品的异质化发展。例如,清溪村可以考虑推出带有本地特色的工艺品,同时让主题与商品内容产生有机联系,也可以结合"山乡巨变"和"乡土文人"等主题,建设文化小站,出售相关书籍和文化类周边商品,打造品牌效应,同时提升商品档次。

案例6 青海湖旅游产业

1. 概述

青海湖,蒙古语称"库库诺尔"("青色的海"之意),位于青海省刚察县、共和县及海晏县交界处,面积4 625.6平方公里(截至2021年9月)。夏秋季节,当四周巍巍的群山和西岸辽阔的草原披上绿装时,青海湖畔山清水秀,天高气爽,景色优美。隆冬时节,湖面披上一层厚厚的银装,宛如仙境一般。青海湖景区可以近似分为主景区和半岛景区,主景区场景辽阔,景色壮美,游客常常驻足此地;半岛深入湖中,三面环水,水天浑然一体。

然而,美丽的青海湖在开发时同样面临不少问题。

1.1 国有企业活力不足

2007年,青海湖资产整合、收归国有。2008年5月,青海省组建青海湖旅游集团有限公司,主要负责对环湖各景区进行统一经营和管理。传统国有企业具有的工作效率低、制度不健全等问题,导致青海湖景区在进行改造建设时受到延误。作为对比,茶卡盐湖归私营企业所有,决策进行很快,宣传力度很大。

1.2 旅游体验亟待提高

1.2.1 餐饮方面

主要体现在服务人员服务态度不佳,容易引发矛盾;地方菜系宣传力度不足,餐饮水平达不到游客要求;同时,在大众点评等平台可见差评,集中展现出游客对餐饮服务的不满。

1.2.2 旅行方面

对于景区所含部分没有进行很好的宣传,很多游客到了主景区往往感到无所适从,找不到其他景点,因而集中滞留在那里,没有抵达半岛,造成景点游客分布不均的问题,景区资源未能获得充分利用。

1.2.3 营销方面

对比茶卡盐湖在网络上的大力营销,青海湖明显对不同景点缺乏营销,类比"天空之境"这样的宣传语,青海湖类似的景色没有使用响亮的标语或其他手段进行推广,半岛的景色也很难为外界游客所知;同时,青海湖目前的导览图缺少指向性,游客无法直接辨明景点数量与旅游线路,这些都带来了不小的负面影响。

2. 发展建议

针对青海湖景区没有鲜明的宣传重点,同时综合考虑其与周边景区的差异化问题,我们提出"藏族文化深度游"战略。

2.1 可行性分析

青海湖景区地处海北藏族自治州,是藏族同胞的生活聚集地,藏族风情浓郁,历史悠久,底蕴深厚。可以利用周围知名旅游景点,如西藏的布达拉宫、青海的塔尔寺等,以藏传佛教的建筑及历史吸引游客。在整个西藏小圈和西藏、甘肃大圈这两条主要旅游线路上,还没有以藏族文化为开发重点进行建设的旅游景点,未来这会成为青海湖的特色突破口;同时,文化深度游越来越成为年轻主力消费者的偏好。单一的旅游打卡拍照已经不能满足日渐升级的消费需求,因此这个战略也是适应市场消费升级的结果。

2.2 具体措施

(1) 设置旅游导览册,纵观旅游全貌,并在入口处发放,让游客玩得明白、玩得放心。

(2) 文化演出更加本土化、特色化。提高本土歌曲、舞蹈,如拉伊山歌、锅庄舞、安昭舞等演出的频次。可以以锅庄舞为开发重点。这种舞蹈适合多人参加,交互性强,简单易学,容易让游客参与到藏族同胞的舞蹈中去,点燃大家的热情。

(3) 加强大型演出的宣传推广。很多游客都不知道青海湖景区晚上有篝火晚会,也不知道那里经常有大型演出,总体而言,景区在宣传上还有很大的提升空间。大型演出要固定时间,注重宣传,可以将篝火晚会打造成类似迪士尼烟火表演那样的特色卖点。

(4) 引入酥油茶制作体验,增强交互性。让游客参与制作小吃是提升参与感的一种很好的方式。在西藏众多小吃中,酥油茶之所以获得推荐,原因在于其制作过程简单,只需简单几步即可完成,而且由于耗时很短,即做即饮,游客很快就能品尝到自己制作的酥油茶,成就感很强;此外,制作酥油茶还有很多替代方式,无污染,环保压力小,也符合景区生态环境保护的要求。具体措施:第一,建造藏式房屋或在原有房屋基础上进行改造,在内部装潢上营造藏式风情,设置制作室和饮茶室,将制作、品尝分开,这样更便于管理。第二,饮茶室可配合销售青稞饼、糌粑、干酪等小吃。第三,体验制作酥油茶不另外收费,以销售其他特色小吃为盈利点,同时增强游客的获得感。

(5) 打造"落霞与孤鹜齐飞,秋水共长天一色"的一站式观景设计。青海湖的日落景观极为壮丽,所以"日落之湖"可以作为青海湖的新标签。可以设计一条新的景区线路,方便游客游览半岛景区,观看日落美景。

案例7 云南普洱旅游产业

1. 发展现状

1.1 云南旅游产业概况与发展历程

随着我国对外开放的进一步扩大和"一带一路"倡议的提出,旅游产业作为云南经济可持续发展新的"增长点"的重要地位愈发凸显。

云南是我国最早发展旅游产业的省份之一,"九五"到"十三五"期间,旅游资源得到了较为集中的开发和相当程度的利用,旅游产业已逐步成为云南的重要支柱产业。2010—2017年,云南累计接待的海内外游客从12亿人次增长到24亿人次,旅游总收入从810亿元人民币增加到6 922亿元人民币。云南旅游产业的快速发展得益于旅游产业体系的逐步完善、旅游经济的快速增长、旅游接待条件的逐步优化、旅游资源的不断开发等。与此同时,云南旅游产业的发展也面临国内外竞争压力加大、旅游业负面形象根深蒂固、交通等先天条件不足等问题。因此,在大的政策环境和消费环境下,云南旅游产业的转型升级至关重要。

普洱作为重要的旅游城市,也应当结合自身实际情况推陈出新。

1.2 云南旅游产业转型升级中的挑战和调整

早些年,云南旅游市场乱象丛生,导游变导购、强迫购物等问题亟待整治。2014年5月1日,《云南省旅游条例》正式施行,为旅游产业转型升级提供了重要的法律支撑。2016年起,云南省政府对旅游市场开展重点整顿。但在旅游市场规范化的同时,由于旅行社利润空间压缩,客源明显减少,旅行社组团意愿下降。旅行社推出的云南旅游产品减少和之前因市场乱象损害了消费者信任而产生的不良影响,导致云南旅游产业陷入转型升级突围的困局之中。

此外,多年以来,云南的旅游产业严重依赖于资源禀赋,出现了破坏式、掠夺式的开发,观光型旅游形态严重同质化。对于游客而言,随着经济的发展和消费的升级,其需求从传统的跟团游逐渐转向追求品质、休闲养生的个性化旅游。因此,旅游产业的转型升级需要重点抓服务质量的提升,把促进旅游服务标准化和特色化的结合、精细化和人性化的结合作为提高旅游服务水平的基本方向,采取多种手段,使旅游服务水平提升成为旅游产业转型升级的核心动力。

云南旅游产业在发展转型方面初见成效。一是强化旅游市场整治,通过史上最严措施进行整治,原来存在的低价游、强迫购物等严重问题目前基本消除;二是"互联网+"的引入,云南省与腾讯公司联合开发了全域旅游智慧平台——"一部手机游云南",虽然功能尚在完善,但"直播""找厕所""一键投诉"等亮点创新功能广受关注;三是推进"旅游革命",云南省委、省政府2018年提出"旅游革命"的概念,从市场整治、诚信建设、目的地打造、旅游管理服务加强等方面提升旅游工作的水平。

2. 普洱旅游产业发展方向

在云南整体旅游产业发展的前提下,普洱应当结合自身实际情况加以改进。综合地域资源特色,普洱应紧紧围绕"打造全国康体休闲养生旅游目的地""国际性旅游休闲度假养生基地""云南旅游的新亮点"的目标,按照"高端化、国际化、特色化"要求,加快推进旅游产业转型升级。在这些措施中,尤其要突出"旅游产业转型升级"这条主线,重点围绕"着力重建良好市场秩序、重构旅游诚信体系、提升旅游供给能力、完善旅游管理机制"转型升级。

具体举措包括:第一,着力重建良好市场秩序。主要包括根除"不合理低价游",加强旅游团队运行监管和严厉打击涉旅违法犯罪行为。第二,重构旅游诚信体系。主要包括贯彻实施旅游服务"云南标准"、完善旅游服务评价体系和建立旅游服务动态管理机制。第三,提升旅游供给能力。具体包括八个方面:打造品牌旅游目的地,打造高品质旅游景区,持续推进"厕所革命",完善自驾旅游线路服务配套,加快汽车旅游营地建设,提升高速公路服务区旅游功能,引进和培育知名品牌旅游企业,提升旅游智慧化水平。第四,完善旅游管理机制。主要包括加强行业自律管理、强化属地管理责任、构建旅游投诉快速处置机制和强化旅游综合监管考评。

3. 龙头企业案例——湄公河旅游股份有限公司的现状与突围

3.1 简介

云南湄公河集团有限公司(以下简称"湄公河集团")由浙江金洲集团有限公司(以下简称"金洲集团")于1995年投资创建,主营生态旅游、旅游地产和大健康产业,普洱为其重点项目布局地,主要经营产品为项目投资与开发、旅游景区开发、公园旅游服务、公园经营、企业管理以及房屋出租。

湄公河旅游股份有限公司(以下简称"湄旅股份")为湄公河集团子公司,成立于2011年,在普洱开发建设了普洱太阳河国家公园、普洱茶马古道旅游景区、普洱茶马古城旅游小镇、墨江北回归线标志园、小熊猫庄园酒店、十里春风精品度假酒店等项目,并联合中国东方歌舞团打造普洱情境秀"茶马古道"项目,积极助推普洱成为世界知名的旅游目的地和休闲养生胜地。

3.2 发展历程

3.2.1 发展背景

2009年之前,湄公河集团的业务主要集中在西双版纳,2010年5月正式与普洱市政府签约,开始布局在普洱市的发展。

当时湄公河集团决定选址普洱的原因主要有三个:①资源优势。普洱的生态环境保护良好,资源独特。普洱位于两个著名旅游城市(昆明和西双版纳)的中间,邻域优势和交通优势明显,地理位置优越,适合开发生态旅游项目。②项目布局。湄公河集团布局普洱符合其自身发展战略:能够充分吸纳昆明旅游及西双版纳旅游的规模效应和品牌效应,有助于打造昆明—普洱—西双版纳线路。③政策红利。旅游业属于普洱的五大经济支柱产业之一,各级地方政府重视并推行了许多有利于旅游业发展的政策,例如旅游机票津贴等,为企业发展提供了良好的政策环境。

3.2.2 政企合作背景

在发展旅游业方面,普洱市政府希望将普洱打造成一个以文化特色产业、自然资源生态旅游以及人文景观吸引游客的地方。其中,普洱的文化特色产业包含茶与咖啡文化,自然资源生态旅游包含森林资源及动植物资源,而人文景观包含边境口岸文化及民族习俗等。

在此背景下,普洱市政府希望招引到理念良好、经营能力佳以及具有品牌效应的旅游企业来助力普洱做大做强特色产业,并在2010年前开始物色。基于湄公河集团理念较好、团队成熟、公司战略较具有远见、在西双版纳创下的品牌以及资金上有雄厚的金洲集团支持,普洱市政府最终在2010年与湄公河集团签署合作协议。

在决定合作之前,普洱市政府与湄公河集团进行了多次协商和谈判,其中由于土地价格问题及景区水库问题双方一度几近合作失败,但在企业坚持"保护原始森林、爱护野生动物,传承民族文化"的发展观念以及政府遵循最初旅游政策的原则下,双方之间的合作稳定了下来。截至2018年,协议中的所有项目基本都已经竣工。

普洱市政府与湄公河集团之间的合作是一个政企双方合作共赢的成功案例,湄公河集团利用普洱丰富的资源成功开拓了太阳河国家公园、茶马古道等生态旅游项目,创造了新的收入项目,积累了丰富的经验。对于普洱市政府来说,与湄公河集团的合作使其旅游产业在进一步发展的同时绿色生态旅游的形象也得到了提升,符合自身发展普洱旅游产业的策略和理念。

综上,普洱市政府与湄公河集团之间的合作满足双方所需,并为双方带来了积极的效应,未来双方将继续进行相关项目的合作。

3.2.3 产品与项目现状

通过与政府之间紧密的政企合作,湄旅股份已初步确立了在云南地区旅游产业的行业话语权。

湄旅股份自2011年进军普洱以来,已成功实施包括小熊猫庄园酒店、太阳河国家公园在内的多个项目,其中茶马古道旅游景区及茶马古城旅游小镇作为文化旅游项目,于2018年正式落成并接待各地游客。而太阳河国家公园作为湄旅股份在普洱的精品旅游目的地,总占地216.23平方公里,森林覆盖率高达91.8%,动植物种类达2 800多种,已经打造出"犀牛归隐""犀牛大平台"等11个特色景点,同时配套有"飞跃丛林""民族歌舞表演"等娱乐、文化体验项目以及提供各色民族餐的"天碧餐厅",以"旅游+"模式为核心开拓的"旅游+文化""旅游+体育""旅游+教育""旅游+会议""旅游+康养"等诸多活动,在实现旅游产业转型升级的过程中已初见成效。

3.2.4 销售网络现状

以太阳河国家公园为例,目前其主要客源来自旅行社带来的团客,湄旅股份与多家旅行社签订了全年合作协议,游客团散比高达 9∶1;除此之外,湄旅股份也在 OTA(Online Travel Agency,在线旅行社)平台有营销及推广举措,另外还与其他企业合作,实现客源的增加。同时,针对有需要的散客,湄旅股份推出定制游服务,通过承办暑期夏令营等方式,根据不同的客户需求量身定制游览方式、游览目的地及其他活动。

3.2.5 近年发展与未来规划

由于近年来的政策变化,太阳河国家公园团客数量减少,散客数量上升缓慢,景区年利润在经历 2016 年的峰值后持续下降,甚至出现亏损情况;而小熊猫庄园酒店由于对团客依赖相对较小,同时其服务质量及配套设施相对完善,利润较为可观。

考虑到景区及酒店实际运营情况,同时受到云南旅游产业整体大环境和趋势的影响,景区及酒店负责人希望摆脱过去"酒店为景区观光服务""景区收入过于依赖门票"的状况,从二次消费中寻找新的利润增长点,实现旅游项目的转型升级,同时这也是湄旅股份为上市寻找新的成长性而做的努力。

具体来看,湄旅股份已经确定"景区为酒店服务"的核心,通过一站式、管家式服务将景区与酒店结合,将小熊猫庄园酒店打造成以原始森林、野生动物为亮点的度假村,目前在建或已经纳入规划的项目有"长颈鹿营地""小懒猴酒店""黑森林康养中心""禅修中心""小熊猫庄园(二期)""亚高原体验中心""犀牛博物馆""植物与昆虫展示馆""云上咖啡艺术中心"等。

3.3 发展痛点分析

在云南旅游产业整体整治的大背景下,湄旅股份原先被大量客源隐藏的问题也暴露了出来,政策倒逼的提质增效,同时降低对团客的依赖而转向散客,成为其不得不选择的发展道路。

管理方面,如何提质增效成为主要问题。由于景区管理部大量人员流失,景区电瓶车运营出现问题,散客体验不佳。同时,由于旅游产业的特殊性,旺季与淡季对运营人员数量的需求差异巨大,如何平滑淡、旺季用人需求,也是值得研究的课题。如今集团主要采用一岗多职的办法来进行用人方面的平衡,但权责不明确导致的薪酬激励政策的缺位,降低了员工的执行积极性,有损效率与公平。同时,由于景区地理位置的特殊性,景区员工主要来自周边山区,受教育水平相对落后,素质较差,使得全员营销等新政策难以落地,员工培训成本相较于其他企业来说较高。

市场推广方面,营销渠道相对单一,与普洱主要旅游名片"茶"的定位相悖,使得在景区推广中缺乏说服力与市场热点。而用户画像收集主要依赖问卷等更适用于团客的传统形式,使得散客信息难以获取,从而影响了在重点转向散客的大趋势下客户定位和方向的确定。同时,文创产品种类相对有限,难以通过文创吸引二次消费,在景区"去门票化"的大趋势下,如何吸引游客进行二次消费也成为关乎主要盈利点的重要问题。

新工程建设方面,在国家"生态红线"的大政策之下,由于湄旅股份主要依靠原生态旅游资源,部分工程建设规划受到影响,保护与开发的利益交割出现问题,与政府部门的深度沟通与政企合作的进一步发展成为重中之重。

3.4 太阳河国家公园存在的问题与发展建议

3.4.1 面向小众市场的营销渠道较为单一

在传统的OTA平台之外,湄旅股份面对其他小众市场的营销渠道较为单一,导致客流量有限,在淡季时这一问题尤为突出,严重阻碍了公司旅游业务的转型升级。

建议:

(1)熟客介绍。首先,根据实地访谈调研与资料检索可知,一些数额较大的定制游订单往往依靠口耳相传的熟客介绍而来,再经过后续多轮协商最后成交。其次,景区也有"全员营销"的激励政策,激励员工向外积极介绍景区的旅游项目,为景区带来客户,创造新订单,拓展客源。所以,熟客介绍是十分重要的一条途径。

(2)新媒体营销。当今时代,信息更新的速度极快,某个固定的平台很难长时间地拥有稳定的忠实用户,所以平台营销不一定强于热点营销,故应在旧有的注重平台营销策略的基础上,分力发展热点营销。因此,景区应该改变以往的线上营销模式(依靠景区的新媒体账号进行内容的发布),鼓励游客自己在新媒体平台上发布个性化的内容,从而使景区形象在新媒体平台上真正对游客具有吸引力,以制造营销热点。比如,可以在景区内设置一些适合拍照的景点并加以装饰,设立"网红拍照点"的标识,鼓励游客在此拍照并将内容发布到新媒体平台上,通过游客的向外推广,有效提升景区的知名度。

3.4.2 缺乏游客画像收集系统导致散客数据收集困难

第一,依据认知理论修改问卷。景区目前的游客调查问卷设计较不合理,存在一些无用信息,例如生硬地询问游客满意度、要求游客填写四点建议等,这样不仅浪费时间,也容易超出游客的心理阈值。除了对此次旅游体验极不满意产生的投诉心理,很少有游客会真正给出建议。所以,当前的景区问卷无法有效地收集游客画像信息。

第二,搭建数据统计平台。随着信息化的发展,线下纸质问卷的填写略显烦琐,信息录入时的人工成本较高,运用软件进行信息整理和数据分析的难度大、耗时长。目前,线上平台和系统的搭建成本与维护成本都较低,加之在线上平台进行数据分析会更便捷,因此建议采用线上平台来发放问卷、回收信息、分析数据、科学构建游客画像。

第三,充分利用社交媒体信息资源。每位游客的微信公开信息都包括其性别、年龄、所在地等基本信息,因此可以在微信平台上获取微信用户的授权,以获得这一部分信息。在公众号弹出的问卷中应该注意收集游客对景区的反馈。

第四,微信平台的科学运营。对于采用微信公众号发布问卷的方式而言,优化微信公众号的使用体验以吸引游客填写问卷十分重要。为诱导游客完成问卷和减轻抗拒心理,可以根据心理学理论对问卷进行改进。在游客入园时提醒其关注景区的微信公众号,并在公众号内提供景区详细的电子地图。地图中除基本信息之外,还可以提供多媒体的科普信息等,并且将页面设计得更具吸引力,以此来提升游客体验。根据 GPS(全球定位系统)数据,使反馈问卷在游览的中后程弹出,并事先承诺在游客答完问卷后给予其一定的回报,这样游客填写问卷的意愿会更强,有利于景区更有效地收集游客信息。

3.4.3 景区规划存在不合理性

第一,游客中心的订餐信息展示和地图不够人性化。游客中心缺乏相应的景区用餐信息展示牌,且地图上关于餐厅的标记不够明显,从而造成散客不知何处用餐、何时用餐等不便,降低了其旅游体验。这可能造成回头客少、老客户向外推荐景区的意愿降低等问题,影响熟客效应。因此,建议在游客中心设置电子布告牌,实时显示各餐厅的具体位置和用餐信息,并提供专门的订餐服务,确保游客在进入景区时就能获得关于景区用餐的充分有效信息。同时,在统一印发的游客地图上更加明显地标记出餐厅的位置,并在景区内设置多个能清晰地指引餐厅位置的指示牌,方便游客尤其是散客一路找寻作为索引。

第二,景区旅游项目的设置不够细化,并且事先展示给游客的具体信息不够充分。对于冒险类项目比如徒步和穿越,景区会根据游客特征设计不同难度和距离的体验环节,但并没有提供清晰的介绍供游客参考,从而造成游客获取信息不足。因事先对项目难度不了解,一方面,部分游客会因高估了难度系数而放弃体验,另一方面,没有足够了解就参与体验的游客在体验过程中容易产生并蔓延负面情绪,直接影响到后面的评价。因此,建议景区针对每个项目进行难度、距离、时间等方面的分层细化,并为游客提供说明,减少因信息不对称而产生的游客流失和负面评价问题,并彰显专业性、提升项目的吸引力。

3.4.4 员工管理制度无法满足景区用工年度波动性及日波动性需求

据统计,游客入园高峰期主要在 8:30—12:00,景区高峰时期人手不足,而低峰时期却不需要太多的员工。目前,景区内电瓶车数量多于驾驶员数量,导致景区运营需要面对早上经常出现的游客等车时间过长的问题;而在其他工作方面,也会出现工作人员"早不够,午太多"的问题。

为了解决工作人员"早不够,午太多"的问题,建议景区管理部采取以下措施:

(1) 对员工管理制度进行内部调整。一方面,景区管理部可以继续实施全体员工早上全勤、下午强制性调休的政策,在一定程度上缓解"早不够,午太多"的问题;另一方面,物色景区内其他部门上午有空闲时间的员工,鼓励他们考取电瓶车驾照,兼职景区内的电瓶车驾驶员。简单来说,就是让景区内部有空闲时间的员工兼职景区内有需要的岗位,一岗多职。如果仍然无法有效解决问题,则应当考虑在实施"提质增效"政策时是否减员过度,视情况再招聘专职人员。

(2) 对于外部招聘,由于景区内的游客人数分布是有特定规律的,因此可以考虑培养景区周边居民考取电瓶车驾照,并在春节、暑假、国庆节等高峰时期兼职,以解决人手不足的问题。

3.4.5 未能充分利用团客有效时间导致二次消费收入低

针对团客二次消费能力不足的问题,考虑到团客 9:00 入园、12:00 出园,尚有富裕时间,建议在天碧餐厅附近开设一家小型文创店、一家特色小吃店(争取在电瓶车必经之路周边),店面可以利用现有建筑,重启天碧餐厅自助餐区域至洗手间一带的店面,因为这一带的店面位于游客主要旅游线路上,只需付出一定的人力成本和存货成本,相较于新建店面,可以使店铺运营成本最小化。

文创店可以效仿小熊猫庄园酒店已有的文创销售点,做出适当改变。由于在天碧餐厅用餐的多为团客,其消费能力一般较为有限,因此应当主要展示、售卖较为价廉的旅游纪念品,如小号的小熊猫玩偶和挂饰等。从成本角度考虑,文创部门前期研发投入已转化为具有一定市场吸引力的一系列文创产品,增加文创店数量、拓展销售渠道正是收回研发投入、获取利润的最佳方式。此外,现有的位于中转站的文创店对于团客而言,由于导游的催促以及距离餐厅较远,团客进店率较低,停留时间不足,更加说明了在天碧餐厅附近开设文创店的必要性。

小吃店应当与团餐形成一定的互补,售卖游客在用完团餐之后仍愿意品尝的食品。原有如云南过桥米线等门店与团餐形成了替代关系,团客基本不会选择品尝,门可罗雀也在所难免。结合景区旺季的天气特点,建议除了售卖常见的冷饮等外,还可以售卖茶、小甜点等具有一定地方特色的食品。比如,可以考虑以普洱茶为卖点,推出自制特色茶味冰激凌,以及粑粑、鲜花饼等云南特色小吃,这对于团客而言会有足够的吸引力。

3.4.6 景区内道路标识、交通标识趣味提示作用有限

5A级景区的各种引导标识(包括导游全景图、导览图、标识牌、景物介绍牌等)大多造型特色突出,艺术感和文化气息浓厚,能烘托总体环境,在符合景区导览标识规范的同时,还可以适当增加一些趣味性。

在实地调查后,我们发现湄旅股份旗下的多个项目均存在景区内道路标识、交通标识趣味提示作用有限的问题。增加引导标识的趣味性、对现有标识进行更换对于提升游客的游览体验收效有限,游客实际上更多关注的是景区的实际旅游体验,很难会因景区的引导标识有趣而愿意为景区做推广,而且景区属于自然景区,主要体验项目是木栈道登山这一体力活动,许多游客在游览途中都不免产生疲惫之感,流汗、防蚊虫的同时,对景区标识牌的内容难以投入更多的精力关注。所以,我们认为,从成本—收益角度考虑,过于追求景区引导标识的趣味性会增加景区建设成本,而对服务质量改善、景区口碑收效甚微,对景区利润影响不明朗。

此外,景区在导游全景图、门票背面地图等真正为游客提供游园便利的引导图示方面有待改善,建议重新设计更加直观、生动、准确的导览图,配合微信公众号上的电子地图,让游客更加清晰地了解景区服务设施的位置,了解景区提供的各种体验项目。重新制图的成本较低,而对游客实际游园体验改善明显,并且有助于景区二次消费项目的推广,同时也是5A级景区建设的必需条件。

3.4.7 现有管理制度和管理体系有待完善

负责景区日常运营的部门(管理部、市场部等)、酒店及餐厅等,都存在员工一岗多职的现象。经过了解,这是酒店及景区负责人基于人力成本迅速增加追求整体提质增效的结果。考虑到旅游行业淡旺季用人需求的巨大差异,一岗多职的安排确实可以提高工作效率,减少淡季冗员现象。景区自运营以来,员工人数从400余人精简到如今的200余人,减员接近一半,这也是综合收益、成本之

后的考虑。

不过,景区管理部(尤其以观光车司机为例)、市场部等部门确实存在严重的用人短缺情况,通过与部门负责人及员工的访谈,我们认为景区需要适当增加这些岗位的员工数量。在一岗多职制度下,员工之间会出现大量交叉,导致权责不明、奖惩难清,由此而带来的工资分配问题需要得到重视。景区管理者可以考虑通过奖赏制实现按劳计酬、按工作能力计酬。例如,对于市场部可消化范围外的旅游团,根据实际超额用人人数、各员工在接待中所起的职责作用分配定额奖金,这一部分奖金作为员工职责范围之外的超额收入,能够提高员工工作的积极性。现在景区的职责分配主要是在相对闲暇的部门中指定员工去协助其他部门的工作,这样很容易导致员工工作积极性的下降,同时收入的分配也容易出现不公平的情况。

针对集团招聘,尤其是相对高学历、高能力的员工招聘难的问题,建议针对不同员工的特点(以上述高能力员工为主),为其提供一套量身定制的培养方案,精确向其传达集团对其的重视与集团的成长性文化;同时,完善现阶段的员工考核制度,力求清晰、明确、详细。此外,可以考虑对员工进行"层级划分",同一岗位根据不同的考核结果确定不同的员工层级,配套相应级别的基本工资,以此来激励员工不断取得进步,提高其工作的积极性。

3.5 旅游产业与特色产业互动

增进集团旅游项目与普洱特色茶咖产业的互动,有利于提高集团的成长性。集团对动物主题酒店的扩张是求稳之策,有目前的成功项目"小熊猫庄园酒店"作为模板,但是缺乏创新推动,后期难免增长乏力。集团应当充分利用普洱当地的特色产业资源,将茶咖产业产品加入旅游项目,例如,"工业旅游"项目:带领游客参观现代化茶咖工厂,"生态旅游"项目:指导游客体验采茶制茶,等等,充分实践"旅游+"项目的宗旨。现阶段集团对茶咖产业的利用仍停留在初级阶段,主要为产品和纪念品售卖。通过对这些产业的深入利用,加强浸入式体验,可以创造新的经济增长点。

针对旅游产业与特色产业结合过程中可能出现的诸多问题,政府应树立新规加强监管,企业应自觉遵循商业道德。促进第一、第三产业融合发展需要政府搭建更好的交流协作平台;权责界定也需要政府提供规范标准;对于产业融合,政府应当提供更大的资金和政策支持,加强对企业的信任,为其提供更大的创新空间。

3.6 政企合作展望

立足湄公河集团整体,展望未来发展,寻找政企合作新的契机成为必然。

湄公河集团与普洱市政府的合作不应当局限在单纯的旅游业合作上。普洱拥有底蕴深厚的普洱茶文化、茶马古道文化、民族文化、生态文化和边地文化,湄公河集团可以依托普洱丰富的历史文化资源,将生态旅游与茶咖产业相结合,走产业融合发展之路。

茶马小镇项目作为转型与试水的先行兵,通过打造思茅有机茶一条街,进行"旅游+茶"的率先尝试。在后续项目规划中,可以借鉴茶马小镇的建设经验,逐步将普洱独特的茶文化、民族文化融入游客的旅游体验,坚持走绿色发展之路。

我们从当地的自然资源禀赋和宏观政策环境出发,以太阳河国家公园为例分析受森林资源影响的旅游业面临的问题。太阳河国家公园在品牌营销、运营成本、配套设施等方面存在改善空间。出于森林自然建设成本较高的特性与部分政策原因,实际归属湄公河集团开发的土地面积大多无法得到充分利用,景区过大导致必须使用电瓶车,养护成本、人工成本过高。在配套商业设施方面,景区坚持"纯自然,保护为主"的开发理念,没有对原始森林进行较大规模的改造,商业开发潜力大。综合利用现有旅游资源禀赋,树立品牌形象,扩大宣传,增加客源渠道,调整客源结构,由以团客为主向以散客为主过渡,提高景区管理水平,扩大二次消费,利用附加项目和商业设施丰富游客体验,是太阳河国家公园现今可以逐步采取的措施。

在云南全面整治旅游业的宏观背景下,太阳河国家公园需要结合自身优势寻找出路。景区应结合大环境调整过去以团队游接待为主的业务格局,并充分利用政府政策,打造多业态深度融合的新型旅游模式,为游客提供高质量的服务体验。

景区比较注重生态保护,但存在后续森林开发与"生态红线"政策相冲突的问题。景区需要全面分析当地的政治经济环境,把握普洱主要发展方向及现有产业布局。与政府进行深度沟通与合作是景区进一步发展的重中之重,可以实施生态补偿模式,形成政企融合的强大合力,共建共享生态保护成果。此外,集团可以进一步自划红线,积极履行生态保护责任,主动加强监控防治,与政府达成全面、深入的合作;响应脱贫攻坚的号召,在不破坏生态环境的基础上,利用特有的森林资源禀赋,适当发展与生态保护相适宜的农业教育科研示范基地等设施,这样不仅资源消耗低,而且能促进与当地环境承载力相适应的特色产业发展,助推脱贫攻坚。

综上所述,主打森林生态旅游的太阳河国家公园既有得天独厚的自然资源优势,又承担着将自然资源的保护性开发与景区长足发展有机结合的重要使命。通过综合利用丰富的自然资源,太阳河国家公园应当聚焦当前需要逐步改善的问题,实现绿色发展、永续发展。

三、传统行业转型升级

（一）人才发展

"一年之计,莫如树谷;十年之计,莫如树木;终身之计,莫如树人。"党的十八大以来,习近平总书记多次强调人才的重要性。创新是引领发展的第一动力,创新驱动实质上是人才驱动。人才是一个地区乃至一个国家发展的主要动力,人才资源的投入能够促进科技创新和地区经济发展。人才是驱动经济和社会发展的重要战略资源。

新一轮经济发展竞争是创新之争,更是人才之争,要促进国家或地区的经济发展,就必须在人才竞争中取得优势,使更多的优秀人才尽其所长,为己所用。而人才政策在人才竞争中占据着越来越重要的地位,要想为留住人才做好保障,就应从人才的实际需求出发,真正了解其需求,在满足物质保障的同时,给予一定的精神保障,搭建出更多有利于人才干事创业的软环境,为人才安心工作创造良好的条件。通过因地制宜的政策指引与制度保障,地方政府能够更好地实现引进更多人才、留下更多骨干的战略目标,为社会事业的发展提供源源不断的强大动力。

案例1　重庆新鸥鹏巴川教育体系的规模化民办教育

重庆新鸥鹏集团是一家集文化教育、地产开发等业务板块于一体的大型综合企业集团。旗下的新鸥鹏教育集团秉承"做教育先锋、圆万家梦想"的愿景,自创始以来逐步发展成为重庆民办教育的优秀代表。集团旗下多所中小学取得了不俗的办学成绩,其中巴川中学多次获得重庆市中考第一,2018年国际精英班全体毕业生100%进入全球30强大学。新鸥鹏教育集团具有强烈的规模化意愿,并且取得了良好的办学成绩,是具有代表性的研究对象。

1. 民办教育发展模型

调查研究结果表明,巴川教育体系可简化为如图3-1所示的"集团—三阶段学校"模型。

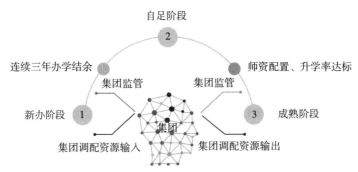

图3-1 巴川教育发展模型——"集团—三阶段学校"模型

以资源输入及输出能力为标准,可以将巴川系学校成长划分为三个发展阶段:新成立、尚未具有自主办学能力的学校处于新办阶段,需要资源输入;而当该学校实现连续三年以上的办学结余时,便认为其进入自足阶段,可以独立可持续运转;在此基础上,进一步达到师资配置及升学率相关要求的学校即被认定为处于成熟阶段,具有资源输出能力。

巴川系三阶段学校和集团总部之间通过多种方式实现共同成长。学校享有适当的自主权,同时获得集团的帮助并接受集团的监管。集团为新办学校委派校长,集中培养行政管理人员,同时定期展开质检工作,并协调成熟学校与新办学校之间的"师资交换项目"及其他校际资源调配问题。

2. 发展痛点

2.1 新办阶段

2.1.1 前期固定投入巨大

在新办学校中,民办教育的痛点之一即前期固定投入巨大,资金方面往往承受压力。下面从配套教育设施、国家政策补贴、招聘人才队伍三个方面分别对前期的固定投入具体进行分析。

在配套教育设施方面,以新鸥鹏教育集团旗下的民办学校为例,这些学校贯彻素质教育理念,着重对学生进行自主管理、手脑并用、强健体魄、阅读表达、艺术欣赏等方面的培养,这是民办教育的显著优势之一——在还是以应试教育为主的大环境下注重学生的全面发展和素质提升,满足了以支付能力较强和对子女教育重视程度较高的中产阶级为代表的特定群体的需求,拥有了一定的目标受众,占据了大部分的中高端教育市场。在这一显著优势的背后,暗含着市场对民办学校"硬件"教育设施的高要求。通过对公办学校进行分析就会发现,市场对公办学校的目标诉求并不完全等同于民办学校。公办学校以其成立的公益性和促进教育公平的初衷,让家长们着眼于最基础的教育培养目标,在当前应试教育的大背景下,这一培养目标对应为学生的应试成绩,该指标对学生综合能力的考查力度较小,由此对培养学生综合能力的硬件设施要求较低。可以说,市场对教育设施的高要求是由民办教育非公益性的根本属性决定的。对比市场对民办教育与公办教育的不同诉求和定位,我们得出如下结论:民办教育在配套教育设施方面必须注入更多的资本以满足市场需求。

在国家政策补贴方面,民办学校在需要大量资金投入建设的前期基础阶段,处于政府补贴较少的窘迫境地。教育作为民族振兴的基石,承担着提升国民素质、促进阶层流动、丰富国民精神世界的重要任务。尽管如此,国家在对民办学校的补贴和税收减免方面的政策相较于公办学校而言仍然不够完善,私人资本在建设民办学校初期面临巨大的挑战。

在招聘人才队伍方面,由于民办学校多采用绩效激励机制,将学生成绩与教师工资奖励挂钩,教师面对激励往往会投入更多的时间和精力。为了吸引高水平的教师资源,建成恪尽职守的高质量教师团队,保证教师队伍的稳定性,再加上民办学校教师的薪资不受事业单位编制的限制,薪资+绩效双管齐下,民办学校在招聘人才方面投入的资金水平高于同等级别的公办学校。

2.1.2 初期信任基础薄弱

在民办教育大家庭中,初等教育即学前和义务教育阶段是两面旗帜,民办教育的发展速度不容小觑。2018年,民办园在园儿童2 600万(占比约57%),公办园在园儿童2 000万(占比只有43%),民办是公办的1.3倍;义务教育阶段的民办学校在校生超过1 500万,虽然仅占全国义务教育阶段学生总数的10%左右,体量远没有学前大,却是民办教育中竞争力最强、最引人注目的群体,特别是初中,除北京、上海等少数一线城市以外,已经对公办学校形成压倒性优势,新鸥鹏教育集团旗下的巴川中学在重庆地区的中考中十余年连冠便是典型的例子。

然而，民办教育的蓬勃发展并未受到与其对社会贡献度相符的褒奖和肯定。根植在全社会、全体学生家长心中对民办教育的刻板印象并未被打破。传统思维的认知习惯造成了公众对民办教育信任度的缺失。民办教育从诞生之日起就一直遭受人们的误解和质疑，原因包括但不限于以下三个方面：

（1）民办教育"逆公办"的特质。相较于政府补助、不以营利为目的的公办教育，民办教育一直挣扎在办学与营利的漩涡之中，也因此遭受公众的诸多误解。为了填补相对更高的投入与更低补助带来的资金漏洞，民办学校收费相对较高，引起了公众关于"民办学校歧视普通家庭"的误解，低收入家庭子弟在民办学校中的缺失更是成为引爆对民办教育公平性讨论的导火索。此外，教育教学乃一国基业，育人子弟的事业在广大人民群众心目中具有高尚的地位。而民办教育的营利目的，容易被公众理解为"没有良心""破坏教育生态"的自私之举。这些对民办教育的刻板印象与偏执态度，是由民办教育的本质引起的，却在一定程度上使质疑民办教育发展合理性的思潮开始占上风，民办教育的积极作用被选择性忽略，动摇了整个行业的群众基础与信任根基。

（2）政府宏观管理的缺失。公办教育的背后是政府权威与部门管理，与之相对的民办教育受民间资金支持、整体运转脱离政府管控，这种不透明性也造成了公众的不信任。目前，我国并没有独立的、具有绝对权威性的民办教育管理机构，政府部门之间缺乏协调与沟通，民办学校"谁都可以管谁又都可以不管"的尴尬局面是困境的根源之一。另外，民办教育事实上还没有获得与公办教育同等的法律地位，虽然有《中华人民共和国民办教育促进法》的规定，但在实际操作过程中并未得到全面落实：大到国家投资、办学环境、政府补贴，小到教室管理、学生待遇、毕业生就业等方面，民办教育缺少公办教育的权威担保，二者的背后支持几乎不具有可比性。因此，民众倾向于相信政府助力的公办教育，而对"权威性更低"的民办教育持保留态度。

（3）部分民办学校的不良行为。由于相关监管不足，近年来出现了不少以"投资办教育、为民谋福利"为口号为自己聚敛钱财的恶性事件，部分民办学校为了争夺生源搞欺骗宣传、开空头支票，甚至将向学生收取的巨额学费直接用于非教育性营业或装入创办者的腰包。这些害群之马虽为民办教育中的极少数个体，但相关舆论的发酵足以将不良影响扩大化，造成了社会对民办教育的信任危机。

公众对民办教育的信任缺失，直接影响了民办教育的首批师资和生源。相较于公办学校,高水平、高资质的成熟教师团队在民办学校中占比较低,年轻教师群体也更倾向于选择体制稳定的公办学校;另外,对于家长而言,将孩子的未来托付给信任度更高的公办学校是第一选择。在生源与师资的双重维度上,民办学校无"尖"可招,成绩平平,从而导致宣传不利,造成下一批力量无"尖"可招的恶性循环。这是整个民办教育行业的困局,为了人民的福祉和国家教育事业的健康发展,必须从公众信任度入手,让大家了解民办教育发展的普遍事实,而政府应积极协助纠正大众对民办学校的错误认知,构思更加成熟的民办学校政策体系。

2.2 新办至自足阶段

民办学校创办初期需要大量固定投入,达到收支平衡也需要较长时间。通过在新鸥鹏教育集团旗下南城巴川中学的访谈我们得知,新开办的民办中学一般需要六年才能达到收支平衡,建校投资高达3.5亿元,其中校舍建设花费约2亿元。参考这一数据,民办教育难以实现创收,即使达到收支平衡及办学结余也无法在短期内收回建校投入,这是民办学校的一大痛点。

以新鸥鹏教育集团旗下学校为例,处于新办至自足阶段的学校造血功能较弱,无法自给自足。考虑到民办学校统计信息的缺失,利用公办中学的生均经费支出估算民办中学的生均经费支出。根据《重庆市教育委员会 重庆市统计局 重庆市财政局关于2017年地方教育经费执行情况统计公告》,2017年普通初、高中生每年的公共预算公用经费支出分别为4 321.93元和3 628.18元,同时公办高中收取每学期2 000元左右的学费。又由《2017年全国教育事业发展统计公报》中初、高中的师生比例和在巴川系中学调研时了解的教师薪资,推测一所类似南城巴川中学的民办中学生均年教育事业费支出至少为1.6万元(如图3-2所示)。

在巴川教育体系内,民办学校给集团带来的创收包含学校自身收入和为集团房地产产业提供的隐性溢价两个层面。参考巴川中学收费标准,学生每年学费为3.6万元。然而,在教育品牌形成初期,愿意付出高额学费的家长相对较少,这一阶段学校在学费上的结余空间较小,需要较长时间才能足够支付学校长期运营所需的教师培训费用、推广费用等,达到收支平衡。学校早期投入的高额建设费用更是需要较长时间才能收回。此外,这一阶段学校品牌知名度不高,在实际操作中难以在短时间内为集团在学校周边建设的房地产提供较高溢价。

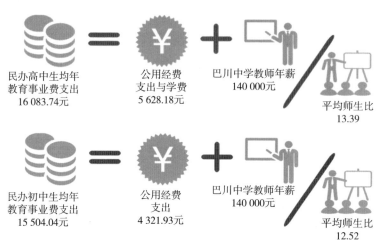

图 3-2 民办初、高中生均年教育事业费支出

下面以新鸥鹏教育集团旗下两所高等院校——重庆建筑科技职业学院和重庆工商大学融智学院——为例,进一步分析新鸥鹏高等教育经费支出,以评估处于新办至自足阶段的民办高等院校的造血能力。

截至 2019 年我们进行调研时,重庆建筑科技职业学院已运营 14 年,占地 903 亩,教职员工 500 余人,其中专任教师 435 人,在校学生约 8 000 人;新教师年薪为 20 万元,市场上技术人员年薪平均约为 10 万元,员工年薪资总开支约为 9 350 万元;预计年供暖费(按每平方米 3.6 元计算)为 866.88 万元,水电费约为 510 万元。预计每年办学总开支为 10 000 万元(如图 3-3 所示)。截至 2019 年我们进行调研时,重庆工商大学融智学院已运营了将近 18 年,占地 902 亩,教职员工 552 人,其中专任教师 442 人,在校学生 8 700 人;员工年薪资总开支约为 9 940 万元;预计年供暖费用约为 865.6 万元,水电费约为 555.12 万元。预计每年办学总开支约为 11 300 万元(如图 3-4 所示)。

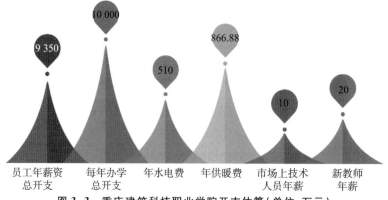

图 3-3 重庆建筑科技职业学院开支估算(单位:万元)

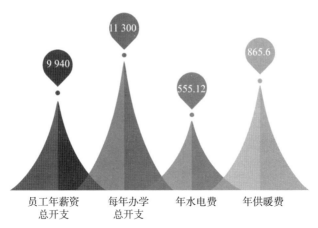

图 3-4 重庆工商大学融智学院开支估算(单位:万元)

总而言之,民办教育自身造血功能不足,不仅收回前期固定投入成本遥遥无期,而且自身要实现办学结余、可持续发展的周期较长。新鸥鹏集团以房地产行业为教育板块发展的奠基石尚且如此,普通民办教育的困境可想而知。

2.3 自足至成熟阶段

2.3.1 学校品牌效应不足

在全方位、多层次的规模化进程中,相较于有扎实根基和充足资源支持的公办教育,如何进一步提高知名度、打造民办教育品牌效应,是民办教育在由自足走向成熟阶段面临的首要"痛点"。而知名度与品牌效应不足的重要原因,是其师资力量与优质生源相对缺乏。

巴川中学作为新鸥鹏教育集团在重庆市办学的旗舰学校,符合从自足走向成熟阶段的特点。下面将通过对比巴川中学与重庆市知名公办高中说明民办教育在这一阶段面临的痛点。根据 2019 年重庆市各大高中官网数据,重庆一中现有享受国务院政府特殊津贴专家 3 人,重庆市学术带头人 1 人、学科带头人 2 人,高校硕士生导师兼职教授 4 人,重庆市名师 3 人、学科名师 4 人,中学教研员(正教授级)21 人,特级教师 18 人,高级教师 279 人;巴蜀中学现有享受国务院政府特殊津贴专家 4 人,重庆市名师、学科名师 11 人,中学教研员(正教授级)15 人,特级教师 15 人,高级教师 270 人;重庆八中现有享受国务院政府特殊津贴专家 4 人,全国优秀教师、模范教师 9 人,中学教研员(正教授级)及特级教师 14 人。而在巴川中学的 1 232 名教职工队伍中,特高级教师总量仅为 98 人,相较于公办学校的强大师资队伍仍有较大的差距(见图 3-5)。

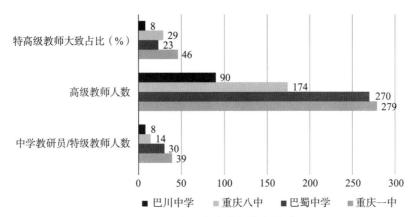

图3-5 重庆市知名高中师资力量对比

同样,优质生源在数量上的相对短缺也是民办教育打造品牌与口碑、走向成熟的过程中必须直面的"痛点"之一。以重庆市2019年各中学高考成绩为例,在巴川中学新高中部2019届的61名文科毕业生中,有5人名列重庆市文科高考前50名,并实现毕业生100%上重点本科的目标。这诚然是可喜可贺的办学成绩,但仅以公办高中的代表——重庆一中——作为对比,其2019年高考取得了重庆市理科前50名9人、前100名16人,文科前25名4人、前100名16人,理科裸分660分以上127人的骄人成绩。尽管在一定程度上作为民办教育代表的巴川中学新高中部具有"小而精"的优势,但相比之下无论是在顶尖学生的数量方面,还是在文理科均衡发展等方面,均与重点公办高中具有一定的差距。

需要特别指出的是,民办教育在走向成熟的过程中遇到的师资力量与优质生源不足并由此引发的知名度和品牌效应不足的问题,绝非巴川中学乃至重庆市个例。相较于公办学校在招生过程中的稳定生源,民办学校在招生过程中为突出自身办学特色和长久性发展常需花费更大的人力、物力,甚至与公办学校进行"恶性竞争"。同时,由于公办学校入编条件水涨船高,对招聘教师年龄限制日益严格等,教师由公办进入市场容易,由市场返回公办却面临高门槛。以上种种因素可能造成民办教育师资队伍不稳定、"缺乏名师"的现象。①

2.3.2 资源输出面临挑战

民办学校在从自足阶段走向成熟阶段的过程中,尽管已经取得一定的办学

---

① 张国印.民办教育发展的困境与对策研究[D].重庆:西南大学,2013.

成就并可以脱离总校实现自身可持续发展,但由于发展规模限制、无法得到有力政策倾斜而较难向新办阶段的学校实现资源输出。反观各大公办重点学校,在雄厚的实力和有力的政策倾斜下,往往较容易实现资源输出,扩大学校声誉与地区影响力,将招牌做大做强。例如,北京大学附属中学(以下简称"北大附中")于2015年5月与北京市石景山区教育委员会签订协议,正式开办北大附中石景山学校。在办学实践中,由石景山区承担硬件资源保障、服务协调工作,由北大附中承担领导和师资选派、理念确立、发展规划制定、教育教学管理等工作。在教育教学资源共享方面,学校通过信息化实现了教育教学资源的共享、课程资料的留存汇总、师生网络互动等目标,全力打造出学校对内对外宣传交流互动的高品质网络平台。与此同时,北大附中通过数字化建设实现了从初中到高中所有学科、所有教师的课程资源全面向石景山学校教师开放。同样,北京师范大学附属中学在京津冀地区的河北承德、石家庄、沧州渤海新区开办的附属学校,也体现了公办教育在京津冀教育协同发展政策帮扶下进行的教育资源输出。

3. 应对策略

3.1 新办阶段

3.1.1 前期固定投入巨大

针对此痛点,新鸥鹏集团目前的解决措施是以地产带动教育、"教育+地产"模式(如图3-6所示)缓解建校初期的资金压力。

图3-6 巴川系"教育+地产"模式

学校建设通过地产获益支付教育经费;地产发展又依托于教育:在土地竞标时结合教育理念的开发商会更具有优势,更容易获得土地资源来建设学校和配套房产,而通过地产获取的一部分利润被用来修建学校,形成了良好的互利互促关系。此外,新鸥鹏地产(集团)有限公司(以下简称"新鸥鹏地产集团")每年向新办学校提供 3 000 万元经费补贴,这是使其度过资金紧张初期的重要举措。

新办学校建设前期,新鸥鹏地产集团可以通过资金、技术、项目建设优势等把学校建筑项目建设好,一部分费用由学校承担,另一部分费用由地产补贴。与此相对应,教育对地产也具有长远的积极影响,许多人购买新鸥鹏集团下属学校周边房产都是出于对新鸥鹏教育的信赖和支持,教育带动了学校周边地产的开发和出售。

尽管"教育+地产"模式能够推广的可能性相对较小,在实施方面存在部分难点,但在一定程度上确实缓解了新办学校的资金压力。此外,这一模式具有较高的借鉴价值——由"教育+地产"推广到"教育+产业",教育与产业的相互促进是具有可行性、普适性、可持续性的发展战略。教育作为前期投入大、回报周期长的行业,必然要得到来自原产业资本上的支持,这样才能保证教育在初期有足够的资本支撑。在拥有一定的规模和知名度后,教育方可反哺产业,在一段时间内实现教育与产业的相互投资、相互回报。并非所有产业都能完美契合"教育+"模式,前者应能精准弥补教育收益滞后性的弊端,同时与教育在行业间转移障碍小,且具有资本、技术、人才、管理等方面的额外优势。符合"教育+"模式的产业包括但不限于房地产行业,细数"教育+互联网"在信息平台共享方面的联动促进、"教育+制造"在学校内部硬件设施方面的补充建设、"教育+出版"在教材教具与教辅资料方面的精准扶持乃至"教育+电商"在线上教育方面的促进推广,这些结合模式都是能充分满足学校在建立初期部分或全部需要的可行方案。另外,在度过最初的单向扶持期后,教育亦可从人才、声誉、稳定性等角度惠及产业,意即通过建立归属产业集团的高等职业学校向产业输送专业化人才、利用教育在民众心目中的至高声誉联动打响产业品牌的知名度、利用教育行业的稳定性固定整个"教育+"系统,实现资源的循环利用与可持续发展。一言以蔽之,由"教育+地产"模式到"教育+产业"模式的一般化推广,是解决该痛点的切实方案。

3.1.2 初期信任基础薄弱

民办教育发展面临信任危机,新鸥鹏集团与中国教育巴川系自然无法独善其身,然而"不识坎离颠倒,谁能辨,金木沉浮",综合当前形势,新鸥鹏集团从自身入手、困局突围的道路主要包括以下两方面:

一是充分利用现有优势,建立体系良好口碑。相较于陷入信任泥潭的大多数民办学校,巴川系中学最大的亮点便是集团化办学,多所学校并称中国教育巴川系,共享的不仅是优质资源,还有总校、老校打下的良好信任基础。以初等教育为例,巴川中学十余次获得重庆中考第一名,巴川中学新高中部高考、出国成绩喜人,业已在广大学生家长中树立起良好的口碑。这是巴川系独特的优势,也是其最大的资源。对于巴川量子中学、南城巴川中学等新建学校,前期宣传时可以借用总校的优异成绩与优质资源,吸纳优质师资和学生力量,为学校的发展奠定坚实的根基。成绩是最好的证据,阻止信任滑坡的唯一方法便是用成绩说话,让教师看得见方向,让家长看得见成效,让学生看得见未来。巴川中学的成功在前,共享同一套运作方式、管理模式、教学体制的巴川系其他中学也能以此打好宣传的第一枪,前途无量。

二是紧密跟进政策潮流,抓住行业发展机遇。尽管宏观层面对民办教育的支持与公办教育仍有差距,但《中华人民共和国民办教育促进法》《中华人民共和国民办教育促进法实施条例》等法律法规已经初步厘清民办学校法人属性、产权、教师权益、营利与非营利性质、优惠政策、政府服务等民办教育发展亟待解决的问题,对自主定价权等热点话题也进行了集中讨论。这是制度层面的权威引导,紧跟潮流有利于重塑民办教育在公众心目中的形象,从而解决信任难题。

在创新与资本运作日趋频繁的条件下,新鸥鹏教育集团亦应深入研究行业市场,透彻了解民众需求的变化趋势,顺应教师团体以及广大学生家长的偏好。信任贫血是我国民办教育行业多年来的沉疴痼疾,不可急功近利、盼望豁然病瘳,而是要从需求侧入手,根治问题,展望民办教育的光明未来。

3.2 新办至自足阶段

针对此阶段出现的问题,我们提出以下三个解决方案:

其一是进行品牌推广,提高民办学校的品牌知名度,吸引更优质的生源,扩大盈利空间。学前教育阶段的学校可以在校园周边地区利用学校活动进行宣传,基础教育和高等教育阶段的学校则可以侧重打造学校口碑,利用新媒体等进行宣传。其二是利用互联网,对外推出优质网课,以回收一部分成本。其三是同一校区内推出多元化、多层次的教学产品(如图3-7所示),如小班教学、国际部等,吸引目标不同的学生,在快速提升学校品牌形象的同时能够利用民办教育的优势教师资源,实现办学结余,这也是新鸥鹏教育集团已经采用的方案。巴川量子中学以小班教学为主,开设了注重培养思维和动手能力的牛顿班,并面向有意留学的学生开办了国际部。南城巴川中学以应试教育为主,开设了小班和实验班两种不同的教学班级以适应不同的需求,同时该学校还格外重视美学教育。

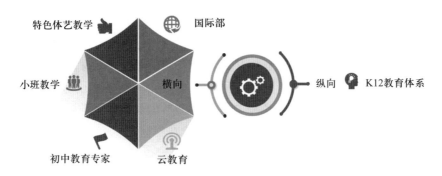

图 3-7 巴川教学产品

3.3 自足至成熟阶段

3.3.1 学校品牌效应不足

新鸥鹏教育集团秉持"成果带动品牌"的理念,在师资力量、生源招收和品牌建设上都做出了相应的努力。在师资力量方面,其建立的覆盖全教师生涯的培养模式,通过新教师基础培训、初高中跨层次流动、校内青蓝工程、骨干教师培养计划、与高校合作进行深造等途径,打造出全方位、多领域的教师培养体系。巴川系的教师普遍享有较为良好的薪酬待遇与可靠的社会保障。此外,在实践过程中,我们也建议新鸥鹏教育集团加大在双一流高校的宣传力度,提高巴川品牌的曝光度;集团可采用与优质师范类院校制订专项培养计划的"订单培养"模式,持续吸纳优质师资,延长培养周期;通过以老带新的"学徒制"(作为校内青蓝工程的一部分),鼓励已有的优质师资传授教学经验,带动新教师发展,加强新老师资联系的纽带。

在生源招收方面,新鸥鹏教育集团旗下学校面向全国招生,学生报考不受户籍影响,使学校能够网罗全国各地的优质生源。集团以"长远的培养目标"和"更适合学生的发展模式"为主打优势,通过与公办教育差异化的路线吸引家长与生源。同时,集团通过传统媒体与新媒体相结合的宣传方式,创建自己的"媒体矩阵",结合互联网的"天网"与站台、社区的"地网"进行招生宣传。此外,巴川系学校通过支持学生自主化管理,在自我认识、自主规划、自主管理、自主学习、自主评价这五个维度上推进自主教育,重视"以美育人,以文化人"的理念,对学生进行全方位的培养。

在品牌建设方面,集团采用"主副品牌"模式,即保持以巴川为主品牌,并通过给予不同学校不同的发展定位,发展"量子巴川——科创类的未来学校""南城巴川"等副品牌,打造自身的品牌优势。

3.3.2 资源输出面临挑战

针对以上问题,我们认为以新鸥鹏教育集团为代表的民办教育集团可以尝试采用管理型输出和技术型输出等模式进行资源输送。管理型输出是指教育集团向当地有需要的学校输出管理模式和教育资源,在不进行实体投资的前提下全权负责教育教学,实现低成本、高效益的办学模式。北大附中派遣教育管理团队进入石景山学校就是这样一种输出模式。而技术型输出是指学校通过数字化技术、信息化技术的应用建立强大的资源共享平台,共享优质课程资料与精品课程,使名师的教学技术发挥最大作用。

在教育资源输出的同时,我们也建议民办教育在文化软实力方面进行资源输出。在北大附中与其附属学校创设的"文化魔方"活动中,学生通过阅读资料、实地考察、聆听讲座、撰写计划书等活动开展对文化课题的研究;并与全球各地知名中学建立深度的合作关系,带领学生开展游学活动,拓宽学生的视野,培养其社会责任感。借鉴此类活动的模式,民办教育可与国内外权威机构展开合作,创办各类文体艺美创作鉴赏活动等,在陶冶学生情操的同时输出自身培养理念,提升品牌的知名度。

最后需要指出的是,民办教育的资源输出不仅依赖于集团与学校自身雄厚的实力,还与国家政策的完善程度和社会对民办教育的认识深入程度等客观因素有关。随着越来越多的民办教育走向规范化与成熟化,通过自身的成绩逐渐在市场上发声,在不久的将来,从自足走向成熟阶段的民办学校必将赢得社会信任,获取更多的政策支持,克服客观因素的限制,实现更有效的资源输出。

案例2 湖北荆州工业行业人力资源问题研究

1. 荆州市工业行业人力资源结构特点

1.1 企业人力资源成金字塔状

企业发展需要各种各样的人才,加强人力资源配置与管理,首先应当用好现有的人才。荆州市工业企业人才按职能可分为管理人员、普通技术工人、高级技术工人,按学历可分为大学学历以上人员、研究生学历以上人员,按职能可分为中级职称以下人员、中级职称人员、高级职称人员。由高到低,人才占比逐步提高,呈金字塔状,说明荆州市工业企业人力资源结构比较合理。

1.2 人才流入大于流出

随着荆州市近年来工业行业的发展以及政策条件的改善,工业行业的人才流动整体上呈现流入大于流出的特点,特别是高学历人才的流入大于流出,有效地推动了荆州市工业行业的发展。从局部看,随着工业行业生产技术的改进,人才流动呈现一线员工的流入小于流出而技术人员的流入大于流出的特点。

1.3 企业存在"引不来""留不住"人才的问题

通过调研我们发现,荆州市企业人才招引相比过去已经呈现明显改善的态势,但在局部仍呈现"引不来""留不住"的问题。其中,企业留不住人才的主要原因是工资待遇不高、个人发展空间不大、难以发挥所长,这与荆州市目前经济发展状况相比各大一线城市较为落后,城市基础设施建设比较薄弱,医疗、教育等资源相对紧缺有一定的关系。留不住人才的其他原因还包括企业工作和科研环境不佳、政策落实不到位、科研经费没有保障等。

2. 荆州市工业行业人力资源需求变化趋势

2.1 人力资源需求变化情况

近年来,荆州市对人才的需求逐步增大。学历方面,部分企业对自身员工的学历要求逐步提高;而另一部分企业需要员工经过大量培训、掌握相关技术,如玻璃制造业企业菲利华,采取宽进严出的策略,即对员工的学历要求不变而提高员工相关技能培训的要求。岗位方面,企业对各个岗位的人才需求增大,其中对一线员工的需求增长放缓,对技术人员的需求增长加快。

2.2 工业行业对人才能力结构需求变化情况

2.2.1 从简单工作任务处理能力向综合工作任务处理能力转变

随着工业行业的发展,以及工业机器人、数字化制造等高新技术在工业行业的深入运用,智能机器将取代大部分重复性、程序化、标准化的岗位工作,产线工、配药师、客服、翻译、快递、速录师等岗位的需求将逐渐减少。在机器和人之间的新分工中,人更多的是指挥机器工作,行使创新、决策和设计的权力,并逐步从简单执行的服务者、操作者转变为复杂的控制者、协调者、评估者、设计者。

荆州市同样顺应着整个工业行业的发展趋势,劳动者的岗位工作任务已不再确定,工作角色界限逐渐开始模糊,一线技术工人必须了解和掌握丰富的产品全知识(产品的设计、生产实施、销售和维修、节能环保等),并能身兼智能系统的分析师、工程师、程序员和问题解决者等多重角色,这就要求劳动者具备除专业技术能力之外的,如市场营销、沟通协调、统计决策、处理复杂工作任务等综合职业能力。

2.2.2 由单一专业能力向多专业融合能力转变

工业领域的科技革命和产业变革正在打破传统行业间的界限,互联网企业与工业企业、生产企业和服务企业间的边界日益模糊,行业间逐步转向跨界融合,产业链面临分工重组,职业间合作与联系越来越紧密,同时创造出大量跨职业的新岗位,跨岗位、跨职业、跨行业现象日趋增多。

荆州开发区的发展规划里,增加了对电子工程、信息技术、艺术设计、机械专业等多专业复合型人才的需求,其工作岗位需要多学科的知识背景,对人才的专业知识广度提出了更高的要求。所需人才除需具备专业的技术技能,懂得相关技术原理(如机械技术、生产工艺、数据程序)以及熟练应用技能外,还需掌握宽泛的多学科知识,以适应新技术、新模式、新业态、新分工背景下的职业与岗位变动发展需要。

2.2.3 由规模化生产操作能力向创新生产能力转变

由于消费群体的年轻化、需求的多元化,新型的、独特的设计定制服务模式成为必然,消费者更加注重产品的设计是否美观、实用、有创意,是否符合其独占性的心理满足感。这就要求专业设计团队在从设计、构想、制作到成品的每一个定制过程中,都与消费者进行直接的互动交流,真正为消费者提供与众不同的个性化产品,因此生产者需要将更多的精力集中在创新和增值业务上。数字化技术和智能机器使人力资本不再是稀缺资源,而那些具有强烈的创新意识,能够创造出新产品、新技术、新模式和新服务的人才将是新工业革命的稀缺资源与中坚力量。艺术化表达、柔性化思考和创新概念设计的能力是未来技术技能人才重要的必备能力。

荆州市部分规模化生产技术已经比较成熟,知名企业如恒隆集团、菲利华、五方光电等在规模化生产方面具有丰富的经验。然而,随着新一代信息技术在制造业领域的集成应用,个性化、定制化生产趋势成为必然。荆州市工业行业若想紧跟行业发展潮流,在加强传统的规模化生产方式的同时,也必须认识到企业再造、流程重组、柔性生产将是企业未来的工作重心。

3. 荆州市工业行业引进和培育人才以及破解企业用工难问题

3.1 实施"招才引智"计划

一是大力引进和培育"高精尖缺"人才。两院院士、国家"千人计划""万人计划"专家、湖北省"百人计划"专家及同层次人才带项目和资金到荆州开发区创办领办企业的,经评审,项目投产当年给予 100 万元创业资助,项目投产运营一年,经审批,一次性分别给予 800 万元、800 万元和 500 万元扶持资金。新入选国家"千人计划""万人计划"、湖北省"百人计划"的高层次人才分别给予 100 万元和 50 万元奖励。

二是提供高层次人才补贴。对于当年与区内企业签约且合同期 3 年以上的高层次人才,发放一定额度的生活补贴(补贴 3 年)。具体标准为:博士及以上人才每人每月发放 3 000 元生活补贴;硕士学历人才每人每月发放 1 500 元生活补贴;属于柔性引进的博士及以上高层次人才,每人每月发放 2 000 元生活补贴。

三是骨干人才名额总量控制。准许企业申报骨干人才名额,名额总量占企业员工比例最高为:先进制造业企业,当年纳税 500 万～1 000 万元,比例为 0.5%;当年纳税 1 000 万元以上,比例为 1%。高新技术企业,当年纳税 200 万～500 万元,比例为 1%;当年纳税 500 万～1 000 万元,比例为 2%;当年纳税 1 000 万元以上,比例为 3%。

四是提供稳岗补贴。按企业骨干人才缴纳个人所得税市区级留成部分的 100%给予企业稳岗补贴。获得企业股权激励等政策的员工不享受本补贴政策,骨干人才在 2020 年 12 月 31 日前离职的,核减相应的稳岗补贴。

五是提供安家保障。在荆州市中心城区无自有产权房屋的骨干人才,优先安排入住相关部门提供的人才公寓,未租住人才公寓的,按照每人每月 500 元标准给予租房补贴。

六是提供购房奖励。截至 2021 年 12 月 31 日,在开发区企业工作满 3 年及以上的骨干人才,在开发区辖区内购买首套商品房的,按购房款的 8%给予奖励。骨干人才购房经审核后兑现 50%的奖励,2021 年 12 月 31 日仍在开发区工作的,兑现余下 50%的奖励。

七是提供人文关怀。骨干人才在荆州市中心城区医院就诊享受"一站式"快捷优质医疗保健服务。开发区为获得市级及以上荣誉的骨干人才提供休假疗养服务。骨干人才子女义务教育阶段入学,在开发区公办中小学内自由选择。

3.2　服务企业用工

一是深化产教融合。对开展新型学徒制培训的企业按每人每年 4 000～6 000 元给予职业培训补贴,补贴期限不超过 2 年。

二是提供落户便利。来开发区就业的大中专毕业生及各类技术、技能人才,本人及其共同居住生活的配偶、未成年子女、父母,凭毕业证、就业证明可申请在工作所在地或居住地落户,不受社保、工作年限等条件限制。

三是建立工资保障制度。大中专毕业生在开发区重点企业就业的,其最低薪酬标准上浮 20%。

四是发放就业补贴。①大学生实习实训补贴。对在企业实习实训 10 个工作日及以上的全日制大专及以上学历在校学生,按照每人每月 1 000 元的标准给予实习实训补贴,每人每年享受实习实训补贴不超过 6 个月。②大学生就业见习补贴。吸纳离校 2 年内未就业高校毕业生的企业,按当地最低工资标准的 60%给予就业见习补贴,补贴期限不超过 6 个月。③岗前技能培训补贴。组织新录用毕业年度高校毕业生、城乡未继续升学的应届初高中毕业生等符合条件的人员参加岗前培训的企业,根据培训类别给予 100~1 000 元补贴。④技师培训补贴。在企业相应职业(工种)岗位工作具备晋升职业资格申报条件的职工,通过培训取得技师职业资格证书的高级工、技师、高级技师分别按每人 2 000 元、3 500 元、5 000 元的标准给予补助。⑤社会保险补贴。对招用就业困难人员并缴纳社会保险费的企业,实行"先缴后补",按企业实际缴纳的基本养老保险费、基本医疗保险费和失业保险费给予补贴,不包括个人应缴部分。⑥稳岗补贴。对采取措施不裁员或裁员率低于统筹地区城镇登记失业率的参保企业,由失业保险基金给予不超过该企业上年度实际缴纳失业保险费总额 50%~70%的补贴。

五是统筹职教资源服务园区企业用工。对安排在校学生到开发区重点企业顶岗实习的院校,奖补 400 元/人;对组织推荐应届毕业生到开发区重点企业就业并稳岗 1 年以上的院校,奖补 5 000 元/人(市、区两级)。对与院校合作开设"订单班"的企业,奖励 3 万元/班;评选表彰"十佳校企合作企业""十佳实训基地",分别给予 2 万元和 3 万元奖励。为开发区重点企业代招或派遣员工的人力资源服务企业,奖补 300 元/人。

(二)中药材与大健康产业

中药是中华民族的瑰宝,也是世界传统医学的重要组成部分。中药的历史可追溯到五千多年前的炎帝神农氏。由于中药中草类占大多数,因此记载药物的书籍被称为"本草"。据考证,现知的最早本草著作为《神农本草经》。我国药物复方的产生不晚于春秋战国时期。古代对药物复方多冠以"齐""和齐""和药"的称谓。中华人民共和国自成立以来,社会主义事业取得了伟大成就,政治稳定,经济繁荣,重大科学技术研究成果层出不穷,许多先进技术被引入中药学中,大大促进了中药学的发展。

中药材是中药发展的物质基础,在长期的生产实践中,已形成了从生产、加工、储运到销售的中药材产业链。"十三五"以来,与中药发展相关的规划、政策相继出台,中药发展迎来了大好时机。深入分析中药材产业的发展态势,有利于中药材产业的可持续发展,同时也有助于提升中药材产业的国际竞争力。我国是世界上规模最大、品种最多、生产体系最完整的中药材生产大国,但在新的形势下仍面临新的机遇和挑战。

案例1 羚锐制药的发展经验

1. 概述

河南羚锐制药股份有限公司(以下简称"羚锐制药")始创于1992年,1999年整体改制,是一家以药品生产经营为主业的国家重点高新技术企业,2000年在上海证券交易所成功上市,是全国医药工业百强企业、河南省省长质量奖企业、中国质量奖提名奖企业。羚锐制药靠25.8万元扶贫贷款起步,从大别山革命老区崛起,抓住改革开放的时代浪潮,谨守诚信立业的企业良心,逐渐发展成为一家集团化上市公司,在中西药贴膏剂市场中拥有一席之地。

2011年,以公司前任董事长熊维政为首的49位公司职工对公司进行了管理层收购,公司由国有企业变为民营企业。股权改革后,公司的活力被充分激发,营销方面,进行了改革,大力开发诊所和社区医院渠道,构建了覆盖全国的营销网络和渠道;生产方面,建设了百亿贴膏剂生产基地,扩建了口服药生产基地;业务拓展方面,成立了大健康事业部,进军大健康领域,公司的发展进入良性运转的快车道。

目前,羚锐制药主要以中成药生产和销售为核心,业务涵盖中成药、化学药品、医疗器械、大健康和中药材种植等领域。公司药品资源丰富,有橡胶膏剂、片剂、胶囊剂、软膏剂等十种剂型。在销售上,公司产品主要通过经分销方式向医疗终端、OTC(Over the Counter,非处方药)零售终端和基层医疗终端三类终端进行配送,实现产品销售。对于未来的业绩增长,公司的特色产品芬太尼透皮贴剂额外引人注目。近年来,随着慢性病患者逐渐增多,市场需求不断扩大,公司销售业绩持续增长。2021年,公司总资产达37.9亿元,年创利税5.1亿元,占全县财政收入的将近一半,已发展成为老区新县的经济支柱。

2. 发展现状

组织架构方面,公司参与生产产品的事业部包括贴膏剂事业部、医疗器械事业部、芬太尼事业部、口服药事业部和大健康事业部,以及旗下的羚锐生物药业有限公司。其营业范围包括贴膏剂、口服药、软膏剂等药品,医疗器械,以及其他相关产品(主要包括保健品、化妆用品、养生红茶、固体饮料、香菇酱等)。其中,贴膏剂产品是羚锐制药的支柱产品,年收入与毛利润均占60%以上。除此之外,口服药类是羚锐制药近年来发展最好的第二大类产品,在年收入与毛利润占比上均达到1/4以上。

管理方面,公司改制后高管持股增加,激励效果增强。公司改制后,从2013年开始,高管持股人数显著增加,由原来的2人逐步增加到10人以上,持股比例也由不足1%提高到2017年的2.38%。

营销方面,羚锐制药旗下专门建立了医药公司,即专门为销售而建立的公司,管理所有销售事务,包括财务部、信息中心、办公室、电商部、客服部五个部门。在销售数据信息管理之外,羚锐制药还实行了分事业部管理,分为临床事业部、基层医疗事业部、OTC事业部、电商部、后勤职能部五个部门。

公司经过营销体系变革,构建了覆盖全国的营销网络和渠道以及专业化的营销队伍。在现有营销网络的基础上,公司持续推动营销整合,形成了OTC、基层医疗、临床三大营销网络。公司不断加强营销体系建设和营销培训,将中药文化与传统节日相结合,开展了以"龙抬头,颈轻松"为代表的一系列营销活动。2019年上半年,公司深入推进连锁客户的战略合作,扩大基层医疗机构的市场覆盖,通过新零售、商超、电商等渠道推广快消品,同时,通过影视植入、公益体验等多样化的营销方式持续进行品牌宣传。

3. 羚锐制药经营发展的SWOT分析

3.1 优势

产品优势。公司产品种类丰富,拥有通络祛痛膏、培元通脑胶囊、丹鹿通督片、胃疼宁片等多个独家中药保护品种,市场前景广阔。2018年,通络祛痛膏实现销售收入近6亿元,培元通脑胶囊实现销售收入3亿多元。羚锐制药的销量、品牌在贴膏剂行业均有一定的优势,未来随着横向并购,行业会逐渐向头部集中,品牌OTC企业将会实现较快发展。

营销团队优势。2018年,羚锐制药成立河南羚锐医药有限公司,整合OTC条线、基层医疗条线、招商代理条线,条线清晰,结构合理,营销人员年轻化,有销售人员4 000余人,是公司未来发展的重要驱动力。

外延式扩张。公司战略是实业经营与资本运作并重,内生增长与外延发展并举。公司持续寻找优势品种,选择竞争优势强的大品种进行论证考察,在适当的时机进行外延式并购,为公司发展提供充足的新品储备。

3.2 劣势

医药行业政策。近年来,随着医疗改革的持续推进,医保控费、集中招标采购、药价下降不断影响公司价值。长期来看,医保支付压力长期存在,国家对医疗、医药等进行全行业监督的决心不变,在此大背景下,医药行业的超额利润将会持续缩水。行业监管和政策的不确定性成为公司的重大风险之一。

研发水平仍需进一步提高。公司每年的研发投入均为营业收入的3%以上,且还在持续增长,但相比行业内企业来讲,仍需进一步加大研发投入,保证新产品不断投放,确保公司核心竞争力。

无效资源需进一步清理。公司现有多处闲置资产,且多个培育多年的子公司仍处于亏损状态,需要进行资源整合,盘活不良资产。同时,公司现金资产较多,利用程度尚待进一步提高。

大股东实力相对较弱。目前,大股东及一致行动人持股比例相对较低,且大部分已质押,存在一定的风险。

3.3 机会

慢性疾病增多,适合保守治疗。人们生活水平提高引发的慢性疾病增多为中药打开了面向的人群范围,如主要用于腰椎管狭窄症治疗的丹鹿通督片,其适应证高发于老年人群,适合保守治疗,此时中药的安全性优势便凸显出来,在消费升级市场策略的支持下,有望量价齐升。

儿科类产品放量。随着三孩政策的出台,在公司加大营销力度、拓宽营销渠道的背景下,儿科类产品也有望打开市场,如用于治疗小儿泄泻的舒腹贴膏和以物理降温为原理的小儿退热贴。

芬太尼的竞争壁垒。由于国家规定麻醉药单方制剂只允许1～3家企业生产,因此天然的特殊行政壁垒为羚锐制药的芬太尼产品提供了相对温和的竞争环境,保证了公司在该产品上的高毛利率。

新市场开拓。医保控费作为未来医药行业的主旋律,在其压力下,医院市场下滑明显,而同时受益于分级诊疗政策,基层诊所及第三方终端的药品需求量增长明显。公司可以将产品引入诊所市场,这样不仅避免了传统OTC端的激烈竞争,还开拓了新的增长空间,同时也能丰富公司诊所渠道的产品线,实现诊所渠道的效益。

产能释放。我们根据实地调研发现,羚锐制药的百亿贴膏剂生产基地设计产能约为100亿贴/年,但目前实际产能基本上只有20亿贴/年,生产负责人称工厂设备基本满负荷运转,但厂区仍然有闲置的(即平面库),因此我们得出结论:羚锐制药的产能潜力还未完全释放。

3.4　威胁

新的竞争对手和新的替代产品。目前,国内的竞品主要有奇正藏药、天和、葵花等品牌的膏药,替代性较强。由于贴膏剂市场门槛不高,头部企业没有竞争壁垒,因此竞争格局比较分散,但是受益于"老虎膏"长久以来的品牌效应以及"通络祛痛膏"的独家性,羚锐制药在贴膏剂细分市场的占有率目前稳定在30%,大于第二至第五名的总和。羚锐制药的多种核心贴膏产品为独家,但是其非核心产品,如小儿退热贴、舒服贴膏等在国内正面临越来越激烈的竞争。

宏观经济与原料成本因素。受到宏观经济的影响,医药市场普遍紧缩。鉴于宏观经济和上游产品价格的波动性,公司有可能出现成本上涨、出货量下降等问题。

用户偏好变化。新一代的消费者对中药膏药这种产品的接受度可能较低,除无消费习惯以外,并不购买和使用这类产品的主要原因还包括对中药药效不信任、对膏药异味感到尴尬、过敏等。

4. 企业发展与脱贫攻坚

羚锐制药得益于扶贫,回馈于扶贫。羚锐制药靠25.8万元扶贫贷款起步,到现在成为新县当地的龙头企业,无疑为当时扶贫政策的受益者。

为了推动扶贫接力的顺利进行,羚锐制药于2008年成立了河南省羚锐老区扶贫帮困基金会。基金会广泛开展老区扶贫、济困、扶老、救孤、恤病、助残、助学及其他公益活动,救助自然灾害、环境污染、生态破坏、事故灾难和公共卫生事件等突发事件造成的损害,并促进老区教育、科学、文化、卫生、体育、关心下一代等事业的发展。在通过基金会直接参与公益事业之外,羚锐制药也积极利用自身优势,分别依托全额投资的信阳羚锐生态农业有限公司(以下简称"羚锐生态农业")、投资成立的河南绿达山茶油股份有限公司发展中药材种植产业以及山茶油产业,通过产业扶贫推动全县脱贫。

羚锐生态农业成立于2014年3月,是一家由羚锐制药全额投资的集有机种植、生态养殖、绿色加工于一体的中药材种植(养殖)公司。公司的经营项目包括中药材及农产品种植、养殖、加工和销售;中药材规范化种植,养殖技术研发、应用、推广、咨询、服务;中药材良种选育、优质种子种苗繁育与销售;农副产品及有机食品加工、生产与销售以及其他生态农业开发项目。公司正全面致力于现代农业科技研究、现代农业生产资料开发、现代农产品生产基地建设、标准化中药材示范基地建设、现代农业栽培模式构建、现代农产品营销网络拓展等方面,坚定地推进农业现代化。截至2018年,生态农业中药材种植基地辐射带动全县9个乡镇的23个村民组、800户农户种植中药材,其中贫困户490户,带动贫困户每户每年增收3 000元以上。

在羚锐生态农业的示范带动下,新县以及周边地区农民开始规模化种植中药材,把大别山腹地的资源优势转化为经济优势,这一方面为羚锐制药提供了质量可靠的药用原材料,另一方面能够提高当地农民收入,加快农业、农村发展,助推"三农"问题的解决。

在脱贫攻坚的背景下,羚锐制药不仅推动了一个地区的脱贫摘帽进程,更积累了产业扶贫的宝贵经验和智慧。其发展的中药材种植产业,成为公司部分中药原材料价格的"稳定锚",在当地发展的药材供应链,不仅带动了当地的脱贫致富,更增加了药材供给,降低了部分药材均价、运输成本和价格波动性,实现了双赢。羚锐制药的案例说明,扶贫不只是"损有余而补不足"的再分配式扶贫,还有一种崭新的模式——"企地共赢",这已经成为多地依托当地自然资源,将贫困户整合进产业链,实现农民增收、贫困户脱贫的典范。

案例2 湖北崇阳中药材产业发展分析

1. 湖北领康公司发展概况

湖北领康中药材有限公司(以下简称"湖北领康")于2015年7月13日在湖北省咸宁市崇阳县注册成立,公司对黄精、射干等几个中药材品种进行规模化种植,采用"公司+基地+合作社+农户"的经营模式,联合股东向中药材产品市场延伸。不过几年时间,公司的46个种植基地已遍布崇阳县多个乡镇,种植面积达到8 600亩。

公司经营范围:中药材研究、培育、种植;中药材收购、加工、销售;食品销售;蔬菜、水果种植、收购、加工、销售;农业技术研究、应用、推广、咨询、服务;研究成果转让(以上产品含网上经营)。现阶段,湖北领康以道地中药材黄精为主,围绕"黄精产业化"这一主题,研发出了黄精膏、黄精茶和黄精酒系列产品,并在崇阳县铜钟乡开了一家以黄精为主打的领康药膳馆,让黄精完美融入菜肴,顾客在享受美味的同时可以养益身心、滋补身体。

截至2020年8月我们进行调研时,湖北领康的黄精系列产品中,部分已申请专利,黄精网亦已开通,并致力于打造全国销售平台。公司还在铜钟乡独石村建造了一家中药材加工厂,主要进行药材粗加工,深加工厂房也正在筹建中。在湖北领康的带动下,崇阳县中药材产业蓬勃发展。全县中药材种植面积达3.39万亩,遍及9个乡镇,年产值2.4亿元,逾6 000户贫困户通过中药材产业实现脱贫增收。

2. 崇阳县中药材产业发展 SWOT 分析

2.1 优势

技术技能优势。独特的生产技术和完善的质量控制体系保证产品的高质量,低成本的生产方式和卓越的大规模采购能力保证价格与供给相对稳定。湖北领康拥有并始终保持成熟的中药材种植技术,在药材加工方面,从始终坚持九蒸九晒的传统制作方法以及折光率这一独特的检验标准可以看出,湖北领康产品质量优良。在药膳制作方面,从原材料的采集到药膳包的制作最后到膳食的烹饪技巧,湖北领康均严格把控,从而使药膳质量优良,口味独特,具有独特优势。

无形资产优势。良好的品牌形象和商业信誉以及积极进取的企业文化,是企业长期发展中无形的财富。湖北领康具有良好的品牌形象,黄精茶、药膳等优质产品在已有客户中口碑优良,客户依赖度高,潜在客户多;同时,其良好的商业信誉使其与合作商以及政府均保持良好关系,有利于其未来的区域拓展;此外,湖北领康为当地提供了可观的工作机会,对当地扶贫做出了巨大的贡献,其热心公益、积极进取、关注民生的企业文化,获得了政府与社会的广泛认可。

竞争能力优势。黄精产品质量优良、成本较低、供给稳定,与供应商良好的伙伴关系以及政府的帮助扶持,使湖北领康具备了一定的竞争优势。湖北领康的粗加工及深加工产品均保证严格的工艺程序和传统的制作方法,质量优良,其原材料的采集一方面来自自己的规模化培育种植,另一方面来自可信任的稳定的供应商,质量、产量稳定,并且人力成本较低,加之政府对产业的扶持,使其在市场上具备一定的竞争优势。

2.2 劣势

人力资源劣势。人才是企业发展的重要一环。从管理层到一线工作人员,均需要相应的技能或特定的专业素质,然而,由于崇阳县区域经济相对落后,难以引进并留住人才,湖北领康在数据分析处理、经营、财务、营销等方面都严重缺乏专业人才,营销团队比较传统,无法适应时代需求,人才的缺失成为企业持续发展壮大的一大阻碍。

营销渠道劣势。营销渠道影响市场份额,市场消费影响企业供给,最后影响企业的发展壮大。湖北领康营销渠道传统、单一,粗加工产品主要向大客户流出,渠道相对稳定但附加值低;深加工产品及其衍生服务还未能完全拓展丰富的外销渠道,渠道不畅,产量无从提升,不利于公司未来的规模化发展。

组织体系劣势。湖北领康缺乏完善的信息管理系统,缺少高效的整合与管理体系,管理现状难以满足公司未来发展的需要。

区域劣势。崇阳县离客源地市场有一定的距离,交通较不发达,加之网络销售渠道尚未打开,销售市场有限,知名度不高。

2.3 机遇

党的十八大以来,以习近平同志为核心的党中央高度重视中医药事业发展,中医药发展上升为国家战略,推动中医药事业进入新的历史机遇期。此外,健康生活理念逐渐深入人心,养生保健市场潜力巨大。现代社会,快节奏的生活带来身体及精神方面的疲累,同时,由于经济水平的提高以及人们对健康生活的追求,养生文化日益受到重视,中医未病先防、养生防病的"治未病"思想以及"天人合一""道法自然""扶正祛邪""标本兼治"的养生保健理念受到越来越多民众的关注。特别是新冠肺炎疫情暴发之后,中药在疫情防控中的作用为人们所了解,中医药影响力扩大,中医药产业迎来发展风口,市场需求增长潜力巨大。

2.4 威胁

产品知名度低。相较于人参广为人知的功效,黄精的养生功效并非广为人知,黄精文化未能得到良好宣传,对相关黄精产品的市场份额有所限制;此外,药膳馆的推广受地域等多种因素的限制,知名度不高,目前难以在其他城市大力推广。

市场竞争。市场竞争日趋激烈,多个省份提出建设中医药强省的目标,力推中医药产业发展。但同时,市场乱象对企业发展形成阻碍。目前,中医药市场仍不够规范,药材产品良莠不齐,缺少固定的判断标准。现有的中医药文化产品存在仿制多、创新少,低水平多、高技术少,重复产品多、独家产品少的"三多三少"

现象,对消费者的购买欲望和对养生产品的信任度形成威胁。

3. 政策支持

崇阳县的发展道路上,政府是不可或缺的第一环节,对区域经济发展起着重要的推动作用。推动当地经济发展,地方政府要根据中央制定的经济发展战略,明确当地的经济发展规划,并确定发展规划的分步实施落实。同时,要根据当地经济发展实际,确定其经济发展政策,对不完善之处进行改革。政府还要发展各项社会事业,实施公共政策,扩大社会就业,提供社会保障。

3.1 将部分中医医疗机构优先纳入医保定点医疗机构

鼓励社会资本优先设立中医康复等中医医疗机构,对符合条件的提供中医药服务的各类医疗机构、零售药店,按规定优先纳入基本医疗保险定点医疗机构范围。对于二级及二级以上中医综合类定点医疗机构,按规定优先推荐纳入全国异地就医定点医疗机构范围。

3.2 将部分中药和中医医疗项目纳入医保支付范围

支持中药饮片的使用,将更多中药饮片推荐纳入医保。支持发展当地药姑山道地特色中药材品牌体系,同时通过相关部门质量、疗效和安全性评价的中医医疗机构制剂,按规定推荐纳入医保支付范围。为参保人员提供的常见病、慢性病"互联网+"中医复诊服务,按规定纳入医保支付范围。中医药也纳入门诊统筹范围。

3.3 完善和健全符合中医药特点的支付方式

完善符合中医药特点的支付方式,将中医诊疗类项目医保报销比例提高10%。鼓励和引导适宜的中医药服务,鼓励和引导基层医疗卫生机构提供适宜的中医药服务。注重发挥中医药在重大疫情医疗救治中的积极作用。重大疫情期间,部分中医药可按规定临时纳入医保支付范围。鼓励市内医疗机构优先使用本地中医药企业生产的药品,以直供直销的方式减少中间环节,降低企业配送成本。

目前,政府对中医药的扶持政策相对单一,主要是将部分中医药纳入医保支付范围,但扶持力度较大,可以看出咸宁市发展中药材产业的决心。通过将部分中医药纳入医保支付范围,有望显著增加中药材的使用量,拉动中药材需求,实际上是为全市的中药材企业做了宣传,给予了鼓励。

3.4 支持企业发展壮大,加大人才引进力度

与此同时,咸宁市还出台了一系列支持企业发展壮大的政策,有效地保障了

企业在用工、用电、用能、用地、人才培养、资金等方面的要素需求。同时,实施了"储备一批、培育一批、扶持一批、申报一批"的"四个一批"制度,按照年度目标任务数的1.5倍要求建立新进规重点企业培育库。通过实行动态管理,进行"一对一"跟踪服务。

人才方面,咸宁市于2019年推出了"大学生引进计划",在住房保障、生活补贴、创业支持、引才留才服务等9个方面出台了一系列优惠政策,这些政策覆盖面广、服务性强、多元化,计划5年内吸引10万名大学生来咸宁就业创业。

上述政策有望支持湖北领康扩大种植基地,吸纳关键人才,从而实现更好的管理,帮助其实现拓展产业分支、扩大企业规模的目标,同时也可以增强湖北领康以及周边企业的活力,有利于形成范围经济,扩大咸宁市的中药材市场。

4. 中药材企业营销模式改进策略

当前,中药材市场状况不甚乐观,传统中医药营销企业仍占据着市场的大部分份额。较低的产业集中度使中药材中间商、营销企业通过价格战、资源战、人海战进行恶性竞争,营销方法、营销手段、品牌诉求、品牌传播、终端促销同质化现象严重。产业集中程度低,缺乏具备全国性竞争力的中药材营销企业。

具体考虑湖北领康的实际发展情况,以黄精为主打的产品链覆盖了全年龄段人群,而针对各个年龄段的相关产品又具有高度明确的靶向性。我们注意到,不同年龄段受众对线上不同媒介及营销方式的接受度大相径庭,因此,对用户画像中的每个类别给出不同靶向的线上营销建议及策略,有助于打开各个细分市场的大门,拓宽销售渠道,从而赚取更多的利润,并规避因单个市场不景气而带来的风险。

相较于"互联网+"中药材营销,传统中药材营销在某些方面具有明显的劣势:首先,由于中药材市场相关产品同质化现象严重,市场份额被大规模平摊,难以打响品牌知名度,造成产品销路狭窄,倒逼企业放弃进入蓝海市场而在红海市场中挣取微薄的利润;其次,传统中药材营销受到明显的时间和空间上的约束,而"互联网+"中药材营销则有能力通过电商平台和物联网这一概念将中药材产品分销到全国各地甚至海外,大大降低了传统营销渠道惯用的在各地设立销售处的成本。

由此观之,重视"互联网+"中药材营销,即铺设线上各类渠道并根据目标受众的特点遴选与其相适应的线上营销方式,已经成为湖北领康在产品同质化竞争严重的中药材市场破局的重要可能。

案例3 云南腾冲中医药与大健康产业

1. 概述

2015年10月,在党的十八届五中全会上,推进健康中国建设被首次提出,"健康中国"上升为国家战略。2016年8月,习近平总书记指出:"没有全民健康,就没有全面小康。""要把人民健康放在优先发展的战略地位。"10月,中共中央、国务院印发《"健康中国2030"规划纲要》,更是充分体现了党和国家卫生与健康工作的新思路,即从以治病为中心转变为以人民健康为中心;十九大报告不仅再次明确了"为人民群众提供全方位全周期健康服务"大健康观的核心要义,还进一步提升了大健康观的地位与意义,即"人民健康是民族昌盛和国家富强的重要标志"。另外,随着经济的发展,国民对自身健康情况的关注度有所提高。越来越多的人开始重视身体健康,不断对新时代的健康服务水平提出更高的要求。

在这样的时代背景下,腾冲有充分的条件成为大健康产业发展的沃土。腾冲地处云南,旅游资源包含火山热海等绮丽地貌、历史底蕴深厚的古镇、有山有林有花有水的自然风光,十分全面。腾冲作为云南腾药的重要发祥地,有着厚重的医药文化;作为茶叶的重要产地,在茶文化以及以茶产品为卖点的健康行业具有竞争力;作为含有大量温泉的城市、氧负离子丰富的林地城市,具有强大的疗养功能,对注重健康的大众具有很强的潜在吸引力。天时地利的资源使腾冲有条件成为大健康产业蓬勃发展的城市。

2. 政策背景

2.1 基础医疗服务

云南在基础医疗服务领域的政策规划如下:

(1)夯实中医药健康服务基础。政府认真履行对公立中医医院的投入责任,加大投入力度,健全公立中医医疗服务体系。创新中医医疗服务模式,拓展中医医疗服务领域,推进多种中医方法综合应用的治疗模式,推行多专业一体化的诊疗服务模式,发展"治未病"和康复等中医医疗服务,建立集医疗、康复、养生和保健于一体的全链条发展模式。

(2)加快发展中医养生保健服务。加强二级以上中医医院"治未病"中心

(科)能力建设,在有条件的综合医院、专科医院设立"治未病"科室,提供规范服务;支持公立中医医院与社会资本联合创办中医养生保健机构;鼓励社会资本利用当地丰富的旅游资源、中药资源和温泉资源优势,创办规范的中医养生保健机构,培育技术成熟、信誉良好的知名中医养生保健服务集团或连锁机构。

(3)支持发展中医特色康复服务。鼓励设立中医特色康复医院和疗养机构,加强二级以上中医医院康复服务能力建设,指导乡镇卫生院和社区卫生服务中心提供中医特色康复服务,鼓励社会资本创办中医特色突出的康复医院、疗养院等。指导各级各类医疗机构开展康复医学与中药学相融合、具有中医特色的康复服务,拓展中医特色康复服务手段。建立二级以上中医医院与社区康复机构双向转诊机制,推广适宜的中医康复技术,提升基层医疗卫生机构康复服务能力和水平。

(4)大力推进中医药服务贸易。借助国家"一带一路"倡议,全面推进多层次、宽领域的中医药国际合作与交流;鼓励有条件的中医医院成立涉外健康服务区,为境外消费者提供中医药特色健康服务;推进多层次的中医药国际教育合作,支持中医药院校赴南亚、东南亚等国家开展境外办学。

2.2 健康扶贫政策

从 2017 年起,云南开始建立并完善城乡居民基本医疗保险、大病保险、医疗救助、医疗费用兜底保障机制"四重保障"措施。到 2020 年,云南贫困县人人享有基本医疗卫生服务,基本公共卫生指标已达到全国平均水平,人均预期寿命进一步提高,医疗卫生服务条件明显改善,服务能力和可及性显著提升,实现大病基本不出县,建档立卡贫困人口个人就医费用负担大幅减轻,因病致贫、因病返贫问题得到有效解决。

2.3 温泉康养旅游行业

2017 年 6 月,《国家旅游局办公室关于下达〈国家温泉康养旅游〉〈旅游温泉水质卫生〉两项行业标准制定计划的通知》出台,随后中国旅游协会温泉旅游分会正式启动编制工作。2018 年 12 月 11 日,《国家温泉康养旅游项目类型划分与等级评定》送审稿座谈会召开,致力于探索如何结合我国数十年来在发展温泉旅游方面包括温泉疗养院方面的丰富实践经验,充分发挥我国在中医药方面的独特优势,借鉴国际上温泉产业发达国家和地区的先进理念、技术与经验,制定一部具有开拓性、创新性、引导性和实用性且与国际接轨的行业标准,填补我国在温泉康养旅游方面的行业标准空白,为温泉康养旅游项目提供理论基础和标准依据,引导温泉旅游行业朝康养旅游方向转型升级,不断丰富和完善健康旅游产品体系。

2.4 中医药产业

2.4.1 中医药大战略

国家"振兴中医药事业"战略逐步实施,中医药产业监管日趋完善。"健康中国"战略下,全民健康需求稳步释放,中医药产业迎来历史新机遇,到2020年实现人人基本享有中医服务,中医药产业已成为国民经济的重要支柱之一。云南十分重视中医药产业,并明确提出打造服务全国,辐射南亚、东南亚的中医药产业中心。生物医药和大健康产业已成为云南的支柱产业。

2.4.2 中药材产业

为了从源头上保障中医药产品的质量,国家高度重视中药材产业的发展,先后出台了《中药材保护和发展规划(2015—2020年)》《中医药发展战略规划纲要(2016—2030年)》《"健康中国2030"规划纲要》等一系列政策和规划,从中药材资源保护、中药材规范化种植养殖、中药材现代流通体系建设等方面明确了中药材产业的发展思路。作为高原特色农业、生物医药和大健康产业的重要组成部分,中药材产业同样受到云南的高度重视。云南先后出台了《关于贯彻落实中药材保护和发展规划(2015—2020年)的实施意见》《云南省生物医药和大健康产业发展规划(2016—2020年)》《云南省生物医药和大健康产业发展三年行动计划(2016—2018年)》《云南省人民政府关于推进中药饮片产业发展的若干意见》等文件,从抓好顶层设计到强化工作措施,全面推进中药材产业的发展。

3. 腾冲中医药制药企业发展现状——以腾药、福德生物为例

3.1 腾药

3.1.1 简介

云南腾药制药股份有限公司(以下简称"腾药")成立于1956年,1997年改为股份合作制企业,2011年9月完成股份制改革,现已发展成为一家集中药材种殖,中药饮片研发、生产、销售、进出口贸易于一体的现代生物制药企业。公司先后荣获"中华老字号""全国五一劳动奖状"和"云南省著名商标"等多项荣誉,造就了安宫牛黄丸、藿香正气水等知名产品。公司与大理医学院合作研发了使用安全、疗效显著的国家二类新药心脉隆注射液,拥有自主知识产权。公司拥有国药准字批文130个,生产品种87个,2018年实现销售收入超过6.17亿元,

实现利润6 957万元;2019年1—6月累计实现销售收入2.87亿元,实现利润2 567万元。

3.1.2 产业规划

致力于将核心产品心脉隆注射液增补进入国家药品医保目录。心脉隆注射液销售额占公司年营业收入的50%以上,是公司业绩的主要增长点。作为心衰治疗领域的创新品种,心脉隆注射液已经进入12个省区的医保目录,在全国1 000多家医院被推广使用,但仍满足不了心衰患者的用药需求。公司力争将心脉隆注射液增补进入国家药品医保目录,满足更多心衰患者的用药需求。

美洲大蠊系列产品的开发利用。美洲大蠊是"云药之乡"的特色品种之一,除心脉隆注射液的研究开发外,公司未来将继续以美洲大蠊为原料打造创新生态产业链条,对美洲大蠊系列产品进行开发利用:一方面对目前已成功开发上市的牙膏、香皂、洗发水等系列功效日化产品加大市场推广力度;另一方面持续将美洲大蠊提取物纳入新食品原料,拓展产品开发路径,形成绿色循环产业链。

优秀传统普药的传承与创新。公司共拥有130个国药准字批文,一方面注重中医药传承,道地选材,尊法炮制;另一方面选择部分经典和市场前景较好的产品,开展标准提升及经典名方的二次开发,进行新适应证及新剂型的开发等研究,以适应市场及临床疾病的变化需求。

开展特色中药饮片及配方颗粒的研究与开发。"秉承古方/精品良药"形成公司独特的制药风格和品牌形象。作为"中华老字号"企业,公司在中药饮片加工炮制工艺方面具有良好的传承,同时具备一定的研究与开发能力。公司一方面将结合地方特色,推动并开展特色中药饮片的研究与开发,如美洲大蠊粉末饮片等;另一方面将借助腾冲本地资源优势,种植特色药材,打造绿色健康产业链。

3.2 福德生物

3.2.1 简介

腾冲市福德生物资源开发有限公司(以下简称"福德生物")为四川科伦药业股份有限公司(以下简称"科伦药业")的控股子公司。科伦药业创立于1996年,历经20余年发展,现已成为一家集生产、销售、研发、基地于一体的现代生物制药高新技术企业,拥有海内外企业100余家。科伦药业是全球最大的大输液专业制造商和运营商。公司主营业务包括美洲大蠊养殖,中药饮片生产,美洲大蠊功效日化产品开发、销售以及养殖技术咨询服务等。

3.2.2 产业规划

公司投资5 000多万元新建标准化美洲大蠊GAP(Good Agricultural Practices,

良好农业规范)养殖基地,年生产规模达150吨,是国内最大的标准化美洲大蠊GAP养殖基地。美洲大蠊干品主要满足公司重要保护品种"康复新液"的原材料需求。

3.2.3 调研发现

公司和母公司紧密合作,共同完成美洲大蠊相关药品生产的全环节:公司具有美洲大蠊养殖的地理优势(云南气候适合美洲大蠊生长)和技术优势(公司养殖历史久,养殖技术研发强,自动化程度高);母公司具有美洲大蠊原材料的加工生产及产品零售能力。公司主要产品"康复新液"凭借高效的创面愈合修复功效,在临床上获得了广泛的应用。公司致力于"康复新液"的学术推广,提高品牌在医院与药店OTC的认可度和知名度。公司致力于与高校和科研院所合作,一方面提高自身的科研能力,另一方面促进高校和科研院所科研成果的转化,实现资源共享、互利共赢。公司目前致力于拓展新的产品业务,并正投入资源进行美洲大蠊药食同源的研究,扩大中药饮片的产能。

4. 腾冲中医药产业发展中的问题与建议

4.1 问题

4.1.1 腾药心脉隆注射液进入国家医保目录难度较高

2019年,国家医保目录调整。在国家医保局的统筹指挥下,截至2019年4月,心脉隆注射液进入医保目录已经完成第一阶段全国医疗机构遴选专家医保品种基层调研遴选和国家医保咨询专家综合组的评审/专家评审组工作,着手开展全国专家投票工作。受中医药大环境影响,心脉隆注射液进入国家医保目录难度较高。

4.1.2 腾药美洲大蠊粉末饮片炮制标准申报问题

美洲大蠊在云南一直有研磨使用的历史,在多个疾病上产生了很好的治疗及预防效果,但因该药材没有粉末饮片炮制标准,无法合法生产和销售。腾药与福德生物合作,共同对美洲大蠊粉末饮片炮制标准进行研究,完成了标准的起草,并向云南省药监局药化注册处进行了咨询和申报,却一直未得到正式受理。美洲大蠊是云南特色养殖品种,截至2019年全国共有3家美洲大蠊GAP养殖基地,其中两家在云南腾冲(腾药与福德生物),另一家归四川好医生药业集团所有,目前四川好医生药业集团已实现美洲大蠊粉末饮片产品的上市销售。

4.1.3 行业监管日趋完善,准入壁垒逐步提升

近年来,国家提升了中医药行业规范,加大了对中医药行业的监管力度。与

此同时,中成药注册门槛亦有所提高。2017年10月,中共中央办公厅、国务院办公厅《关于深化审评审批制度改革鼓励药品医疗器械创新的意见》明确提出,对已上市药品注射剂进行再评价,力争用5至10年左右时间基本完成。腾药拳头产品心脉隆注射液为动物类中药注射剂,面临再评价压力。

4.1.4 地方竞争态势加剧,面临同质化压力

随着《中医药发展"十三五"规划》《"健康中国2030"规划纲要》《中华人民共和国中医药法》的相继颁布,各地抢抓机遇,加快发展中医药产业。昆明、文山、红河、普洱等州市已经在中药材种植、加工等环节加快布局。腾冲中医药产业要在与西南地区的竞争中实现赶超,必然面临更加激烈的资源、资本、人才等要素竞争。

4.2 建议

4.2.1 推进药品转型升级——利用中成药的再评价机会

充分利用中成药的再评价机会,成立产品二次开发投资基金。腾药拥有多个中药独家品种,可以从现有产品线中挖掘潜力产品,以剂型改良和新适应证开发为突破口,着力培育中药独家品种;同时,制订独家品种扶持计划,争取定价、招标、医保等政策优惠,进一步打造"腾药"品牌。

4.2.2 加大产业扶持力度——设立中医药产业发展基金

建立独立、透明的PPP项目监管体系。鼓励社会资本参股建立PPP项目融资子基金,采取股权投资等方式,增强项目的融资信誉,为PPP项目提供持续投融资服务。同时,大力保障中医药产业发展的用地供给。

4.2.3 推进药食同源合规——积极开发药食同源业务线

积极推动更多的道地中药材进入国家药典、药食同源原料目录、新资源食品目录,有力促进药食同源中药材的种植和产业化。鼓励以中药饮片、健康食品、化妆品、日化产品等形式进行开发,推进中药材深加工,朝预防、保健、康复、食疗等方向延伸发展。

4.2.4 增强企业品牌建设——实施多样化营销战略

利用企业内部销售数据和外部行业信息进行研究,对企业旗下普药、特色药、保健品等细分产品进行明确的品牌定位,制定合理的、多样化的营销策略。保健品、健康用品等或可打造更加年轻化的品牌形象。

5. 腾冲温泉康养产业发展现状

5.1 分类

腾冲的温泉康养主要分为以下四类:

（1）景区与温泉结合类。最典型的为腾冲的热海景区,热海景区内的温泉可用于水浴,也可进行天然蒸气浴,对循环系统、消化系统、神经系统等疾病均有较显著的疗效。游客可自行选择仅游览或购买游览+温泉套票,同时景区内还有多个温泉度假村。

（2）温泉酒店类。腾冲目前已建有数家不同规模、档次的温泉酒店,如悦椿温泉村、荷花温泉酒店、柏联温泉酒店、浴谷温泉酒店等,以优质温泉和清幽环境为主打,为顾客提供良好的温泉康养体验。

（3）农家乐类。腾冲周边乡镇拥有丰富的天然温泉资源,开发程度较低,多为村民经营。

（4）温泉小镇类。为满足国内外日益增长的休闲康养度假需求,加快腾冲旅游产业发展,提升腾冲旅游产业档次,提高腾冲旅游知名度,腾冲恒益东山休闲度假有限责任公司投资建设了东山国际康养度假区项目。项目规划用地约60亩,其中建设用地约25.6亩,规划客房约100间,功能区包括客房区、养生接待中心、温泉理疗区、餐饮区、课程工坊区等,其中包括集温泉旅游、温泉度假与温泉康养于一体的世界级温泉养生度假酒店。该项目依托腾冲本地气候、环境、景观等优势,结合项目地独特的温泉、森林、中医药、康复等养生资源,借鉴国内外温泉康养体系及温泉康养酒店的成功经验,制定出具有当地特色的康养产品组合及套餐,为追求身心健康的旅行者提供独一无二的假期体验,使其在享受悠然时光的同时提升健康状况,并获得持续平衡的生活方式;为希望休闲度假与温泉疗养相结合的旅行者提供温泉康养套餐,使其在舒适、放松的疗养环境中身体得到恢复。

5.2 优势

地理环境优越。腾冲是我国著名的地热风景点,地热资源极为丰富,全域目前发现有64个地热活动区,温泉群达80余处,水温高达93.36℃。因此腾冲的温泉资源极为丰富,以火山型温泉为主,形成过程为雨水降到地表,向下渗透到地壳深处,受高热、压力作用后,循裂缝上升涌出地表。此外,腾冲气候舒适,环境优美,适宜度假、旅游。

性价比高。相较于其他推行温泉康养的旅游城市,腾冲的物价较低,温泉的性价比也较高,且拥有不同档次的温泉康养区,可满足不同层次消费者的需求。

案例4　青海海东药企发展思考

1. 青海全益药业有限公司简介

青海省位于青藏高原,是"世界第三极"的一片净土,当地独特的自然环境造就了纯天然、无污染、原生态的生物资源。当地拥有优质牦牛、冬虫夏草、枸杞等诸多生物资源以及丰富的天然生物资源,青海全益药业有限公司(以下简称"全益药业")致力于开发当地优质的生物资源,通过科学、健康、绿色的技术对本地的生物资源进行再制作、深加工。这一方面促进了青海省当地生物资源的合理有效开发,另一方面也通过先进的科学技术使消费者能够最大限度地吸收优质生物资源的营养价值,有益于身体健康。全益药业作为"防病健康产业"的先行者,秉承"预防成就健康"的理念,全心全意为消费者打造机制安全+有益的健康产品。

2. 全益药业 SWOT 分析

2.1 优势

新鲜优质原料加工。牦牛来自 3 500 米海拔的高寒雪山草地,只吃天然牧草,无农药和兽药残留风险;屠宰后 4 小时内鲜皮加工,无霉菌毒素风险。

采用先进的设备和严格的制药技术。严格的制药工艺实现了产品自始至终的抑菌控制。

2.2 劣势

品牌知名度较低。中国东部地区六个省市(北京、上海、广东、山东、江苏、浙江)保健品企业的市场份额占行业总量的 60% 以上,市场明显向东部地区倾斜,而具有丰富传统保健品资源的西部地区保健品企业数量少、知名度低。

营销途径单一。全益药业销售市场未完全打开,主要在亲朋好友间采取口碑营销,效率较低且难以拓展。

2.3 机会

人均收入增长。保健品行业最核心的需求驱动因素是人均收入,更高的收入意味着消费者可以在保健品方面支出更多,而行业规模也随着消费者人均收入的增长而扩大。2017 年,中国人均 GDP 已经超过 8 800 美元,意味着保健品在中国正逐步从高端消费品、礼品转变为膳食营养补充的必选品,人均收入提高带来保健品需求的拐点式增长。

人口结构老龄化。驱动中国保健品行业快速发展的另一重要因素是人口结构老龄化。从国内外的经验来看,老年人是保健品使用的首要人群,中国未来人口结构的加速老龄化将进一步拉动中国保健品市场的需求,凸显了行业的历史性机遇。

健康知识普及。随着网络与新媒体的逐渐流行和普及,大众接收健康知识的途径和频次相较以往有了非常大的提高,健康意识愈加强烈,对自身的健康情况、保健品选择、养生方式等有了更加深刻的认识,从而带动了健康产业的蓬勃发展。

礼尚往来是中华民族的传统礼仪。保健品作为逢年过节时向长辈馈赠礼品的一个很好的选择,再加上在中国具有药食同源的养生文化,所以保健品一直都具有巨大的发展潜力,保持稳定发展的态势。

2.4 威胁

行业进入门槛低。行业内企业注册资本普遍较低,销售型企业是主流。销售驱动、轻资产运行、生产外包是行业普遍现象。由于营销是行业竞争的核心要素,产品质量、研发等环节对行业影响较小,因此只要营销可以打开市场,生产往往就可以外包处理,导致行业门槛较低。

行业监管弱。由于监管较为宽松,未严格执行保健食品入市标准,大量普通食品也可以作为保健食品进行销售;同时,由于拥有较高的利润水平,行业吸引了大量企业进入,共同造成了大量小企业充斥于保健品行业的乱象。

消费者购买习惯。中国消费者购买保健品更多的是来自"朋友推荐",普遍缺乏独立判断能力,对保健品广告宣传缺乏信任感。

保健品对健康的促进作用缺乏量化数据支持。一直以来,保健品对健康的促进作用是相对泛化的,市面上各种保健品功能雷同,在消费者对健康的认知水平不断提高、信息越来越公开透明的今天,将使用保健品过程中身体状况的逐渐提高以可视数据的形式展现在消费者眼前,既是增进消费者对产品的肯定、为其提供更科学的专业健康指导的需要,又为保健品行业提供了更健康、良性的竞争环境。

保健品的非系统化。在目前以医院为核心的健康体系中,保健品的作用似乎显得可有可无,在人们对健康的重视逐渐从疾病治疗转向疾病预防和健康促进的过程中,保健品能否随健康管理行业的蓬勃发展一起拨云见日,并纳入这个新的健康体系显得格外重要。保健品、运动处方等都是健康管理的重要组成部分,如果众多保健品能从疗效单一的补充产品纳入健康处方,系统化地提供健康服务,消费者根据健康管理公司的专业科学化指导使用保健品,而不是自己通过各种媒介的宣传盲目地使用,就可以真正满足消费者对提高自身健康状况的需求,有利于消费者对保健品的长期使用并提高其认可度。

3. 发展建议

3.1 做最好的产品,寻求数据支持

起初,全益药业的研发中心位于北京。为了获得最好的原料来源,全益药业在青海建立工厂,用材取自天然牦牛皮,并采用药用级的生物酶解法和严格的冷冻干燥工艺。用企业负责人王铨的话说,企业已经将胶原蛋白在整个行业尽可能做到了极致。2018年,全益牦牛胶原蛋白通过中国航天员科研训练中心航天营养与食品工程研究室专家的考察和论证,成为应对航天员太空钙流失研究项目的合作品种。这为产品提供了重要的背书,将提高消费者的信任度,强化其持续消费心理。

3.2 开拓F2C(厂商到消费者)的营销模式

基于胶原蛋白需要长期服用导致花费高昂的特点,全益药业放弃了可能引发冲动消费的短期广告宣传,而是通过消费者到企业参访、对消费者进行健康知识的传播等形式与其建立长期的联系。与其他营销模式相比,通过体验营销获得成功的企业为数不多,也面临传播速度慢的问题,但在如今信息爆炸、商品琳琅满目的时代,拥有稳定、有感情联系的客户无疑是一笔巨大的财富,既然全益药业勇于选择突破传统,其面对的必将是一条崎岖但更具前景的道路。

3.3 新增客户采取精准定位,扩展渠道战略

公司客户来源可以分为以下六个部分:①专业需求人群。宇航专用食物、术后康复治疗(营养补充剂)。②有胶原蛋白消费习惯的人群。可以通过在知乎回答有关问题、微博发布科普文章、成为行业讲座专家等积累粉丝,吸引有相似消费习惯的客户。③企业采购部门。企业会有一部分预算在日常激励过程中和年会等活动上发放奖品,牦牛胶原蛋白冻干粉包装精美、质量上乘,是活动礼品的理想选择。④旅游团。建立与青海旅游团的合作,在观光线路中增加对全益药业工厂的参观,现场可以购买产品或者下单快递上门。⑤美容院线。建立与美容院的合作,配合医疗美容服务补充食用公司牦牛胶原蛋白冻干粉,给予美容院一定比例的抽成。⑥自媒体达人试用推广。建立与自媒体达人的合作,通过寄送试用装、邀请参观工厂等方式,增加其对公司及产品的认知和信任,从而将产品推荐给平台粉丝。

（三）数字化背景下农副产品企业转型升级与品牌建设

农业农村农民问题是关系国计民生的根本性问题，党的十九大提出实施乡村振兴战略，强调"三农"问题是全党工作的重中之重。近年来，农业农村现代化加快推进，农村制度改革向纵深发展，农村产业体系不断完善，农村基层工作队伍成长壮大，许多农副产品企业也依托特色农业资源，在自身发展的同时，为乡村振兴、脱贫攻坚、品牌建设等事业做出了重要贡献。2021年中央一号文件继续强调，要推进现代农业经营体系建设，支持农业产业化龙头企业创新发展、做大做强。同时，品牌建设贯穿农业全产业链，是助推农业转型升级、提质增效的重要支撑和持久动力。农副产品企业的转型升级和品牌建设既面临巨大的机遇，也面临不小的挑战。

数字化带动了电商行业的发展，农副产品企业也依靠电商进行宣传与销售。然而，各地情况不尽相同，传统的电商行业可能无法适应企业在当下的发展需求，部分企业的电商销售效果也未尽如人意，市场营销、宣传推广仍有可发展、完善的空间。另外，在消费结构升级的背景下，企业产品面临局限化、同质化问题，在竞争日益激烈的市场上发展壮大的机会稍纵即逝，企业亟待转型升级。新机遇、新问题、新困难推动着企业应用新技术、开拓新思路、发展新业态。

数字化背景下，农副产品企业要大力发展电商渠道，拓宽营销方式，与物流、销售环节线上线下联动，充分利用直播、公众号、App、电子商城等渠道扩大企业的影响力；注重品牌建设，与周边企业合作打造平台，联系高等院校、设计单位打造升级产品，提升顾客参与感和满意度，加快电商企业品质化、品牌化、品位化进程；塑造企业文化，加强员工培训，注重人才培养和引进，维持企业的创新意识与创新活力；采用先进的技术手段，助力农副产品的生产和加工，促进智慧乡村和城镇化建设。

案例1 山东滨州"淘宝村"

早在两汉之前，齐鲁地区就凭借其地理优势，发展渔盐桑麻，并在历史长河的很长一段时间内依靠地区特色产业，发展区域商帮，在中国的商业版图中留下了灿烂的一笔。如今的滨州也成功地利用其传统优势产业和地区优势资源开辟了一片广阔天地，比如积极挖掘老粗布和草柳编传统文化符号的商业价值，并借此发展出中国最早的一批淘宝村。

依靠传统优势产业发展特色产业能够塑造具有独占性的竞争力,抢占市场份额甚至形成垄断性优势,充分挖掘当地的资源优势而不致浪费,同时也可以起到传承和发展优秀传统文化元素的作用,是一条效率很高、收益多元的发展道路。但如果不对传统产业进行创新升级,开拓新的增长点,那么这便是一条越走越窄的道路;同时,如果将这条发展道路定位于经济社会发展的主轴,便会使城市的发展束缚在一隅天地之间,忽视、错过其他产业的发展机遇。

40多年来,滨州也继续发扬着历史上善于把握商机的传统优势。改革开放的信号一发出,在齐鲁大地上,一些日后的商界翘楚便伺机而动。中国电商苗头刚刚萌发,滨州就紧跟时代春风,发展出中国最早的淘宝村。在2013年评选的20个新淘宝村中,山东省有4个,其中滨州就有2个。结合当年县域电子商务发展指数,滨州的县域电子商务起步很早,且在早期就取得了不错的成效。

作为阿里研究院较早确定的14个淘宝村之一,滨州市博兴县湾头村草柳编电子商务自2008年兴起,到2016年迅猛发展,实现网上年销售额3.1亿元。在"互联网+"行动战略的指引下,通过调研湾头村电子商务存在的问题和发展瓶颈,提出相应对策,我们希望为博兴县乃至全国电子商务的创新发展、转型升级、集聚发展等提供支持。

1. "互联网+"背景下湾头村电子商务发展现状

"互联网+"时代的核心是连接一切、开放协作、跨界融合。湾头村地处山东省博兴县,坐落于麻大湖湖畔,适宜的地理环境为芦苇、蒲草提供了天然的生长环境。根据相关资料记载,草柳编工艺自清朝以来就是湾头村主要的谋生方式,传统的技艺在"互联网+"的大潮下迸发出了巨大的能量。

1.1 "互联网+"对地方经济的影响

1.1.1 产业规模迅速扩大、带动效应不断增强

在"互联网+"的推动下,湾头村2016年1 617户村民开设了700多家网店,其中天猫店5家。湾头村从事草柳编工艺的有2 000余人,实体店30多家,形成了草柳编一条街。店铺年均利润达10万~100万元,使4 100户低收入户增收,实现了贫困人口脱贫。同时,草柳编电商产业的发展带动了周边运输、包装、物流、配件等相关产业的发展,形成了产供销一体化、包运专业化的营销模式。同城网购24小时送达,打通了物流配送的"最后一公里"。此外,还带动了餐饮服务、租赁服务、超市经济等相关产业的发展。

1.1.2 推动产业发展效果明显

当地政府从整体布局出发,积极组织村里的创业者参加山东文化产业博览交易会、中国非物质文化遗产博览会、天然纤维编织(草柳编)暨工艺品创新博览会,与此同时,博兴县积极争取建设全国电子商务进农村综合示范县,斥资2亿元规划建设中国草柳编文化创意产业园,产业园有专门针对大学生的公寓式孵化器,为人才提供发展平台。

1.2 "互联网+"对地方社会的影响

1.2.1 发展活力初步显现

"互联网+"不但实现了人与物的连接,在当地还实现了人与信息的连接、人与服务的连接。在淘宝销售的同时,博兴县湾头村的村民实现了从"卖全国"到"买全国",其网购消费能够占到全部消费的80%。村民消费的产品主要集中于衣服、鞋子等生活日用品,以及手机等电子产品,"互联网+"连接一切的思维已经融入博兴县湾头村村民的精神世界之中。

1.2.2 生活层次、精神层次显著提升

"互联网+"还改善了村里人与人之间的关系,由于淘宝村的发展壮大,一些常年在外打工的务工人员逐步返乡创业,在家乡致富,因此在很大程度上解决了农村的留守儿童和空巢老人问题。此外,村里的年轻人之前很多无所事事,对社会稳定造成了隐患,现如今,年轻人运用互联网进行经营,社会治安也改善了很多。

2. "互联网+"背景下湾头村面临的问题

2.1 产品同质化、竞争力小

在"互联网+"时代,消费者对产品的感知发生了翻天覆地的变化。

调研问卷显示,湾头村51%的商家认为,同村的产品同质化严重,经营的产品主要集中于草柳编工艺品以及藤椅、茶几,创意产品和私人定制产品寥寥无几;此外,销售的产品大多数无专业人员设计,网商缺乏知识产权保护意识,注册品牌的产品更是屈指可数。在价格方面,网商之间相互砸价,行为不规范,普遍存在"划线价"问题,即在标示商品价格时,标的是其原价,然后用横线划掉,却又并未对横线价格的来源标明出处,容易引起价格举报,存在一定的风险。

2.2 人才缺乏、人才培养缺失

产品同质化的主要原因如下:40%的店家认为,产品缺少专业人员设计,从

业人员中本科及以上学历人员仅占10%,高中学历人员占30%,初中及以下学历人员占60%,高学历人员比重偏低,真正懂设计、营销推广、促销策划等的专业人员不到10%,制约了电商的发展;而32%的店家认为,导致产品同质化的原因还包括电商的生产销售模式多以个人、个体工商户的家庭作坊式模式为主,提供的货源雷同,都是自家包装,个体之间缺少沟通和协作,市场资源没有得到有效的整合。

同时,调研中的80后、90后表示,他们基本没有意愿去学习传统工艺草柳编,许多同龄人不愿意返乡创业,其最大的原因是返乡创业不能致富(79%)。虽然湾头村经济、社会面貌有所改善,但是年轻人返乡创业的热情和积极性仍然不高。同时,很多80后、90后认为,乡村的养老、教育等相关设施不健全,即使创业成功也无法享受到与大城市同等质量的生活。最后,80后、90后还认为,返乡会被同学朋友"看不起",认为年轻人出去打拼才有面子。

2.3 平台建设(产业园建设)迟缓

草柳编文化创意产业园于2014年投资建设,而在调研过程中我们发现,园区发展现状仍存在诸多问题:第一,产业园建设基本处于配套路网已开工建设、招商洽谈工作刚刚开始阶段,多数商家目前对产业园基本处于观望状态。对于是否进驻产业园,多数商家认为其运作模式已经完善,无须进驻。第二,多数商家对产业园的相关配套设施和未来发展持保留意见,其主要担心进入产业园的资金问题(69%),以及政府对其扶持的力度问题(12%)。第三,发展农村电子商务与地方招商引资的传统观念不一致,传统的招商引资主要以大项目、大产业为主,往往忽视了农村电子商务的业态,同时,大部分商家也担心产业园的建设中出现诸如产品雷同和网店简单复制等问题。

2.4 大数据运用不足

我国正在积极试点建设"智慧城市",而博兴县湾头村目前的信息收集、整合、利用、发布、更新能力不足,大数据平台仍未建立健全,政府的信息公开和平台建设与农村真正实现信息化还有很大的差距,其中面临的主要问题包括村民不懂电脑、手机等上网设备(70%),没有电脑、手机等上网设备(21%)等。

然而,随着移动互联网的深入发展,手机的使用使得收集、发布相关数据信息成为可能。博兴县湾头村网络基础设施的覆盖率已经超过九成,但是仍有极少数地区未实现网络覆盖。只有利用大数据技术深入分析湾头村草柳编相关市场,才能真正对村民有所助益。

3. "互联网+"背景下湾头村发展建议

3.1 产品升级、品牌化建设

通过增加消费者的体验和参与,让产品的感知价值逐步提升。消费者可以作为设计者设计草柳编产品,参与到整个价值创造的过程中,这样其对产品的认可度和理解度也会大大提升。湾头村可以建立"草柳编学堂""草柳编体验园"等相关体验性项目,将草柳编打造成传统工艺和传统文化的展示中心,消费者在参与设计和体验文化的过程中,会对"互联网+"产品、线下与线上、虚拟与现实有更加深入的了解。

同时,加强品牌建设,通过龙头企业(如目暖、棉世纪等)的带头作用和宣传作用以及政府的参与,规范产品市场,提升品牌价值。积极成立特色化生产企业或电商产业合作社,降低产品的单位成本,实现利润最大化,加快电商产业向品质化、品牌化、品位化发展。

建议由政府协调高等院校、设计单位,对草柳编进行设计提升,打造吸引眼球的"爆款"、精品,做好策划包装,并依托展览会等平台进行宣传推广。同时,充分发挥草柳编行业协会的作用,划分行业类目,加强行业自律;发挥政府第三方监管、质监平台的作用,共同做好产品的质量检测与把关,并做好打击假冒伪劣、侵权工作,维护市场秩序,保证网上交易的信誉度。

3.2 人才培养、校企合作

由于农村的教育、医疗、养老等相关设施不健全,电商人才和管理人才更倾向于选择大城市,因此相关人才严重缺乏。当地政府应从物质、精神、文化等各个层面提供优惠条件,推动大学生返乡,吸引高素质人才。"互联网+"背景下的人才培养体系,需要全方位、立体式打造。湾头村村民物质、精神生活的提升,从另外一个方面也对政府打造人才培养体系提出了全方位的要求,解决外来人才不愿意来湾头村发展及本地人才不愿意传承传统工艺的根本途径,不仅仅是网商与当地高校、教育机构进行合作培养人才,而更应该从教育、医疗、养老等各个方面对湾头村进行全面打造和提升,让人才能够涌入湾头村并愿意留下来,打破城市与乡镇的壁垒,将城镇化建设真正落实到实践中,让人才无后顾无忧,推进"大众创业、万众创新"。

加强校企合作,借鉴之前与中央美术学院长期合作的经验,加快推进草柳编创意创新,更多融入设计元素,促进草柳编产品由"博兴制造"向"博兴创造"转变,打造一批真正能够传承中国传统技艺的匠人,将新动能与传统动能相融合。

3.3 产业园建设、标准化生产

湾头村的企业具有本地化、扎根性特征,是由人缘、地缘、亲缘关系交织形成的网络社会。目前,湾头村产业集群的发展仍处于较低阶段,产业园的规划仍处在起步阶段,产业集群的核心需要进一步打造。

"互联网+"背景下提出的平台建设,为湾头村的发展提供了新的方向。政府应将产业园真正打造成电商产业园地,园区的基础设施、物流、仓储等相关设计应落实到位,采用大学生创业贷款免息等相关优惠政策,扶持产业园的发展;在产业园推广标准化生产和协作发展,借鉴同为电子商务村的顾家村的经验,制定相关的生产标准。值得一提的是,博兴县已经建立省级综合检验监测中心,从原材料柳编的选取到编织工艺再到成品细节,均按标准进行检查,并聘请相应的有编织经验的工人打包,确保将出货品的瑕疵率降到最低。

3.4 大数据平台打造、智慧乡村建设

加强湾头村的信息化建设要用大数据思维,通过合适的方式把信息传递给村民,重视信息的发布、加工、采集和整合,对信息进行深入挖掘,提供给村民有用的、有价值的信息,打破"信息孤岛",以期最终消弭城乡"数字鸿沟",缩小城乡差距。政府相关部门应完善顶层设计,对湾头村的信息进行规划、统计、监测,将大数据的管理方式运用到湾头村的管理中,打造智慧乡村,进行大数据平台建设,全面收集村民信息,针对村民需求进行产品和相关知识培训,使村民足不出户就能提高网店运营能力、产品设计能力及相关营销能力。此外,要用大数据思维不断对产品市场及相关数据进行更新,帮助村民面对市场需求做出理性的判断,同时,针对"互联网+"背景下的经济纠纷、法律常识,在大数据平台上予以解释和说明。

当地政府可以通过组织培训,教会村民如何咨询问题、如何上传信息、如何获取信息、如何运用信息等,对大数据背景下收集、运用信息进行普及;顺应"互联网+"时代的信息与网络技术趋势,推广大数据、移动互联网等技术,带动湾头村社会生活各方面的发展,促进教育、医疗、交通等各方面与互联网深度融合,推动智慧乡村和城镇化建设。

案例2 山东日照电商产业

1. 现状:国内传统电商模式在当地并不适用

以淘宝、京东、拼多多为代表的传统电商满足了商品在全国范围内的流通,

打开了全国商品输送到当地市场的下行渠道,但并没有打开当地商品输送到全国市场的上行渠道。换言之,尽管当地居民能够从三大平台购买来自全国的商品,但是难以通过三大平台销售当地生产的商品。其原因如下:

1.1 本地商品在全国市场上不具有竞争力

本地商品多为农特产品或小品牌、小规模轻工业制品,这些商品在当地及周围市县可能具有一定的知名度与客户黏性,但在同种商品数万家商店同台竞争的全国市场上缺乏品牌优势与地域优势。在同等价格下,消费者更倾向于购买同种类的大品牌商品,因此若想在全国市场上获得销量就必须大幅压低价格,而这将导致生产者少利可图。

1.2 本地商品销售期短,不适用于传统电商模式

鲜果类农特产品在当地产品中占有较大份额,而这类产品具有保质期短、销售期短的特点。以桃为例,桃的成熟期仅有一星期左右,在采摘之后会较快腐烂,因此生产者必须在这一星期的时间内将产品全部售出。传统电商平台在很大程度上依据销量对商品显示进行排序,商家必须先通过一定的前期销售获得销量才能使自己的商品被消费者看到,这显然不适用于销售期极短的鲜果类产品。即使采用刷单的方式获取热度,通过这些平台进行销售的数量依然比较有限,并且会带来额外的成本与风险。

1.3 传统物流存在多余成本

传统的物流调配模式以市为基本单位,商品从乡镇A运送到同县(甲)的乡镇B要经过"乡镇A—县城甲—市中转站—县城甲—乡镇B"的调配路径,而非从乡镇A直接运送至乡镇B。因此,县域范围内的物流存在成本浪费,本地商品对县域内的消费者而言并不会因距离较近而具有运费上的价格优势。

1.4 县域内电商不联通

县域内,生产者并不能通过传统电商将本地商品顺利销售给本地消费者:本地消费者通过三大平台进行选购时,本地商品相较于全国同种商品并不具有特殊性,并且出于上条所述原因在运费上并无显著优势。因此,本地消费者在进行购买时并不会特别倾向于选择本地商品。另外,相较于同类的大品牌商品,本地商品在三大平台上热度较低,本地消费者在选购时只能看到外地大品牌商品而看不到本地商品,导致本地消费者买得到全国商品却买不到本地商品。传统电商平台联通了全国商品与本地消费者,却未能在本地商品与本地消费者之间构筑有效通道,导致效率损失。

2. 案例：莒县县域电商——创小店 App

2.1 创小店会员构成社群，佣金激励促进流量裂变

2.1.1 简介

个体商家在创小店 App 上开店，App 会员既可以在社交平台上建群并在其中分享商品链接，也可以在个人所在社交平台上分享链接，并根据销售成果获得返利。在此模式下，一个商品链接能够一传十、十传百，实现流量裂变。

2.1.2 具体介绍

创小店 App 以"社区电商，社交电商，社群电商"为定位，社群主要由莒县居民构成。会员制集消费与创收于一体，创收主要分为自己开设店铺、分享商品链接、邀请码注册三种途径。

自己开设店铺方面，创小店 App 通过引入"网络个体户"的概念，解决了传统个体户固定营业成本高昂的问题。个体户依托创小店 App 开展销售业务，以既有社群为客群支撑，从而降低了进入门槛，保障了营收。分享商品链接方面，由于目前创小店 App 社群集中于莒县当地居民，有限的规模使得共享社群成为可能。会员借助微信等社交平台分为多个小群，在群内分享商品链接（实现销售）可以赚取佣金，从而为会员的分享传播提供充足的激励，而分享商品链接的快捷性和便利性保证了商品在短时间内迅速实现大面积扩散。邀请码注册方面，采用二级分销模式，会员可以通过将邀请码分享给其他会员赚取二级佣金。

截至 2020 年 7 月，创小店 App 共计注册"网络个体户"32 750 名，间接带动消费者达 50 万人，商品交易总额共计 4 107 万元，拓展县域 2 个，个体工商户、农户开设店铺 571 个，有效带动了当地居民创业致富。

2.2 本地商品实现去中间化，依托四大平台丰富自身商品资源

创小店 App 的"社群平台+网络个体户"模式为本地商品上行提供了途径，解决了农产品不耐存放需要短时间内大量售出的问题。同时，由于全国市场上商品竞争同质化严重，莒县当地商品尚未在全国打响品牌，但商品在本地知名度、认可度高，有一定影响力，存在大批潜在客户。此外，创小店 App 为本地商品由生产商到消费者建立了直接桥梁，略去了中间经销商带来的附加成本，保证了相对低廉的商品价格。本地商品种类有限，创小店 App 与淘宝、京东、拼多多、唯品会四大平台签订协议，借助平台商品丰富自身商品资源，真正实现"消费者想买什么就买什么"，达成对消费者需求的全方位覆盖，保证家庭生活 80%所需物品都可在创小店 App 上购得。

2.3 整合同城物流,降低物流成本

开发"全域物流"App,整合县域内空闲的物流资源,构建县域内高效的运输网络,有效利用既有而未充分利用的物流车辆。例如,对于仅使用了载重量一半的运输车辆,车主可自愿在全域物流 App 上接单,利用剩余载重量运送额外商品。此外,通过建设全域智慧物流配送系统,可以显著降低运送成本。截至 2020 年 7 月,全县已在长岭镇、阎庄镇、峤山镇等多个镇设有村级电商服务站(共 157 处),保证每笔订单送达全县所有乡镇和小区仅需 1.5 元,并推出当时达、当日达、次日达三种配送模式,大幅提升了县域内物流的运送效率。

2.4 "数字乡村"实现农产品溯源

利用传感器对农产品产地的土壤、水源、空气成分等数据进行实时监测,通过溯源二维码为消费者提供农产品生长环境的实时报告,实现农产品流程追溯,使消费者放心购买。

3. 特色:莒县"网红经济"

核心模式——"网红矩阵"产生大量流量,实现高效快速销货。莒县网红经济主要以娴雅传媒为载体展开。娴雅传媒是一家抖音、快手官方认证的 MCN(Multi-Channel Network,多频道网络)机构,旗下主播的粉丝总量近 700 万,免费培训网红主播并统一管理,提供 800 款农产品完善的"一件代发"服务。头部网红打造不易,莒县转而采用培养大量小网红的方式扩大流量。通过不同年龄、类型的网红吸引各类潜在用户群体。

莒县通过培育中心集中培养、孵化当地网红,依托抖音、快手等网络直播平台向全国进行带货销售。相较于传统电商平台,网红直播带货能够吸引原本对特定种类商品没有需求的潜在消费者,使之产生需求并进行购买。此外,网红直播带货的销售时间集中、单位时间售出量大,可以在数小时内销售完淘宝数日的销量,适用于当地生产规模小、不耐储存、销售期短的农产品。

4. 发展建议

打造当地品牌,将区域内农产品整合到一起,通过统一标准与质量抽检保证产品质量,通过包装、售后服务打造品牌竞争力;依据农产品质量,分级、分价格售卖;筛选特优或特色产品进行精包装与宣传,争取扩大市场份额;在县、市、省范围内打造品牌影响力。对于购买商品的消费者,可以向其推广同品牌的其他商品,并利用优惠、会员制提升消费者黏性,获得稳定的消费群体。

对于创小店 App 的发展，在个体经营店铺的 C2C 模式之外，扩大并完善商城自营的 B2C 模式，为消费者节省筛选、分辨商品的时间。在生产端以及质量检测、售后服务方面与面向全国市场的网红充分合作，为网红带货提供生产端、运输端的支持。

对于"数字乡村"，其效果不如对产品质量进行检测与筛选：消费者对农作物生长环境的指标不了解，缺乏相比较的对象；看到农作物生长时的土壤、空气监测数据，并不能对应理解其产品质量。另外，监测数据易于造假，难以获得消费者的信任。因此，监测数据限于农户进行自我监测与管理即可，不应期待其对销售起到显著作用。

对政府来说，如果经过继续观察发现，创小店、全域物流的经营模式被证明有效且能够持续运营良好，则可以将该模式扩展到周围市县并在政策上提供支持。

5. 展望：数字化背景下的品牌建设与品牌管理

为了实现数字化转型，首先需要相应的制度改革。数字化转型的实现离不开政府的参与、规划和扶持，也离不开相关产业机构的建立和管理。一方面，需加大政府对产业发展规划的参与力度，另一方面，可以建立产业协会，在数字化背景下，实现政府与产业协会的分工协作和优势互补。

以茶产业为例，日照市内较大的茶叶企业可组成产业协会（由当地民政局进行注册管理，由农业农村局进行业务指导），汇集知名度较低的品牌，合并成立统一的"日照绿茶"品牌，并作为品牌的持有人和管理主体。地方政府与产业协会分工协作，由地方政府主导并推动品牌影响力提升，产业协会则负责对品牌进行日常管理。这种模式既实现了政府资源向品牌价值的转换，又发挥了社会组织直接参与市场交易活动的灵活性优势和行业协会内部监管的低成本优势。

政府方面，以政府的名义建立日照市农产品数字化销售平台，并在各大电商平台上建立集中销售日照市农产品的店铺（例如，专销"日照绿茶"的店铺或小程序等）；汇集日照市较为分散的农产品生产商并对农产品进行集中销售，用政府的信誉为农产品质量背书，使消费者更容易产生品牌信赖；利用政府的资源进行宣传（例如，为"日照绿茶"获得重大活动专供冠名权），提高日照市整体的农产品知名度，打响日照市农产品的招牌。

此外，收集散户茶农的种植数据，包括年产、买方反馈、季度性变化等质量指标,对不同茶农进行分级归类,以便后续的资源整合和指标激励。在不断利用政府沟通能力与行政资源助力品牌影响力提升的同时,产业协会作为品牌持有人,在政府领导下进行具体的品牌管理工作。在数字化销售环节,产业协会对日照农产品销售平台及电商平台上的直销专卖店进行产品检查、公示与宣传,保证销售的农产品质量过关。在信息服务环节,产业协会可以创办农产品门户网站,收集并共享市场信息,实时发布农产品及相关物流和劳务资源的供求信息、价格走势和地区比较资料等。

(四)重污染企业转型升级

长期以来,以煤炭、化工等为代表的重污染行业为推动地方经济发展发挥了重要的引领作用,但是随着中国经济进入新常态,从追求高速发展转向追求高质量发展,推动重污染企业转型升级、实现绿色协调可持续发展成为迫在眉睫的任务。

《中华人民共和国国民经济和社会发展第十四个五年规划和2035年远景目标纲要》提出:"推动资源型地区可持续发展示范区和转型创新试验区建设,实施采煤沉陷区综合治理和独立工矿区改造提升工程。推进老工业基地制造业竞争优势重构,建设产业转型升级示范区。"推动重污染企业转型升级,要贯彻创新、协调、绿色、开放、共享的新发展理念,加大技术研发投入,面向市场需求,实现经济效益、社会效益、生态效益相统一。

案例 山东济宁碳素集团

近年来,伴随着国家对化工过剩产能的调整、国际政治环境稳定性的下降,以及国内需求端增长的乏力,实体经济在很长一段时间内的表现都不及市场预期。受市场大环境影响,2018年济宁市任城区化工产业经济增速明显下降,而各项环保政策的相继出台在一定程度上抑制了化工企业的扩张,碳素集团、卡松集团等化工民营企业营收状况较之前也呈现疲软的态势。

为了了解在实体经济萎靡的背景下发展普遍不及预期的第二产业中小企业的现状,我们通过走访济宁碳素集团下辖的主要子公司晨光、辰星、辰阳,了解济宁碳素集团化工产业链集群的演变历程,结合对一线工作人员和公司高管进行访谈收集的信息,对预焙阳极、煤化工等进行行业分析,整合政府公开资料对济宁碳素集团发展进行概括总结。以济宁碳素集团为研究样本,我们将对业已成熟的预焙阳极和煤化工板块进行适当的生产流程介绍及上下游分析。

1. 集团简介

山东济宁碳素集团有限公司(以下简称"济宁碳素集团")始建于1987年,是中国民营企业制造业500强企业、山东省百强民营企业、国家高新技术企业、山东省文明单位。集团拥有三大产业园区,业务涉及冶金、热电、房地产、金融、精细化工、机械加工六大行业,下辖山东晨阳新型碳材料股份有限公司、济宁辰光美博化工有限公司、济宁科能新型碳材料科技有限公司等十余家控股、参股及全资子公司。主导产品铝用预焙阳极产能50万吨/年,煤焦油精细化工产品产能60万吨/年,位居全国同行业前列。拥有国内种类最多、链条最长、水平最高、规模最大的煤焦油精细化工产业链。产品出口到美国、加拿大等十多个国家和地区,年出口量20余万吨,创汇1亿美元以上。集团在国际市场上享有较高的声誉,连续多年被世界铝业巨头美国铝业评为全球最佳供应商。

集团拥有国家级企业技术中心、国家级碳素实验室、国家级煤化实验室,建有南非皇家科学院院士工作站、武汉科技大学博士后创新实践基地、泰山学者领军人才研发中心,并与中南大学、湖南大学、武汉科技大学等高等院校建立了紧密的产学研合作关系,形成了全方位的人才培养、成果转化、技术指导、合作交流机制。

近年来,集团积极主导和参与起草国家标准、国际标准,获得国家专利60余项,其中发明专利10余项;取得各类创新成果500余项,其中省部级以上创新成果40余项;出版科技专著4部,翻译国外著作4部,在国家级刊物上发表科技论文100余篇,在国内外同行业中拥有较高的知名度和较大的影响力。

2. 集团业务概述

济宁碳素集团经过几十年的发展已经成为山东省知名的民营企业,综合运营能力不断增强。2019年,实现营收21.3亿元,其中阳极占比50.0%,环保新材料占比42.5%,房地产占比5.0%,金融占比2.5%。在营收实现增长的同时,集团的利润进一步增加,2019年净利润超过2亿元,这标志着集团在经营管理等方面的改革取得了一定进步。

2.1 阳极板块

2.1.1 预焙阳极用途

预焙阳极又称铝用炭素,应用于电解铝行业,电解槽和阳极炭块几乎与现代冶炼铝的方法同时诞生,因此电解铝行业是预焙阳极行业的直接下游,二者同属于典型的强周期性行业。预焙阳极是电解铝生产过程中不可缺少的原料,预焙阳极在电解铝生产成本中占比约为14%,生产1吨电解铝需要约0.49吨预焙阳极。预焙阳极的质量对电解铝的生产技术和产品质量有十分重大的影响,同时下游电解铝行业的发展情况也将直接影响预焙阳极行业的发展,电解铝行业结构优化、环保减排、技术改善的发展趋势,势必推动预焙阳极生产工艺的不断改进和产品质量的不断提高。

2.1.2 生产工艺

预焙阳极的生产以石油焦为原料,以煤沥青为黏结剂,经过石油焦煅烧、中碎、筛分、细碎、煤沥青熔化、配料、混捏、成型、焙烧等工序加工制作而成。石油焦、煤沥青为预焙阳极行业的直接上游,其中石油焦是预焙阳极生产的骨料,占预焙阳极总重量的80%以上。石油焦是炼油过程中产生的副产品,其质量指标波动较大,其质量的稳定与否对预焙阳极质量有较大的影响。

2.1.3 阳极类别

国内大部分铝企最初使用的是自焙槽,几乎没有预焙阳极市场。在自焙槽投产时,由人工焙烧出一块阳极并将其放在电解槽上,此后定期在阳极上增加一些阳极糊,利用电解槽发出的余热焙烧成型,这样一边消耗一边补充,不需要更换阳极。但是自焙槽在电解铝生产过程中沥青挥发物、氟、粉尘、二氧化硫等有害物质的排放量远远超过了《大气污染物综合排放标准》。

相比之下,预焙槽的阳极是预先焙烧好的,工厂利用铝导电杆和钢爪将已焙烧成型的阳极块组装到电解槽上,随着电解槽的运作,预焙阳极会逐渐变薄,消耗到一定程度则需要更换阳极块。先进的预焙槽有生产效率高、物耗能耗低、产品质量好等优点。从2000年开始,国家逐步淘汰落后的自焙槽产能,到2005年年底基本淘汰了落后的自焙槽,新增产能都是工艺先进的大型预焙槽。越是先进的预焙槽,电流效率越高,单槽产能也越高。预焙阳极的生产规模逐渐扩大,2018年预焙阳极产能达到2 631.6万吨。

按预焙阳极与电解铝是否一体化运营来区分,预焙阳极可分为配套预焙阳极和商用预焙阳极。其中,配套预焙阳极是指企业生产的预焙阳极只是满足自身的电解铝生产需求,而商用预焙阳极则是完全对外销售。近年来,两种生产模式的产能与产量占比基本上都在一半左右。

2.1.4 行业概览

近年来,我国预焙阳极产量逐年递增,2017年预焙阳极总产量达到1 856万吨,2018年1—10月累计产量达到1 559万吨,其中商用预焙阳极产量为726万吨,铝厂配套预焙阳极产量为833万吨(见图3-8)。2020年,商用预焙阳极产能为1 388.5万吨,铝厂配套预焙阳极产能为1 243.1万吨。从全国范围看,山东和河南是预焙阳极的主要生产地,2020年产能分别为824万吨、382万吨(见图3-9),占全国的比重分别为31.3%、14.5%。预焙阳极的原料及下游决定了预焙阳极生产企业的分布。在我国,石油焦在华东、华北地区的分布较为集中,其中仅山东地区的石油焦产能就占全国的30.2%。我国电解铝产能主要分布在山东、新疆、内蒙古和河南等省区,产能占全国的比重分别为27.1%、16.7%、10.9%和8.3%。因此,预焙阳极行业具有区域性特征。济宁碳素集团在山东地区算是较大的预焙阳极生产企业,占有一定的市场份额,在全国亦享有一定的知名度,但是集团的行业竞争力还有待提高,与行业龙头仍存在一定的差距。

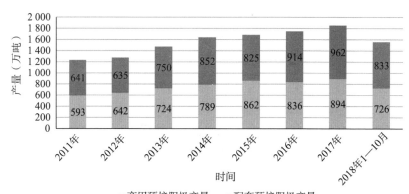

图3-8 国内预焙阳极产量

资料来源:百川资讯。

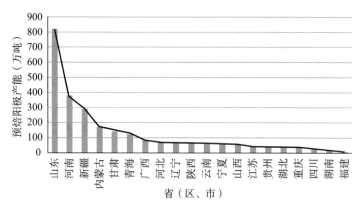

图3-9 2020年国内各省(区、市)预焙阳极产能

资料来源:百川资讯。

2.2 煤化工板块

煤化工板块是济宁碳素集团"一体两翼"中"一体"的另一个板块。目前,集团在煤化工板块积极探索,致力于煤焦油深加工,发展态势良好。

全球煤化工开始于18世纪后半叶,19世纪形成了完整的煤化工体系(见图3-10)。进入21世纪后,随着全球石油市场的动荡和石油价格的攀升,煤化工作为储量巨大并且可能替代石油的资源越来越受重视。煤中有机质的化学结构,是以芳香族为主的稠环为单元核心,由桥键互相连接,并带有各种官能团的大分子结构,通过热加工和催化加工,煤可以转化为各种燃料和化工产品。

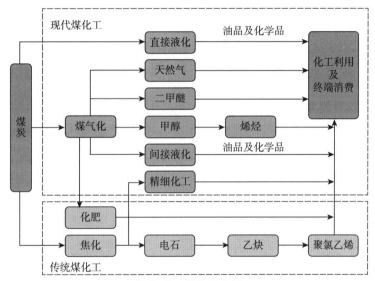

图3-10 煤化工体系

资料来源:盛世华研。

由于煤化工离不开煤炭和水资源,对地方政府的依赖性较强,因此我国煤化工尤其是新型煤化工产业主要由国有大型企业主导。

3. 优势:注重环保创新

3.1 发挥首创精神,自主研发知识产权

国内首创煅烧炉余热发电技术,填补行业技术空白,该技术被国家发展改革委指定为同类项目匹配技术在全国推广。国内首创低消耗预焙阳极产品,比其他企业同规格产品在铝电解槽中可多使用一天,生产每吨铝可降低碳耗15千克

以上,吨铝节约生产成本50元以上。该产品被评为山东省名牌产品,"济宁碳素"商标获批中国驰名商标。

集团研发出国内唯一的高纯度浸渍剂沥青、高软化点沥青等精细化工产品,并实现规模化生产,广泛应用于核石墨、超高功率电极、负极包覆材料、耐火材料等高端民用领域,填补国内市场空白,部分替代德国和日本进口产品;研发出中间相沥青、球状活性炭、碳纤维等一批高端碳材料产品,各项性能指标国内领先,实现小规模生产,并成功应用于航空航天等国防军工领域。

3.2 守住绿水青山,高度重视节能环保

集团高度重视环保安全、节能减排工作,矢志不移地推动绿色、低碳、清洁生产,全面实现烟气和颗粒物在线监测超低排放标准,是首批通过济宁市绿色标杆企业认定的企业,探索出资源整合、产业融合、节能减排、循环经济发展新模式,成为同行业能源资源循环利用、绿色循环经济发展的典范。集团将坚持科技创新驱动,深耕煤焦油精细化工,不断培育发展新动能、激发发展新活力、打造发展新引擎,推动企业加快朝研发型、科技型、品牌型发展方向转型升级。着力打造高标准规划、高质量建设、高效能管理以及功能品质高端化、品牌形象国际化的高端特种碳材料生产基地。

3.3 重视人才,引进学习先进技术

集团与多所国内知名大学合作,引领行业尖端,碳阳极生产线和煤焦油加工线全部为其自行设计建造。碳阳极方面,引进世界著名的瑞士R&D公司的分析检测设备,并得到该公司专家的指导,产品深得国内外用户青睐。旗下济宁济碳进出口有限公司具有自主进出口权,碳素及煤化产品远销世界各地。国外知名企业纷纷前来投资,国内外专家也经常到集团进行技术交流。

4. 产业转型升级发展策略

4.1 阳极板块

4.1.1 短、中期策略

国内预焙阳极行业目前整体处于产能出清阶段,规模化生产逐渐成为主流,市场集中度逐步提高。煤沥青价格有维持低位或者进一步下行的可能,阳极生产成本有望进一步降低,行业利润有望修复。因此,短期来说,集团的主要任务是在降低产能的同时管控好生产成本,实现高于行业平均水平的利润。由于预焙阳极价格涨幅较大,市场份额成为决定利润增加多少的关键,因此抢占市场份额也是在短、中期提高利润的必要举措。集团在山东地区算较大的阳极生产企

业,但是与同行业龙头索通发展股份有限公司相比,规模化生产不够,建议与同行业企业加强合作或并购重组,提高规模化生产能力。

4.1.2 长期策略

行业集中度低、生产成本高、产能过剩是当前阳极生产企业面临的共同问题。集团要想在竞争中脱颖而出,就必须加大对新产品研发和智能化生产的投入,这样能保证集团在未来推出有市场竞争力的新产品并以较低的长期成本进行生产。集团也一直在努力争取上市,但出于各种原因,上市进程被推迟。目前,整个行业上市公司很少。上市对提高一家企业的综合竞争力具有战略意义,长期来看,集团上市是必须完成的使命,为了达到上市要求,集团可以选择发行债券、与行业内优质企业重组等方案。

4.2 煤化工板块

4.2.1 主要环节的增值空间

煤化工行业增值空间较大的环节主要是靠近产业链顶端的精细化工环节,在这一环节增值 8～12 倍的诱惑下,各大煤炭集团纷纷推出自己的煤化工项目,延长产业链。煤炭产业链条不断拉长,迫使煤炭企业改变产品结构。

4.2.2 与上下游行业之间的关联性

经过近十年的快速发展,我国的大型石化园区,如上海化学工业园区、宁波石化经济技术开发区、大亚湾石化工业区等通过构建"一体化"模式,即生产装置互联、上下游产品互供、管道互通,已具备相当的规模效应,达到了快速发展的目的。一体化不仅使资源得到充分利用,而且降低了石油和石化产品的生产成本,提高了企业的竞争力。近年来,随着新型煤化工项目的不断涌现,作为曾经与石油化工并驾齐驱的传统产业的煤化工又焕发出新的活力。煤化工一体化建设已提上日程。煤电一体化一直被视为我国能源产业发展的核心和未来趋势,其本质是将发电和用能产业构建为一个经济主体,形成上下游产业链和产业集群,从而实现循环发展和综合利用。

4.2.3 策略规划

推进能耗指标优化配置和高效利用,保障新旧动能转换重大项目顺利实施。按照国家工作部署,"十三五"期间山东省能源消费增量需控制在 4 070 万吨标准煤以内,煤炭消费总量压减 10%。各市新上投资项目所需能源消费量必须符合项目所在地能源消费总量控制目标,其中新上耗煤项目必须落实煤炭消费减量替代。为破解项目落地能耗指标瓶颈制约,推动能源要素供给改革,2020 年,山东省级收储 1 000 万吨能耗指标和 1 000 万吨煤炭消费指标。

低油价下能耗指标释放或成为我国煤化工加速革新的推动力。借助于高油价的刺激，我国煤化工产业在过去十几年突飞猛进，在生产成本、产业规模和技术水平等方面世界领先。但更值得关注的是，我国煤化工产业经受住了2014年以来油价多次暴跌的考验，展现了强劲的生存发展能力。煤化工产业在大力推进示范升级、创新发展和优化布局的过程中，也伴随着能耗指标分配不足、项目落地延后的发展瓶颈，从某种程度上来说制约了煤化工产业的革新进程。在当前油价处于低位、中长期大概率看涨的背景下，煤化工新兴项目的顺利落地一方面可以为企业带来产品涨价的红利，另一方面将推动生产降本提质、清洁发展，给我国煤化工产业带来更广阔的发展空间，打造出中国制造的新名片。

四、科技创新

（一）新能源与新能源汽车产业

近年来，在各级政府的大力支持下，各地新能源产业蓬勃发展，但同时也面临供给结构单一、政策依赖严重等诸多问题。甘肃省和青海省都是风、光资源丰富的大省，我们考察了甘肃玉门、青海海东两地的新能源产业。在甘肃玉门的调研主要聚焦于风力、光伏、光热三种发电方式，在青海海东的调研主要聚焦于光伏发电企业——青海能高新能源有限公司（以下简称"青海能高公司"）。

风能是近年来发展潜力很大的一种新能源，它拥有许多独特的优势。风能环保、可再生，并且储量很大、分布很广。此外，风力发电的基建周期短、装机规模灵活，这些都为风电的建设和大规模投入生产提供了方便。

光伏发电的明显优势是太阳能充沛且清洁，发电过程安全可靠，无噪声，无污染排放，环境友好；电压较小，无高空作业，安全性高；同时，又不受资源地域分布的限制，即使在无电地区、地形复杂地区，也可以利用建筑屋面的优势来发电，无须消耗燃料和架设输电线路即可就地发电供电，经济性强，建设周期短，长期免维护。

光热能源清洁、可再生；稳定、可调节、易并网；设备使用寿命长、可规模化、维护成本低；无污染、减少碳排放，环境友好；光热可以充分利用其储热优势，满足日落后的用电需求高峰，替代火电，解决电网利用率低的问题，同时也可以解决可再生能源发电不稳定的问题，因此有望得到较快发展。其优势在于规模化，适合在条件适宜地区建设大型光热电站，然后远距离输送。适当发展大型光伏电站，将光伏光热打捆送出，可实现可再生能源最大限度的消纳。

1. 新能源汽车产业概述

1.1 新能源汽车产业链

对于 2019 年的新能源汽车产业而言,随着外资、合资和本土品牌的不断进入,中国的新能源汽车市场将进入全面竞争时代,优胜劣汰是未来两三年内行业洗牌的必然结果。相关分析指出,处于优势领先地位的本土传统汽车生产企业将快速扩展其全链条的能力;而那些起步晚的本土传统汽车生产企业则只能聚焦价值链的生产端,成为"代工厂"(新能源汽车价值链如图 4-1 所示)。对于传统的外资合资品牌而言,必须加快市场进入,抢占终端市场。此外,其他行业巨头如富士康、恒大等企业也在通过收购、合并等形式快速布局全产业链,或者通过横向整合占领市场。

整车制造仍然是目前新能源汽车产业的最大利润池。上游是原材料的开采精炼以及基本化工材料的生产;中游是动力电池、电机、电控(合称"三电")与智能科技软硬件;而下游则以整车制造为主(见图 4-2)。

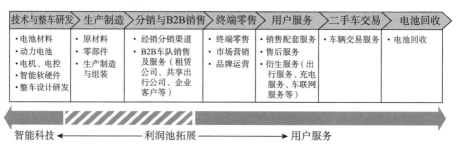

图 4-1　新能源汽车价值链

资料来源:德勤新能源汽车相关分析。

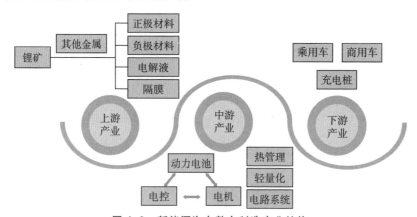

图 4-2　新能源汽车整车制造产业结构

资料来源:"沃土计划"广州南沙实践团整理。

随着价值链的延伸,新能源汽车产业的利润结构也将有所变化(见图4-3):上游的利润将向动力电池和智能科技转移(尤其是自动驾驶的智能软硬件),这一环节主要由智能科技公司和一级供应商主导;中下游的利润将从原来的整车制造与销售向用户服务转移,这一环节将是新能源汽车厂商的主战场,覆盖用户全生命周期的衍生服务将成为弥补整车制造、新车销售和传统售后利润下滑的最重要的利润池。

经销商4S店 利润结构	传统燃油车 (总计100%)	纯电动汽车 与之相比的利润变化	
1. 新车销售	2%~3%	基本不变	➔
2. 售后服务 (人工和零配件)	60%	大幅下降	⬇	改变售后服务 模式以降低单 车服务成本
3. 衍生业务 (金融/保险/精品等)	35%	基本不变	➔
4. 二手车销售	1%~2%	较大不确定性	?
5. 衍生服务 (充电/电池/车内生态服务等)	/	潜在增收盈利点	$	创新衍生服务 增加更多利润来源

图 4-3 新能源汽车产业利润结构

资料来源:德勤新能源汽车相关分析。

1.2 行业现状

从图4-4来看,新能源汽车的产量在波动中呈现稳步上升的趋势,且纯电动汽车产量要大于插电式混合动力汽车产量,反映出市场规模的不断扩大。此外,由于受到以国补退坡为主的因素影响,2019年2月,新能源汽车产量出现了大幅下跌,目前行业趋于回暖。预测行业未来将保持高速增长(见表4-1)。

图 4-4 新能源汽车产量情况

资料来源:Wind。

表 4-1 未来新能源汽车产业关键指标预测

保有量	2015 年	2020 年	2025 年	2030 年
充电桩(万个)	5.70	500.00	2 000.00	8 000.00
充电站(万座)	0.36	1.20	3.60	4.80
新能源汽车(万辆)	50	210～500	525～2 000	1 520～8 000
渗透率(%)	1.50	7.00～10.00	15.00～20.00	40.00～50.00

资料来源：中国产业信息网，新能源课题组分析。

1.3 供给端企业分析

我国新能源汽车市场业务规模前三名的公司所占的市场份额为58%、前五名为77%、前七名为87%(见图4-5)，目前市场处于寡头格局之下。寡头市场对于占据市场份额小或新进入的造车企业存在较大风险。但同时，新能源汽车行业受到资本热捧，近年来众多新造车企业融巨资登场，势必将加剧新能源汽车行业未来的竞争态势，也可能在将来造成产能过剩的情况。众多新势力的登场也对将进入的造车企业形成了竞争性风险。

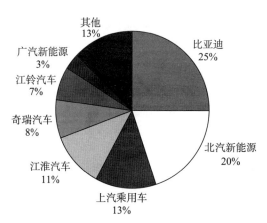

图 4-5 我国新能源汽车公司所占市场份额

资料来源：中国产业信息网，新能源课题组分析。

1.4 需求端分析

第一，政策引导市场需求。我们认为，现有的新能源汽车市场仍然较为依赖政策引导。政策利好带来的易于上牌、不限行等政策红利是用户购置新能源汽车的主要驱动因素(见图4-6)。

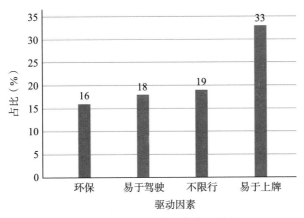

图 4-6 新能源汽车用户意愿分析

资料来源：新能源课题组分析。

第二，"四大焦虑"制约了市场需求。停车位较少、充电桩有限、补贴逐渐退坡和只适用中短里程等问题带来的停车、充电、价格和里程等"四大焦虑"制约了消费者的购买需求（见图 4-7），限制了市场规模，使需求端难以充分打开。

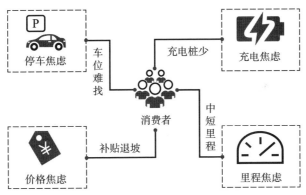

图 4-7 新能源汽车消费者顾虑

资料来源：新能源课题组分析。

第三，A 级车逆转领跑。根据中国汽车工业协会的报告，2018 年，轴距在 2 米至 2.2 米之间的纯电 A00 级乘用轿车销量为 408 105 台，占 2018 年新能源乘用车销量的 38.76%，是 2018 年新能源乘用车市场的领头羊。而到 2019 年上半年，A00 级车需求已经逐渐饱和，轴距在 2.45 米至 2.65 米之间的 A 级车销量强势反超 A00 级车。在新能源汽车渗透率上升的过程中，中高端市场消费者需求显现。目前，国内市场纯电 A00 级车续航里程大部分为 250～300 千米，价格区间为 5 万～7 万元。而纯电 A 级车续航里程大都达到 400 千米左右，价格区间在 15 万元左右。我们认为,新能源汽车需求逐渐转向 A 级车,意味着消费者对新能源汽车接受度上升,定位从经济型逐渐转向舒适型,同时对续航里程有更高的期待。需求结构将与传统能源汽车接近,这意味着高端新能源汽车即将进场,市场广阔。

第四,销售模式转型已是大势所趋。新能源汽车销售普遍更加重视用户体验,同时其消费者年龄结构更加年轻化。

第五,OEM 直销模式开始盛行。OEM 指品牌企业不直接生产产品,而是负责设计和开发新产品,控制销售渠道,通过合同订购的方式委托其他厂家生产。直销模式跳过了传统的汽车经销商环节,价格更加透明,用户体验提升,售后维修增值和服务价值链得以延伸(见图 4-8)。同时,新能源汽车拉动电池回收、二手汽车交易等配套服务。

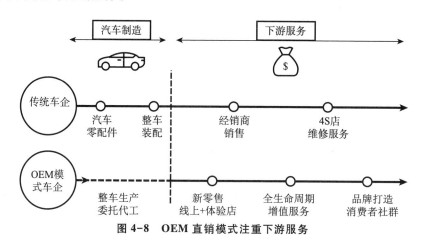

图 4-8　OEM 直销模式注重下游服务

资料来源:"沃土计划"广州南沙实践团整理。

对于传统汽车厂商,刨除经销商体系存在困难且在成本上不利,因此我们认为,提升用户体验的两个关键点是提升经销商店内体验,同时竭力压缩渠道成本。运输和销售模式将是车企控制成本及提升服务质量的平衡点。

第六,共享汽车和网约车打造下游新增长点。互联网经济的进一步升级使新能源汽车厂商开始布局共享汽车和网约车市场(见图 4-9)。在政府的积极引导下,新能源汽车成为共享汽车的首选;共享汽车的使用特点也可以较好地解决新能源汽车高固定成本与基础建设需求的问题;在统一管理之下,将电能作为动力可以节约管理成本。因此,新能源汽车是目前共享汽车最好的解决方案。上汽、广汽等品牌正在利用自己的体量建设自有共享汽车品牌,新兴的共享汽车企业也把目光投向新能源汽车。而吉利则利用已有汽车产能进军 B2C 网约车专车市场,打造曹操专车,目前已经成为网约车市场龙头企业之一。共享汽车和网约车市场将推动微型和紧缩型新能源汽车需求。

图 4-9 整车制造企业下探共享汽车和网约车市场

资料来源:"沃土计划"广州南沙实践团整理。

2. 新能源汽车行业发展问题

2.1 新能源汽车补贴红利逐渐退坡

为培育以消费者需求为主要驱动力的市场,新能源汽车国家补贴红利逐年退坡(见图 4-10),由"政策导向"到"市场导向"的转型初现端倪,可以预见新能源汽车行业未来将由市场主导。

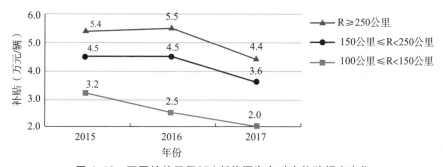

图 4-10 不同续航里程(R)新能源汽车对应补贴额度变化

资料来源:锂钛出行,新能源课题组分析。

2.2 双积分管理办法上线

双积分政策助推补贴退坡软着陆。购买新能源汽车正积分是抵偿燃油消耗量负积分的重要方式,正、负积分量之间的差距将在无形中加大对新能源车企的补贴力度(见图 4-11),补贴将由政府转嫁给传统车企。可以看出,目前新能源汽车产业已处于政策利好退坡而成熟市场仍未形成的过渡时期,"政府在此过渡期应当扮演怎样的角色"成为地方政府需要思考的关键问题。

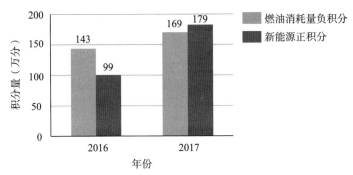

图 4-11 新能源车企对应补贴额度变化

资料来源：锂钛出行，新能源课题组分析。

2.3 氢燃料电池汽车规划展开

2017年，工业和信息化部、发展改革委和科技部联合印发的《汽车产业中长期发展规划》提出，加强燃料电池汽车技术研发，制定氢能燃料电池汽车技术路线图，逐步扩大燃料电池汽车试点示范范围。同时，各大城市也正在推出加氢站和氢能源相关配套产业规划。2019年6月，全球最大的加氢站在上海化工区落成。我们预计，未来氢能源汽车将形成规模并与纯电汽车并存。2020年9月，财政部、工业和信息化部、科技部、发展改革委、国家能源局五部委联合发布《关于开展燃料电池汽车示范应用的通知》，对燃料电池汽车的购置提供补贴。

2.4 八大城市汽车限购，新能源汽车优势显现

上海、北京、广州、深圳、杭州、天津、贵阳和海南等城市对小型乘用车进行限购。主要城市限购导致汽车行业沉闷，2018年出现了28年来的首次负增长，2019年汽车行业销量下滑趋势仍然明显。而2019年6月，工业和信息化部发文要求解除新能源汽车限购。因此，在主要城市仍然限制燃油车的背景下，新能源汽车将获得燃油车无法满足的需求缺口，市场广阔。

2.5 配套设施缺口巨大，产业链有待完善

在新能源汽车保持增长的同时，国内充电桩的数量缺口仍然较大。公安部数据显示，截至2019年6月，全国新能源汽车保有量为344.0万辆。以截至2019年5月充电桩保有量97.6万台粗略计算，车桩比约为3.5∶1.0，充电桩数量缺口仍然较大。倘若充电桩等配套设施发展不足，则新能源汽车的发展也会受到制约和威胁。

案例1 甘肃玉门新能源产业

1. 风电产业

1.1 资源概况

玉门位于甘肃省西北部,南依祁连山,北邻马鬃山,独特的"两山夹一谷"地形使得玉门成为东西风的天然通道,具有"世界风口"的美誉。玉门属于国家二类风资源区域,风资源理论蕴藏量在3 000万千瓦以上,可开发利用量约在2 000万千瓦以上,境内平均风速超过3.5米/秒,境内70米高度的平均风速达到7.9米/秒,平均风能密度为506瓦/平方米,年平均有效风速时数为8 085小时,年满负荷发电时数在2 300小时以上。

1.2 发展历程

1997年,甘肃省首个示范性风电场在玉门建成投产。2006年,甘肃省委、省政府提出"建设河西风电走廊,打造西部陆上三峡"的战略构想。2010年,玉门率先建成了全国陆上连片最大的国产3兆瓦风机示范基地。2011年,中节能太阳能公司在玉门昌马风电场建成了全省首个风光互补发电项目。2019年,国家首批风电平价上网示范项目在玉门黑崖子开工建设。截至2019年7月,玉门已建成风电装机240万千瓦,成为全国"出精神、出技术、出人才、出经验"的风光电产业试验示范基地。

玉门拥有九种风机机型,是当之无愧的"风机博览园"。随着新能源产业的发展,玉门逐步实现了从国外进口风机到国内自产大型风机的飞跃,成为全国绿色能源的佼佼者,连续多年被评为"中国新能源产业百强县"。

截至2019年7月,玉门共有国家能源、大唐、华能、华电、中电国际等国内5大发电集团和中节能、中核2家"国字号"企业,开发建设大型风电场20个,共安装各类风机1 517台,建成风电装机240万千瓦,理论年可发电55亿度,实现销售收入29.7亿元,每年可节约标煤170万吨,减排二氧化碳500万吨。

1.3 典型项目

玉门是全国首个千万千瓦级风电基地和光伏发电基地的启动地。

1.3.1 风电平价上网示范项目(黑崖子风电场)

黑崖子风电场项目于2019年在玉门黑崖子建成并网发电。该项目是国家能源局批复的首批风电平价上网示范项目,也是全国第一个开工建设的风电平价上网示范项目,项目总投资 3.3 亿元,总装机容量 5 万千瓦,安装 2 兆瓦风电机组 25 台,年利用小时数在 3 000 小时以上。项目并网后,不限电,效益较好,电价为 0.3078 元/千瓦时,一台风机收入为 600～700 元/时,年可发电 1.54 亿千瓦时,年销售收入可达 4 740 万元,同时每年可节约标煤 5.39 万吨,减排二氧化碳 16 万吨。电站风速优越,年均风速为 7.75 米/秒;风机高度 85 米(含)以上,叶片半径 63 米;风机可远程操作,风速满足时自动开机,风速不满足或故障时自动停机;可远程监控,智能化,技术水平高。

1.3.2 玉门昌马第一风电场项目

甘肃玉门昌马第一风电场项目是国家规划的甘肃酒泉千万千瓦级风电基地 19 个项目之一,由大唐甘肃发电有限公司投资建设,厂址位于玉门市西南,总装机容量为 20.1 万千瓦,总投资为 19.87 亿元,计划安装 134 台单机容量为 1 500 千瓦的风力发电机组。

2. 光伏产业

2.1 资源概况

玉门地属国家一级光资源区(一天发电时间>10 小时,日照时间大致为 6:00—20:20),规划光伏发电装机 440 万千瓦(昌西 50 兆瓦风光互补基地规划装机 200 万千瓦,东镇光电产业园规划装机 70 万千瓦,花海光热基地规划装机 170 万千瓦)。截至 2019 年 9 月 1 日,玉门总投资 1 520 万元,在赤金镇、黄闸湾镇、柳河镇、清泉乡、柳湖乡、小金湾乡等 6 个乡镇 25 个行政村实施分布式光伏项目总计 2.02 兆瓦,年累计发电约 303 万千瓦时。截至 2020 年 7 月,玉门已建成光伏发电装机 17 万千瓦,占酒泉市光伏发电装机 222 万千瓦的 7.7%。2019 年,玉门新能源企业发电 53.5 亿千瓦时,其中光伏发电 2.6 亿千瓦时,上网小时数达 1 549 小时。

2.2 发展历程

2009 年 8 月 28 日,全国首个 10 兆瓦光伏发电示范项目在敦煌开工奠基,12 月 30 日已有 1 兆瓦并网发电,标志着酒泉市在光伏产业上迈出了坚实的一步。2014 年 1 月,位于玉门市玉门东镇光电产业园的深圳永联 20 兆瓦光伏发电项目成功并网发电。2014 年 10 月 23 日,玉门市东渠村美丽乡村分布式光伏发电项目正式竣工并网发电。之后玉门在风光互补发电、风光储能技术方面做出了更多探索和建设。

2.3 发展方向

风光互补,风机调峰,增强稳定性;研发风光储能技术,降低成本,提高发电质量。

2.3.1 分布式光伏电站的新模式

2014年10月23日,玉门市东渠村美丽乡村分布式光伏发电项目正式竣工并网发电。该项目由玉门市政府与汉能移动能源控股集团有限公司(以下简称"汉能")共同建设,多方共同合作的建设模式破解了长期以来制约分布式光伏发展的系统性难题,有广泛的复制推广空间。作为玉门首例分布式光伏发电正式建成并网发电的项目,该项目总投资204.78万元,采用汉能薄膜太阳能发电技术,利用56户小康住宅现有屋顶面积2 500平方米建成。该项目既不占用土地,又为企业搭建了发展平台,还为农民增加了收入渠道,是推动能源生产和消费革命的有益实践,也是惠民生的重要举措,对于推进太阳能产业的发展和分布式光伏的广泛普及起到了积极的示范作用。

2.3.2 风光电项目

2011年,甘肃建成了首个风光互补发电项目,与其他重点建设的134兆瓦酒湖工程配套光电项目中的科陆风光储输、中节能风光互补、大唐风光互补、顺兴光伏农业、光伏扶贫等占总装机一半以上的项目一样,均为试验示范项目。

2.3.3 光伏扶贫项目

玉门大力推进光伏扶贫项目,通过光伏扶贫,帮助贫困户建立长期、稳定的扶贫脱困新模式,实现贫困群众"阳光增收"。"甘肃光彩新能源玉门5兆瓦光伏扶贫"是玉门实施的首个光伏扶贫项目,计划总投资8 494万元,建设总装机容量为5兆瓦的高标准光伏温室100座,电力就近接入玉门镇阳关110千伏变电站。项目建成后,光伏设备年发电量约750万千瓦时,年收益600万元,企业每年将提取发电收入的一定份额交由市扶贫办进行专户管理。同时,项目将吸纳100名贫困家庭参与光伏温室大棚农业种植工作,解决就业问题。项目自2016年6月正式开工。"十三五"期间,玉门重点通过建设集中式地面电站的模式,对独山子东乡族乡、六墩乡、小金湾东乡族乡、柳湖乡等4个整建制移民乡的贫困家庭进行光伏扶贫,项目建成后可带动981户建档立卡贫困户持续20年增收,每户每年增收3 000元左右。

2.3.4 2 200兆瓦风光储项目合作协议

2020年6月10日,北京洛斯达科技发展有限公司(以下简称"洛斯达公司")、重庆金科新能源有限公司与玉门市举行开发投资2 200兆瓦风光储项目合作协议签约仪式。此次签约的内容包括1 800兆瓦风电、200兆瓦光伏和200兆瓦储能等项目,是洛斯达公司依托电力规划设计总院,联合战略合作伙伴,以平价方式开发布局"十四五"风光储能项目的开端,后期将根据资源情况推进多种储能模式的开发和应用。

3. 光热产业

3.1 资源概况

玉门年日照时数达3 166.3小时,日照百分率达75%,年辐射总量达6 482.57兆焦/平方米,日平均辐射量达18.86兆焦/平方米,太阳直射强度(DNI)高达1 900千瓦/平方米(其他地区平均为600~700千瓦/平方米),降水量小,属于一类光资源区域,也是甘肃省太阳能总辐射量最大的区域之一;可用来开发太阳能发电项目面积近3 000平方公里,具有日照时间长、太阳辐射强、戈壁荒滩面积大、地势平坦开阔等特点,是建设太阳能光热发电场的理想区域。

3.2 发展历程

2015年9月,国家启动首批光热发电示范项目申报工作,玉门共上报8个光热发电项目。2016年4月,玉门在全国率先启动实施了玉门花海百万千瓦级光热发电示范基地规划工作。2016年9月,国家能源局公布第一批光热发电示范项目名单,玉门有4家入选,总装机25万千瓦,是此次国家光热发电示范项目获批数量最多、装机规模最大、技术路线最全的县市。随后,玉门又建设了玉门鑫能熔盐塔式5万千瓦光热发电项目、中海阳和常州龙腾5万千瓦光热发电项目等一批光热发电项目。截至2017年,玉门各类电力装机达到372万千瓦,其中光电20万千瓦。

随着光热发电示范项目陆续开工建设,玉门也在继续布局相关产业,打造光热产业小镇。我们可以看到,近年来,光热发电在国内太阳能发电政策规划中的地位显著提升,光热发电已成为新能源产业发展的重点。

3.3 项目规划

玉门规划光热发电装机500万千瓦(花海光热基地)。除第一批4个太阳能热发电示范项目之外,玉门也在积极储备第二批光热发电项目,截至2018年10月已储备30个光热发电项目。

玉门郑家沙窝熔盐塔式5万千瓦光热发电项目由上海晶电新能源有限公司和江苏鑫晨光热技术有限公司负责建设,系统转换效率达18.5%,储热时长由6小时优化为12小时。项目建成后,年平均发电量可达2.2亿千瓦时,年可实现销售收入1.43亿元,可节约标煤7.7万吨、减排二氧化碳23万吨。

玉门鑫能熔盐塔式5万千瓦光热发电项目装机5万千瓦,投资17.9亿元,占地540多亩,截至2021年,项目主体工程已建设完成,将进入试运行期。

光热小镇核心区位于玉门市花海镇,规划面积500平方公里,规划形成"一客厅四基地"的主体功能结构:"一客厅"即光热小镇,"四基地"分别为光热发电基地、装备制造基地、技术验证基地和人才培养基地。小镇围绕光热发电、光热装备制造、乡村旅游、绿色农产品生产加工等四大主导产业,规划建设研发设计、光热发电、装备制造、文化科普、乡村旅游、绿色农产品生产加工六大区块。项目建成后,玉门光热小镇将把光热发电及装备制造、光热产业研发、检测、人才培养等产业链条完全整合起来,形成强大的产业集聚效应,成为光热技术大规模商业运营的产业高地。

4. 新能源产业发展面临的问题

4.1 能源自身特点导致的普遍性问题

首先,风电无法储存且不能参与一次、二次、三次调频,若用水电进行调节,则电价尚不明确;风机的生产和发电过程中会产生噪声污染,影响过往的鸟类,高空作业危险性较大。其次,光伏发电相对火电来说弃电率高(在5%左右);发电量对气象条件依赖性强,由于太阳能辐射密度小,因此要占用巨大的面积铺设太阳能板,可能存在土地方面的纠纷;前期固定成本高,制造太阳能板需消耗大量煤,不环保,因此短期经济效益无法体现,可能影响投资力度和人才吸引。最后,光热电站需要大量的土地和水。在土地方面,根据美国现有光热电站的建设情况,每兆瓦大概需要40～50亩土地,几乎是光伏电站的两倍,并且要求土地十分平坦;在用水方面,虽然光伏和光热都需要水对组件或镜面进行清洗,但光热电站还需要额外的水用于冷却,耗水量约为2.9～3.2升/千瓦时,几乎是天然气发电的4倍;此外,光热电站占用空间较大,会对当地的野生动物、生物多样性等造成影响。

4.2 技术难题

风力发电方面,目前国内风电生产技术仍较欠缺,尤其在安全性方面仍未能达到要求的标准,这也造成了风电的成本较高。此外,对风力发电投入总体上呈现科研经费不足和增长缓慢等趋势,制约了整个产业的健康发展。当前风机组件已经部分国产化,但绝大部分仍采用国外进口的高价风机。光热发电方面,由于在国内起步较晚,很多技术仍处于创新研发或改进阶段,不够成熟;投资成本高——高端设备依赖进口,电站造价高、风险大,需要足够大的规模才能获得可观效益,因此项目资金受限。

4.3 电力消纳难题

玉门全市发电量近年来呈增长趋势,但全市用电量、风光电上网率、固定资产投资都有一定程度的下降。公布的数据显示,2019年玉门全年各类型发电总计超过50亿千瓦时,而同年经由玉门国家电网公司销售的电量刚逾4亿千瓦时。由此观之,玉门当地的电力存在较大的供需端不均衡,且差距悬殊,因此该缺口非发展普通产业或是从其他小处着手所能轻易填补的。

4.4 政策依赖问题

玉门的风电行业之所以可以蓬勃发展,不仅是因为其具有得天独厚的自然资源,更在于前些年国家对新能源行业尤其是风电行业的巨大政策支持。随着近年来补贴政策逐渐退坡,风电企业投资大、效益低、电价高、需调峰等问题逐渐暴露,在市场上缺乏相应的竞争力。光伏行业新建电站补贴取消,原有电站补贴不断减少,全行业面临挑战,许多发电站和企业选择停产。甘肃地区弃光限电现象严重,青海虽然没有实施严重的弃光限电政策,但是新建电站并网限制已经严重紧缩,带来了很大的销售压力。光热发电成本高,上网电价会偏高一些,政府给予的补贴也多,但是并没有明确的补贴时间期限,存在风险。

4.5 电力同质化现象严重

各种发电方式生产的电以及各家发电厂生产的电在性质、用途上是一样的,普通消费者、电力消纳户在电压、频率稳定的情况下根本不会在意自己所用的电究竟是谁用什么方式生产的,所以电力产品很难存在品牌效应。同时,在我国,上网电价主要由国家发展改革委、国家能源局等政府部门决定,各发电厂没有定价权,因此电力产品在价格上很难有差异。另外,跨省、跨区间输电线路的兴建和运营也是由国家在宏观层面上决定的,所以电力行业只有生产环节是由发电厂掌握主动权的。值得注意的是,电力市场的供给又是由市场的需求严格决定的,发电厂不会有额外积压的电力库存,因此发电厂是按需求和计划来发电的,这也对发电厂的发电技术提出了即发即停的要求。综合来看,在电力产品无品牌、无特性、低储存、价格统一、输送受限的情况下,其很容易出现同质化现象。

玉门的电力同质化现象表现为:玉门本地入驻的风电、光伏、光热等发电企业密集,功能模式单一,相互挤占市场发展空间;玉门各电力企业没有挖掘其核心竞争力,应对国家政策变化的能力不足;玉门本地发电产业与周边地市发电产业存在相互替代关系,优势不足,后劲乏力。

5. 发展建议

5.1 本地消纳：扩大产业规模

现有先例成果分析。以玉门东建材化工工业园区为例，该园区经多年发展，现有12家规模以上企业，且以重化工业为主，涉及煤化石油、药物中间产品加工、涂料材料等方面，需电量大且十分集中。此类企业自主发电条件不充足或相对占比较小，只有一两家相对较大的能源类企业具有一定量度的自主发电系统并投入正常使用。扩大园区规模，或在玉门市范围内继续推广此模式，则可以在引进重工业企业产生的外部性可接受的情况下，继续打造一批示范性工业园区，有可能缓解电力滞销的情况，同时进一步促进自产自销渠道，为当地企业的发展提供更多支持和保障。

招商引资可能性分析。近年来，玉门市政府一直大力推动招商引资进程，投入大量人力、物力，在争取引入更多先进技术的同时也为更多人才提供了相应岗位，这为各产业链上下游提供了良好的营商环境，有越来越多的新兴企业看好玉门的发展前景，为玉门工业化发展做出贡献。一方面，当地政府建立工业园区集中管理，提供更多政策支持以及制度保障，这对企业来说可获得更多便利条件，进而提高经济效益，同时该类企业对应的税收也可为政府带来相当可观的收入，进而改善相关环境，形成良性循环；另一方面，大型企业尤其是用电量较大的大型重工业企业的引入，对当地电力消纳困难也可起到一定的缓解作用，由于目前玉门不可能一次性引入很多中小型企业，形成规模效应，因此需要利用大型企业自身对电量的需求，起到"以一敌十"的作用，结合玉门的平价定价，实现政府、工业企业、新能源企业等方面的三赢甚至多赢。

综合以上两点考量，结合玉门资源现状以及地理位置、人口特征等，我们提出从以硅产业为主导产业的工业产业链视角，探讨玉门电力消纳以及电能发展的更多可能。在当地发展硅产业有利于消纳过剩电量，减少玉门发电产能的浪费。将硅产品销售至全国各个地区或者出口至其他国家可以改善玉门当地的经济状况。除了发展硅产业，我们认为玉门还可以扩大超白玻璃的生产。

5.2 并网外送

在新能源基地当地无法消纳全部电量时，电量外送的重要性便凸显了出来。

为了加强并网外送，需要注意以下几个方面：

第一，提高发电稳定性。新能源发电并网运行，须达到电网对电能质量的要求，可通过控制并网逆变器来改变微电网输送至电网的有功功率和无功功率，提高电能质量。在孤岛运行下,新能源发电功率的输出受天气变化的影响很明显,波动较大,储能系统可平抑功率波动,维持母线电压的稳定,解决诸如电压暂降等电能质量问题。在并网运行时,若电网发生事故,新能源发电可断开与电网的连接,进入孤岛运行模式,但是这中间往往存在一定的功率缺损,通过控制储能系统的双向功率变换器,可以利用储能装置很好地填补这些缺损,实现由并网模式到孤岛运行的平滑切换。此外,由于新能源发电受天气变化的影响很大,储能系统可在无风无光或弱风弱光的极端天气下供电,维持负荷的正常运转。当下负荷量始终是波动变化的,现阶段电能生产和消费的策略是即发即用,这样易导致为满足峰值需求而过多安装发电机组,造成不必要的浪费。储能系统可有效解决该问题,在负荷低落时吸收多余的电能,在负荷高峰时释放电能,达到削峰填谷的效果。储能将是光伏行业面临冲击时必然的转型方向。

第二,降低发电成本。在电力同质化严重的背景下,各电力企业在统一的自由价格市场中的竞争力很弱。要改善现状,唯有改良现有技术和研发新技术,优化各环节发电工序,减少发电损耗,提高发电效率和产品可靠性,延长产品和零件的使用寿命,使之易于维护保养。此外,在国内发电设备相关企业高举创新旗帜,大力发展更优更廉的自有技术的局面下,发电企业也可以尽可能地提高产品国有化比率;或者加大研发力度来进一步降低成本,争取更多平价上网的机会。

同时,在调研中我们了解到,多数新能源企业已经实现较大规模的自动化管理,其应当进一步完善自动化系统在新能源发电中的运用;同时,加快建设物联网等万物互联智慧系统,跟进城市智慧化发展,从管理方面降低人力成本。虽然智慧系统成本较高且回报周期相对较长,但是可以更加精准地避免极端情况的发生,实现少疏忽、少漏洞。

5.3 争取政策扶持

在关于新能源产业的宏观政策层面。近年来,由于玉门遭遇消纳困局,弃风弃光量极大,诸如风电等已被国家能源局列为红色预警区,限制上网量,这对当地新能源产业来说无疑是雪上加霜。而在世界范围内的新能源发电成本居高不下的情况下,现阶段企业要生存、当地要发展的最直接有效的方式,就是正向借力宏观层面的政策调控,让现阶段国家对新能源产业的倾斜和补助政策尽可能长久地存续下去。这样边接受宏观政策扶持,边大力发展技术和产业,可以让这些新兴产业和企业在一个相对宽松的环境里进行初期发展,进而在最短的时间内尽可能地缩小新能源与传统发电模式在成本、便捷性等诸多方面存在的差距，达成"以新替老、以新换旧"的最终目标。

获取上级政府统筹青睐。在酒泉逾千万千瓦的新能源产业布局下，玉门作为其中一个下辖县级单位，无论是装机规模还是上网规模较兄弟县市均不占优，在整体统筹布局中并没有优势。欲解决此问题，最大限度地发挥玉门天然风光等区位优势，唯有与上级政府协商统筹规划，以获得发展新能源产业方面的先机和优势。

5.4 引进人才

出台相关惠民政策，同时与国家政策紧密结合，及时回应国家出台的相关措施，在吸引更多人员常驻的基础上为技术型人才提供更多福利保障，增设相关岗位。同时，更加注重相关的职业培训，加大入岗培训的力度。还可以在定期岗位培训以及技能提升上加大投资，鼓励员工深入了解岗位，学习更多相关技能，促进岗位流动，最大限度地提升对现有人才技能的培养。

5.5 统筹规划，发挥新能源综合基地优势

推进玉门新能源高效发展，要科学规划风光资源开发，布局新能源综合基地。划定生态红线时，要与新能源开发一并统筹规划和考虑，高起点、高标准规划，高效率推进。还可以着力构建智慧能源系统，为新能源规模化开发提供保障。发挥新能源综合基地的优势，利用大数据和"互联网+"智慧能源技术，建立新能源大基地集中智慧设计、建设、运行大数据平台。着力推进风能、光能、气象、厂站运行、新能源用户等各类新能源数据整合，建立供需互动、有序配置、节约高效的智慧供用能方式，推进多种形式大容量储能技术产业化应用项目，实现新能源与储能融合的多能互补和能源综合利用。

案例2 江西赣州新能源汽车产业

1. 劣势分析

赣州工业经济长期呈现有色行业"一产独大"的局面，产业单调、结构层次低。在发展新能源汽车产业前，赣州主要工业产业为稀土新材料产业与家具产业等，工业基础薄弱，产业结构单一，缺乏辐射带动能力强的产业集群。此外，赣州近年来工业增加值增长减慢，2017年赣州工业增加值占当地GDP的比重仅为33.4%，排名靠后，在江西省地级市中仅高于抚州。

新能源汽车产业作为新兴产业,具有产值高、利润多、带动性强等特点。新建项目产能一旦形成,必将大幅拉动地方经济增长。例如,赣州新能源汽车科技城规划总面积35.2平方公里,按国机智骏、昶洧汽车等新能源整车项目预计年总产70万辆车估算,年总产值可达700亿元。另外,新能源汽车产业能形成较强的产业集群效应,以整车企业为核心,不仅具有吸引周围电池、电机、电控及其他零部件企业布局的作用,还能促进汽车金融及汽车后市场服务业的发展,充分整合行业资源,形成巨大的经济效益。

工业基础薄弱的障碍与借新能源汽车带动工业腾飞的愿景同时存在,也带来了欠发达地区"鸡生蛋,蛋生鸡"的难题,对此,赣州的发展思路是"以点带面",培育龙头,发挥集聚效应。赣州新能源汽车科技城初期主要引进整车企业,整车企业落地并预计达到年产规模20万辆后,将产生集聚效应,带动全产业链包括各类零部件企业落地汽车城零部件产业园。

赣州新能源汽车上下游产业链具有以下痛点(见图4-12):

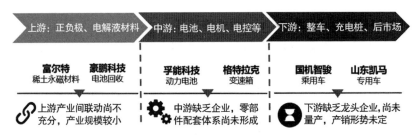

图4-12 新能源汽车上下游产业链痛点

首先,传统整车制造企业较少,且均为专用车、改装车生产企业,缺乏乘用车等龙头企业带动。截至2018年我们进行调研时,国机智骏、山东凯马、昶洧汽车等新能源整车项目还没有实现量产,前期投产车型不容易上量,未来产销形势还存在许多不确定性因素。

其次,关键零部件配套体系尚未形成。虽然赣州拥有的汽车零部件生产企业众多,但驱动电机、动力电池、电子控制等核心零部件的生产企业较少,且均未实现大批量生产,产品成本较高,大规模商业化推广应用存在较大难度,产业发展尚未实现良性循环。如孚能科技、格特拉克等主要零部件生产企业虽均已为主流整车企业提供配套,但目前市场占有率较低,在竞争激烈的新能源汽车配套市场不占有先发优势。格特拉克虽已实现规模化生产,但其产品多配套于传统汽车,尚无成熟的新能源汽车配套产品。

最后,上游产业间联动尚不充分,产业规模较小。虽然豪鹏科技是新能源汽车动力蓄电池回收利用首批试点单位名单上的五家企业之一,但由于报废期尚未来临及回收渠道不够畅通等问题,目前回收量较小。

除产业链问题外,汽车后市场服务业及新能源汽车推广经验欠缺也是赣州发展新能源汽车产业面临的阻碍之一。目前,赣州市政府主要着眼于新能源汽车制造,汽车研发、教育、文化娱乐等现代汽车服务业还未起步,急需一定的发展带动。此外,赣州新能源汽车推广经验不足,在政策制定、招商引资等方面存在一定劣势。

2. 优势分析

各级政府重视是赣州发展新能源汽车产业的最大优势。目前,新能源汽车的生产和销售资质问题已成为众多新能源汽车整车企业发展的瓶颈,而赣州所具有的政策优势有利于当地汽车企业解决面临的双资质问题。

赣州对整车企业申请资质的政策优势主要体现在两方面:一是国家层面大力扶持,二是当地政府层面全面落实。国家层面的扶持主要体现在2012年国务院出台《关于支持赣南等原中央苏区振兴发展的若干意见》,支持整车企业在赣州设立分厂。至于当地政府层面,在与赣州经济技术开发区招商局、企工局和规划局的座谈中我们了解到,赣州市政府出台的多项文件不仅给出零地价建厂、税收减免等优惠,还做出了指示,从项目前期分析到项目落地具体实施整个过程中各级政府将落实文件精神,为入驻企业提供必要援助(见图4-13)。

国务院	出台《关于支持赣南等原中央苏区振兴发展的若干意见》,明确"积极培育新能源汽车及其关键零部件等战略性新兴产业"
中共中央组织部 国家发展改革委	39个国家部委对口支援赣州,大力支持赣州发展
财政部 海关总署 国家税务总局	联合下发《关于赣州市执行西部大开发税收政策问题的通知》,对设在赣州市的鼓励类产业的内资企业和外商投资企业减按15%的税率征收企业所得税,在投资总额内进口的自用设备免征关税
江西省委、 省政府	明确赣州发展新能源汽车产业的定位,书记、省长批示要大力支持,要求省发展改革委、省工业和信息化厅共同推进
赣州市委、 市政府	引入新能源政策的愿望十分强烈,提出了三年工业翻番目标,要求举全市之力把新能源汽车打造成为千亿产业集群

图4-13 各级政府政策

资料来源:赣州经济技术开发区新能源汽车产业发展规划。

动力电池方面,赣州经济技术开发区现有较具规模的动力锂电池生产企业——孚能科技(赣州)有限公司。该公司拥有世界先进的动力锂电池生产、研发能力,并拥有独特的电池管理技术。目前,其在赣州的生产基地产能超过300毫瓦时,产品大部分用于出口,正在计划与国内新能源汽车产品实现规模化配套。

交通方面,赣州经济技术开发区交通优势明显,105国道、323国道、赣粤高速公路、京九铁路连南接北,昆厦高速公路贯穿东西,黄金机场近在咫尺。开发区已逐步成长为对接长珠闽地区的前沿阵地和承接沿海发达地区产业转移的重要平台。

区位方面,赣州经济技术开发区也具有优势。赣州东临福建,南接广东,西靠湖南,是沿海的腹地和内陆的前沿、长江经济区与华南经济区连接的纽带,具有承南启北、呼东应西的区位优势。以赣州为中心、200公里为半径,有赣、粤、闽、湘四省九个城市,4 000万人口。赣州已初步构建起赣、粤、闽、湘四省通衢的区域性现代化中心城市和我国南部重要的综合交通枢纽。

3. 发展方向

首先,应做好本地的销售推广。本地的销售推广是促使产业成长的最大推力。为推广本地新能源汽车的销售,赣州市政府可面向消费者,对本市所生产的新能源汽车进行补贴。同时,也可以学习"柳州模式",提供针对主力车型的利好(如停车位等)。

其次,在招商引资的过程中应有所偏重。赣州新能源汽车产业的成长仍然需要一个逐步上升的过程。在目前招商引资的过程中,赣州对第一梯队的整车企业暂无较强的吸引力,并且即使吸引到了第一梯队的整车企业落户赣州,在生产时零部件的供给也可能存在一定的问题。所以,招商引资可优先关注第二、三梯队的整车企业,并以整车企业吸引零部件生产企业进入,待赣州逐步形成完善的新能源汽车产业链后,再吸引龙头整车企业落户。

最后,可在本地使用的基础上,建立反馈机制推动产品技术改良。因为赣州的新能源汽车企业基本属于造车新势力,这些初创企业需要一个精细打磨产品的过程,因此可以学习"柳州模式"的试驾机制。同时,在本地使用的过程中,也可以引入消费者反馈机制,实现"本地生产,本地使用,本地反馈,本地改进",提升产品质量,以期未来销往全国各地。

案例3　广州南沙新能源汽车产业

1. 劣势分析

在教育方面,南沙区的普通中小学数量与广州市其他地区仍有较大的差距,中小学教育亟待发展;职业教育学校或机构发展较为缓慢,不利于当地的人力资源供应,在一定程度上制约了地区相关产业,例如制造业和物流运输业的发展。在医疗卫生方面,南沙区在医疗基础设施的建设上同广州市整体水平相比还处于相对落后的阶段,阻碍了人才流入和落户。在交通和基础设施建设方面,不甚发达的道路交通网络使得南沙区无法最大限度地发挥其区位优势,阻碍了人员在南沙区与广州市其他地区之间的流动,不利于当地产业吸纳周边优质资源;铁路运输不发达,无法满足辐射全国的销售需求。

对于新能源汽车产业而言,目前南沙区尚无和新能源汽车制造配套的中上游产业投产。动力电池、电机、电控是新能源汽车的主要成本来源,其相关产业的缺失将不利于形成完整的产业链,削减了当地新能源汽车生产的成本优势,使得其市场竞争力降低。

2. 优势分析

第一,汽车通用零部件供应链完整。南沙区的汽车产业链已有十余年的发展历史,布局相对完整。现有汽车工业格局以广汽丰田为主导,其在黄阁汽车城已经拥有完整的燃油车生产供应链条,13家主要供应商涵盖了汽车的大部分供应链环节,包括汽车用铝材料、涂料、制动器、内饰等。燃油车和新能源汽车超过50%以上的配件可以通用。因此,在南沙区传统汽车产业向新能源汽车转型的过程中,原有的汽车配件企业可以有效降低供应链成本,并且有利于新能源汽车产业的迅速建设。同时,南沙区落户了广东芯聚能第三代半导体等一批拥有核心技术的项目,区域集群效应明显,零部件供给便利。

第二,汽车制造和智能网联企业联动。伴随着新能源汽车在汽车行业的渗透率上升,智能网联和汽车产业的融合发展也让汽车产业获得新的增长动力。智能驾驶、共享出行和网约车已经成为汽车产业的新增长点。南沙区在近年来积极布局智能网联企业,其中包括国内技术领先的自动驾驶企业小马智行。技术服务企业和汽车制造企业有很大的合作可能性。2019年8月,小马智行和丰田汽车(中国)达成了战略合作协议,小马智行的商业化盈利势头已经开始呈现。区内企业的合作可以有效降低企业的交易和匹配成本,也可以更好地使服务供应商贴近客户需求。

第三,汽车产业物流运输和销售服务成熟。广汽丰田的发展使南沙区配套建设了成熟的汽车运输体系,积累了汽车销售的服务体系。南沙区沙仔岛汽车码头有内贸航线通达上海、天津、青岛等北方港口,已成为我国内贸汽车南北对流运输的南方枢纽港。沙仔岛汽车码头作为全国沿海第一大内贸滚装汽车码头和第二大平行进口汽车口岸,在内外贸中都有重要地位。汽车码头距离南沙区汽车制造企业较近,通过水路运输,批量汽车运输成本下降,同时可以在5~7天到达我国沿海各大经济带的城市,覆盖了我国大部分汽车市场。

3. 发展方向

3.1 发挥新能源汽车产业对城镇化建设的推动作用,形成正循环效应

新能源汽车产业和城镇化建设的正向互动主要体现在以下两个方面:

一方面,新能源汽车产业相关市场发展能助推南沙区的城镇化建设。具体而言,新能源汽车产业链的形成可以带动诸如充电桩服务、动力电池回收、零部件供应等各个行业的发展。目前,南沙区正在加快建设国际化金融服务区,金融机构同当地新能源汽车制造商之间建立良好合作关系的前景可期;此外,基于新能源汽车的发展前景,高新技术的投入也会带来可观的收益,结合南沙区目前蓬勃发展的科创力量,如小马智行、云从科技等,南沙区新能源汽车产业的发展势必能获得助力。这些围绕新能源汽车产业的现代服务业,将有效促进南沙区及其周边地区第三产业的发展,加快南沙区当地的城镇化进程。

另一方面,南沙区的城镇化进程能为当地的新能源汽车产业带来规模经济效应和成本优势。城镇化进程有助于为汽车产业集群发展提供空间。整车制造的集中布局、覆盖上游供应商的产业园区建设等都有利于南沙区的新能源汽车产业形成成本优势。南沙区应当在合理规划城市空间的基础上,继续对新能源汽车产业的总体布局进行战略规划,加大对上游产业(例如动力电池、电机、电控)的扶持,这将有利于构建完整的新能源汽车产业链经济。

此外,南沙区的区位优势将有利于当地新能源汽车相关产业吸纳并整合周边地区资源,如人力资源、科研力量等。南沙区的城镇化建设,尤其是联通粤港澳大湾区的交通网络建设,将有利于进一步助推当地新能源汽车产业的良性发展。

在具体措施方面,我们提出以下政策建议:

一是助力服务业发展,搭上新能源汽车相关产业的快车。通过招商引资和

新能源汽车相关行业（可以是传统的与购买汽车相关的金融、保险、法律等行业，也可以是新能源汽车衍生出的新兴行业，如动力电池回收、充电桩服务提供、汽车智能化软件等行业）促进南沙区及其周边地区第三产业的发展，加快南沙区当地的城镇化进程。

二是城镇化建设助力构建新能源汽车产业链。通过推进城镇化进程和进一步建设连接粤港澳大湾区的交通网络，南沙区可以加深同粤港澳大湾区之间的联系，整合周边地区相关资源，一方面推动当地小型新能源汽车企业的孵化，激发市场活力，另一方面提供大型新能源汽车企业所需的人力资源和科研力量等；此外，继续对新能源汽车中上游产业进行招商，并适当布局新能源汽车产业园区的建设。

3.2 提升城市知名度，吸引人才

我们认为，南沙区要想吸引人才，就需要站在人才的立场，从经济和文化的角度为其考虑：文化方面的需求包括城市的宜居性和城市文化，经济方面的需求则包括收入、支出等。

3.2.1 培育文化软实力

从宜居性上说，南沙区自然环境优美、气候宜人且交通便利，是全球宜居城市100强中的一员，在宜居性上优势明显。而在城市文化方面，就目前而言，南沙区主打经济吸引力，将主要资源用于基础设施建设和人才引进的各项补贴，相应地，城市文化软实力方面的投入就显得相对薄弱。

短期内，政府宣传部门可以多采用开支较小的"游击式"宣传。在南沙区的周边市区，采用地区宣传会和小区域广告的形式向周边渗透南沙区的文化影响力。在较为遥远的北京、上海、杭州等地，积极与高校就业指导中心沟通配合，定期安排校园宣讲会、张贴宣传海报、向学生分发宣传手册，针对高校人才展开宣传。

长期内，在南沙区的经济水平达到一定高度后，可通过全国性电视频道、网络渠道对南沙区进行宣传，同时对区域内基础设施进行文化建设和改造，例如增加居民公园、修建博物馆等，为建筑物"加入灵魂"。此时在开支方面应加大力度，采用大范围宣传的手段，以期吸引社会人才。

南沙区应着力打造吸引力内核——着重打造具有现代特色的城市文化，如海港旅游和互联网文化。在旅游方面可以向与之隔海相望的海南省借鉴；在互联网方面可以向杭州市借鉴，依托本身的高智力科创企业，打造智慧城市、宜居城市的文化特色，以企业助力文化建设。

3.2.2 提高经济吸引力

在收入方面，考虑到南沙区目前的经济增速，人均可支配收入还有不小的增

长空间,因此可以预期个人收入在未来并不会成为南沙区吸引人才的明显劣势。南沙区可利用住房资源吸引人才。可以说,南沙区相对较低的房资比,再加上诱人的人才住房补贴,是其吸引人才的重要优势。但是这一优势正在逐渐减弱。南沙区房价在 2014—2018 年五年时间内上涨了 120%。作为粤港澳大湾区的几何中心,优越的地理位置会迅速导致房地产市场过热。我们认为,住房政策将成为南沙区可持续发展所要面对的重要命题。政府应提防南沙区房价上涨过快,防止房地产市场过热带来的经济脱实向虚问题以及阻碍人才流入问题。因此,建议把保留足够数量的人才公寓作为吸引人才的一张好牌。

3.3 聚焦上游布局,促进区内企业互动和附加值集聚

在南沙区布局新能源汽车整车制造的上游供应商企业,可以有效降低运输成本,同时可以便利整车制造商和供应商的交流合作,达成长期稳定的供应关系。对于供应商来说,可以通过稳定的合作,压缩上游供货成本;对于整车制造商来说,可以贴近市场,根据整车生产节奏调整产量。此外,"三电"企业附加值高,在南沙区布局"三电"企业,可以使其获得新能源汽车价值链上的更大利润空间,促进地区的发展。

下面按照供应商种类讨论上游企业具体的布局方式:

3.3.1 动力电池制造企业

截至 2018 年,南沙区尚没有已经建成投产的动力电池制造企业。恒大国能的卡耐电池生产基地正在规划建设中,而卡耐电池的年装机量仅为 0.64 亿瓦时,显然无法满足之后的生产规模需求。同时,广汽丰田在迅速扩张新能源汽车生产版图的过程当中,同样需要动力电池的供给。因此,在南沙区加快布局新能源汽车动力电池制造企业势在必行。卡耐电池若能实现 50 亿瓦时年装机量,将基本实现恒大国能年产 60 万辆汽车以内的动力电池需求,但是卡耐电池的产量扩张仍需要一定时间,因此在短期内广汽丰田仍然需要额外的电池供应。

我们推测广汽丰田的电池供应有两种较为可能的途径。其一是通过与国内企业合作进行共同研发和生产。广汽丰田与宁德时代的合作已经顺利落地。此外,据报道,广汽丰田已经与比亚迪电池达成合作,有望之后采购比亚迪电池。我们认为,广汽丰田可以与国内企业达成长期稳定的合作关系,促成新的电池制造项目在南沙区落地,保证广汽丰田电池的长期稳定供应。其二是引进外资电池制造企业,在南沙区整车制造总装线旁设厂。

丰田在日本本土的新能源汽车生产上采用了松下、汤浅、东芝等供应商的电池。松下已经在我国大连开设工厂,但在我国南方地区尚没有生产基地。在南

沙区配合丰田建厂将符合松下扩张中国市场的目标。如果广汽丰田需要在高端新能源汽车市场发力,那么可以适时利用其外资优势,引进国外先进电池制造企业落户南沙区。

3.3.2 电机制造企业

根据已有的规划,恒大汽车将采用荷兰 e-Traction 公司和英国 Protean 公司的轮毂电机技术在南沙区配套投产。而广汽丰田的纯电车型 iA5 目前采用的电机是日本电产株式会社生产的永磁电机,广汽丰田在南沙区没有配套电机的供应商。在日本,丰田整合了旗下的子公司电装、爱信精机和爱德克斯,开始在电驱动方面进行全面布局,而这几家公司都在南沙区有自己的生产基地。我们认为,随着广汽丰田的生产向新能源汽车转型,其可以带动周边布局的几家供应商进行配套的供应转型,从而最大化利用已有生产布局,节约整车制造成本。

3.3.3 电控制造企业

目前,国内的电控技术尚不成熟。在电池控制器上,国内的企业已经有较为丰富的市场经验。但是在电机控制器上,核心部件绝缘栅双极型晶体管(IGBT)仍有 90% 以上依赖进口。IGBT 价值高,占电控成本的 40%,占整车成本的 5%。目前,全球最大的 IGBT 供应商英飞凌和丰田已有过合作,同时其拥有丰富的国内市场经验,占全球装机量的 29%。因此,我们认为,南沙区的新能源汽车企业在短期内采购国外电机控制器可以节约投资,并且实现短期的稳定优质供给。长期内,南沙区应该配备自主生产的企业,降低成本,并且贴近需求,及时调整生产节奏。

总结来看,广汽丰田"三电"供应的可能解决方案如图 4-14 所示。

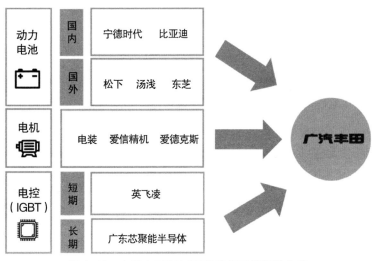

图 4-14 广汽丰田"三电"供应的可能解决方案

3.4 政企合作,培育良好的招商环境

从上面的分析可以看到,南沙区新能源汽车产业快速发展,给汽车周边产业落地带来了很大的空间。合理的周边产业布局可以产生相互促进的正循环,因此南沙区构建优越的招商引资环境吸引符合条件的企业入驻非常重要。

3.4.1 先行先试的自贸区政策改革

新能源汽车是近年来出现的新兴产业。全国性法律在新能源汽车或智能网联领域尚有很多空白。南沙区作为国家新区和自由贸易区,具有更大的政策自由度,可以利用宽松的政策条件,提升招商的吸引力。

南沙区的相关产业政策制定可以发挥其两大特点:一是尝试空间大,南沙区在政策上可以与国内外发展成熟的新能源汽车集聚地区对标,敢于尝试;二是贴近企业需求,技术型企业往往需要政策批准进行试验,例如自动驾驶头部企业小马智行,其需要大量路试进行数据采集和学习,而南沙区批准其进行较大范围的路试成功吸引了其落户。政策的制定应该以经济发展为导向,如此改革才能发挥正向作用。

3.4.2 营造良好的营商环境吸引优质外资

在新能源汽车的很多相关领域,国外企业仍然具有优势,区政府建设适宜合资或外资企业落户的营商环境也很重要。南沙区已经有吸引丰田落户的经验,同时国家放开新能源汽车企业的外资股比限制,因此南沙区吸引外资条件充足。

我们提出两点具体建议:一是增强外资进入的便利性,例如尽量缩短符合条件的合资或外资企业的审批时间,协助解决重点项目的资金和土地问题等;二是营造适合外国人工作和生活的城市环境,构造国际化的社区,包括在允许的范围内简化外国人居住手续,适当取消外国居民的政策限制,允许设置更接近外国环境的社区和教育机构,便利其生活。

3.4.3 土地政策引导招商

南沙区是广州发展较晚的新区,可规划土地充足,发展潜力巨大。但是南沙区是珠三角的几何中心,如果对土地使用不加限制,则房地产的过度涌入势必抬高地价,使南沙对企业落户的吸引力降低。

我们认为,政府在土地开发上可以采取两项措施:一是提前合理规划,尽早完成拆迁工作,同时对土地进行功能区设置。较早的拆迁工作容易进行,且费用较低,有利于降低企业的实际用地成本。二是在竞拍地块时设置合理的条件,例如设置某地块竞拍企业的行业、投资密度、投产时间等门槛,并给满足条件的企

业一定的土地优惠条件或补贴。这些措施可以筛选合格的企业落户,同时避免企业囤地,保证新能源汽车产业的发展空间。

(二) 智慧信息产业与智能城市

智慧信息产业是信息技术发展到一定阶段后所展现出的新形态,是一种数字化、网络化、信息化、自动化、智能化程度较高的产业。将智慧信息产业与传统产业相结合,能够显著提升传统产业的生产力水平,优化其管理模式,更加精准地定位市场需求,从而提高效率,推动区域经济发展。

案例1 济宁任城智慧信息产业与区域经济发展

1. 区域宏观环境分析

1.1 政策环境

顺应政府新旧动能转换潮流,发展潜力较大。自经济发展进入新常态以来,我国经济由高速增长转向中高速增长,经济发展质量变得尤为重要。李克强总理在2015年《政府工作报告》中提出"发展智慧城市,保护和传承历史、地域文化",智慧城市的概念由此得到推广,也成为目前城市建设的一个热点问题。

社会主义市场经济体制下,政府强有力的宏观调控在建设智慧城市方面体现出巨大的优越性,通过向早期智慧信息企业提供一定的资金支持,使得非一线城市的智慧信息产业也能得到发展。济宁市和任城区政府积极部署新旧动能转换,力图精准推进产业升级,推动先进产能提质增效,打造智慧化示范工业园区。

1.2 经济环境

任城区总体经济实力跃上新台阶。自区划设置以来,地区生产总值年均增长8.6%,2017年达到601亿元,位居济宁市第2位;人均地区生产总值突破1万美元。较为雄厚的综合实力为发展智慧信息产业提供了坚实的基础和巨大的潜力。

招商引资取得一定成果,重大项目建设陆续展开。山东中兴智慧城市产业园、中科智造信息产业园等投资项目相继建设,为智慧信息产业发展提供了大量的资金和基础设施。

互联网经济保持活力,成为智慧信息产业发展的推手。我国的互联网产业占 GDP 的比重位居世界第一,成为推动新常态下经济增长的强大力量。而互联网经济本身对数据的收集能力和分析要求以及对高度自动化和智能化的要求又使智慧信息产业的普及成为可能。

1.3 社会环境

大众教育理念不断进步,尊重知识的风气逐渐形成。随着我国高等教育的发展,民众有了更多接受高等教育的机会。总体来看,区内大众受教育程度明显提高,目前社会上尊重知识、尊重人才的良好风气不断形成,有利于智慧信息人才的培养。

社会创新热度未减,催生智慧信息产业无限可能。自"大众创业、万众创新"提出以来,社会创业、创新热度高涨,而这正是智慧信息这一高创新行业发展必需的条件之一。

1.4 技术环境

移动互联网技术高度发展,为智慧信息产业发展奠定了基础。随着移动 5G 网络技术的成熟与在国内的广泛应用,移动网络覆盖范围更广,传输速度更快,为智慧信息产业的信息传送、云计算的运行提供了前提条件。

物联网、云计算技术不断突破,促进智慧信息产业的最终落地。作为智慧信息产业的基础性技术,物联网、云计算等技术日趋成熟,具备在实践中广泛应用的条件。

2. 发展智慧信息产业的挑战

2.1 中高级人才缺乏,技术创新能力不足

任城区在智慧信息产业方面的核心专业技术人才、高端管理人才以及中高层次复合型人才储备不足,引进数量较少,科技研发和技术创新能力较弱。

2.2 科技成果转化周期长,尚未形成成熟的商业逻辑

大部分企业并未很好地利用已有技术去创建一套完整的商业逻辑。区内新技术未能与传统实体行业进行高度结合,故其先进的数据处理和分析技术不能很好地促进传统实体行业生产效率的提高。

2.3 企业走出本地困难重重

企业要想寻求进一步的发展,就必须继续开拓新的市场。对于以政府为客户的大多数小微企业而言,它们仍没有形成规模,而本地市场也不可能支撑一个较大规模的企业。但在开拓外地市场时,这类小微企业在与大企业乃至当地企

业的竞争中均处于不利地位。另外,智慧医疗等行业是直接面向消费者进行销售的。对这种行业而言,任城区的消费能力略显不足,因此市场饱和阶段也会较早到来。所以,这类企业的一个较为理想的战略是将任城区作为一个研发基地,以此为支撑进一步开拓全省乃至全国的市场。但这样就与拉动本地经济发展的政策目标产生了矛盾,长此以往,政府也会失去扶持相关企业的积极性。

3. 智慧信息产业微观实践

3.1 区内智慧信息产业生态分析

任城区政府规划了"终端平台+服务平台+应用推广"的智慧城市产业链条,以建设智慧城市为核心构架,以完善智慧城市相关功能分支为具体实践方法,进而带动区域经济,促进民生改善,实现全方位发展。

现阶段,任城区形成了以政府为中心带动的发展模式。智慧信息产业的重要特点之一就是依托雄厚的资本和一定的技术、人才基础。从投入财政资金、引入一线技术,再到作为市场主体采购相关产品,任城区政府在推动智慧信息产业发展的过程中起到了至关重要的作用。

3.2 企业案例分析

3.2.1 智慧环保方向——中科云天

3.2.1.1 公司简介

济宁中科云天环保科技有限公司(以下简称"中科云天")是中国科学院计算技术研究所重点培育的智能环保高科技企业,主要提供网格化的大气污染防治和环境空气质量管理服务。中科云天致力于通过"物联网+大数据+云服务"的先进技术,切实做到大气污染发现及时、处理高效,助力政府科学治霾、精准治污。中科云天的主要产品可分为网格化监测微站、业务监管数据平台和运营管理服务三大类。企业可通过产品间的有机组合,为政府和企业提供一体化的服务与解决方案。中科云天实行三位一体、优势互补的发展方略,按照"网格化微站+数据平台+运营管理"的战略方向进行市场布局,取得了一定的成效。此外,中科云天拥有较为稳定的研发团队,自主进行硬件产品的加工,其技术水平和服务能力在济宁市处于领先地位。目前,网格化微站已成为地方区域空气质量监测和预警的重要着力点。

3.2.1.2 问题分析

中科云天仍处于初创阶段,未能很好地适应自负盈亏的市场化竞争;且公司主要以承接政府项目为主,业务周期较长,从而导致其现金流较为紧张,不利于公司的长远发展。

公司的销售工作仍有欠缺,具体体现在销售团队不稳定和销售人员不善于与政府客户交流两方面。这使得中科云天局限在济宁及周边地区的有限市场,难以向全省乃至全国推广。

仅针对大气污染的平台无法满足环保部门的需求。环保部门往往希望能将多种污染物的数据整合到一个平台上进行监测,而中科云天的单一种类平台难以满足客户在这方面的需求,从而导致一体化服务的商业模式在某些地区的推行并不顺利。

3.2.2 智慧教育方向——仁博科技

3.2.2.1 公司简介

山东仁博信息科技股份有限公司(以下简称"仁博科技")创建于2009年,并于2015年转型升级为一家志注于智慧教育产业的高新技术企业。仁博科技作为智慧教育设备的经销商、教育软件平台的提供者,始终致力于智慧教育的生态圈建设。仁博科技以仁博易教易学平台为基础,提出了互联网+应用体系、物联网+控制体系、教育服务+管理体系三大体系建设,涵盖了教育生态圈中学生、家长、老师、培训机构等诸多角色,并为用户提供多角度定制化智慧教育解决方案。仁博科技的主要产品为以仁博易教易学为代表的教育软件和以创客套装、智能白板等为代表的教学硬件,采取软硬件结合的方式进行市场布局,目前在济宁市的市场占有率已超过70%。

3.2.2.2 问题分析

仁博科技之所以能取得目前的成就,一个重要原因就在于它成功切入了一个较为空白的细分市场。但现在仁博科技的产品线广而不精,缺少能起到带动作用的着力点。而作为一家处于初创阶段的企业,它所拥有的资源又不足以支撑所有项目的进一步发展。仁博科技的智慧教育产品没有改变教学工作的基本模式,大多只是解决了教学过程中的一些小问题,这就注定了学校的需求不会很大。就促进教学的层面来讲,其产品对于解决问题的意义不大;而且在体验和效果上,也没有与传统教具拉开差距,设备升级的必要性并未充分显现。

3.2.3 智慧医疗方向——大象医疗

3.2.3.1 公司简介

济宁中科大象医疗电子科技有限公司(以下简称"大象医疗")是中国科学院计算技术研究所直属的智能医疗器械企业,致力于移动互联网+医疗服务的融合与发展。大象医疗专注于心脏病垂直细分领域的心脏病康复、心律失常随访管理等,依托中国科学院科研技术优势,打造基于云化核心平台(大象心健康云服务平台)的O2O(在线离线/线上到线下)服务体系,力图建设一套完备的心脏健康保障体系。大象医疗的主要产品为以大象随心宝为代表的智能心电监测设备。这类设备解决了心脏状况监测的问题,实现了患者与医生之间的对接。监测设备将收集到的数据上传到云平台,通过手机端App可以实现心脏健康状况预警,医生也可以利用这些数据对患者进行远程监测和诊断。目前,大象医疗已经与数家医院签订了合作协议,成功将产品推向市场。

3.2.3.2 问题分析

智能医疗器械的市场潜力很大,希望在这一领域有所作为的企业众多。一些主营医疗器械的老牌企业在相关领域经营多年,一旦进入该市场,其研发水平和销售渠道都会显著优于初创企业。在与这种竞争对手的对抗中,大象医疗的"护城河"显得较为薄弱。因此,大象医疗要充分利用先发优势,尽快开拓国内市场,只有这样才能在后续的竞争中占得先机。

在大象医疗的商业模式中,与医院达成合作极为重要,这既是做大做强的保证,又是后续平台建设及盈利的基础。大象医疗作为初创企业,与医院的关系比较淡薄,因此应对这项工作给予足够的重视,设立相关部门以开拓渠道,真正将产品推广出去。

案例2 湖南长沙智能制造产业

1. 智能制造发展现状

目前,中国整体工业水平不均等,如果以"工业4.0"为参照,则各地水平参差不齐,有的处于工业2.0阶段,有的可能到了工业3.0阶段,有的甚至还处于工业1.0阶段。长沙智能制造研究总院认为,整体而言,中国工业的水平处于2.0到2.5阶段。从产业基础和智能制造水平等角度来看,长沙大致处在全国中上水平。

中国制造业大而不强。第一,自主创新能力不强,核心技术对外依存度较高,产业发展需要的高端设备、关键零部件和元器件、关键材料等大多依赖进口。第二,产品质量问题突出,国家监督抽查产品质量不合格率高达10%,制造业每年直接质量损失超过2 000亿元。第三,资源利用效率低,单位GDP能耗约为世界平均水平的2倍。第四,产业结构调整刻不容缓,技术密集型产业和生产性服务业弱,产业集聚和集群发展水平低,具有较强国际竞争力的大企业少。

中国企业长期以来对基础研究投入不足,传统产业中的高端生产装备和核心零部件技术长期受制于人,技术竞争力差距大;新兴技术和产业领域全球竞争的制高点掌控不足,作为后发国家技术学习和赶超的难度大。并且在新兴产业领域,由于技术路线的多样性和研发投资的不确定性,后发国家的大企业主导的产业组织格局没有优势,而中小企业和创业企业又面临资金不足难以开展技术研究的困难,甚至在实现技术发展后需要克服深层次的制度障碍。

智能制造所需的人才不仅需要专业深度,而且需要掌握机械、计算机科学等跨专业知识,而目前此类人才数量无法满足需求。由于受到行业薪资水平、行业发展的影响,此类人才更倾向于互联网行业。此外,安全问题不容忽视。包含大量商业机密的企业数据被输送到一个平台上,一旦数据在传输和分析的过程中遭到泄露或被窃取,就会对企业造成极大的隐患。

2. 长沙市智能制造发展实践

为了大力发展智能制造相关行业,推动制造业转型升级,近年来,长沙市各级政府与各产业园区出台了一系列制造业扶持政策。

2.1 目标布局

长沙市制造业发展以打造产业链为主要目标。长沙市智能制造相关部门提出了建设"产业价值链"的目标,推动产业跃升、积聚产业能级。

2015年,长沙市人民政府办公厅发布《长沙智能制造三年(2015—2018年)行动计划》;2017年,长沙市委、市政府发布《长沙建设国家智能制造中心三年行动计划(2018—2020年)》,力求迅速攀登制造业高地。

2.2 发展策略

长沙市工业制造业长期存在发展不平衡的问题。为了有效改变这一现状,长沙市采取了全面深化改革的举措,为新旧动能转换注入新活力,切实改善中小微企业的生存环境,拓宽其发展空间。

一是全面落实供给侧结构性改革。二是推动厂商创新政策层面的改革。近年来,长沙市政府推出多项技术与人才举措,以突出战略性新兴产业的导向,帮助企业达成创新发展的目标。三是深化园区改革。改善营商环境,大力推进"马上办、网上办、一次办",向园区下放了多项经济管理权限,加快组建市、园两级企业服务中心,切实提高办事效率。

2.3 发展思路

为了实现上述目标,配合上述改革举措,长沙市制定了一系列针对制造业的扶持政策,并通过归纳整理和补充,形成了"工业三十条""人才新政二十二条""工业1+4体系"等政策体系,对制造业发展起到了系统性支持的作用,让产业升级焕发新动力。

2.3.1 财政支持

推进智能化改造,提供本地智能装备采购和租赁平台。对于采购或租赁本地智能装备的企业,予以一定比例的补贴;对于智能化改造后质效明显提升的企业,给予更高的补贴额。这一方面推动了长沙市产业向智能制造发展,另一方面也推动了长沙市智能装备制造业的发展。

贷款风险补偿。整合财政资金打造智能制造贷款风险补偿资金池,帮助拥有核心技术或拥有自主知识产权的生产智能装备产品的中小微企业获得资金支持。

设立智能制造孵化基金。基金以股权方式投入,带动社会投资孵化企业,扶持有发展前景的企业健康发展,打造资金生态链。

设立智能制造产业发展基金。由财政整合资金设立智能制造产业发展基金,以股权方式跟投智能制造项目。产业发展基金不单独行动,而是与社会基金同步投入。

2.3.2 政策扶持

顶层规划,协同创新。跟踪发展前沿,发挥长沙优势,积极引进和培育一批智能制造企业、项目,促进传统产业智能化改造,切实提高制造业的核心竞争力和可持续发展能力。实行市、区(县、市)两级联动,调动园区和企业的积极性,形成协同优势。通过市场化方式充分激发产、学、研、资、用等各方的积极性。

政府引领,转变职能。充分发挥企业的主导作用,积极转变政府职能,加强战略研究和规划引导,充分做好对接、协调和服务工作。

应用示范,分类推广。通过对传统制造业企业的应用示范试点,打造智能制造应用标杆。通过企业购买、租赁和政府引导等模式,推广智能制造系统集成及装备。

智库引领,协同创新。以长沙智能制造研究总院为引导,推进政府、企业、金融机构三方形成合力,共同推进智能制造快速健康发展。运用政府的力量,调动整合三方力量共同促进长沙市制造业发展。

2.3.3 建设推动

建立长沙市智能制造工作推进机制。成立以市长为组长,分管工业的副市长为副组长,市直相关部门、区(县、市)政府以及工业园区管委会参与的长沙市智能制造工作推进小组,负责组织拟定与审议智能制造工作的方针、政策和措施,组织推动智能制造工作,统筹协调解决智能制造工作中的重难点问题。工作推进小组办公室设立长沙市经济和信息化委员会,负责日常工作。

引进和培育一批企业、项目。在推进传统产业转型升级的过程中,通过政策引导,实现以市场换产业,引进和培育一批拥有核心知识产权的关键零部件、装备主机与系统集成的智能制造企业或项目;通过持续推进智能装备产业发展,实现以商招商,聚集一批云计算与大数据服务平台,以及提供技术推广、装备及系统租赁、管理咨询等服务的企业,逐步形成智能制造产业集群。

成立智能制造装备租赁公司。按照资金实际需求,整合财政资金,带动银行、保险公司、智能制造装备生产企业和社会资本等共同参与,成立长沙市智能制造装备租赁公司,按照"三个一点"(应用企业首付一点、租赁公司按揭一点、设备提供商垫付一点)的原则,为制造业企业提供智能制造装备租赁服务。

组建长沙智能制造研究总院。整合高等院校、科研院所和工业企业在智能制造技术领域的优势,按照政府引导、企业运作、自主经营、协同发展的原则组建长沙智能制造研究总院。瞄准智能制造先进及适用技术,为全市制造业企业提供共性关键技术,引进、培养人才和核心服务团队,引领智能制造协同创新体系建设。同时,孵化科技成果、培育创新企业以及采取股权量化投资等模式,将研究总院建设成为全面开放的创新基地和服务平台。

3. 案例:三一集团智慧工厂提升发展质量

3.1 公司简介

三一集团有限公司(以下简称"三一集团")始创于1989年,自成立以来,公司始终秉持"创建一流企业,造就一流人才,做出一流贡献"的愿景,打造了知名的"三一"品牌。三一集团主业是以"工程"为主题的装备制造业。为了在智能制造和物联网的革命中占据先机,三一集团积极配合、大力推进智能制造,在智能车间、物联网管理等方面再次成为行业领头羊。

3.2 三一集团智慧工厂

3.2.1 数字化工厂

三一集团属于离散型制造业企业,即产品的生产过程通常被分解成很多加工任务来完成,在每个部门,工件从一个工作中心到另外一个工作中心进行不同类型的工序加工。与传统的离散型制造业工厂一样,三一集团也曾面临困局:①大量人力、物力配合带来高成本;②生产数据多且分散,加大了数据收集、维护和检索的工作量;③生产任务多导致生产过程控制非常困难;④产品的种类变化较多,要求设备和工人必须具有足够灵活的适应能力。

对此,三一集团通过一系列的技术研发与创新,采取"互联网+工业"模式,成功打造了智能化数字化工厂,具体措施包括成功打造了机械数字化车间、实现了质检信息化。生产和质检水平的提升有效提高了三一集团的交付水平,提升了客户满意度。

3.2.2 工业互联网:树根互联——根云平台

树根互联是三一集团孵化的工业互联网赋能平台公司,拥有三一重工(三一集团子公司)多年来在工业互联网平台技术上积累的宝贵实践经验,因此更了解中国市场和中国企业的本地化,具备打造国家级战略平台的优势。

3.3 总结

在进行智能化转型后,三一集团产品核心竞争力有所增强,客户满意度得到提高,企业发展质量整体提升。

龙头企业通过技术外溢能够起到带动作用。中国中小工业企业数量众多,其信息化基础薄弱,要赶上智能制造这班车,利用大数据、物联网提升智能制造水平、服务能力、工业资产管理能力是唯一的途径。但是,"资金+时间+能力"成为制造业企业运用工业互联网的痛点:①缺资金。目前,中国大部分制造业企业基本处于工业2.0和3.0时代,再往上走成本很高。②信息化、智能化的投入和产出周期长。③大多数企业大数据分析、物联网技术等专业能力不足。大量的中小工业企业因"数据贫+信息化贫+智能化贫"而被排除在工业互联网应用的门外。树根互联通过根云平台将物联网技术更大范围地惠及中小工业企业。中小工业企业可以通过缴纳一定的费用等获得接入根云平台的权限,对生产信息进行记录分析,并充分运用根云平台数据库进行横向对比分析,提高从生产到销售的能力,这有利于中国智能制造的推进。另外,三一集团自身产品质量的提升也成功使下游经销商年备件库存成本降低超过3亿元。

在三一集团的智能化转型过程中,技术的自主研发尤为突出,树根互联的孵化体现了三一集团对科技创新的重视,三一"智"造成功带动中国制造业发展。金融、保险、物联网、孵化器、风电,看似跨度极大的产业在三一集团得到完美的融合与发展,对产业的创新和改革已成为三一集团领跑行业的动力源。

在三一集团采取以自主研发为主导的智能化模式后,除资金密集、劳动力密集外,技术密集将会更加明显。另外,多领域人才也将成为三一集团未来发展的迫切需求。

案例3 湖南益阳智慧城市建设与智能制造

1. 我国智慧城市发展现状

国际上智慧城市的概念方兴未艾,我国的智慧城市建设也在稳步、快速地推进。

2012年12月5日,住房和城乡建设部办公厅发布《关于开展国家智慧城市试点工作的通知》,启动试点城市申报工作。截至2017年年底,500余个城市已经正式着手准备或开始建设智慧城市。除环渤海、长三角和珠三角三大经济区之外,地域性智慧城市的建设成果还包括武汉城市圈、关中—天水经济区、成渝经济圈、鄱阳湖生态经济区等。

但现阶段我国的智慧城市建设仍存在待改进的短板:第一,数字经济、信息系统等智能手段体现出了产业不均衡性,发展主要集中在第三产业,第一、第二产业改进较少;第二,智能手段应用的地域分布也呈现不均衡的态势,我国的科创摇篮以及大型互联网、物联网相关产业的企业都呈现区域集中态势,且智能计算、大数据领域的企业和国家级试点示范企业主要集中分布在我国东部地区,对其他省份的带动作用不明显;第三,城市基础平台(例如云医疗、云教育等)建设出现大量跟风现象,但建设的应用效率并没有获得相应提高,城市数据交换系统和信息共享平台由于功能覆盖面窄小或功能重叠性高,整体实用性较差,没有实现提升城市信息交换效率的初衷;第四,我国城镇化的速度有待加快,根据国家统计局的数据,2016年我国城镇化率为57.35%,与发达国家还有相当大的差距。

2. 益阳智慧城市建设概述

2.1 工作重点

益阳从"善政、惠民、兴业"三个方面出发,通过采取以下七项举措展开智慧城市建设工作:

第一,加强人员组织、思想工作、前期考察与统筹工作。益阳市委、市政府成立了新型智慧城市建设领导小组,由市委书记和华为轮值董事长担任顾问、市长担任组长,50多个市直部门、8个区(县、市)与华为公司共同参与。市委、市人大、市政府、市政协的主要领导也分别带队在深圳华为大学举办党政领导干部创新开放专题培训班,对各部门主要负责人进行集中培训;组织相关部门单位和部分企业负责人前往杭州、嘉兴等地实地考察,深入学习新型智慧城市建设的先进经验。依托政府、企业"双驱动",益阳市委、市政府与华为公司密切合作,精心编制了《益阳市新型智慧城市顶层设计方案》,方案中整体规划5大类51个项目,计划将益阳打造成为全国大数据协同创新市、惠民应用领先示范市、产业跨越发展引领市和城市精准治理标杆市。

第二,加强项目建设。益阳搭建了全市统一的云平台,紧扣"善政、惠民、兴业"目标,开发了创新创业政务(建立人脸识别、在线支付、电子签章等"一次都不跑"网上办事系统)等特色项目。建立智慧国土、智慧水利等项目,实现实时监控。通过搭建"两网三平台"、新增一类视频监控7 000多路、建设四级联动综治监控网络,实时传送采集数据,提升应急响应效率。

第三,推动数字经济发展,建设经济生态圈。通过举办2019年新型智慧城市(益阳)峰会、益阳数字经济发展(北京)座谈会、"绿色农业·智慧乡村"互联网大会等重大节会,借助益阳良好的人文资源优势和华为生态合作伙伴及配套企业的强大力量,重点引进了一批基于移动互联网、云计算、大数据、物联网和人工智能的高新技术企业落户益阳,在益阳设立企业总部、生产基地、研发中心和运营平台。目前,益阳也初步建立了多个科技经济生态圈,着力提升其承载力和吸引力。

第四,不断完善基础性支持,加强科研力量。益阳携手华为公司和湖南城市学院,联合打造湖南新型智慧城市研究院,系统研究新型智慧城市建设解决方案,为新型智慧城市建设提供强有力的人才和技术支撑。同时,高新技术产业园区也在进一步加强后台支撑系统。

第五,建立大数据中心。2018年12月18日,益阳投资50亿元建设的大数据中心"芙蓉云"正式启动运营。该大数据分析平台为打造益阳智慧城市项目而建造,其技术支持来自华为公司,是益阳未来规划的"智慧大脑"。益阳方面希望以此来促进当地云计算产业(尤其是其中的信息产业)集群的发展,从而率先登上全省的大数据行业高地,为本地综合产业的招商引资提供可靠的数据技术支持。同时,益阳方面也希望借助这个云平台,为地区数字经济的发展奠定基础;结合5G技术的发展,以艾华集团为主导,大力发展当地的电子制造业项目。此外,智慧农业、智慧水利等建设都需要"芙蓉云"的相关支持,可以说,"芙蓉云"已经成为益阳地区未来规划蓝图最重要的组件之一。

第六,搭建工业互联网。2019年,益阳市政府将益阳市工信局信息化推进科改革为工业互联网与数字产业科,为益阳工业互联网项目破题,并着手建设益阳市工业互联网体系。2020年上半年,益阳启动了黑茶工业互联网平台的建设,希望以此继续强化数字产业发展的氛围。同时,益阳方面正在大力推动已有的高新技术产业的工业互联网建设,稳步推进茶产业、电动汽车产业、电子线路板产业、装配制造产业等的产业集群建设,围绕产业集群进行合理有效的第二产业发展。

第七,建立5G基站。截至2020年8月,益阳市已经建成730多个5G基站。2020年年初,益阳市委明确了"奋战100天,全力完成2020年第一期建设任务"的目标,市政府也出台了益阳第五代移动通信产业发展三年行动计划,有行业应用需求的区域将实现大范围的5G网络覆盖。

2.2 重要领域

2.2.1 政府统筹牵头,成立智慧城市领导小组

2017年以来,市委、市政府就新型智慧城市建设先后召开市委常委会、市政府常务会、专题工作会议20余次,聚焦重点难点,密集调查研究,为加速推进新型智慧城市建设提供了坚强的组织保障。

2.2.2 政府、华为深度合作,统筹布局整体规划

2017年4月17日,益阳市政府与华为公司签订战略合作协议,这标志着益阳新型智慧城市建设、华为公司与益阳的深度合作正式开启。

跨界合作,顶层统筹。新型智慧城市建设不能单纯依赖技术的堆积,更需要城市管理者的意识转变与机制建设。华为公司派出了高水平的专家团队,凭借其在其他智慧城市建设项目中积累的经验,为益阳新型智慧城市建设进行顶层设计规划。市政府有关部门人员和华为公司专家团队共同组成调研小组,对市政府部门和区(县、市)展开地毯式的深入调研,听取了各级机关干部和广大群众的意见,了解了益阳信息化建设的现状及存在的问题,掌握了各部门、各层次、各方面对新型智慧城市建设的需求,据此精准制定《益阳市新型智慧城市顶层设计方案》。方案打破了各类项目独立建设的模式,进行了智慧城市建设整体的设计规划,整体规划了5大类、51个项目,估算总投资约60亿元,统筹考虑了"资金从何来""项目怎么建""效果怎么样"等核心问题,设定了在3～5年内实现"善政、惠民、兴业"的目标,为益阳智慧城市的整体建设指明了方向。

引入企业,助力实践。除华为公司的顶层设计规划和丰富经验支持外,众多生态合作伙伴在华为公司的助力下落地益阳,以促进益阳智慧城市建设和数字

经济发展。通过签署双方的战略合作协议,益阳市政府与华为公司拥有了一条畅通的官方沟通渠道,华为公司可以直接提出对智慧城市建设上下游供应链的诉求,益阳市政府也可借此机会推动华为公司的生态合作伙伴进驻益阳,促进益阳智慧城市的建设和数字经济的发展。益阳依托华为公司及其生态合作伙伴,引入了一批移动互联网、云计算、大数据、物联网和人工智能的实体企业,在益阳设立企业总部、生产基地和研发中心等,为智慧城市建设提供了有力保障。

2.2.3 建立湖南新型智慧城市研究院,实现"政企校"三方合作

三方合作,共建智库。2017年11月,益阳市政府、华为公司和湖南城市学院三方签署战略合作协议,联合打造湖南新型智慧城市研究院(现为"湖南新型智慧城市研究院有限公司"),成为智慧城市的关键技术创新中心、重大课题研发中心、综合人才培育中心和核心成果展示中心。研究院负责提供新型智慧城市相关新技术和体系研究与设计、规划咨询服务、标准规范、软硬件设计等,形成智慧城市建设的智库中心。

规划项目,推广经验。在与政府和华为公司的共同合作下,研究院已经主持完成益阳市智慧企业融合平台、智慧纪检、智慧医疗、智慧农业、智慧住建、智慧教育、智慧南县等项目的可行性研究报告和设计方案,以及益阳市雪亮工程、智慧国土建设的实施方案,为顶层设计下具体项目的规划和实施提供了切实可行的方案。同时,研究院也完成了"广州市国土规划科技信息化应用管理及研究工作经费——面向异构数据融合的IT架构子项"咨询项目,以益阳为智慧城市方案的孵化器和试验田,系统研究新型智慧城市建设解决方案,注重推广益阳智慧城市建设规划经验。研究院与三方的目标都是总结智慧城市建设经验,并将这些经验成果通过课程、人才及平台输送到其他城市建设中去。

引入资方,良性循环。研究院已经由单纯的研究机构转变为有限公司,通过引入社会资本,继续着力于智慧城市设计和咨询项目,并助力解决未来的智慧城市建设方面的资金问题,形成完整的智慧城市建设生态链。

借助优势,培育人才。研究院院长本身即为湖南城市学院智能工程研究团队带头人,主要从事智能机器人、智慧城市、大数据、云计算等相关领域的科学研究与开发工作,因此研究院也得以借助湖南城市学院城建专业的学术研究优势。此外,通过研究院与华为公司在教学和应用领域的深度合作,湖南城市学院和华为公司于2019年联合开设了"智慧社会技术与实践"课程,并完成了同名教材的编写。这也是华为公司首次参与高校课程体系共建,湖南城市学院得以借助华为公司的技术和应用领域优势,培育出更多新型智慧城市建设的专业人才,以

期提升学院在智慧城市方面的科技创新能力,推动学院在智慧城市建设教学、科研、社会服务等方面的高速发展。

2.2.4 推进方略:分步建设,民生优先

一是分步建设,从数据整合到生态构建。依照新型智慧城市的建设理念,首先需要构建一个强大的"云+人工智能+物联网"的数字底座以支撑智慧城市发展;其次需要打造一个开放平台,摆脱过去信息化项目孤立的运作方式,实现"平台+生态"的新型运作方式,让智慧城市成为新产业、新业态发展的重要助推剂和催化剂;最后则需要实践创新商业模式,动员更多社会资源参与智慧城市建设,以实现智慧城市的可持续发展。益阳依托这样的建设理念,首先对全市基础信息资源进行了全面统筹,实现了60家单位、397个政务信息系统的数据整合,形成了统一的云平台政务数据资源中心,打破了业务割裂的现状,汇集了更多数据,形成数字底座。而后,益阳在数字底座的基础上,通过建设全市统筹的物联网平台、视频云平台、GIS(地理信息系统)平台、大数据平台,为益阳数字经济发展提供统一的基础平台,全面推进智慧国土、智慧住建、雪亮工程、智慧城管、智慧水利等业务系统建设,支撑各行业的数字化转型。未来,益阳仍需继续探索依托于开放平台的创新商业模式,吸引更多企业加入智慧城市建设,鼓励其利用开放的能力和数据创造新的价值,带动相关新产业聚集和旧产业转型升级。

二是民生优先,从解决问题到优化发展。从城市管理者的角度,新型智慧城市首先需要解决环境污染、风险方案、安全生产等城镇化过程中产生的问题以及其他与百姓息息相关的民生问题,提升政府管理能力与公共服务水平。益阳即依照"示范先行、重点突破、逐步完善"的建设模式,在百姓需求大、工作基础好、技术风险小和示范作用强的项目中,研究审定了23个优先启动的重点项目,总体涵盖了"善政、惠民、兴业"三大领域。如已经上线运行的"智慧大脑+政务服务"系统就按照"一单统表、一厅统管、一窗统受、一网统办、一号统揽"的"五一五统"政务服务新模式,实现了让群众办事"不跑腿"或"最多跑一次"的便民目标。在解决了民生问题后,则需要通过智慧城市建设以促进新产业和新业态的发展,促进信息技术和人工智能技术与传统产业的深度融合,创造新的商业价值,推动益阳数字经济与产业转型的发展,最终提升群众幸福感和获得感,将益阳打造成全国智慧城市建设的范例。

2.3 数字乡村建设

2.3.1 工作任务

益阳作为湖南省现代农业改革试点市,在数字乡村建设上具有明确的工作

目标并已初见成效。目前其主要工作任务之一为加强乡村基础信息建设。这些工作包括完善乡村基础通信设施建设,推进宽带网络、移动互联网及数字电视网络的发展,力求让更多村民接受现代信息化设备并提升其使用能力。2020年,南县麻河口镇和赫山区沧水铺镇首先进行试点。截至2020年8月,两个示范村固定宽带入户率超过80%。全市共投入资金9.82亿元,新建扩建1 159个行政村村民服务中心,使村民不出村就能解决问题。

工作任务之二为建设农业农村综合信息服务平台。这是一个以益阳智慧农业大数据平台、980个益农信息社和"益村"App为主体,集电商、政务、村务、便民信息服务于一体的综合性互联网服务平台,建成后将有助于益阳农业农村信息管理,并为村民带来便利。2020年已在南县试点建立稻虾产业"洞庭虾网"服务平台,对小龙虾产业发展、质量监管具有很大的促进作用。可以预见,益阳农业农村综合信息服务平台建成后将会有效促进益阳的各类产业信息汇总,推动产业提质。

工作任务之三为农业农村物联网建设,即在农村大力推进物联网信息技术应用,在推进先进设备使用的同时,创建实验室、技术研究院,以强化技术支持,并且已争取项目资金600多万元,用于培训相关人员,完成新型职业农民培训计划。在现阶段成效显著的同时,益阳已经确定下一工作阶段的目标——争取到2025年全市农村固定宽带入户率达90%以上,建成较为完善的农村信息化基础设施,使农业农村综合信息服务网络体系达到全村全覆盖,加快现代农业高质量发展。

2.3.2 数字乡村典型案例分析

益阳几年前的乡村发展较慢,经济基础较弱。2017年,居民收入分析报告中指出,农村居民收入增长后劲不足,其中外出务工人员的工资受限于全国各地的经济状况,而本地农村务工人员的工资增长已经达到一定的水平,后期增长空间有限。农业发展基础仍然较薄弱,部分排灌沟渠年久失修,排灌系统不配套,"靠天吃饭"的状况没有得到根本改变。2017年,强降雨导致的当地直接经济损失达21亿元,农民经营净收入的增长无法得到根本保证。在此基础上,益阳开展数字乡村项目,通过现代科技手段振兴乡村,推动乡村经济发展与基础设施建设。

经过几年的努力,益阳乡村状况有了很大改善,下面简要介绍两个典型案例。

其一为益阳市桃江县的"淘宝村"。"淘宝村"指活跃的网店数量达到当地家庭户数的10%以上,电子商务年交易额达到1 000万元以上的村庄。益阳市桃江县桃花江镇株木潭村在2016年被阿里评为"中国淘宝村"。株木潭村主要销售凉席、竹制品等商品,就地取材,就地制作。截至 2020 年 8 月,株木潭村的凉席加工企业已经形成集聚效应,其中龙头企业春龙竹艺有限公司(以下简称"春龙竹艺")年销售额已突破 5 000 万元,境外年销售额也已经超过 1 000 万元。2012 年,春龙竹艺率先进驻淘宝平台,通过春龙旗舰店把优质竹凉席销往全国各地,并逐步提升产品质量,两次获得湖南省农业博览会金奖。除了编织环节,其他竹凉席生产流程已经全面实现机械化操作,而编织环节技术要求低,工作时间灵活,编织技艺高低主要取决于熟练程度,大量雇用本村的留守人员,有效解决了村民收入问题,为他们提供了兼职机会。在有一定知名度的基础上,株木潭村需要面对升级产品、提高质量、推陈出新的挑战,例如推出更多创意创新竹制品、采用绿色无公害手段快速消除新制竹凉席上的异味等。株木潭"淘宝村"成功通过电商发展,巧妙解决了当地人员的就业问题,并且拉动了当地经济发展,实现了乡村振兴。

其二为桃江县浮邱山乡枳木山村的数字化村民服务中心。枳木山村数字化村民服务中心实现了政务信息数字化、公开化,并且加入了各类便民设施,成为村民眼中的一个"万能"中心。村民可以到服务中心的公共查询机器上查看村中的各类公告及公示,更可以不出村办理各类证明。办理频率最高的 5 项党务服务事项、20 项事关群众日常生活的政策服务事项都可以在村部便民大厅办理。村民只需要走到村民服务中心提供所需材料,就会有工作人员登录"互联网+政务服务"一体化平台填写信息,扫描相关资料上传发送给乡审核员核验,核验完成后即可现场制作证明。这样,事务能够在短时间内完成,还可以节省村民前往乡里办理政务的时间,为村民提供了便利。此外,村里还设置了商务中心,其作用不仅仅在于向村民出售生活用品,还可以收发快递、助农取款、旅游咨询、代缴水电费、进行电商销售等。以电商销售为例,村民可以出售其多余的自制食物,例如榨菜、小鱼仔等。这些物品都会被统一包装,作为健康无公害的绿色产品面向大众出售。商务中心也有一周一次的网络直播,通过直播团队向大众推销这些本地特色农产品。为了确保产品质量,商务中心实施了可视化农业项目。村委会把摄像头安装到田间,用户可以通过网络随时跟踪农产品的成长过程,也可以通过产品外包装上的二维码找到该农产品的源头,为这些特色农产品的质量提供了保障。这同时使村民在日常收入之余,不仅能通过出售多余的自制食品得到额外的收入,更能通过网络直播提高枳木山村的知名度。

3. 益阳智能制造概述

益阳软智电子有限公司应用了"智能制造"技术,可以对产品进行"柔性化生产",其特点是强调客户的个性化和定制化。从理论上说,就是将原料、工厂、配送和客户连接在一起。客户只需要发出一个订单,工厂就会自动根据客户的个性化需求采购原料、安排生产,然后再将货物直接配送给客户。此外,物联网是实现工业智能制造柔性化生产的重要技术基础。在益阳智能制造中,通过地区工业互联网的合力建设,各个设备通过物联网技术进行互联,各家企业通过互联网技术进行互联,最终实现信息数据融合。

智能工厂建设。智能工厂是工业4.0的核心组成部分,包括网络化的生产设施及智能化的生产系统。它是一种新的生产模式,融合了智能设计、智能制造、智能装备、商业智能、运营智能等全新的信息与通信技术。在工业4.0时代,建设智能工厂的关键在于智能可靠的传感器、海量高速的数据存储、细致深刻的大数据分析洞察、安全稳定的工业通信网络以及灵巧的智能机器人。目前,益阳的诸多智能工厂的生产线已逐步实现智能化生产,每条生产线上通常只有2~3名工人,大幅提高了工业生产的技术水平和效率,降低了对人力资本的需求。

益阳高新技术企业信维声学科技有限公司(以下简称"信维声学")充分展现出益阳智能制造的特征:①传感器智能化。信维声学的各项传感器不仅需要提供具有超强抗干扰能力的数字输出,还需要具备双向通信功能,能实现远端校准,并通过调节门限值提高生产灵活性,省去了派遣人员至现场的环节。要在工厂生产环节的真空化环境、无尘处理环境中正常工作,其功耗和尺寸也受到严格限制。②工业以太网及其安全。设备互联是大势所趋,工厂内,扬声器生产组装机与零件整流机的数据通信有利于提高设备使用率。在未来,益阳设想将通信方式由有线现场总线扩展至工业以太网和无线接口,而这些网络和系统的数据、通信安全问题都考验着企业的技术实力。③大数据计算分析能力。信维声学对生产数量及品质的需求产生了海量的数据与信息,同时,生产过程中也会产生生产数据与信息。这两方面的大数据信息流通过互联网在智能设备间传递,由智能设备进行分析、判断、决策、调整、控制,并继续开展智能生产,制造高品质的个性化产品,形成工业4.0时代的生产数据云。而信维声学将基于这些海量的数据、分析和算法,带来制造业企业研发、生产、运营、营销和管理方式的创新与变革。

(三)面向未来的科研经济

科研经济是指依靠科学技术来促进经济增长的新发展理念,而工业经济、知识经济是科研经济的两种历史形态。各国工业经济的日益壮大和向知识经济的过渡正是科研经济不断成长的反映。在这一进程中,科技对经济的贡献率日益提高,经济对科技的需求与投入越来越大,科技与经济日益一体化,从而推动经济现代化的发展。经济发展可以依赖资源、能源、金融、科技、劳动力等多种要素,对不同要素的依赖程度不同,导致各国经济发展的路径和模式也不尽相同。实践证明,经济对科技的依赖性是经济和科技结合的关键因素,一国经济对科技的需求和依赖越强烈,该国科技成果转化为产品和服务就越有动力,也就能创造更多的价值。

随着云计算技术和芯片处理能力的迅速发展,以深度学习为代表的人工智能核心技术不断实现突破,图像识别、语音识别、自然语言处理等前沿技术的能力和应用效果得到了较大幅度的提升。

案例1 广州南沙科研经济概况

1. 发展现状

1.1 概述

广东省广州市南沙区自2015年正式挂牌成为中国(广东)自由贸易试验区以来,全方位高速发展的号角吹奏得愈发响亮。其中,科技领域的发展速度引人瞩目,推动科技成果快速落地的相关措施也正加快出台,但在科技成果快速转化为生产力的过程中,提高效率、转变盈利方式等方面仍有一定的提升空间。2018年8月,广东省政府提出创建珠三角国家科技成果转移转化示范区,打造科技成果转移转化区域高地,加强粤港澳大湾区科技创新合作及成果转移转化。两年后,这一建设目标初见雏形,南沙区作为整个华南地区推动科技成果转化的先锋示范区,正在借助其诸多优势条件逐一攻破和逐步优化科技落地等重大问题。

1.2 科技领域发展

南沙区科技领域的高速发展离不开各级组织对科技领域的经费投入,2016—2019年,全区在科技领域的财政投入分别为9.06亿元、7.65亿元、12.68亿元、22.50亿元(见图4-15);获得国家、广东省及广州市资金支持的项目分别有181个、924个、551个、584个(见图4-16)。

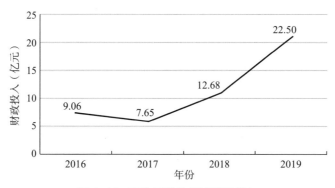

图 4-15 南沙区科技领域财政投入

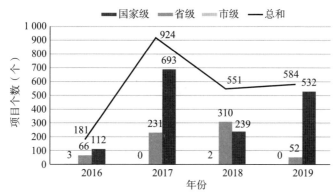

图 4-16 南沙区获取资金支持项目个数

截至 2019 年，南沙区在科技领域取得了亮眼的成绩，2016—2019 年，分别有高新技术企业 160 家、330 家、475 家、587 家（见图 4-17）；全区专利申请量分别为 3 256 件、4 975 件、9 875 件、10 687 件，授权专利数量分别为 1 539 件、2 514 件、4 521 件、6 461 件。

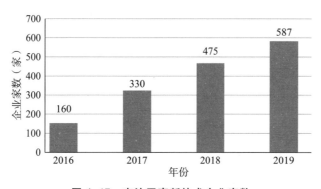

图 4-17 南沙区高新技术企业家数

1.3 技术转移

因为起步较晚,我国技术转移体系仍然是国家创新体系建设中的"短板",主要表现在日益增长的公共财政投入所形成的大量成果还没有对经济和社会发展形成有效的支撑,全国技术转移体系的平台建设、队伍建设还不健全,技术转移在国家创新体系中的地位有待进一步加强和提高等方面。在我国,科技成果的成功转化并非易事。迄今为止,我国每年至少有3万项科技成果问世、7万项专利成果诞生。但是,我国科技成果的转化率仅为10%,即除少部分能够真正实现产业化之外,多数的科技成果都会被束之高阁。

广东省华南技术转移中心有限公司(以下简称"华南技术转移中心")总部位于广州市南沙区。华南技术转移中心将导入知识产权服务和交易、检验检测、研发设计等科技服务资源,打造立足南沙区、面向粤港澳大湾区、辐射华南地区的技术转移交易综合平台。华南技术转移中心是由广东省政府统一部署,省、市、区联合共建的国有创新服务平台,华转网则是华南技术转移中心着力打造的新型技术转移线上服务总平台。华转网作为一个线上的中介平台,连接了高校、研究所、企业、专业人才、政府和一些企业孵化器。高校、研究所有将科技成果变现的需求,企业有引进新技术的意愿,二者均为技术转移提供了一定的市场。华转网充当了连接二者的平台,有助于加速科技成果的落地并将其应用于市场。在与华南技术转移中心的座谈中我们了解到,华南技术转移中心的盈利点主要有政府市场收入、线上服务平台收入、孵化基地收入和长期投资收益几个方面。

1.4 成果转化

2018年8月22日,广东省政府发布《关于强化实施创新驱动发展战略进一步推进大众创业万众创新深入发展的实施意见》,提出创建珠三角国家科技成果转移转化示范区,打造科技成果转移转化区域高地,加强粤港澳大湾区科技创新合作及成果转移转化,鼓励与港澳联合共建国家级科技成果孵化基地、青年创新创业基地等成果转化平台;加快建设华南技术转移中心,打造华南地区最具活力和影响力的技术转移与成果转化平台;建立全省统一的科技成果信息公开平台,完善重大科技成果转化数据库,推动技术标准成为科技成果转化的重要表现形式和统计指标。

作为广东省对外开放的门户窗口和互通港澳的方便桥梁,南沙区响应政府号召,努力搭建推动科技成果与企业需求相对接的优秀平台,承担起高效解决广东省科技成果转移转化难题的重任。南沙区内的华南技术转移中心和建设中的南沙区科学城都在积极思考如何快速将科技成果落地,这不仅是南沙区尝试解决长时间以来广泛存在于我国各地的技术转化难题的一个范例,更是一项惠及除企业和科技成果所有者之外的广大群体的措施,如华转网正尝试解决相关专业的高校毕业生在毕业后不久难以得到企业认可的问题。

1.5 基础设施建设

南沙区作为粤港澳大湾区地理几何的中心、连接珠江口两岸城市群和港澳地区的重要枢纽性节点,依托三大交通枢纽、五条跨江通道,逐渐形成大湾区交通圈。粤港澳大湾区建设的重要载体和主要内容包括:广深港高铁、南沙区大桥建成通车;深中通道、广中江高速(南沙段)等项目加快建设;南沙区港铁路龙穴南水道特大桥合龙;庆盛高铁站、南沙区客运港班次加密;大湾区"半小时交通圈"加快构建。粤港澳大湾区海陆空对外通道已基本成网,客运、货运总量占全国的比重均超过35%,有条件形成功能完备、及时可靠、通关便利、流转顺畅、经济高效、海陆空并进的联通"一带一路"的门户和枢纽。

然而,南沙区目前的基础设施建设相比广州市其他各区仍然有所不足,主要体现在以下几个方面:

第一,教育方面。虽然近年来引入了广东外语外贸大学附属中小学等广州市优质教育资源,但是在整体数量及高等教育方面,仍然有巨大的发展空间。截至2020年8月,南沙区有普通中学25所、职业技术培训学校3所,在全市的排名均较为靠后。南沙区应利用自身区位优势,鼓励广东省及其他省份高等院校在本地创办分校、校区,为本地企业输送高端人才;借力于粤港澳高校联盟的作用,与大湾区多所高校探索开展相互承认特定课程学分、实施更灵活的交换生安排、进行科技成果分享转化等方面的合作交流;支持南沙区建设教育示范区,引进世界知名大学和特色学院,推进世界一流大学和一流学科建设。

第二,医疗方面。南沙区医疗水平与广州市整体水平仍然存在一定的差距,截至2019年仅有医院14家,其中三甲医院1家。南沙区应继续引入三甲医院等优质医疗资源,优化区内生活配套设施;推动优质医疗资源紧密合作,发展区域医疗联合体和区域医疗中心。同时,根据《粤港澳大湾区发展规划纲要》,大力支持横琴粤澳合作中医药科技产业园建设,推动中医药境外发展;加强粤港澳大湾区内医疗卫生人才联合培养和交流,开展传染病联合会诊;不断完善紧急医疗救援联动机制;推进健康城市、健康村镇建设。

第三,交通方面。轨道交通是一个城市群发展的基础,因此交通基础设施建设是南沙区乃至粤港澳大湾区早期的重点建设任务。《粤港澳大湾区发展规划纲要》提出,粤港澳大湾区依托以高速铁路、城际铁路和高等级公路为主体的快速交通网络与港口群和机场群,构建区域经济发展轴带,形成主要城市间高效连接的网络化空间格局。结合《广东省综合交通运输体系发展"十三五"规划》明确提出的"广州与珠三角各市 1 小时通达"目标,南沙区无疑需要在城际轨道交通建设方面继续努力。我们建议南沙区在深中通道等项目的基础上,完善城市轨道交通建设,打造南沙区半小时生活圈,同时尤其要重点关注区内公共交通建设。

第四,通信方面。南沙区作为广州市打造创新创业高地的先锋,对 5G 信号传输与 IDC(互联网数据中心)数据储存的需求很大。要构建新一代信息基础设施、建成智慧城市群、提升网络安全保障水平,离不开信息基础设施的优化提升。为响应国家提出的新基建政策,我们建议南沙区加快本区 5G 基站建设,把 5G 技术的运用范围推广到全区,同时立足广州 CBD(中央商务区)的数据需求,建设数据中心,在发展经济的同时也支持区内大数据与云计算的普及应用。推进粤港澳网间互联宽带扩容,全面布局基于互联网协议第六版(IPv6)的下一代互联网。作为 5G 和物联网的基础协议,IPv6 的政策推进也为 5G 和物联网的发展注入了政策强心针。被誉为"千年大计"的粤港澳大湾区,其目标对接世界三大湾区,南沙区作为粤港澳大湾区的交通枢纽和重要组成部分,更需要运用信息化、智能化手段加强城市精细化管理,通过与互联网、大数据、BIM(建筑信息模型)技术、人工智能等深度融合,构建智慧交通、智慧能源、智慧市政、智慧社区,致力于打造新型智慧城市。

1.6　科创企业现状与融资难问题

截至 2018 年 8 月,广州市科创企业数量已超过 17 万家,但截至 2020 年 4 月,随着光云科技在科创板上市,科创板企业总数才正式突破 100 家。可以看到,绝大多数的科创企业仍处于起步阶段或者刚刚孵化完成,还没有准备好面对市场的考验。

科创企业在发展中的一个最大的难题就是,如何将技术转化为市场需要且回报很高的成熟产品。在一开始的技术研发过程中,科创企业有国家科研经费的支持;在成熟产品面世并由市场证明其价值后,可以通过由市场资本投资(私募股权投资/风险投资)或者上市等市场化融资手段来进一步优化产品;但在孵化后初期那段青黄不接的时期,科创企业成果的前景并不明朗,或者由于太过超前导致变现周期过长,市场化融资显得非常困难,极为谨慎且注重利益的市场资本认为投资这样的项目性价比不高,便会拒绝投资,这是目前科创企业,尤其是中小微科创企业在市场化融资中面临的最大窘境。

1.7　营商环境

在地方的政治经济生态中,政府与企业是相辅相成的关系:多数政府将经济发展作为第一要义,引进优质的企业、产出优质的成果对于政府及相关领导而言是至关重要的;对于企业而言,优秀的地方政府和优质的资源能够帮助落地的企业更快、更好地起飞,实现企业经济利益、社会效益的最大化。政企之间深入、广泛、良性、高效的合作,对于双方都大有裨益。

南沙区为促进本地科研经济的发展,以吸引更多的尖端科技企业落户,推出了一系列旨在简政放权、扶持科创产业、集聚先进人才的政策,减轻了企业负担。通过观察,南沙区的政企合作已经成为地方政企合作的典范。但在实践过程中我们也了解到,虽然政府推出的政策种类较多,但一些企业对相关政策的理解有所欠缺,合适的政策没有找到合适的企业,政策红利没有得到充分释放,造成政策优质资源的浪费。

问题的形成是双方面的。在政府方面,有时其并不能精准地把握企业当下的关键需求,制定出的措施因不适合企业而被束之高阁;在企业方面,中小微企业普遍缺乏政策解读、税务事项、知识产权管理等领域的人才,与大企业相比,未来发展较大的不确定性也使得它们缺乏对这类人才的吸引力。因此,虽然政府针对中小微企业发布的扶持措施很多,但中小微企业始终较难真正获得政府的优质政策资源。因此,如何解决政企交流中仍然存在的问题,实现营商环境的进一步飞跃,让政企双方实现共赢,是南沙区急需思考的问题之一。

2020年,习近平总书记在企业家座谈会上指出,要构建亲清政商关系,各级领导干部要光明磊落同企业交往,了解企业家所思所想、所困所惑,涉企政策制定要多听企业家意见和建议,同时要坚决防止权钱交易、商业贿赂等问题损害政商关系和营商环境。这对于南沙区实现更畅通的政企交流具有一定的指导意义。

2. 发展建议

2.1　强化优势产业

一是加强对科研经济产业的谋划。充分利用南沙区环境优美、多区叠加港澳合作、未来城市世界标杆、交通枢纽通达便捷、高端服务、宜居宜业的优势,引进高端人才及高科技企业。

二是加快一批科研经济项目,例如以电机生产、半导体、芯片制造为代表的新兴制造产业,以计算机视觉、自动驾驶为代表的人工智能研发及应用产业,以可燃冰和海洋勘探为代表的海洋科技产业,以及依托于广州中大南沙科技创新产业园的生物医药产业的落地。我们认为南沙区政府应以这些产业为突破口,强化优势,利用政策导向,建立南沙区的科研创新良性环境。

三是加快产业转型升级,积极构建产业发展体系。南沙区以高科技人才、高科技产业为核心,为中国经济转型升级注入了强劲动力,成为新的经济增长极。

四是坚持市场导向,立足比较优势,着力培育产业集群,促进集聚发展、创新发展,推动服务业与制造业、产业与城市协调发展,构建特色鲜明、结构合理、集约高效、环境友好的现代产业体系。

五是积极推动科研经济产业发展,加大技术改造力度,突破一批引领未来发展的关键技术,促进产学研合作,发展高端技术和应用产业,加快制造业集聚,建设全国重要的新材料产业基地;加快提升制造业发展水平,大力发展电子信息、芯片制造等产业,积极培育新能源汽车、可燃冰开采、生物医药等战略性新兴产业,形成一批科技含量高、辐射带动力强、市场前景广阔的产业集群。

2.2 人才引进,全面开花

人才引进应遵循"需要、择优"的原则,加快引进高层次和急需人才,优化人才结构,提高人才队伍素质,构建人才高地。人才引进应按多种多样的方式进行:通过"全职、特聘、客座"等方式面向社会公开聘用;通过行政调动、租赁、借调等方式面向对口地区部门选调;通过临聘、兼职、提供服务、技术合作、咨询讲学等柔性流动方式引进(引进人才可自愿决定是否迁户口、转关系,来去自由);通过招商引资、投资创业等方式吸引人才到区内工作。

目前,南沙区针对企业落地及人才引入的政策方式多样、内容全面,覆盖了企业发展及人才生活和工作的方方面面。

企业方面。鼓励人才到南沙区投资创业:对于带高新技术成果或项目到南沙区创业的境内外人才,经区科技局对该项目认定后,每个项目可获得20万元成果转化启动资金,两年内免费提供100平方米以内的创业场所;对于从事高新技术成果或自主知识产权的专利发明转化的,在对其产品前景、生产规模、获利能力等情况进行充分论证后认为能在南沙区形成产业的,按项目所获银行贷款给予一年期贷款贴息补助,贴息补助额度为该项目一年期贷款利息的50%,补助金额最高不超过100万元。

人才方面。设立突出人才贡献奖:对于市区两级科技进步奖得主,以及在科研、医疗、农业、经济、社科、教育等领域做出突出贡献的个人予以表彰及现金奖励,奖金最高 10 万元,以激励人才积极做出贡献,营造尊重人才、尊重劳动的氛围。对于具有较高学历、较高技术或较高专业素养和创新能力的各领域人才,通过公开聘用、选调、柔性流动方式引进或招商引资、投资创业等方式吸引来南沙区工作、生活,并由政府出资提供高层次人才一次性安家补贴和任职期间政府特殊津贴,在住房、子女入学、医疗等方面还有诸多优惠。

2.3 与成熟创业大赛合作,吸引科研初创企业

成熟的创业大赛已经聚集了一批具有技术含量、创新思维及可市场化潜力的创业团队。例如,"中国创新创业大赛"的参赛团队中,不乏具备科研专利、拥有高水平科学期刊发表经验和实力的专业科研团队,或在某个领域已深耕多年的专家。因此,与创业大赛合作,可以为南沙区节约寻找具有潜力的创业团队的资金和时间。同时,对于创业大赛的参赛者而言,这些成熟的创业大赛虽然能使其创业想法获得广泛的曝光并使其自身获得奖励和荣誉,但是目前并没有一条稳定的途径来帮助他们将创业想法落地,大多数创业大赛均止步于评选出一、二、三等奖,给予物质与精神奖励,接下来将创业想法落地,还得依靠创业团队自身从头开始,一点一点地摸索。但他们对创业政策、创业土壤的要求正是南沙区的专长所在,因此,倘若南沙区能与创业大赛合作,依靠创业大赛挖掘出具有潜力的创新项目,并给予资金、政策等支持,直接将这些初创项目落地南沙区,则对于比赛平台、创业者、南沙区而言是一个三方均可受益的选择。

具体措施可从三个方面予以实施:①宣传方面,南沙区可以通过取得知名赛事的冠名权来提高自身的知名度;通过承办赛事,为优秀的创业团队提供直接了解南沙区的窗口。②项目落地方面,调研创业大赛参赛团队,有针对性地推出优惠政策,为大赛优胜团队或符合南沙区科研经济发展要求的团队提供资金、办公场地、实验室及实验器材、政策服务等优惠,吸引创业团队直接落户。③后续发展方面,创办南沙区特有的创业赛事,直接考察并投资有潜力的创业团队,并增进高校、学生、媒体等各方对南沙区的关注及了解。

2.4 多措并举,为成熟企业提供新机会

第一,形成成熟企业辐射产业链,吸引上下游企业。南沙区已经拥有一批优质企业,如广州港集团、科大讯飞、云从科技等,它们涵盖了各个领域,并在各自的领域内具有一定的地位和不可替代性。南沙区可以依托这些龙头企业,为上下游企业的集聚提供政策及环境便利,促进产业全面发展。以广州港南沙区港区为例,作为覆盖整个珠三角城市群的枢纽性节点,港区正在推动自动化建设并推广 5G 覆盖。南沙区可与华为公司等拥有 5G 技术的厂商及港口自动化设施

相关生产及维护方进行深度合作,促使其某些工厂车间、运营单位、研究所等直接落户,助力南沙区科研经济发展。另外,港口的繁荣也能带动物流业、汽车业乃至港区旅游业的发展,南沙区也可以推出有关政策,吸引这些领域的相关企业落户。

第二,政府发挥催化剂作用,为新企业提供与科研机构及成熟企业交流合作的机会。对于初创企业或某些刚进入南沙区的中小企业而言,由于缺乏对当地科研机构及成熟企业的了解,缺少合适的本地合作伙伴,因此融入本地并发展壮大需要一个漫长的过程;对于科研机构及成熟企业而言,由于缺乏对新进入本地的中小企业的了解与信任,在与新企业达成合作上具有更高的成本。南沙区政府可为新企业与科研机构、成熟企业牵线搭桥。例如,为企业建立信用档案,打消本地科研机构及成熟企业与新企业合作的后顾之忧;将新企业的供需信息及合作需求发布到信息平台上,供科研机构及成熟企业选择并达成合作意向;定期举办茶话会、座谈会,为新企业与本地科研机构及成熟企业的负责人提供相互认识、建立联系、扩展人脉的平台,帮助新企业迅速融入本地科研经济"朋友圈"。

2.5 重视产业园发展,吸引科研团队落户南沙区

第一,着重吸引广州之外,尤其是内陆的企业及科研团队落户南沙区。政府自建或鼓励产业园建立专业团队探访内陆高校,与其进行交流并深入了解科研团队的成果,通过产业园与科研团队研究方向的双向筛选达成合作。以产业园或实验室为依托,以政策优惠与市场化环境为主要吸引力,吸引内陆高校团队到南沙区产业园开展研究,并依托孵化体系引导团队实现科技成果的经济转化以及最终完成科技成果落地的工作,形成筛选引入—指导孵化—产业园服务落地—后续反哺的健康循环。

第二,注重发展产业园公共服务平台。目前,国内产业园普遍缺乏统一、功能完善的专业化公共服务平台,多数产业园仍以传统房地产的形式为主要创收手段,未能发挥产业园聚集创造力、整合资源、克服外部负效应、带动关联产业发展的作用。产业园自身公共服务平台建设发展滞后,南沙区应当鼓励园区提供融资、物业、营销、资源整合的综合性服务,鼓励采取服务入股的方式运营,以投资的心态运营产业园,同时出台政策为园区发展公共服务平台提供风险控制保障。

第三,整合产业园规划,科学规划产业园布局和主导产业定位。梳理整合各类产业园布局,引导和鼓励各产业园制定产业发展详细规划,合理规划产业园布局。建立区产业园资源整合平台,产业园可利用该平台发布招商信息、招标项目

及引入合作机构等。明确各产业园主导产业的产业链状况、产业集聚度等信息,为产业园制定年度经济目标并予以细化,标准化产业园指标,给予示范产业园补贴奖励,引导地区产业园发展。

第四,完善人才引入与培养机制。各地开发区和产业园的发展增加了产业对人才的需求,导致人才(尤其是高端管理运营人才)缺乏,已难以满足开发区和产业园的用人需求,影响产业发展。南沙区应当既维持目前引入人才的政策激励,同时又关注对高校应届毕业生的定向宣传与招生,积极进行园区或园区群与高校的定向对接;改进产业园人才保障机制,定期组织开展产业园高级运营人才培训,鼓励园区与高校联合培养产业园高端专业型人才。

第五,强化融资体系建设,增强产业园造血功能。积极引入社会资本,推动政府科研投资基金与金融机构等社会资本合作,共同建立广州市产业园发展基金,优先为试点和示范产业园基础设施建设、孵化器建设、产业转型升级等项目提供投融资支持。完善交易平台,健全产业园信用和担保体系。在产业园内逐步培育完善的投融资服务平台,鼓励建立商业性和互助式担保公司,形成多层次、全方位、多形式的融资担保体系。

第六,鼓励提高产业园服务质量。鼓励产业园引入研发机构,以及研发机构升级设备,提高服务水平;鼓励产业园围绕主导产业引入优质企业,提升产业集聚度;鼓励产业园根据主导产业定位,联合专业招商服务机构,实行精准招商;鼓励产业园与相关社会服务组织开展合作;提升产业园开放水平,加强其与其他地区尤其是粤港澳大湾区内部的交流合作,以产业园为载体,实现产业链协同"走出去",进一步加深国际产能合作。

综上所述,产业园对于南沙区科研经济发展至关重要,而产业园未来发展的方向应当着眼于由内陆引入科研团队、产业园资源的规划,以及产业园服务质量的提升。

2.6 增强市场力量,鼓励科创企业进行市场化融资

第一,对于小微型科创企业,政府应当继续保持政策与资金扶持的力度;尝试引入市场资本,采取兜底政策,支持小微型科创企业在获得资金的同时更早地接触市场,更深入、完整地了解市场目前的需求。

第二,除了传统的企业信用融资、项目融资手段,目前还有一种较为新颖的市场化融资方法——知识产权质押融资。针对中小微企业的融资困境,2009年国家知识产权局推出知识产权质押融资试点。2009—2018年,全国质押专利数由670件增加到5 408件,质押融资金额由74.59亿元增加到885亿元。知识产

权质押融资也可以成为政府促进中小微企业进行市场化融资大有可为的落脚点。政府可以完善与知识产权质押融资相关的服务体系,并且对知识产权质押融资进行大力宣传,普及相关知识,为中小微企业进行市场化融资指明一条新的路径。

第三,对于大型成熟科创企业,政府应该为其积极接洽大型投资公司或者专业人员/上市辅导团队。南沙区除拥有众多的刚刚孵化的小微型科创企业外,也不乏大型成熟科创企业,这些企业已经熬过了对于科创企业来说最接近寒冬的时期,成功做出了符合市场需要与时代发展潮流、具有巨大市场需求和广阔应用前景的科技产品。这些企业优秀的营收能力和良好的发展前景已经吸引到市场上很多大型投资公司的目光,因此政府只需要为南沙区积极接洽这些投资公司即可。除此以外,科创板也是一个值得大型科创企业考虑的市场化融资渠道,科创板对上市公司的盈利能力与日涨跌幅的要求较传统板块更为宽松,在这种情况下,这些大型科创企业的上市融资成为一件可能的事情。因此,南沙区政府可以接洽专业的上市辅导团队(最好专精于科创板上市),辅导大型科创企业申请IPO(首次公开募股),通过最为直接的市场化融资方式进一步增强科创企业的市场化属性,让它们更好地适应市场、服务市场。

第四,打造投资品牌活动,每年在固定时间邀请国内各地的投资机构及私人投资者参观南沙区的科创产业园和优秀的科创企业,了解南沙区优厚的政策条件,零距离感受南沙区浓厚的科创氛围和优越的科创条件,让他们在每年的活动中见证这一年内南沙区日新月异的变化与快速稳健的发展步伐。长此以往,南沙区一定能给他们留下深刻的印象,使他们在考虑投资南沙区科创企业时多几分信任与肯定。

第五,给予优惠政策,引进私募股权投资/风险投资分公司入驻南沙区。我们了解到,南沙区的金融机构并不是很多,因此在邀请私募股权投资/风险投资公司参观南沙区、了解南沙区、投资南沙区之余,也可以利用南沙区处于粤港澳大湾区几何中心的地理优势,辅以相应的优惠政策,如减税、补贴办公用地、降低房租价格等,来吸引市场化投融资机构真正进入南沙区、落户南沙区,增加南沙区金融机构的数量、提高其密度。这样的金融机构,尤其是投资机构的汇集,有利于更多的科创企业进入投资者的视野,顺利地进行市场化融资,在减少依赖于政府的资金扶持后依然可以较为顺利地发展,度过令人煎熬的过渡、成长期,直到摸索出更加清晰的路线。

综上所述,我们认为,市场化融资在企业发展的过程中几乎是必不可少的,鉴于科创企业本身的特殊性,在发展初期甚至中期都容易在进行市场化融资的过程中遇到瓶颈和阻碍,此时需要政府"因企制宜"地提供引资渠道,助力推动市场化融资进程,吸引更多的投资机构进入南沙区、投资南沙区,最终扎根南沙区,蓄力长期发展。

2.7 搭建多样化的政企交流平台,多渠道多方位开展交流

政企交流平台作为政府与企业对话的专门机构,有利于政府与企业互相了解、合作衔接,全国多地都在推动建设,而对于南沙区而言,这一平台体系至关重要。我们建议,现有的南沙区工商业联合会作为政企交流的平台,应当始终发挥党和政府联系非公有制经济人士桥梁及纽带的作用,继续与企业定期举办座谈交流会,了解企业实情。

此外,我们建议南沙区构建更多样化的政企交流平台。第一,建立线上营商环境成果展示专窗。专窗将展示南沙区的营商动态、营商政策并提供政策解读,这既可向企业展现南沙区现有的优越营商环境带来的便利,表明政府打造一流营商环境的决心,又可为企业分类展示政府推出的优化营商环境的政策,如税务政策、简政政策、人才引进政策、资助政策等,实现通过一个平台就能了解所有政策信息的目标,并借此让南沙区一流的营商环境、专业的政策扶持体系被更多的域外企业知晓,吸引它们走进南沙区。第二,建立线上线下相结合的企业建议、咨询与投诉平台。平台专门面向企业所需,企业可在平台上随时投诉在政府办理事务过程中所遇到的问题;咨询相关事项的办理流程和政策的具体条文;向政府提出企业发展过程中所需要的扶持政策,为政府制定措施提供建议。政府则要进一步摒弃官僚化作风,努力实现企业投诉问题、咨询问题"1个工作日取得联系,3个工作日内形成解决方案并给出答复,10个工作日内办结",打造高效的企业建议反馈和回复体系。对于企业所给出的各类建议,政府应当予以汇总,对较多被提出的热点建议审时度势予以研究并将其转化为政策推行,对其他建议也要选取实操性强、惠及面广、优惠力度大者进行深入探讨与研究,并与企业就建议进行进一步沟通。有效的企业建议反馈机制能够让政府了解到企业在办事过程中的难点、痛点,了解企业的需求所在,从而实现精准施策。

3. 总结

当前,全国范围内的科技成果转化工作面临不小的挑战,南沙区虽然仅仅是一个2015年才正式挂牌建立的自由贸易试验区,但在发展科研经济方面已经走

在时代前列。借助自身卓越的区位优势、政策优势、人才优势、营商环境优势以及完善的体系,南沙区正逐渐把自己创建成广东省乃至全国范围内的科技创新合作及成果转化先进示范平台。同时,我们发现,南沙区在发展过程中的问题主要包括:尚未完善的基础设施建设阻碍着南沙区形成完整的城市生态群,进而影响南沙区聚集科研人才;城市形象建设工作到位,但宣传工作存在很大的不足,影响企业、人才的流入,阻碍了南沙区的可持续发展;现有产业园经济效率低,缺乏长远规划;政府在扶持科创企业方面投入的扶持资金过多,市场化程度不够;政企沟通未能做到高效畅通,仍有提升的空间;等等。

综合考虑南沙区发展科研经济的优势和问题,我们建议:①加快基础设施建设,蓄力长期发展;②强化优势产业,借力政策东风;③企业、人才双引入,提升南沙区科研认知度;④重视产业园发展,吸引科研团队落户;⑤增强市场力量,鼓励科创企业进行市场化融资;⑥加强政企交流,优化营商环境;⑦调整华南技术转移中心的盈利方式。

案例2 广州南沙人工智能产业

当前,广州南沙人工智能产业形成了九宫格的发展布局。首先,芯片和传感器、基础软件算法、大数据和云计算等作为智能感知、识别、计算和控制的基础,是智能软件产业的核心关键技术,南沙区现主要通过广州智能软件产业研究院、人工智能基础资源公共服务平台开展深入的探索和研究。其次,视觉图像处理、生物特征识别、自然语言处理在认证合一、视频监控、图像搜索、视频摘要和安防金融等领域应用,南沙区现有小马智行的自动驾驶、云从科技的安防监控系统和政务大厅的自助受理机器等产品投入使用。最后,信息安全防控、自主决策控制、新型人机交互将自主控制系统的感知、决策、协同、行动能力相结合,基于一定的控制进行自我决策并执行功能。

1. 人脸识别

作为人脸识别行业最具有代表性的龙头企业之一,云从科技的目标是打造人工智能产业"国家队",并计划开拓境外市场。人才团队方面,云从科技团队规模已超过700人,其中研发人员占比超过50%。凭借这样的企业定位指引与人才团队支持,云从科技取得了不俗的行业成就,不仅是唯一同时参与制定国标与行标的标杆型企业,同时也成为机场人脸识别系统第一大供应商。财务状况方面,云从科技为100%内资,其股东包括小米科技、佳都科技等知名企业;2017年11月,完成B轮融资25亿元人民币,其中80%来自政府支持,剩余的20%则来自商业融资。作为一家科技企业,云从科技的运营成果可以大致分为两个部分:技术研发方面,云从科技拥有美国顶尖技术团队一个立足点,中国科学院与上海交通大学两个支点,以及上海、重庆及南沙区三个研发中心,由此成功孕育了3D结构光人脸识别技术与跨境追踪技术等先进成果;市场应用方面,云从科技主要聚焦于金融与安防两个领域,且都取得了不俗的业绩。

把目光投向企业的未来发展方向,针对技术成熟过程中优势缩小、行业技术壁垒较低的现状,云从科技采取了在同质产品中抓住技术红利期抢占市场的策略,逐渐培养客户忠诚度,最终达到"客户一旦选择了云从科技的产品,未来就将会持续使用"的营销效果。同时,我们注意到,云从科技具有以下优势:①作为100%内资企业,具有特殊的行业气质;②拥有较为稳定的B端(企业用户商家)市场;③研发团队注重客户需求,善于填补技术和市场应用之间的鸿沟。

当下,人脸识别产业正面临重大的机遇。一方面,政策的利好体现了国家鼓励扶持这一产业的决心。2017年7月8日,国务院印发《新一代人工智能发展规划》,为推动人工智能规模化应用,全面提升产业发展智能化水平,在多个重点领域开展人工智能应用试点示范,尤其是在金融与安防领域提出了多项重要任务。这无疑将促进、推动人工智能在上述领域的融合与新市场的开拓。另一方面,人脸识别技术在金融、安防领域的刚需逐步展现。金融领域,用户信息保障能力的加强将为人脸识别在金融领域的规模扩张再添动力。安防领域,依靠完善公共安全智能化监测预警与控制体系的政策,人脸识别总体市场规模稳速扩大;中小型企业及个人市场应用的需求增加,将进一步扩大人脸识别市场规模。

人脸识别技术正成为信息技术产业下一轮的技术浪潮,企业同时也面临来自多方面的竞争。云从科技面临的竞争主要来自三个方面:①以海康威视、浙江大华等企业为代表的工业巨头。其突出特点为产业链布局全,市场份额大;资金充足,并购能力强;应用场景获取数据能力强。②以谷歌、微软、IBM、百度等企业为代表的互联网巨头。其突出特点为拥有顶尖的技术团队、先进的算法、压倒性的数据获取优势及较小的盈利压力。③以商汤科技、依图科技等企业为代表的其他创业公司。其突出特点为具有先进的、基于应用场景的算法与高端的人才团队;同时,其应用场景的数据需合作获取。

因此，在竞争逐步加剧，对技术优势、资源渠道与落地能力的考验日益严峻的当下，"独角兽"企业只有突破新应用场景算法技术，定制行业解决方案，方能立于不败之地。

2. 自动驾驶

小马智行成立于2016年年底，2017年10月落户南沙区。2018年2月，小马智行宣布与广汽集团达成战略合作，双方在广州共推自动驾驶车队。小马智行在A轮融资中已获得1.12亿美元投资。截至2018年8月，小马智行的工作人员中80%以上是技术人员。从技术路径来看，小马智行主要关注自动驾驶的软件层开发，主要研究方向为多传感器融合，实验室研发主要在L4级自动驾驶上发力，研发思路为L4降维打击至L3。小马智行已于2017年12月在南沙区进行自动驾驶车队公开道路测试，2018年2月左右开放对外试乘。

首先，从技术层面来看，自动驾驶领域的行业玩家由于进入时间的早晚以及科研团队的强弱差距，技术积累差别较大，面对Waymo等技术较为成熟的巨型玩家，像小马智行这样的后起之秀如何实现技术的赶超是其面对的第一个问题。其次，一辆自动驾驶汽车的造价已达100万元，市价显然已经超出大部分消费者的支付意愿，如何通过自主研发量产实现成本的削减，是企业面对的第二个问题。最后，鉴于2020年3月Uber自动驾驶汽车在美国试驾时发生的安全事故，如何实现自动驾驶的安全驾驶，也是企业必须解决的问题。

从商业落地领域来看，目前自动驾驶主要落地两大领域：一是自动驾驶出租车服务，二是商业货物运输。谷歌已经开始在美国的菲尼克斯尝试上线自动驾驶出租车服务，小马智行自主研发App预示着国内这一领域未来的应用方向。在商业货物运输领域，自动驾驶卡车的需求来自现实的司机缺口。以美国为例，卡车货运量占到本土货运量的70%，到2024年司机缺口会提升到17.5万人，针对这一需求，供给也在不断提升。

政策方面，在南沙区，小马智行已被允许上路，政府展现出的积极姿态得到企业的认可。

3. 智慧医疗

智慧医疗在南沙区已经初步进入实际应用阶段。机器人"晓医"、医学影像辅助诊断系统等已经在各大医院正式投入使用。南沙区智慧医疗得到了各类政策扶持，医疗相关人工智能企业得到了各项补助。

科大讯飞、零氪科技等企业受到扶持且蓬勃发展。医院方面，从2018年起，南沙区计划5年内投资30亿元用于区属医院升级改造和新建扩建；人才方面，南沙区及广州市推出各项人才引进政策，吸引大批人工智能及医疗高端人才落户。科大讯飞落户南沙区的医疗项目分为两部分：一是启动人工智能辅助诊疗中心建设，与多家医院开展深度合作，共同打造智慧医院，涉及语音技术在医疗中的应用、医学影像辅助诊断、辅助诊疗系统等三大业务；二是在南沙区布局华南人工智能研究院，并建设广州南沙·科大讯飞人工智能医学影像诊断中心、华南理工大学·科大讯飞脑机协同混合智能技术及应用联合实验室，以及华南师范大学·科大讯飞行业大数据应用融合创新联合实验室。医学影像诊断中心将覆盖南沙区的所有医院，并基于云端大规模运算能力，为医生提供7×24小时快速、便捷的辅助诊断服务。

针对南沙区智慧医疗发展中存在的问题，我们建议：

第一，人工智能研发企业存在缺少可用数据的问题。对此政府可以考虑进行数据整合，搭建数据平台，促进各大企业与医院之间的资源共享，开放更多符合有关规定的数据供各大企业使用，并对此进行监管。预计在未来，南沙区将形成数据共享的良性循环，人工智能得以更好地进行自我学习，并极大地提升诊断的准确率，其在医疗领域将会变得十分可靠。

第二，数据安全问题依然引发公众的担忧。对此政府可以完善相关法律法规，如监督医院与企业对数据进行加密、脱敏等操作。例如，医院或企业在共享数据之前，需要删除患者的姓名、身份证号、住址等信息，留下年龄、患病情况、拍片数据、检测数据、最后的诊断结果以及康复情况等信息。这样有效信息可以得到有效利用，且患者隐私可以更好地得到保护。

第三，人工智能辅助诊断出现的误诊及医疗事故导致的医患纠纷难以化解。随着相关法律法规的完善，以及软件研发者与医生的匹配度提高，误诊情况及由此导致的医患纠纷将会减少。

第四，智慧医疗在南沙区的推广略为缓慢，实际应用仅停留在小范围试点阶段，企业尚未发布下一步推广计划。对此可以加大宣传力度，推动人工智能在医疗领域的实际应用发展，从而使未来人工智能在医疗领域实现全面推广，大大减少医生的工作量，缓解医疗资源紧缺的问题，缩短诊断时间，简化就医流程，优化患者的就医体验。

案例3 大数据与人工智能在青海数字经济中的应用方案

1. 方案一：发展数据采集与标注产业

1.1 青海省发展数据采集与标注产业的前景和优势

以大数据与人工智能为代表的新一代信息技术发展日新月异。要想训练机器，实现人工智能发展，就需要大量从人身上采集的数据作为支撑。对于计算机系统而言，收集到的数据越多，智能化水平就越高，而数据采集与标注就是在做给机器提供信息进而教机器认识人类世界的工作，因此我们认为，在人工智能迅猛发展的浪潮下，数据采集与标注服务的市场需求庞大，且数据采集与标注服务市场短期内难以达到饱和。

在人工智能刚刚兴起的年代，数据采集与标注工作都是由人工智能工程师亲自完成的，但随着人工智能在商业场景的应用逐渐落地，人们对数据采集与标注服务的需求呈指数级增长，令人工智能工程师应接不暇。因此，许多开发人工智能的企业倾向于把数据采集与标注服务外包出去，经营数据采集与标注服务的企业也就应运而生了。数据采集与标注服务企业根据项目方的要求，利用人工为图片、视频或语音内容打标签、做标记，带上标签的数据将被人工智能企业用来训练算法模型，然后应用到图像识别、语音识别、动作识别、自动驾驶等不同领域。

数据采集与标注行业是劳动密集型行业，该行业的需求基本上全部是劳动力，且对劳动力质量的要求不高。例如，数据采集中的方言采集只需众多受采集者完成用特定方言朗读文字、辨识方言录音等任务；数据标注中的图片标注只需标注员在几幅图片中选出符合描述的图片，道路图片标注只需标注员在一幅道路图片中框选出特定车辆与交通装置。无论是数据采集者还是数据标注员，工作内容主要都是向机器展示人类的特有属性，故对其文化水平、受教育程度并无太高要求。因此，在青海省发展数据采集与标注产业，从业者完全可以是农闲时期的农民、退耕还林与退牧还草后的农牧业剩余劳动力。

当前，传统劳动密集型产业的市场基本饱和，现代朝阳产业大多以技术、知识密集型为主，青海省因科研教育基础薄弱，短期内难以在此类产业发展上实现突破。因此，青海省要想搭上新一轮产业革命的列车，实现经济飞跃式增长，发展数据采集与标注这种中低质量劳动力高度密集的现代产业是一个正确的战略选择。

1.2 青海省发展数据采集与标注产业的具体战略规划

第一步,建立数据采集与标注服务企业,发展数据采集与标注服务。作为地方政府,青海省可以采取资金奖励、政策支持等方法吸引数据采集与标注服务企业到青海投资创业,也可以充分利用产业孵化器,帮助当地的创业人,使他们创立数据采集与标注服务企业的想法落地生根。这些企业在青海建立之后,需要制定合理的招聘策略与工资方案,让闲置劳动力或从事低生产率行业工作的劳动力认识到从事这一新兴产业的工作能对其工资水平起到显著的提升作用。青海省的第一产业剩余劳动力可成为数据标注员行业从业者,农闲时期的青海农民也可在数据采集与标注行业做兼职工作。这些劳动力的工作内容应以便于系统化培训和管理的数据标注为主,以提供数据采集样本为辅助或兼职内容。如果能切实依照海东市拉面经济的成功经验,把被禁锢在低附加值产业中的劳动力引入另一产业,则数据采集与标注产业就可以在青海发展起来。

第二步,对现有企业所能提供的数据采集与标注服务进行升级。数据标注的大多数工作技术含量低,本质上属于低端服务业,在产业升级迅速的当下,低端的数据标注服务的确存在不可持续的风险。对此,我们建议,以发展低端的数据标注服务为起点,先把数据采集与标注产业发展起来,也可以通过此过程积累客户资源,同时还要考虑企业所提供的数据加工服务的转型升级。比如,建立数据众包平台,瞄准需要一定专业知识的数据采集与标注市场。以当下发展方兴未艾的智慧医疗行业为例,在数据采集方面,专业数据库对作为数据采集源的个体具备的医学专业水平有一定的要求;在数据标注方面,对标注员的医学专业水平也有较高的要求,因此这类数据采集与标注市场对劳动力质量的要求就更高。如果我们把这类数据采集与标注市场作为下一步产业升级的目标,可能就要打破数据采集者与标注员工作的物理空间限制,打造数据采集与标注平台,对平台上提供数据采集与标注服务的人员进行严格的资质、学历等方面的审核,以确保平台提供高质量的数据采集与标注服务。在下一个发展阶段,青海省可以打造数据采集与标注线上交易平台,实现需要数据加工服务的企业和提供数据采集与标注服务的企业之间的信息匹配,促成双方之间的交易。平台的建立不仅有利于运营平台的企业创收、实现业务转型升级,更能提升整个数据采集与标注市场的运行效率。

第三步,发挥数据采集与标注产业对青海经济的带动作用。青海省在大力发展数据采集与标注线上交易平台,为中国及全世界提供数据采集与标注服务的同时,还要与省外乃至境外经营大数据与人工智能业务的企业建立密切的业务合作关系。借数据加工之窗,使世界走近青海、了解青海,青海可以作为自动驾驶天然试验场的地理优势、政策优势等信息都会被外界逐渐知悉,聚光灯下的青海有望成为研发自动驾驶技术的企业选择研发试验场所的考虑选项。如果能以数据采集与标注产业的发展吸引自动驾驶产业入驻青海,则有望打造一条从大数据存储、大数据加工到为以自动驾驶为代表的大数据与人工智能产业提供研发试验场所的大数据产业链。数据采集与标注产业只是一个小小的支点,但它能撬动的是整个青海经济的未来发展。

2. 方案二:建立自动驾驶研发试验基地

2.1 青海省建立自动驾驶研发试验基地的主要优势

2.1.1 适宜的人口密度和道路密度

2017年,青海省的人口密度仅为8.28人/平方千米,位居全国倒数第二;与之相对的是,西宁市路网密度达到了5.04千米/平方千米,位居西北五省区第二(见图4-18)。二者相结合,在西宁市周边设立自动驾驶研发试验基地可以充分发挥这两个优势:一是初期试验时需要使用大量无人土地,这就与青海省人口密度低的特点高度匹配;二是中后期进行路面试验时需要模拟多种道路及路况,这又能相对充分地利用西宁市的道路资源。

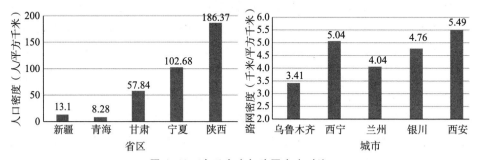

图4-18 人口密度与路网密度对比

资料来源:根据《中国统计年鉴2017》数据绘制。

2.1.2 青海省政府的政策和数据支持

不可否认的是,青海省在相关产业发展上并非居于国内领先地位,但是青海省各政府部门之间的联系较为紧密,数据壁垒较低,这使得企业获取所需的全部数据的成本大大降低。此外,近年来青海省政府对大数据相关产业的支持力度逐渐加大,如西宁市早在 2016 年就筹建了大数据服务管理局,并出台了一系列相关的优惠政策,这使得企业在青海省进行自动驾驶试验成为可能。

2.1.3 5G 技术的相对优势

诚然,青海省幅员辽阔,实现全省覆盖 5G 网络的成本极高,但若将设施集中于某一特定地区,则这一成本便可大大降低。中国的三大通信服务运营商移动、联通、电信均在青海省建立了自己的大数据基地和 5G 中心,为青海省政府及省内各企业提供数据服务。而中国的 5G 技术在世界范围内处于领先地位,有理由相信,依靠政府和运营商的通力配合,进驻青海省建立自动驾驶研发试验基地的企业能够获得低成本、高质量的 5G 技术支持。

2.2 配套产业建设方案

2.2.1 5G 等基础设施建设

自动驾驶技术以 5G 为基础,进行 5G 基站建设是必不可少的配套产业建设项目。鉴于 5G 基站的建设成本较高(为 4G 基站建设成本的 3~4 倍,另外还需要格外高的维护成本),结合青海省地广人稀的现状,我们建议青海省利用国内 5G 产业现有优势,先行推进试验区域的 5G 网络全覆盖。其余基础设施建设项目如 GPS 基站、通信基站、智能红绿灯等,则针对每个不同项目按需设置。

2.2.2 大数据综合试验区

贵州省贵阳市先于国内其他地区建设了第一个无人驾驶研发试验基地,其一大优势便是它本身就是一个大数据综合试验区。大数据综合试验区围绕数据资源管理与共享开放、数据中心整合、数据资源应用、数据要素流通、大数据产业集聚、大数据国际合作、大数据制度创新等七大主要任务开展系统性试验,通过不断总结可借鉴、可复制、可推广的实践经验,最终形成试验区的辐射带动作用和示范引领效应。青海省作为大数据储存中心的优势十分明显,为了提升对自动驾驶企业的吸引力,仍然需要尝试推进建设大数据综合试验区。

我们建议,青海省结合农牧业闲置劳动力丰富但质量普遍不高的特点发展数据采集与标注产业,目标是把青海(尤其是西宁、海东一带)打造成"中国数据采集与标注之乡";在青海省发展数据采集与标注产业为全国乃至世界提供数据采集与标注服务时,各地方政府要与需要数据采集与标注服务的企业建立联系;在数据采集与标注产业发展到一定程度之后,有关自动驾驶的发展战略可顺次实施。我们相信,未来,开发自动驾驶项目的企业对大数据和自动驾驶研发试验的一切需求,在青海这片土地上都能得到满足。

3. 问题反思

3.1 产业的可持续性问题

青海省在数据采集与标注产业上并不具备绝对优势。当前数据采集与标注产业已经在朝自动化方向发展，如果青海省仅依靠农村剩余劳动力来竞争，那么最终一定会失败，因此需要引入高技术，实现产业转型升级，但在这方面，我们尚未找到特别有效的措施。

3.2 设备的运维成本问题

由于青海省地广人稀，因此很难把全省的剩余劳动力全部召集到一个基地开展工作，但如果基地过于分散，则设备的运维成本会大大提升。如何设计一个机制来解决这一问题，是我们未来将要攻克的一个难点。

3.3 整体生态的构建问题

在吸引大型企业落地之后，也并不能保证其他中小企业会被吸引从而陆续前来。仅通过建设好自动驾驶研发试验基地来改变当地产业生态的计划还是过于理想。如何在后续采取一系列行动确保企业的持续入驻并持续改善产业结构，仍是尚待解决的问题。

案例4 中科院计算所济宁分所智城云研究

1. 云平台

物联网的发展为市场提供了新的机遇，从根本上改变了竞争激烈的商业环境；远程设备连接在节约成本、提高客户满意度、进行品牌扩散宣传和数据集合、推动收入增长方面都有独特的优势，因此物联网产业在机遇和挑战中迎来发展期。

拓展的信息通信技术/物联网产业价值链主要分为设备制造商提供的感知及控制层、网络运营商负责的网络层、平台服务商提供的平台服务层以及系统集成商管控的应用服务层。平台服务层作为物联网解决方案的核心引擎，起着承上启下的重要作用。国际和国内云计算市场均呈现强者恒强的局面，但同时我们也可以看到，各大巨头提供的云服务存在一定程度的同质化，而用户需求千差万别，呈现多样化态势，各大巨头无法同时满足各类具体需求。随着云计算产业生态链的不断完善,行业分工呈现细化趋势,从游戏云、政务云、医疗云,到2016年快速壮大的视频云,都展现出行业云的发展潜力。在云计算白热化的竞争态势下,中小厂商的发展方向主要为瞄准用户精细化需求,提供行业云等差异化云服务,以获得竞争优势。价格战也是云平台行业发展的一大趋势,仅阿里云就在2016年进行了17次产品降价,中小云厂商面临失去竞争力、被整合的压力,优胜劣汰趋势显现。此外,为了解决多云服务给企业带来的难题,为企业使用的多云服务提供统一管理、服务集成、费用管理、使用统计分析等功能的云管理平台也是发展热点。

2. 智能家居

目前,中国智能家居市场整体处于市场启动期。当前阶段的产品同质化现象严重,技术优势并不明显。该阶段以挖掘用户需求、构建生态系统、收集用户数据为主要特征,连接仍是最大任务。大家都在将B端用户拉到自己的生态阵营中,扩大生态下C端(消费者、个人用户端)用户的注册量。智能家居发展分为三个阶段:①智能家居连接1.0,即单品牌智能控制阶段。这种智能基本就是智能控制,大多数是把原来的传统遥控换成了手机或其他终端控制,在真正的体验上并没有太多智能化的改变。②智能家居连接2.0,即单一场景单一平台智能化阶段。在单品牌智能化的基础上,少部分企业开始探索产品之间的互联互通。③智能家居连接3.0,即多场景跨品牌跨平台智能化阶段。在单品牌和单场景的基础上,少数有技术能力和产品资源的企业开始通过支持多连接协议或云端互通的方式,将不同品牌、不同品类的产品连接起来,实现客厅、卧室、厨房等多个物理空间的全场景智能设备的互联互通。

因此,中科智城电子科技有限公司(以下简称"中科智城")着眼于智慧城市2.0——物联网+人工智能,基于物联网技术实现智能自动化代理,利用物联网从各个设备的传感器中收集数据、感知数据;利用人工智能做出更高效、更正确的自动化决策,以达到实现不同领域的产品智能联动交互,人、物、管理全面智能化的效果。

3. 发展现状

中科智城致力于为客户产品的云接入和应用开发提供全面的服务支持。"让接入设备更智能,让云化更简单,让数据产生价值"是其核心理念。中科智城旗下"智城云"物联网云平台提供全球化的 IoT PaaS(物联网平台即服务)云服务、公有云接入、私有云搭建、企业专属 SaaS(软件服务化)服务、后台管理系统、定制化移动端应用(App、微信)、硬件方案等多种产品及服务。模组方面用户量已达到 100 多万,平均每年新增 20 万用户,2018 年售出模组 50 万片,销售额达 800 多万元,利润在 20% 左右;软件平台的利润率高达 85%,一般一个项目的收入为 100 万～300 万元。

中科智城经过多年的发展,已经成为物联网(智能家居)行业里的知名创业企业,拥有众多品牌客户,实施案例超过 500 个,技术与产品得到了广泛验证。2015 年成功入选国际数据公司 IDC 评选的中国"互联网+"产业创新企业 100 强。2016 年荣获中国物联网行业最具影响力企业奖。在智能家居领域,智城云已成为中国极具影响力的物联网云平台与解决方案品牌,自推出以来,合作厂商超过 100 家,包括国美集团、中国电信、格兰仕等知名品牌,万家乐、阿诗丹顿等细分领域领导品牌,以及眠绵科技、云天环保、大象医疗等中小型新锐科技公司;进入国美集团销售渠道,带动智能产品的销售;通过承接中国电信智慧家庭云平台建设工作,与中国电信建立了良好的合作关系,参与到中国电信智慧家庭业务的转型升级中。

智城云的推广策略就是大客户一站式服务战略+中小客户规模效应,该模式具有极强的推广效应和可复制性。通过争取行业大型企业,树立行业标杆客户,形成经典服务案例,不断将影响力扩展到整个行业,快速复制产品和服务模式,从而形成规模效应。智城云将重点精力放在消费电子物联网领域,包括家电、照明、电工、智能家居等重点方向,集中优势资源和人力,完善重点领域的整体解决方案和服务模式,控制成本,不断优化盈利模式,与客户实现共赢发展。其应用特点包括:①安全性,涉及设备的控制,安全性要求极高;②实时性,一些传感设备(例如烟雾传感器)要求很强的实时性;③稳定性,系统运营稳定,即使在异常情况下,数据传递也保证可达;④数量庞大,比人的数量高 2～3 个数量级。

4. 发展建议

中科智城在智能家居方面的盈利模式主要包括三个方面:

第一,公有云接入及运营项目。一是家居家电类设备改造及配套模组销售,针对有智能化改造需求的设备厂家,提供从设备联网、应用对接到业务覆盖等全方位服务,根据情况收取一定的开发费用,同时与厂家建立长期合作关系,持续供应配套的模组或开发软硬件产品。二是直接推广全套的包括硬件设备、应用系统等内容的行业解决方案,这些解决方案既有中科智城独立自主研发的,又有与设备及应用厂商合作打包而成的,通过中科智城的平台身份和渠道,进行上下游生态链的建设。三是基于生态链建设的思路进行智城云公有云的运营,运营内容包括基于智城云的云应用、行业解决方案、智能硬件单品销售等。

第二,私有云平台建设项目。针对大型企业,提供私有云开发及运维服务。根据客户的产品及运营需求为其定制开发、搭建部署私有云物联网平台。私有云平台建设项目数量较少但利润率较高,一般分两种:一种是简单定制,快速部署使用,在现有平台的基础上改动较小,成本较低;另一种是与客户业务深度绑定,定制范围较大,费用较高,同时,基于现有平台,建立与客户的长期合作关系。

第三,基于上述两种模式进行 B2B 采销。无论是公有云项目还是私有云项目,在实施过程中其实都是扩充了智城云的解决方案数量及供应商、客户资源,配合中科智城与国美集团、宏图三胞等渠道商资源,可以为运行在智城云平台上或者兼容智城云平台协议的产品提供优质的销售渠道。

物联网平台型企业是典型的技术服务型企业,技术是企业的核心竞争力,是企业在激烈的市场竞争中胜出的基石。未来,中科智城应当继续重视研发,重视新技术的应用。

发展建议:加大产品、技术的研发投入,依托现有的成熟产品和技术,进行持续的迭代。包括:对平台基础接入能力进行扩展,适配更多的接入方式,以满足家居场景下不同细分领域的情境要求,对全屋智能及细分行业解决方案的提出给予更好的支持;不断优化平台性能水平,一方面提高平台对用户及设备接入数量、消息响应时间、并发处理能力、第三方通信响应能力等关键指标,另一方面在提升性能的同时,降低平台端对基础服务器资源的消耗,减少硬性成本的支出;注重物联网安全方面的投入。在云平台端、设备端、应用端,确保相互通信的安全性;增强全球服务能力和开放能力。跟随客户业务拓展的步伐及受行业合作共赢局面的影响,云平台需要具备全球化部署和服务的能力,以应对来自全球各地的公有云、私有云业务需求,同时需要具备友好的、标准化的开放能力,来实现与其他平台或设备厂商的互通合作;进一步加强数据分析服务的能力。有针对性地对产品设计优化、产品体验提升、设备售后数据采集、售后服务联动、生产制造过程改善等方面提供支持。

5. 总结

智城云经过前期的商业实践，在平台稳定性、接入能力、运维能力、安全性方面都得到了客户和行业的认可，同时还建立了一套涵盖公有云接入、私有云建设、生态运营等多方面的商业模式和流程，并实现了商业化运营，在行业中的市场占有率稳步提升，现已成为国内市场份额领先的物联网私有云专业供应商。此外，智城云还拥有涉及多个领域的成熟的行业解决方案，为企业的智能化升级提供全产业链服务。

五、地方财政与金融发展

金融是国家重要的核心竞争力,金融安全是国家安全的重要组成部分,金融制度是经济社会发展中重要的基础性制度。要遵循金融发展规律,紧紧围绕服务实体经济、防控金融风险、深化金融改革三项任务,创新和完善金融调控,健全现代金融企业制度,完善金融市场体系,加快转变金融发展方式,促进经济和金融良性循环、健康发展。

党的十八大以来,我国金融业保持快速发展,金融产品日益丰富,金融服务普惠性增强,金融改革有序推进,金融体系不断完善,人民币国际化和金融双向开放取得新进展,金融监管得到改进,守住不发生系统性金融风险底线的能力增强。

做好金融工作要服从服务于经济社会发展,把为实体经济服务作为出发点和落脚点,把更多金融资源配置到经济社会发展的重点领域和薄弱环节,更好地满足人民群众和实体经济多样化的金融需求。要坚持质量优先,引导金融业发展同经济社会发展相协调,促进融资便利化,降低实体经济成本,提高资源配置效率,保障风险可控。

案例1 湖北崇阳政府会计制度改革

1. 政府会计制度改革背景与目的

在中华人民共和国成立初期,我国以预算制度为指导开始构建政府会计体系。当时经济困难,百废待兴,为了重建经济,政府财政支出变得十分重要,预算会计体系也大致能够满足当时的需求。但那时的政府会计体系仅能反映与预算相关的资金收支情况,很少涉及财务状况和风险管理。随着时代的变迁,我国政府会计体系几经改革与发展,于1998年前后基本形成政府会计核算体系,其涵盖面广,内容丰富,针对性较强,在组成体系、会计核算模式、会计核算要素、财务报告体系等方面都进行了重大变革,完善了预算会计制度,但仍然以预算会计为主,从某种程度上来说缺少根本性突破。

步入21世纪,市场经济蓬勃发展,政府职能开始转变,脱贫攻坚战已然打响。随着经济社会的进一步发展,原有的政府会计体系已难以适应新形势的需要,主要表现为:①原有体系以预算会计为主、现金收付实现制为基础,会计目标单一,难以如实反映政府财务状况,不利于政府加强资产负债管理;②原有体系人为割裂了财政资金的流转过程,导致部分资金缺乏监管,使用效率低下;③以现金收付实现制为主的会计基础无法客观、完整地反映政府运行成本,不利于科学地评价政府运营绩效;④以现金收付实现制为主也导致难以展现完整的政府债务信息,政府难以进行资产负债管理,防范和化解政府债务风险;⑤缺乏统一、规范的政府会计核算体系,政府会计核算内容不全面,无法提供信息完整的政府财务报告;⑥市场经济的发展与渐趋成熟也使得人们对政府财务信息有了更大的需求,这对政府公开财务信息的准确性、完整性产生了更高的要求,同时,公开更准确的财务信息也是顺应政府职能转变的要求。

在2008年全球金融危机的影响下,国家为了刺激经济大力实施积极的财政政策,政府面临债务规模扩大、财政赤字,尤其是政府隐性负债增加等危机。因此,防范政府财政风险,也要求改革政府会计制度,使之能够提供更真实、客观的信息,反映政府财务状况和运营绩效。为了解决原有政府会计制度存在的问题,建立能够更为真实、客观地反映政府资产负债、成本费用及预算执行情况的政府会计体系,政府会计制度改革被提上日程。

2. 政府会计制度改革基本思路与建议

一是选择合适的突破口,比如公众关注度较高的高校、医院等事业单位,因为它们的行为与企业行为更为接近,便于参考和借鉴企业会计处理方式,且社会影响力大,公开透明度高,有利于收集公众和专家的意见、建议,提高公众参与度,也能够更好地展示改革成果,培养公众对改革的认同感,获得更多的支持。

二是建立地区试点,从经济较发达、体制改革较深入、人口素质较高的城市切入(因为这种城市有较为扎实的经济和制度基础,政府会计工作人员和群众也更有能力接受新事物,改革环境良好),进而通过这些城市带动周边地区,为全国提供改革经验,形成以点带线、以线带面的政府会计制度渐进式改革。

三是分阶段、分步骤,有条不紊,逐步推进,为各地区因地制宜地制订具体改革方案、交流改革经验预留时间,使相关的配套措施能够及时跟上,维持政府会计工作的稳定运行,同时也为改革中的失误与及时纠正留下一定的空间,以便我们在实践中验证改革的科学性并将改革进一步延续下去。

3. 政府会计制度改革内容与作用

一是统一了11项现行单位会计制度,有机整合了《行政单位会计制度》《事业单位会计制度》和医院、基层医疗卫生机构、高等学校、中小学校、科学事业单位、彩票机构、地勘单位、测绘单位、林业(苗圃)等行业事业单位会计制度,使资金流转更为顺畅便捷,也大大方便了资金监管,提高了政府资金的使用效率。

二是明确了该制度的适用范围为各级各类行政和事业单位,不包含民间非营利组织和执行企业会计准则的事业单位,在科目设置和报表项目说明中,不再区分行政和事业单位,统一并优化了报表形式。

三是构建了政府会计核算新模式,双体系(财务会计和预算会计适度分离并相互衔接)、双基础(财务会计实行权责发生制,预算会计采用收付实现制)、双目标(反映单位财务信息和预算执行信息),实现了财务会计和预算会计、权责发生制和收付实现制的有机结合,建立权责发生制的政府综合财务报告制度,有利于全面、清晰地反映政府财务状况。

四是财务会计和预算会计平行记账,并且得以相互验证,有利于提高各类信息记录的准确性,大大减少了资金监管漏洞,预防相关人员贪污腐败,提高了政府资金的使用效率;更详细地提供了政府债务方面的信息,有助于预防和化解地方政府债务危机。

配套措施:①规定财务会计要素包含资产、负债、净资产、收入、费用五项,预算会计要素包含预算收入、预算支出、预算结余三项,明确两套体系各自的范畴,有利于双体系的落实。②推进政府会计制度改革培训,包括理论知识和实际操作的讲解,及时更新会计人员的知识系统,使之能够适应并较好地落实新会计制度。

总体而言,此次改革提升了政府运行的经济性、效率和效果,部分解决了之前政府会计信息不完整的问题。

4. 政府会计制度改革政策依据

2015年1月1日,《中华人民共和国预算法》(2014修正)①正式施行。预算

---

① 2014年修正版系大修,而2018年修正版仅修改了一项条文,即将第八十八条中的"各级政府财政部门负责监督检查本级各部门及其所属各单位预算的编制、执行"修改为"各级政府财政部门负责监督本级各部门及其所属各单位预算管理有关工作"。

法被称作"经济宪法",是财税领域的"龙头法",《中华人民共和国预算法》的修订,对于构建法治政府具有重要意义,是全面落实依法治国的突破口,拉开了新一轮财税体制改革的序幕。修订后的《中华人民共和国预算法》强调全口径预算,减少贪污腐败;细化预算编制,方便监管资金去向;政府预算公开入法,且规定公开的时效和内容,有利于人民行使监督权;强调地方政府债务偿还责任和风险控制,在地方债发行方面约束地方政府及官员,预防地方债务风险;规范转移支付,制止贪污及资金浪费,提高资金使用效率。

《政府会计准则——基本准则》自2017年1月1日起施行,是财政部积极贯彻落实党的十八届三中全会精神的重要成果,是全面深化财税体制改革的重要举措,对于构建统一、科学、规范的政府会计标准体系具有重要的基础性作用,在我国政府会计制度改革进程中具有重要的里程碑意义。

《政府会计制度——行政事业单位会计科目和报表》自2019年1月1日起施行,是全面深化财税体制改革的重要举措,是我国政府会计标准建设的又一重要成果,对于提高政府会计信息质量、提升行政事业单位财务和预算管理水平、全面实施绩效管理、建立现代财政制度具有重要的政策支撑作用,在我国政府会计制度发展进程中具有划时代的重要意义,标志着具有中国特色的政府会计标准体系初步建成。

5. 崇阳县具体情况

崇阳县2018年度财政预算绩效管理查出的问题中,有三项为长期挂账无动态的应付账款,皆系相关单位债权债务清理不及时所致;两项资产管理不规范,系未盘点资产及缺乏管理制度所致。因此,落实政府新会计制度将有利于加强政府债务管理,改善政府资产的管理状况,减少此类问题的发生。由于会计制度不断完善和村级会计报账员不断更新,部分村干部、报账员对会计报账了解得不够全面,因此崇阳县白霓镇财政所特意召开了一次有针对性的会计工作培训会,崇阳县财政局也组织召开了业务专题培训会,就财政决算真实性核查、预算绩效管理等业务知识进行培训。

为深入贯彻落实《中共中央 国务院关于全面实施预算绩效管理的意见》精神,湖北省加快建成全方位、全过程、全覆盖的预算绩效管理体系,实现预算和绩效管理一体化,切实提高财政资源配置效率和使用效益。2020年前后,湖北省财政厅结合实际修订了《湖北省省级预算绩效目标管理暂行办法》《湖北省省级预算绩效评价管理暂行办法》和《湖北省省级预算绩效评价结果应用暂行办法》,调整了《湖北省省直专项、省对市县转移支付绩效管理暂行办法》,补充了《湖北省省级预算事前绩效评估管理暂行办法》和《湖北省省级预算绩效运行监控管理暂行办法》,供省内各地方政府学习遵循。

6. 改革中发现的问题和改进空间

一是部分地区行政事业单位会计机构不健全,软硬件基础薄弱,影响政府会计制度改革的推进。比如,某些欠发达地区相关单位人手不足,导致一人兼两职甚至兼不相容的两职等职位分配不合理的情况出现,而在改革适应期工作量将有所增加,对他们而言改革压力巨大;会计人员素质参差不齐,部分会计人员知识老化,接受新制度的难度较大、学习新知识的速度较慢;同时,与改革相关的行业培训不够及时和深入,部分会计人员未能深刻理解新制度及新的会计处理方式,导致账务处理不规范;会计电算化不够普及,未实现电子记账的部门会计人员工作量较大,导致部分单位(主要是基层单位)仍然难以落实新会计制度。

二是新旧制度衔接转换难度较大。大致体现在以下几个方面:政府新会计制度核算模式将财务会计和预算会计适度分离并相互衔接,大大增加了会计人员的工作量,且具体操作较为复杂;新旧制度衔接转换的过程中,许多类别的财务信息需要分别以新方式加以处理,工作难度大;加之实务操作无先例可循,没有相关具体经验,又缺少可遵照的细则规范,也导致操作及监管难度大;明细账务处理存在盲区,针对该部分缺少统一的会计制度支持,新会计制度仍有待细化和完善。

7. 应对措施

第一,加大会计行业培训力度,增强培训的针对性,各级地方政府可邀请有丰富实践经验的高级会计师或专家学者,为自身的会计人员开展专题培训,并指导实践,进而更好地提高会计人员的素质,使之更好地理解并落实新会计制度。

第二,吸收高素质会计人才,培养各层次创新求实的高素质政府会计人才队伍,完善和充实基层政府会计机构,保障政府会计机构的正常、稳定、高效运行。

第三,加强基础设施建设,配备电子记账相关设施,开展电子记账有关培训,有计划地逐步推进会计电算化,推广电子记账,从而降低会计人员的工作难度和工作量,同时也能提高会计信息的准确性和处理效率。

第四,建立和完善财务信息系统,做到财务信息资源及其他资源的部门间共享,提高政府财政整体运行效率。

第五,加快出台有关明细账目和特殊情况处理方式的细则规定,完善政府新会计制度,为落实新旧转换提供更为详细的指导和规范。

第六,对政府会计人员自身而言,应该加强相关业务知识学习,不断提升自身业务和工作水平,适应会计制度改革,坚决抵制安于现状、得过且过、敷衍了事、推诿责任的工作态度和工作作风,以更高的标准严格要求自己,努力成为一名适应新时代要求的高素质会计人员。

案例2 土地财政与政企合作——以云南普洱为例

1. 普洱市土地利用与创新举措

1.1 普洱市土地利用政策概述

同我国其他地区一致,普洱市的建设用地指标存在限额。根据中央政府总体控制规划,由中央规定各项建设用地指标,并根据各省需求、经济发展状况等将指标分配给云南省,再由云南省将省级指标分配给各市。而在此基础上,地方政府也有一定的城市规划自主权。基于此政策,建设用地指标紧缺的情况在全国普遍存在。但在经济增长放缓、发展模式进入新常态的局势之下,工业开发需求降低、房地产开发放缓,可以预期用地紧张的现状能得到缓解。

普洱市生态条件十分优越,因此土地开发利用还面临生态保护红线的特殊限制。生态保护红线是生态环境安全的底线,普洱市有三条生态保护红线,分别是哀牢山—无量山山地生物多样性维护与水土保持生态保护红线、南部边境热带森林生物多样性维护生态保护红线、澜沧江中山峡谷水土保持生态保护红线。地方将生态保护红线纳入禁止工业化和城镇化开发的基本政策,严格执行优化开发、重点开发、限制开发、禁止开发的定位策略,研究城市之间最小生态安全距离。

1.2 普洱市旅游地产开发的创新举措

土地利用额度不足、生态保护红线限制严苛、地方政府财政困难,这些都给普洱市政府、旅游企业在地产开发、报备、审批上带来了一定的困难。考虑到这样的现实情况,普洱市在旅游地产开发上采取了一系列创新举措。

普洱市山区占98.3%,再加上生态保护红线的限制与切割,大规模的土地开发难度极大。因此,普洱市政府在多年的实践经验中,探索出"点状供地"

的供地模式,即结合项目区块地形地貌特征,依山就势,按建筑物占地面积、建筑半间距范围及必要的环境用地进行点状布局、点状征地、点状供应旅游项目用地。

目前,普洱市采取的措施主要包括交通互联、产品互联,前者即旅游企业牵头加强交通建设,政府可以根据客流量给予补贴,或者由政府主导建设大型交通联通设施;后者旨在打造联通的旅游品牌,吸引游客体验不同旅游地的服务。同时,在整体层面上,普洱市政府为了解决各开发地交通不便的问题,也在机场建设、澜沧江沿岸港口建设上进行了大量的投入。

而面对生态保护红线等限制措施,普洱市土地规划尤其重视"留白"与"前瞻性",只有当一个项目完全落实、准备齐全时才决定供地,否则就作为"空白"留待其后开发。土地评估、评价在土地规划中占有重要地位。土地规划要求地方政府解放思想、开拓思路,争取经济效益与社会效益的最大化。普洱市推动"多规合一",将山水林田湖草各资源全部整合到国土空间规划局一个部门统筹。通过这一改革,审批程序将大幅精简,有助于进一步提高政府服务效能、优化营商环境、降低制度性交易成本、方便投资落地。

2. 政企合作的优势与问题——以湄旅股份为例

2.1 概述

由于湄旅股份为普洱市创造了大量就业岗位,极大地促进了当地旅游业发展,因此,普洱市政府给予了湄旅股份相当大的支持,主要体现在项目审批和资金补贴上。双方长期维持良好的合作关系,促成双赢的局面。

湄旅股份与普洱市政府的合作是近年来普洱市政企合作的典型代表。湄旅股份与普洱市政府政企合作的成功不仅得益于政府与企业的相互促进,而且得益于湄旅股份本身雄厚的资本、已有的品牌打造等。同时,这样的项目也会吸引更多的旅游业相关企业到普洱进行投资,进一步保证了充足的资金,也为普洱市带来了更多为城市发展出谋划策的专业人才,从而促进了当地旅游业的进一步发展,形成良性循环。

2.2 政企合作模式分析

湄旅股份与普洱市政府的合作为研究政企合作提供了一个非常优秀的案例,通过引入民营资本,大力开发当地特色资源,能够极大地促进当地经济发展和民生就业。这种合作模式可以推广至其他旅游资源密集型省市,为经济发展提供借鉴。

旅游、旅游地产均为高门槛的重资产产业,开发的投入大,成本的回收周期长,存在各种突发不确定性因素。一般项目不具有湄旅股份"自带资金"的优势,其政企合作的模式难以直接推广到其他省市,而是需要一些制度上的创新。

考虑到自带充足资金存在的困难,政府可以选择为项目建设方提供税收减免优惠。一种或许可行的模式是政府向企业许诺,如果项目如约建成并投入使用,则政府可以免征或减征未来一定期限(如 30 年)内的税款;企业再以政府承诺即相当于未来若干年内的税款为抵押,向银行申请项目贷款。吸引当地项目投资,从长远来看可以促进经济内在活力的激发,实现正向循环。不过,此项政策格外依赖政府承诺的一致性。政府需要保证,即使经历多次换届,该项政策大体上仍将保持不变,而这一承诺是否能够完全兑现,还未可知。

3. 普洱市土地财政分析

3.1 相关概念

土地财政属于预算外收入,又叫第二财政,是指地方政府通过土地所有权和管理权交易获取收益,并进行财政收支活动和利益分配的全过程,包括政府通过土地税收、土地使用权出让、土地融资等方式获取收益来直接或间接增强财政支出能力的行为。

土地财政将未来的收入流贴现到今天,从而能够获得巨额资本进行基础设施建设并提供公共服务。公共服务一旦建立,便可产生持续的税收,税收作为资本再抵押,又可获得更多的融资。地方可迅速完成资本积累,突破开启城镇化和工业化所需的资本临界值,这催生了中国数十年的高速城镇化过程。

不过,过度依赖土地财政会占用大量社会资源,存在低效、浪费现象,阻碍加速转变经济发展方式的进程。土地财政的发展也造成了财政过度依赖土地、土地资源有限从而无法维持持续增长的问题,也带来了很多不确定性风险和腐败问题,主要体现在土地资源利用的代际不公、影响土地资源配置效率和城市规划、加重收入分配不均等方面。

3.2 全国与云南省土地财政规模与趋势分析

从全国土地财政数据来看,自 2008 年以来,土地财政规模一直呈现较快增长的态势,土地出让金作为土地财政的主要收入来源,与土地财政基本同步增长。但自 2013 年以来,土地财政规模增速有所放缓,直到 2016 年、2017 年前后出现回升(见图 5-1)。

五、地方财政与金融发展

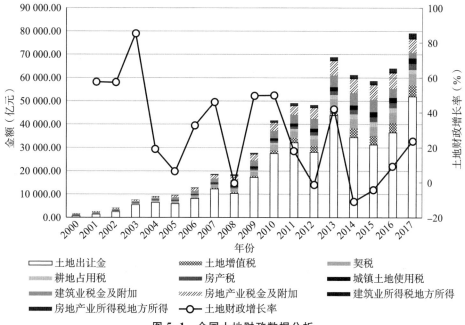

图 5-1　全国土地财政数据分析

资料来源:"沃土计划"云南普洱实践团整理。

土地财政规模与地区经济发展状况等密切相关。在不同地区之间,土地财政的绝对规模存在较大的差异(见图 5-2)。但在土地财政的相对规模上,即土地财政占政府预算收入的比重在各地区差异不大,具有一致性(见图 5-3)。

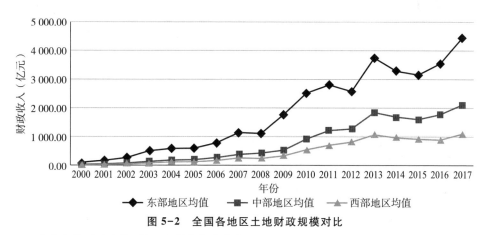

图 5-2　全国各地区土地财政规模对比

资料来源:"沃土计划"云南普洱实践团整理。

273

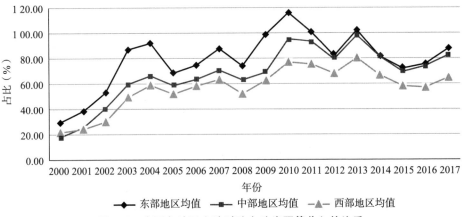

图 5-3 全国各地区土地财政占政府预算收入的比重

资料来源:"沃土计划"云南普洱实践团整理。

考虑土地财政的相对规模,2000—2017 年,云南省土地财政占政府预算收入比重的均值为 52%,低于全国平均水平,甚至低于西部地区均值(56.6%)。但值得注意的是,2010 年,云南省土地财政的相对规模超过全国平均水平,而其余年份均低于全国平均水平。从云南省土地财政相对规模的总趋势来看,云南省与全国的变动趋势相近,均为先增长后下降,在 2012 年前后达到峰值。

3.3 普洱市土地财政数据对比

从绝对数值上考察云南省内各市、州土地财政数据,土地财政收入极度不均衡,主要表现为,在 16 个市、州中,昆明市的土地财政收入变动对全省整体数据影响非常大;而与之相比,包括普洱市在内的云南省其他市、州土地财政收入之于全省占比都不显著。

由于昆明市的经济发展状况远超省内大部分地区,其土地财政数据具有一定的特殊性。在剔除昆明之后,普洱市的土地财政收入增长状况与省内各市、州(除昆明)的增长状况基本相同,自 2006 年起,其土地财政收入呈稳步增长态势,在 2013 年达到高峰,之后呈逐年下降趋势。由此可见,普洱市的土地财政状况在省内具有一定的典型性(见图 5-4)。

从土地财政的相对规模,即土地财政占政府预算收入的比重来看,普洱市在 2014 年后降到 30% 以下,此前几年也在较低水平波动。对比云南省及全国同期土地财政数据,普洱市土地财政总体的变动趋势与全国相同,土地财政规模不大,总体比较平稳。

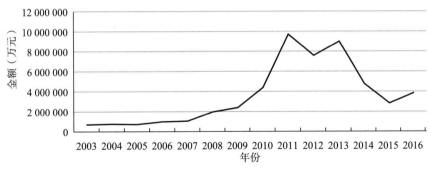

(a)云南省土地财政收入

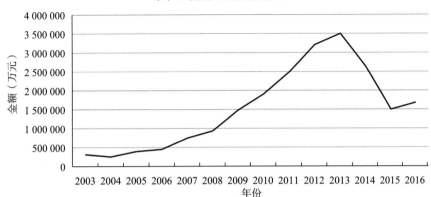

(b)排除昆明后云南省土地财政收入

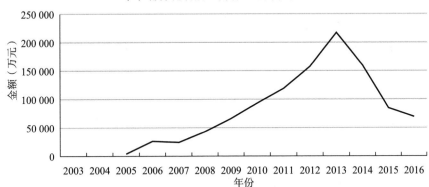

(c)普洱市土地财政收入

图 5-4 普洱市土地财政数据对比

3.4 普洱市土地财政变化分析

土地出让价款取决于当年土地出让面积及土地出让价格,土地出让价款的变化与土地出让面积的变化一致。普洱市、云南省及全国的土地出让收入呈现相同的变化趋势,以 2013 年为节点,呈现节点前持续增长、节点后迅速回落,随之又恢复缓慢增长的态势。这样的趋势变化是由于2013年我国的土地政策发生了变化，对耕地和基本农田实施最严格的保护，同时实施征地制度和征地补偿制度改革。

2013年之前的增长是由于在分税制改革后，地方政府为了应对财政压力，开始借助土地出让的方式获得地方发展所需资金。2000年以来，土地财政获得了高速发展，可是随着土地制度完善、获地成本增加、土地价格不断提升、房地产快速升值以及土地融资过程中新债还旧债等一些情况不断出现，土地财政能够带来的收益不断减少。尤其在2008年的全球金融危机后，四万亿元财政刺激计划的背后是土地的宽供应。但是自2008年以来，建设用地增加对GDP的增长拉动效果弱化，拐点出现在2013年。

土地发展模式也遇到了门槛。门槛模型检验了经济增长总量、工业化、城镇化三个机制，当城市建设用地出让面积跨过门槛值后，城市建设用地出让面积对GDP的影响由正转负，城市建设用地出让面积的进一步增加会对GDP产生负面影响。2017年，东部地区有超过60%的城市的城市建设用地出让面积超过了门槛值，东部地区的土地出让对经济发展已经进入负面影响大于正面影响的阶段。而中西部地方政府效仿东部地区，通过放地拉动经济增长的"以地谋发展"模式并没有取得明显效果。

土地财政出现的根本目的和作用，是推动城镇化和工业化进程，对于东部发达地区而言，土地财政也许完成了它的使命，然而对于西部欠发达地区而言，土地财政仍然是城市发展的主要引擎和动力。这些地区在快速发展过程中，囿于其地理位置偏僻、产业门类不齐全等阻碍，土地依然是获取建设收入相对较好的办法。

房地产投资情况和每年销售情况可以作为一个侧面来间接反映普洱市政府土地出让情况，因为一方面地方政府出让土地的主要用地对象是房地产业，另一方面房地产业的投资额能够作为反映土地价值的一个间接指标。从2010—2017年的数据来看，普洱市房地产投资除2012年、2013年有所减少以外，其余年份均在增加，且总体上均值在45亿元左右。普洱市房地产业依然是一个持续增长的产业，其背后依然需要土地的支撑。

虽然在2013年后全国建设用地供应减少，并且土地使用越来越关注耕地保护和生态红线，但普洱市结合当地情况，在分配指标之外推行"城镇上山"低丘缓坡土地综合开发，通过开发一些缓地坡地来增加建设用地，从这些行动中也可以看出普洱市近年及今后的发展在很大程度上依然依靠土地财政。至少在达到所谓门槛值，以及在产业门类税收达到可以支撑城市建设支出之前，普洱市的土地财政会一直持续下去。

3.5 普洱市土地财政与城镇化的关系

城镇化是指农村人口转化为城镇人口的过程,土地财政收入的增长与城镇化进程紧密相关。近年来,云南省的城镇化建设进入提速提质新阶段。2019年年末,云南省常住人口为4 858.3万人,其中城镇人口2 376.2万人,城镇化率达48.91%,但较全国城镇化平均水平低11.69个百分点(见图5-5)。这与云南省内山多地少密切相关。尽管政府针对这一问题施行"点状供地""城镇上山"等土地政策,但依然无法从根本上解决城镇化水平低的问题。而普洱市的城镇化水平甚至低于云南省的平均水平。比较云南省内各市、州的GDP水平,始终断层式领先的只有昆明市,其余市、州的发展相对滞后。

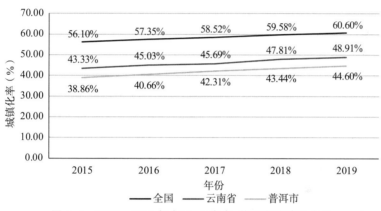

图5-5 2015—2019年全国、云南省、普洱市城镇化水平

地方政府的土地出让收入主要投向城市建设,即土地财政收入中的土地出让金主要用于城镇化建设,这不仅刺激了建筑业、房地产业的繁荣与发展,还带动了建材、民用电器、民用五金、民用化工等产业的发展,但同时也使生产能力严重过剩。必须承认的是,在中国工业化、城镇化进程中,土地财政发挥了重要的、积极的作用。但是随着改革的深入,土地财政的弊端也逐渐暴露。过度依赖土地财政,导致大量的社会资源被占用,其中存在的低效、浪费、腐败等问题,是对实现经济转型升级和高质量发展的极大阻碍。因此,土地财政有朝一日终将退出历史舞台。

案例3 中小企业融资困境——以济宁任城为例

融资指资金融通,广义的资金融通包括资金的融出和融入。我们以山东省济宁市任城区为例,重点介绍其地方金融市场上资金融出的总体情况,聚焦于其中间接融资领域的贷款业务,涉及地方金融机构与金融组织的具体业务和未来发展方向,并从政治、经济层面分析任城区金融系统当前面临的问题。

1. 政治因素

2008年,山东省人民政府办公厅出台《关于开展小额贷款公司试点工作的意见》,规定由省金融办牵头,各级行政部门参与建立小额贷款公司试点工作省级联席会议制度,各市政府及市级有关部门确定本市小额贷款公司的试点县(市、区)并审核、上报县级政府有关试点方案,县级政府及相关单位则依照第一责任人所行职能对小额贷款公司进行如下监控与管理:①小额贷款公司主发起人净资产不低于5 000万元(欠发达县域不低于2 000万元),资产负债率不超过70%,连续3年盈利且利润总额在1 400万元(欠发达县域550万元)以上。根据山东省实际情况,有限责任公司的注册资本不得低于5 000万元(欠发达县域不低于2 000万元),股份有限公司的注册资本不得低于7 000万元(欠发达县域不低于3 000万元)。试点期间,注册资本上限均为1.5亿元。②注册资本的资金来源必须是自有合法资金,不能用银行贷款投资入股,严禁社会集资入股,禁止关联股东控股。主发起人持股原则上不超过20%,其他单个股东和关联股东持股原则上不超过10%。③在法律法规规定的范围内,小额贷款公司可从不超过两个银行业金融机构融入资金,融入资金的余额不得超过资本净额的50%。坚持按照"小额、分散"的原则发放贷款,小额贷款公司70%的资金应发放给贷款余额不超过50万元的小额借款人,其余30%的资金单户贷款余额不得超过资本金的5%。小额贷款公司不得向其股东发放贷款,不得跨县域经营业务。

近十年来,任城区政府依照中央和山东省的要求加大对小额贷款公司试点的扶持力度,与此同时,极力推动各新兴企业的上市,助力泡宝网等互联网企业登陆新三板,努力促进"四新"经济中的信息技术改造在当地落地。然而,在当地实际的经济运行过程中,政府推动的上市项目并没有有效创造一个良性运转的互联网商业生态,造成扶持政策的资金支持并没有用到整个商业集群的建设上。直到现在,当地的发展仍以大型工业企业及零售业企业为主体。

与政府资金发展方向的不一致,导致下游金融机构和金融组织与区政府金融办的业务联系并不紧密,尤其待山东省金融办2016年开始着手对各地爆出的金融乱象进行整治后,管理部门对小额贷款公司的业务限制愈发趋严,而面对大型金融机构的挤压和地方小型商业银行的竞争,小额贷款公司的投资策略愈趋保守。据了解,当地最大的两家金融机构2018年的投资业务都是集中在旧有客户的融资需求上,政策对金融机构的保护作用明显强于对小额贷款公司的风险保护,整体行业呈现下行趋势。

自2017年起,区政府部门职能整合使得各部门职能变动较大,与上级单位相比,在基层处理企业对接和贯彻最后一级政策执行的工作人员数量有限,而文件向下传递的过程中有许多突发问题要求一线行政管理人员对其进行灵活的处理,这也造成了金融机构和金融组织与区政府的深入连接缺乏稳定的基础。

2. 经济因素

从宏观角度来看贷款结构,银行贷款支持实体经济的力度并不充足,存在结构性失衡。首先,在贷款投放部门方面,居民贷款占比逐渐超过企业,成为新增贷款的主要投向。其次,在贷款投放类别方面,短期冲量的票据融资以及居民部门举借的经营性贷款增速提升,企业短期及中长期贷款增速均显著下降。也就是说,即便是作为社会融资中支持实体企业的最重要力量,贷款对实体经济的支持力度也是不足的。

在此背景下,叠加经济下行压力加大,银行业对小微及民营企业的信贷支持可想而知。金融机构对小微企业贷款余额增速自2017年年末以来逐步下滑,截至2018年第三季度末,金融机构对小微企业贷款余额增速降至9.83%,而同期金融机构各项贷款余额增速达到13.2%(见图5-6)。2018年前11个月,企业债券违约金额超过1 000亿元,超过前三年债券违约金额的总和,且其中民营企业债券违约占比接近90%(见图5-7),达到新高。

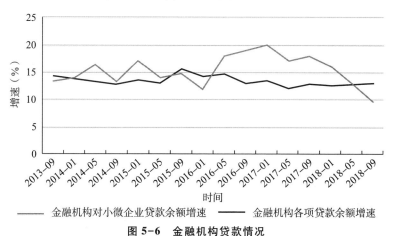

图5-6 金融机构贷款情况

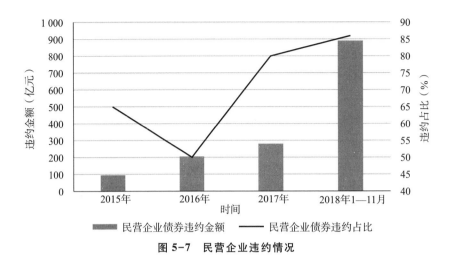

图 5-7 民营企业违约情况

资料来源:"沃土计划"济宁任城实践团整理。

3. 企业因素

从中小企业本身来看,其也存在较大的问题,主要体现在风险控制、企业管理、成本收益等方面。

3.1 风险控制

企业规模不大,但资产负债率普遍较高(山东省中小企业平均资产负债率达75%),内部积累不足,抗风险能力差;社会关系简单,缺乏愿意提供担保的上级主管部门和行业组织;抵押物质量普遍较低,资产变现能力弱,担保责任难以落实。此外,还存在联保问题,即几家中小企业相互担保,容易导致无法还贷的情况,从而牵动导致多家企业的资金链断裂。

3.2 企业管理

伴随管理制度的混乱,财务制度的不透明使中小企业主实施违约的成本较低,在贷款流程中也容易出现逆向选择问题,"劣币驱逐良币"情况时有发生。

企业在获得贷款后有时不去投资实体产业,反而将资金用于购置私人豪车等行为中。

3.3 成本收益

金融机构在审核中小企业贷款资质时,相对大企业,搜寻中小企业真实信息的成本更高;另外,由于中小企业缺乏足够的经审计部门认可的财务报表和良好的持续经营记录,抑或是部分承担审计工作的会计师事务所的公信力不足以得到金融机构的采纳,金融机构无法快速、准确地评估企业资产的价值,这同样增加了审核流程的成本。就经济效益和可持续发展能力而言,大企业都高于中小企业,这就造成了不论是从风险控制的角度出发还是从稳定收益的角度出发,金融机构都更倾向于向大企业提供贷款,这变相提升了中小企业融资难、融资贵的程度。

由于自身条件限制,中小企业往往很难通过IPO上市实现股权融资。但是一些具有高成长性或具有独特商业模式的优质中小企业希望对接资本市场,通常会选择在证券交易所外的资本市场完成融资。这里的资本市场主要是指场外市场,包括新三板和区域性股权交易市场。

新三板已经成为中小企业进入资本市场的重要渠道。根据《山东省中小企业发展报告(2018)》,2017年山东省新三板挂牌中小企业平均总资产收益率也仅为4.01%,虽然与2016年相比提高了0.12个百分点,但仍低于银行基准贷款利率。经营状况较好的新三板挂牌中小企业平均总资产收益率尚且不能覆盖银行贷款利率,山东省其他规模较小的中小企业的盈利能力可能表现更差。从财务指标来看,2017年全国新三板挂牌中小企业平均资产负债率为50.25%,山东省新三板挂牌中小企业平均资产负债率为51.01%,比全国平均水平略高。从2015—2017年的变化趋势来看,山东省新三板挂牌中小企业平均资产负债率呈现下降趋势,从一个侧面反映了山东省中小企业融资面临困难,金融获得情况不容乐观。

区域性股权交易市场主要是为特定区域内的企业提供股权、债权转让和融资服务的场外市场,对中小企业融资和科技创新具有积极的促进作用。根据2017年年底的统计数据,山东省齐鲁股权交易中心和青岛蓝海股权交易中心两大区域性股权交易市场309家挂牌企业平均财务费用达52.8万元/家,平均资产负债率为50.8%。从单个企业来看,部分企业资产负债率接近100%,资产负债率过高,发生债务风险的概率较大,办理银行贷款的难度增加,只能转向民间资本进行融资,然而较高的融资成本会制约企业发展。另外,适当的负债能助力企业加速发展,从目前场外市场挂牌企业情况来看,山东省中小企业虽然积极利用多层次资本市场,但金融获得情况并不理想,融资难问题仍制约着企业的发展。

银行贷款因成本相对较低,是多数企业融资的首选。从规避风险的角度而言,成熟期的中小企业业绩趋向稳定、资产收益率较高,信用评级提升,销售收入增加形成稳定的现金流,商业银行等金融机构更愿意为这一阶段的企业提供贷款。而中小企业在初创期面临的资金问题,银行则难以解决,尤其是小微企业,更是难以实现与银行的对接,但此现象在2017年有所改观。统计显示,2017年年末,我国本外币非金融企业及机关团体贷款余额为81万亿元,同比增长8.8%,增速提高。其中,人民币小微企业贷款余额为24.3万亿元,同比增长16.4%,贷款增速分别比同期大型企业、中型企业高3.8个和5.8个百分点。2017年年末,山东省金融机构本外币存款余额为91 018.7亿元,比年初增加5 335.2亿元;金融机构本外币贷款余额为70 873.9亿元,比年初增加5 630.4亿元。

总体来说,由于单笔贷款金额小,要在同样的时间达到同样的规模效益,难度要相对大得多。我们发现,银行抽贷现象屡见不鲜。银行抽贷是指银行贷款给企业,在还未到协议规定的还款期限时,银行认为企业经营出现问题了,便要提前收回贷款的行为。银行抽贷现象的本质是金融体系与企业需求脱节。一方面,我国的金融业态发展得比较早、比较快,并且自身要求高,很多制度设计都是围绕着自身可持续发展来进行的,一些上市银行更是围绕着自己的利益来设计制度。另一方面,我国的实体经济正处于起步阶段,不少企业的信用条件、融资能力和创新能力都还比较弱,很难适应银行业的高要求。现在,虽然一些银行也打着支持中小企业的旗号,但实际上不少大银行、大机构根本不愿意去做较分散、成本高、风险大的中小企业融资业务。

所以,中小企业信贷之所以成为世界难题,不是单纯的风险问题,其实是一个经济问题,即规模经济问题。因此,只有致力于形成规模经济,正确平衡风险和收益,才能实现普惠金融的可持续发展。

另外,受到宏观经济形势、政府政策等因素的影响,小额贷款公司作为金融市场的组成部分,常常难以持续发展,进而使局部中小企业融资困难增加,具体表现为:

第一,宏观经济影响。在宏观经济增速下行的背景下,实体经济发展速度有所下降。2018年,我国GDP增速为6.6%,增速逐渐下滑(见图5-8),其中2018年第四季度GDP增速降至6.4%。小额贷款公司作为金融市场的组成部分,而金融市场的秩序与表现是建构在实体经济之上的,因此小额贷款公司的成长情况会受到实体经济影响而出现增长的瓶颈期。

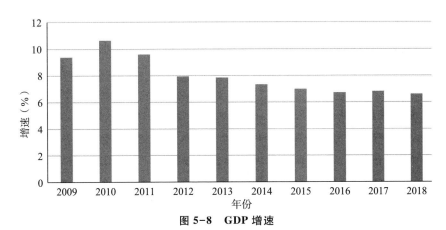

图 5-8 GDP 增速

资料来源:"沃土计划"济宁任城实践团整理。

第二,体制政策限制。在监管方面,小额贷款公司受到一系列监管制约,包括:①小额分散原则限制。小额贷款公司70%的资金应流入余额不超过50万元的小额借款人手中,其余30%的资金单户贷款余额不得超过资本金的5%。小额贷款公司贷款额度受限将会导致营业收入受限。②区域限制。小额贷款公司不得跨县域经营业务,同样也将限制公司规模。③税收政策。小额贷款公司在税收政策上没有相应优惠,风险计提仍需要纳税,相当于被等同于一般企业看待。税收大概占据30%的营业收入,给公司盈利带来了相当大的负担。④金融理财产品许可限制。小额贷款公司经理在受访时提到,无许可证则无法开展金融理财产品业务(这种业务主要由银行开展)。这些制约一方面可以降低小额贷款公司的风险,但另一方面也限制了小额贷款公司的可持续发展。

第三,优惠政策无法落地。虽然国家和山东省对小额贷款公司有一些优惠政策,但是由于各部门之间的协调问题,优惠政策的贯彻执行很难真正落地。同时,部分政策也不具有吸引力,比如小额贷款公司可以转作村镇银行,但是需要银行持有51%的股份,小额贷款公司认为这相当于把公司"拱手让人",因此不愿意采取这种措施。

案例4 湖北崇阳融资担保行业发展

1. 背景

1.1 我国的融资担保体系

2021年1月1日起实施的《中华人民共和国民法典》规定:债权人在借贷、

买卖等民事活动中,为保障实现其债权,需要担保的,可以依照本法和其他法律的规定设立担保物权。第三人为债务人向债权人提供担保的,可以要求债务人提供反担保。担保合同包括抵押合同、质押合同和其他具有担保功能的合同。担保物权的担保范围包括主债权及其利息、违约金、损害赔偿金、保管担保财产和实现担保物权的费用。

再担保是对担保的担保,也叫复担保,在当前的债务已经设定担保的前提下,对该担保再设立担保。当担保人不能独立承担担保责任时,再担保人将按合同约定比例向债权人继续剩余的清偿,以保障债权的实现。可以设立再担保的主担保仅限于保证、抵押和质押,再担保的方式有保证再担保、抵押再担保和质押再担保三种。

同一主体可以作为担保人或者被担保人,担保人分为对内担保和对外担保,对内担保主要是集团公司对下属子公司进行担保,对外担保主要是对有合作关系的主体进行担保;被担保人可以接受一般企业、个人或者专业担保公司的担保,专业担保公司主要通过保证的担保形式提供一般保证或者连带责任保证。

1.2 担保公司的类型

担保公司的类型主要分为两类:一类是融资担保公司,另一类是非融资担保公司。这里重点介绍融资担保公司。

根据《融资担保公司监督管理条例》,融资担保是指担保人为被担保人借款、发行债券等债务融资提供担保的行为;融资担保公司是指依法设立、经营融资担保业务的有限责任公司或者股份有限公司。根据《融资担保责任余额计量办法》,融资担保业务包括借款类担保业务、发行债券担保业务和其他融资担保业务。借款类担保是指担保人为被担保人贷款、互联网借贷、融资租赁、商业保理、票据承兑、信用证等债务融资提供担保的行为;发行债券担保是指担保人为被担保人发行债券等债务融资提供担保的行为;其他融资担保是指担保人为被担保人发行基金产品、信托产品、资产管理计划、资产支持证券等提供担保的行为。

根据《非融资性担保机构规范管理指导意见》,非融资性担保业务范围包括诉讼保全担保、财产保全担保、工程履约担保、工程支付担保、投标担保、预付款担保、尾付款如约偿付担保、原材料赊购担保、设备分期付款担保、租赁合同担保、财政支付担保、联合担保、仓储监管担保、其他经济合同担保以及与担保业务有关的投融资咨询和财务顾问等中介服务。

根据《融资担保公司监督管理条例》,融资担保公司的经营规则除经营借款担保、发行债券担保等融资担保业务外,经营稳健、财务状况良好的融资担保公司还可以经营投标担保、工程履约担保、诉讼保全担保等非融资担保业务以及与担保业务有关的咨询等服务业务,这是融资担保公司与非融资担保公司的主要区别。

1.3 担保行业的未来发展

我们总结了担保行业的特点和现状,认为如果担保行业未来想要保持高昂的发展劲头并获得各方面的支持,则需要发挥自身优势,结合时代特点,打造符合我国国情的融资担保方案。由此,我们建议担保行业在今后的发展中考虑以下几点:

1.3.1 把控风险、加强风险控制制度建设

担保机构要严格把控项目风险,做好新项目的调研,制定完善的业务操作规程以及风险预警机制和突发事件应急机制制度,加强对在保企业的监控,强化事前、事中、事后三个阶段贯穿整个业务流程的监督管理机制,加强风险控制制度建设,控制风险、化解风险,把代偿率控制在较低水平。

1.3.2 发挥政策性职能

近年来,在国家出台的政策引导下,政府性融资担保机构的业务将逐步向传统间接融资担保业务回归,有利于在资金注入、风险补偿等方面获得政策支持。政策助力促进融资担保行业找准定位规范发展。关于融资担保的定位,2014年12月18日,国务院召开全国促进融资性担保行业发展经验交流电视电话会议。会上指出:"发展融资担保是破解小微企业和'三农'融资难、融资贵问题的重要手段和关键环节,对于稳增长、调结构、惠民生具有十分重要的作用。"2014年由此成为融资担保行业迎来重大转折的一年,担保业发展有了明确的方向。

"政策定位是担保机构规范经营的必然选择。"担保业一位资深人士告诉我们,"融资担保行业一头为小微企业提供增信服务,一头为银行分担风险,是连接银企的纽带,这一点得到了国家高层的认可。在新形势下,面对小微企业的融资担保必须坚持政策性定位,否则,融资担保业务会脱农、脱小、违规经营,形成金融风险。"

2015年12月31日,国务院印发《推进普惠金融发展规划(2016—2020年)》(以下简称《规划》)。《规划》提出,大力发展一批以政府出资为主的融资担保机构或基金,推进建立重点支持小微企业和"三农"的省级再担保机构,研究论证设立国家融资担保基金。一系列针对融资担保行业的扶持政策陆续出台,包括积极发展政府支持的融资担保机构、加快组建政府控股的再担保机构、降低或取

消对政府控股担保机构的盈利要求、设立风险补偿基金、设立国家财政支持的再担保基金等,都标志着融资担保行业迎来了新的战略机遇期。

1.3.3 多元化

现阶段,传统间接融资担保业务风险较高,为了缓解可持续经营压力,担保机构还应同时拓展风险相对较低的非融资担保业务,如工程履约担保、诉讼保全担保、财产保全担保、投标担保等。

1.3.4 网络化、数据化

随着互联网金融的快速发展,网络化、数据化已成为金融发展的趋势,担保机构要充分利用大数据,将传统间接融资担保业务与大数据相结合,解决信息不对称问题;利用大数据的优势筛选出符合担保条件的批量客户,提高担保机构的工作效率,降低运营成本。产业"互联网+供应链金融"能发挥大型核心企业的整体优势,以网络信息库为基础,以海量融资方为落脚点,高效、快捷地解决中小企业融资难、融资贵问题。担保机构要充分利用产业"互联网+供应链金融"的优势,融入其中谋发展。尽管当前经济下行趋势明显,但就业、收入、环境等指标呈现较好势头,经济运行内生动力、抗波动能力逐步增强,结构调整初显成效,消费对经济增长的贡献已成主要力量。另外,"大众创业、万众创新"如火如荼,互联网技术与产业的高度融合带动了新产业、新业态的快速发展,催生了大量新的产品、市场和服务机会,对融资担保行业既是机遇,又是挑战。

1.4 担保企业的重要性

1.4.1 帮助中小企业解决融资难、融资贵问题

中小企业与银行之间存在严重的信息不对称问题,银行无法准确地衡量企业的风险程度和偿还能力,存在较大的潜在风险。担保机构主要是为这些无法从银行贷款的企业或个人办理担保业务,提供贷款资金。担保机构的门槛更低,尤其是政府性融资担保机构,它们对中小企业持扶助态度,尽可能地满足其资金需求。担保机构会进行更加具体、细致的调研评估,更加科学、准确地审核企业的风险和未来前景。由担保机构担保后,银行承担的风险大大降低,企业获得资金也就更加容易。尤其是在"4321"风险分担模式下,担保机构、银行、企业、政府再担保集团各自承担相应的风险比例,各部门承担的风险大大下降,为中小企业的融资提供了更大的便利。

1.4.2 促进国民经济发展

中小企业是经济发展的主要推动力之一,保障中小企业健康持续发展对国民经济的稳定增长具有至关重要的作用。中小企业遍布工业、商业、餐饮、高新

技术等多个行业,提供了大量的就业岗位,拉动了消费水平的提升,与民生问题紧密相关,是我国国民经济增长中最有活力的增长点。保护中小企业就是在保护人民的基本生活。担保机构则是为中小企业保驾护航的一艘巡航舰,为中小企业解决资金问题,评估未来风险,给予管理和发展意见,有利于中小企业健康持续发展,从而推动国民经济发展。

1.4.3 有利于中小企业的信用体系改革

中小企业目前存在的显著问题是融资难、融资贵,主要有以下几个原因:①中小企业融资的途径有限;②贷款市场供不应求;③主要贷款途径——银行的——贷款门槛高;④中小企业的间接融资机构缺乏。

担保机构的出现有利于缓解中小企业的融资困境。中小企业的信用体系尚不健全,信用保障比较缺乏,还没有完备的中小企业资信档案,这些都是制约中小企业进一步发展的瓶颈。担保机构的专业性有助于解决中小企业的信用评估问题,帮助中小企业完善自身的信用保障,起到监控资金流向的重要作用。

1.4.4 分担银行风险,降低银行成本

中小企业的贷款大多数为小额贷款,银行处理需要大量的时间和管理成本,且收益较低,贷款收回难度大,耗费时间较长。担保机构的介入能够帮助银行快速识别这些中小企业中的优质客户并代为评估、处理相关事宜。这不仅有效地节省了银行的时间,而且分担了银行的一部分风险,使得银行的不良贷款大大减少。

2. 崇阳县金信融资担保有限公司的发展优势

2.1 国家政策对政府性融资担保的重视和支持

近年来,党中央、国务院高度重视政府性融资担保工作,出台了一系列政策,指导和推动融资担保行业的发展。2015 年,国务院印发《关于促进融资担保行业加快发展的意见》(国发〔2015〕43 号),提出大力发展政府支持的融资担保机构。以省级、地市级为重点,科学布局,通过新设、控股、参股等方式,发展一批政府出资为主、主业突出、经营规范、实力较强、信誉较好、影响力较大的政府性融资担保机构,作为服务小微企业和"三农"的主力军,支撑行业发展。2017 年,全国金融工作会议提出,要积极发展普惠金融,大力支持小微企业、"三农"和精准脱贫等经济社会发展薄弱环节,着力解决融资难融资贵问题。2017 年,国务院颁行《融资担保公司监督管理条例》。该条例突出对融资担保服务小微企业和"三农"加大政策扶持,规定了融资担保公司的准入、退出、经营规则等,强化了地方政府监管职责,严格风险防范。2019年,国务院办公厅印发《关于有效发挥政府性融资担保基金作用切实支持小微企业和"三农"发展的指导意见》(国办发〔2019〕6号),提出坚守准公共定位,引导降费让利,明确风险分担比例,同时完善资金补充、风险补偿、奖补支持、呆账核销、考核激励等政策支持体系。2020年3月,财政部印发《关于充分发挥政府性融资担保作用为小微企业和"三农"主体融资增信的通知》(财金〔2020〕19号),要求政府性融资担保机构积极为小微企业和"三农"主体融资增信,努力扩大业务规模,提升服务效率,及时履行代偿责任,依法核销代偿损失,协调金融机构尽快放贷,不抽贷、不压贷、不断贷,着力缓解小微企业融资难、融资贵。

2.2 "4321"风险分担模式的科学运行

"4321"风险分担模式是一种新型政银担合作模式,在政府、银行和担保机构之间建立起了合作关系,具备"共享资源、共管风险、互补优势、多赢互利"的特征。其核心内容是:对于小微企业担保贷款出现的代偿,原政府性融资担保机构承担40%,省再担保机构承担30%,合作银行承担20%,所在地本级财政承担10%。

相比从前由融资担保机构承担全额代偿风险、政府补贴融资担保机构的传统模式,这一模式具有规范、分险、增信、引领等显著优势。①加入省再担保机构有利于推动担保机构的规范发展。通过全省再担保体系的建立,充分发挥国有担保机构的引领、示范作用,在规范管理、业务指引等方面对下属担保机构进行培训和监督,输出优秀的业务模式和风险管理模式,促使全省担保行业规范运行,降低了政府的金融监管风险。②分担责任,化解风险。通过多方的风险分担,有效地减轻了担保机构的代偿压力,提高了其担保能力、加大了其担保力度;同时,这一模式使得银行也参与到贷前审查和贷后管理中来,省再担保机构将全省的政府性担保机构串联起来,很好地解决了担保机构与银行单个对接、沟通不畅的问题,通过信息共享有效缓解了贷款过程中的信息不对称问题,大大降低了风险。③提升担保机构的信用、增强银行的信心。政府的加入有利于提升担保机构的信用,增强银行与各担保机构进行合作的信心,从而将巨大的动力注入为中小企业共同服务上,为促进中小企业的发展提供更多的融资便利条件。④省再担保机构对担保机构起到引领作用。在从前的模式中,各担保机构各自为政,资本金实力不足,风险管控手段不强,专业人才也存在短缺,不具备长期发展的条件。加入省再担保机构有利于整合资源、拓宽眼界,在省再担保机构的引领下将发展之路走长走远。

2.3 丰富的经验和改革创新的精神

崇阳县金信融资担保有限公司历经十几年的发展,在业务管理上具有丰富的经验,对崇阳县的经济状况产生了深刻的体会,形成了符合崇阳县实情的一系列业务发展管理办法。这些经验都将是未来公司稳健发展的宝贵财富。同时,公司也在不断寻求改革创新,借鉴先进成熟的管理办法和风险管控方式,争取更大的进步。

组建初期,公司在业务流程中自行增设了一个领导审批程序,并一直延续到2020年年初。该程序在实施中存在很多弊端:一是审批的不及时性影响公司资金需求的时效性,二是审批程序的非法定性给领导带来不必要的签字风险。为了革除这一弊端,新的领导班子勇于改革,大胆创新,将"审批制"改为"备案制",大大提升了效率。

公司积极创新保后监管制度,除对受保企业进行常规监管外,还对关注类、风险类企业实行"驻厂员制度"。驻厂员的工作职责主要包括五个方面:做好清产核资工作,参与企业的生产经营和管理活动,直接监督企业经营,进行信息反馈,有权对企业续保和额度增减进行一票否决。实践证明,驻厂员制度是强化企业管理、防控担保风险最直接、最有效的措施和手段,今后将进一步推广和完善,扩大该制度的覆盖面。

经过十几年的探索,公司走出了一条符合崇阳县实情,适合自身特点,具有自身特色的担保之路。为了更好地化解担保风险,拯救濒危企业,公司成立了以主要领导挂帅、风控部门领衔、高管人员参与的风险化解、追偿清收工作领导小组,并聘请县农商行风险管理部专业人员对反担保措施逐一进行核实,对风险点进行全面排查,根据各个企业的实际情况,量身定制风险化解方案,本着"先大后小、先难后易、先急后缓、一企一策"的原则对风险逐一进行化解、对代偿逐一进行清收。这一策略的效果是显著的。在这一策略的指导下,公司先后化解了湖北崇锻锻压机床有限公司、湖北日展织造股份有限公司、湖北故乡云农业生物科技股份有限公司等多家企业的贷款风险。

2.4 当地经济发展势头的推动

在支农支小、降税减负等一系列政策支持下,崇阳县中小企业发展势头强劲,各类经济主体呈现大幅增长趋势。截至2019年,崇阳县有规模以上工业企业102家,预计3~5年后可达到150家,因此所需的担保资金会大幅增长,为担保机构的业务发展创造了巨大的空间。崇阳县金信融资担保有限公司积极响应国家支农支小的政策号召,同时也在延伸担保触角,拓展业务范围,引导资金的合理流动和优化配置。公司不再局限于工业企业,而是积极主动地介入农产品加工业、种养殖业等"惠农贷款",以及小额农户贷款、下岗失业贷款等"扶弱工程"。

3. 问题与建议

3.1 崇阳县金信融资担保有限公司存在的问题

3.1.1 人才缺口

担保这类高风险的行业需要更多的金融等领域的专业性人才来支撑并作为支柱,才可能把风险降到最低。随着崇阳县金信融资担保有限公司的不断发展壮大,其对人才的需求也在逐渐增多,而目前公司缺乏有效的财务管理意识和专业知识能力较高的管理人才,尤其是具有法律知识和金融知识的复合型人才,导致人员与业务不匹配,风险增大。为了招聘到更多的人才,公司需要改善本身的激励机制。

公司员工所得的薪资与承担的风险严重不匹配。没有好的激励机制,相应的约束机制随之缺失,员工的积极性得不到最大限度的发挥,导致公司内部难免存在干与不干、干多干少、干好干坏都没区别的不良思想倾向和员工敷衍应对的现象,成为公司发展的桎梏之一。与金融类的其他行业相比,担保行业的基本薪资相对较低,例如与银行相比,当地担保公司一个月的基本薪资大约在4 000元,而银行一个月的基本薪资则在10 000元上下。这种现象让人才难以流入担保行业。建议公司提高基本薪资,将薪酬待遇与不同岗位担负的责任挂钩,与员工的绩效评价结果挂钩;增加激励性质的奖金,以此增强公司内部的动力,提高员工的积极性,同时也可以吸引更多符合公司需求、对公司业务提供专业性帮助的人才。

3.1.2 风险管控不到位

公司由于受体制束缚导致的机制不灵活、公司治理结构不完善、人才不济导致的管理欠缺等诸多因素的困扰,表面和潜在都存在巨大的风险,尤其体现在追偿清收的难度大上。截至2019年5月末,公司代偿余额超过7 826万元,潜在风险预估达到6 000多万元。经过初步分类,已代偿的7 800多万元中,5 300多万元需要通过盘活的方式才能最大限度地挽回损失;1 500多万元只有加大清收力度才能全力清收;1 000多万元基本为损失,待核销。

3.2 中国担保行业存在的问题

中国担保行业的飞速发展推动了国家经济的快速增长。但是,由于相关法律不完善,以及担保公司在制度观念上的不足,在业务运行中,担保公司仍然存在较大的法律风险,制约了其发展壮大。下面将谈一谈国有担保公司在业务运行中的法律风险,并提出防范措施。

3.2.1 反担保措施不够完善

在国有担保公司开展担保业务时,银行因无法准确判断借款人能否按时还本付息,或者抵押办理困难,通常会要求担保公司为借款人提供担保,将贷款风险由自身转嫁给担保公司。因此,在国有担保公司的业务运行中,反担保对于降低法律风险起到了重要作用。然而,因为常出现反担保物品难以抵押、抵押措施单一等情况,影响了其价值的体现,甚至出现假合同、假反担保物品等,导致担保公司在反担保过程中,权利受到阻碍而难以实现,最终产生法律纠纷。为此,我们提出如下建议:在开展反担保业务的过程中,担保公司应强化全体员工的法律风险意识,重视反担保工作的开展,以严谨的风险意识不断扩大公司反担保措施的多样化,以多种形式的反担保业务降低公司法律风险,维护自身权益;同时,应衡量反担保人、企业承担债务的能力,保障签署的合同真实有效,通过对担保风险进行转移来全面降低担保风险,减少法律风险带来的影响。

3.2.2 内部机构设置尚不健全

国有担保公司为保障担保业务的顺利开展,会较为重视内部控制,但在业务运行中,内部机构仍存在一定的缺陷,增大了公司的法律风险。例如,多数担保公司出于不同的原因,内部尚未建立法律服务部门,且法律专业人才不足,导致公司在内部法律事务管理方面受到制约,工作人员咨询法律问题的主动性受限,因此无法及时发现法律风险并给予防范和控制,影响了公司担保业务的开展。为此,我们提出如下建议:担保公司应高度重视内部控制,定期审查内部机构,一旦发现缺陷漏洞应及时完善,以便发现各项风险并采取切实措施予以控制;同时,在设置内部机构时,应将法律服务纳入其中,进一步提升内部机构的完善性,通过对法律服务全过程的监督,加大法律风险的防控力度,发挥内部机构的作用,满足银行、贷款人对担保公司的需求;不断完善公司的管理模式与配套制度,为公司发展提供制度保障,全面降低法律风险,推动担保业务的顺利开展。

3.2.3 法律服务机制有待优化

担保公司缺少相应的法律服务部门,专业人员缺乏,一旦在开展业务时遇到问题,就无法及时地与专业的法律顾问进行沟通,工作效率将受到影响,业务效果将难以保障。比如,若在开展业务时发现问题,担保公司各部门都是分别与律师联系,工作没有统一协调,法律服务的意见难以达成一致。为此,我们提出如下建议:在业务开发、业务运作、公司管理和风险应对等过程中,担保公司应根据公司实际,构建高效、完善的法律服务机制。首先,应选择专业的律师团队,全面考察其公司管理、担保业务、金融知识等专业能力;其次,应重视律师服务的实效性,保证法律服务人员态度认真、合作真诚、服务及时,构建全面的合作关系;最后,应畅通双方的沟通渠道,以便出现问题时及时解决。通过构建完善的法律服务机制,为各项业务的开展提供专业、及时的法律服务和坚实的法律支撑,有效降低公司的经营风险与法律风险,为担保业务的开展和公司的持续健康发展奠定坚实的基础。

3.3 对比分析

下面将结合中国投融资担保股份有限公司(以下简称"中投保公司")的案例简要分析崇阳县金信融资担保有限公司在人才缺口方面需要改进的方面。

中投保公司于1993年经国务院批准,由财政部、原国家经贸委出资成立,是国内首家全国性专业担保机构,现为国家开发投资集团有限公司成员企业。作为中国担保业的旗舰企业,中投保公司积极推进业务、产品和领域创新,经过长期的发展和业务实践,已经形成跨货币市场、股票市场、债券市场的业务线,致力于打造"担保增信、资管投资、金融科技"一体两翼的业务架构。截至2021年年底,中投保公司注册资本45亿元,资产总额262.56亿元,拥有银行业务授信1 310亿元;中诚信、联合资信、大公国际等市场权威评级机构分别给予中投保公司长期主体信用等级AAA的评级;公司累计担保总额达5 759亿元,共为3万多家客户提供了担保服务,是目前国内成立时间最早、业务规模最大、产品种类和客户资源最为丰富、综合实力最强的担保机构之一。

中投保公司遵循"以人为本"的经营理念,执行"紧张有序的工作节奏,和谐宽松的工作氛围"的适度管理策略,坚持理解人、尊重人、使用人、培养人、激励人相结合,充分调动员工的积极性和创造性,促进员工和公司共同发展。中投保公司致力于建设复合型人才队伍,通过员工知识复合化、经验复合化、业务拼组三条途径,逐步形成了业务专业化、技能多样化、素养职业化的员工团队。公司实施了员工胜任能力评估制度、员工绩效管理制度和360度评估制度,采取有市场竞争力的薪酬制度,实施职业操守指导和重点岗位风险提示制度,激励约束机制日益完善。

中投保公司高度关注员工身心健康,积极培养员工的自我管理意识,尊重员工、相信员工,持续推行员工健康计划,坚持开展丰富多彩的文体活动。通过全方位的努力,中投保公司打造了一支勇于创新、团结高效、素质过硬的中国担业团队,这也是公司发展的根本保证。中投保公司对高端人才引进和管理有一套完善的体系,让人才待遇与公司发展形成良性循环,成为国内担保公司中的佼佼者。

中投保公司的成功管理案例也为崇阳县金信融资担保有限公司解决人才缺口问题提供了参考。事实上,要想摆脱目前公司人才短缺的窘境,不仅需要依靠公司自身的努力,还需要崇阳县政府为公司提供人才引进上的便利。而提高薪资水平、改善员工工作环境等都离不开资金的流入。作为国有担保公司的员工,因公司利润有限,故其大部分薪资都依赖于政府补贴。在政府注入资金,人才素质得到提升后,公司的利润就会相应地增加,进而公司可以选择将一部分利润用于人才管理,形成正向反馈,促进公司发展。

案例 5 济宁儒商村镇银行转型升级

1. 济宁儒商村镇银行业务分析

1.1 概述

济宁儒商村镇银行成立于2012年,以服务三农和小微企业为市场定位,借助济宁银行结算融资渠道,传承济宁银行便民惠民精神,为满足三农资金需求增添新的力量。截至2019年年末,银行资产总额为893 284.39万元(见图5-9),有员工200余人,规模在镇级村镇银行中处于中上水平。

图5-9 儒商村镇银行的几项增长指标

资料来源:济宁儒商村镇银行官网。

1.2 风险评估

由于三农及小微企业自身资产有限,客户本身知识水平受限,小额放贷尤其是涉农放贷信用问题一直是困扰村镇银行及其他小额放贷金融机构的难题。但儒商村镇银行具有较低的不良贷款率和较高的拨备覆盖率（见图 5-10、图 5-11），客户信用状况良好。

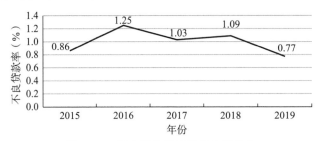

图 5-10　儒商村镇银行的不良贷款率

资料来源：济宁儒商村镇银行官网。

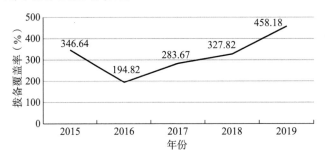

图 5-11　儒商村镇银行的拨备覆盖率

资料来源：济宁儒商村镇银行官网。

1.3　风险控制

儒商村镇银行在三农业务方面对农民客户的信用评价较为正面。对于三农业务的风险管控问题，该行不仅从担保方式端进行创新以达到矛盾的调和，还在前期选择以及后续的近距离服务、实地考察中降低不良贷款的风险，擅长凭借网格化的工作、富有人情味的方式进一步下沉村镇，接近农民客户。

具体措施有以下两点：一是实现较高的网点覆盖率，向全方位下沉的目标前进。截至 2019 年，该行在济宁市的网点共 15 个，设在村镇地区的网点共 9 个，该行的网点覆盖率为 78.95%，村镇地区网点覆盖率为 81.82%。二是网格化工作，常年派遣员工驻村驻乡，以各村镇网点为驻点，在各网点辐射半径内通过举办"入村"仪式和文艺汇演、参与村主题党政活动、走访农家闲话家常等方式贴近客户群体，以期拓展业务，了解客户资产状况和财务信息，挖掘潜在客户，并向客户宣传面向三农的基本金融产品的相关信息，注重和农民的情感交流以及基本借贷常识的普及。

儒商村镇银行的不良贷款多数源自中小微企业及个体工商户,每户不良贷款约在数十万元到数百万元不等,这是由于济宁市中小微企业中的制造业企业多数处于生产链的后端,对外部依赖性较强,抗风险能力较弱。该行对此采取以下措施:一是拓展担保及抵押方式。在合法合规、风险可控的前提下,不断拓展新的担保及抵押方式。针对小微客户规模小、财务数据不完善的经营特点,由客户经理收集财务信息制作简易的资产负债表,并根据原始单据和客户口述进行比对,对营业额和权益进行检验。通过不同的产品设计,该行累计推出了等额本息还款、先息后本、按季还本等多种更为灵活的还款方式,同时,灵活采用了单人担保、多人联保、林权抵押、应收账款质押、汽车合格证质押等多种担保方式。二是在政府帮助下,在降低中小企业融资门槛的同时做好风险防控。该行联合任城区政府创业办推出了创业贷款,特点为利率低,担保要求相对降低,由创业办承担70%的风险。三是信贷系统接入外部大数据。充分利用大数据平台提供的客户基本工商信息,实现涉诉、行政处罚等风险信息预警的功能,帮助业务人员丰富调查信息,提高风险判断能力。

1.4 贷款与存款业务分析

2015—2019年,儒商村镇银行存贷比长期维持在65%左右(见图5-12),伴随着国家取消商业银行存贷比上限要求,未来有望进一步提高。低存贷比是村镇银行风险控制良好的体现,但在一定限度内,扩大信贷规模更有利于提高村镇银行的盈利能力,有力推动当地中小企业发展。2008年之后我国金融机构各项存款增速总体下降,在息差收窄与存款搬家的行业背景下,中小型银行存款压力更为突出。区域性银行面临结构性存款发行限制,表内揽储进一步受限。2016年,儒商村镇银行各项存款同比增速一度高达124.72%,但此后三年始终维持在低于50%的水平(见图5-13)。

图5-12 儒商村镇银行存贷比

资料来源:济宁儒商村镇银行官网。

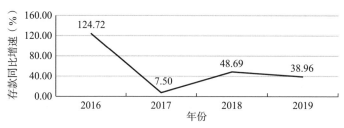

图 5-13　儒商村镇银行各项存款同比增速

资料来源：济宁儒商村镇银行官网。

村镇银行由于目标客户固定，业务范围受限，盈利能力相比其他股份制商业银行较低。由于客户资产规模小，抗风险能力较弱，在设置担保质押门槛以及进行信用评级时存在一定的困难。如何更加有效地提高贷款针对性，拓展业务，使资金注入真正需要并值得投入的地方，是实现村镇银行和当地中小微企业、"三农"共赢的关键。

1.5　盈利能力分析

儒商村镇银行近年来资产与净利润均维持高速增长，但由于跨区经营受限，增长存在天花板。2015—2019 年，儒商村镇银行的 ROA（净利润/平均总资产）平均值为 1.12%，处于行业领先水平，但呈现下降趋势（见图 5-14），亟须寻找未来利润新的增长点。

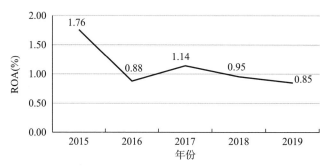

图 5-14　儒商村镇银行的 ROA 呈现下降趋势

资料来源：济宁儒商村镇银行官网。

对网点布局主要在城市的股份制商业银行和城市商业银行而言，零售业务是未来提高盈利能力的最大可能性。商业银行的负债优势可以帮助银行在不同风险等级资产的配置选择上拥有更大的灵活性，在给定净息差的前提下投放更加安全的资产，在经济下行周期计提更少的信用成本，最终实现稳定且较高的盈利能力。而相比企业存款，零售存款在市场份额和价格层面更具稳定性，更能衡量一家银行的负债能力。

1.6 人力资源现状分析

儒商村镇银行在同行业中人力资源状况较好,下设机构较为全面,且有专门的人力资源管理部门,人才学历绝大部分为本科以上,且普遍高于大部分村镇银行专科以上的要求。儒商村镇银行注重人才培养,定期开展员工专业技能培训,同时济宁银行也会提供培训支持。该行薪酬严格挂钩于职务,而不受员工绩效影响;同时,设有员工绩效考核制度,但在激励机制方面有所欠缺,人岗匹配、岗位价值体系尚未完全建立。

作为村镇银行的通病,人才问题仍是且将会是儒商村镇银行发展的痛点之一。2020年起,儒商村镇银行短期内将不再进行网点扩张,而是注重内控,进行科技与数字化转型,迫切的专业技术人才需求随之而来。工作环境及前途的相对"恶劣"造成的人才流失问题在儒商村镇银行中也不可忽视。而作为村镇银行,其规模、影响力均较小,又在一定程度上造成了与高校、相关企业对接和沟通的缺乏。

1.7 其他问题

除此之外,儒商村镇银行年轻客户群体较为缺失,年轻客户占比较小。如何从产品、平台、渠道等方面做到更满足年轻人的需求,是该行面临的又一个问题。

2. 发展策略

2.1 充分运用大数据

在风险防控系统中增加互联网大数据,通过对原有信息收集方式进行改造升级,推动风险防控系统数字化、自动化转型,补足用户贷款、消费、社交、娱乐等多维度变量,进而形成完整的用户画像,有效防范不良贷款的发放,降低贷款的信用风险。该行现在已运用大数据进行风险防控分析,未来可进一步健全动态风险监控机制,推动数字化、自动化或半自动化风险防控系统,加强风险防控。此外,实行贷款全程追踪并及时调整风险等级、与同行业共同建立信息分享网络等均可有效增强其风险防控能力。

2.2 平衡风险,创新担保方式

由于村镇银行的客户定位明确,政府出于风险问题等考虑监管较严,其业务范围受到一定的限制。但在授权范围内,村镇银行可以根据当地中小微企业和三农的具体情况、产业特征,分析客户需求,找出现有产品与客户的"距离",不断提升金融产品的实用性;同时,创新担保方式,在风险防控和为中小微企业降低融资门槛之间寻找平衡点。

2.3 业务拓展,零售转型

零售业务的营利性稳定,零售资产的利润率普遍高于对公资产,且零售资产的资本消耗低于对公资产;同时,零售资产的盈利能力分化较大,与各银行零售业务发展紧密相关,银行在零售业务上的投入更容易带来超额回报。

大力发展个人贷款业务。近年来,居民户新增人民币贷款占比提升,其中住房按揭贷款是个人贷款的重要组成部分。对儒商村镇银行而言,由于济宁市农民客户的生产规模普遍较小,农民个体用于生产投资的资本需求较小,而为子女购房的需求则是农民个人大额贷款的主要来源,因此大力挖掘住房贷款需求,完善相关产品,是银行发展个人贷款的重点。

零售数字化转型,服务实体经济。儒商村镇银行紧跟总行的发展脚步,贯彻"质量、规模、效益"相协调的发展理念,坚持"小额分散"的根本原则,逐步推动零售客户经营模式转型,把实施零售数字化转型作为发展战略,把服务实体经济作为发展目标,强化科技支撑,加快零售转型。一方面,儒商村镇银行希望重构业务流程及产品服务,打造信贷产品体系,简化信贷业务流程,全面提升客户体验,创造更便捷、更智能、更全面的金融服务;另一方面,将提高零售信贷业务比重,依靠科技手段赋能零售产品,全面创新零售业务金融供给方式,提升零售市场竞争力。

2.4 提高贷款针对性

拥抱科技,同时利用现有网格化工作,提高驻村驻乡人员素质,加强软信息搜集,挖掘潜力客户,提高小额贷款投放的针对性。利用现有全方位的信息和数据库,辅之以线下"跑街"人员对线上信息死角的搜集,儒商村镇银行在贷前需要努力挖掘出前景良好且无不良记录、领导层上进的小微企业,这些企业往往具有经营理念超前等良好资质。

精准获客离不开充分运用金融科技力量。儒商村镇银行可以与当地的小额放贷公司、农商行联合起来搭建服务中小微企业和三农的金融服务综合平台,可包括生产生活、消费等多个板块,以便捷的服务吸引客户,同时完成对客户信息的汇聚,利用各类历史信息集中分析客户的特征和需求,有针对性地推出服务和产品。

对于济宁市当地中小微企业集中的主要行业,员工要有相应的了解,关注相关行业研究以及济宁市当地具体的发展状况,只有这样才能对企业个体有更立体的了解和客观准确的评价。因此,除加强业务人员风险管理培训外,儒商村镇银行还应强化员工对相关政策、产业、行业、企业趋势的分析、判断和决策能力,从而提高贷款优质率。

2.5　产品创新

产品创新可以帮助村镇银行突破只能做小微企业融资业务的局限。村镇银行迫于地域和规模限制,物理客群以小微企业为主。有两种方式可以丰富村镇银行业务品种:一是推动与龙头企业的战略合作,在获客、产品、业务模式等多方面升级;二是加强与政府机构的全面战略合作,在政府结算、税费收缴、系统服务等多方面着力,获取中间业务收入,优化收入结构。

2.6　人才问题

在不影响员工积极性并考虑成本的情况下,推动岗位价值体系的建立。用奖金、通报表扬、职务晋升等方式,建立科学、合理的人才管理机制与激励机制;设计畅通的人才晋升通道,留住人才并促进员工间的良性竞争;严格监管,在员工绩效考核及员工招聘环节保证公平。

加大人才引进力度,加强与本区周边高校的沟通,切实利用济宁市"优才计划""领军人才"等项目,完善人才引进系统及实习生培养制度。扩大人才招聘领域,加强与信息类、计算机类等相关专业的联系,必要时可以为专业人才提供比普通员工更高的待遇。

进一步重视员工培训,推进员工培训专业化。儒商村镇银行未来一段时间内员工人数将较为稳定,且由于村镇银行的客观条件,尖端人才招聘困难,因此在客观条件允许的情况下,该行应加大培训投资力度,拓展培训内容,提升培训专业度,也可以专门为优秀员工设立一些培训项目。

大力开展村镇银行文化建设,培养员工对银行的认同感和归属感,建立具有特色的企业文化。具体可以从银行经营理念、价值观等方面丰富银行的文化内涵,注重对员工的人文关怀,在不影响日常经营的情况下开展职业规划、文娱活动等,以提升员工的工作体验和工作积极性。

利用济宁银行总行的渠道,加强儒商村镇银行与总行的联系,学习总行对人才的管理模式、激励机制,以及企业文化建设,必要时也可以联合总行举办相关活动。加强两行之间的人才往来,可以利用总行的渠道进行人才引进的宣传工作,以及与相关高校、其他企业的沟通。

2.7　应对客户老龄化

应对客户老龄化的切入口有两个:一是改造升级以吸引年轻客户,二是注重对老龄化客户群体的"特殊化"服务。

针对年轻客户对金融产品的特殊需求,应在多个方面进行研发与创新,以此来满足年轻客户的金融需求。例如,近年来儒商村镇银行一直在不断更新电子银行及线上渠道产品,通过线上手机银行、微信银行以及微信、支付宝、美团、京东、度小满钱包五大快捷支付方式,使客群年龄逐渐朝年轻化转化。

针对老龄化客户,应当根据其健康状况、思想观念、收入水平等特殊因素,提供更加人性化的金融服务。在儒商村镇银行支行的网点,网点简化的服务流程和温馨的气氛有利于解决这一问题。

案例6 广州南沙金融科技

1. 发展概况

1.1 前景

未来,数字化的知识和信息将成为关键生产要素,以数字技术创新为核心驱动力的时代特征将不断显现。金融科技的发展会加速数字技术与实体经济的深度融合,提高传统产业的数字化、智能化水平,数字经济引擎功能将持续显现。

对于金融科技企业而言,赋能 B 端、服务 C 端是其主要商业模式。C 端产品依靠流量获取收益,B 端产品通过付费定制获取收益,而以 B 端为目标客户的金融科技企业因客源稳定等而逐渐脱颖而出,金融科技赋能 B 端带来的收益和未来成长性高于 C 端。金融科技企业赋能 B 端将成为未来的主流商业模式。人工智能、区块链、云计算和大数据将进一步引领金融科技纵深发展。在广州市南沙区,我们看到许多高科技企业在此落地,很多产业孵化园在这里进行科技成果转化,南沙区政府也出台了一系列吸引优秀人才的政策,未来,前沿领域的、创新突破的科学技术必然为南沙区金融科技产业发展持续提供动能。

未来,金融科技的不断发展会使传统垂直整合的银行价值链不断碎片化,金融脱媒趋势越来越明显,向开放银行转型将成为银行业应对金融科技冲击的重要策略,也将成为银行业未来发展的必经阶段。但开放银行仍然存在很多弊端,所以南沙区在发展过程中应审慎应对。

1.2 机遇

金融科技是时代发展的必然趋势。21 世纪是信息化时代和数字经济时代,金融科技将科技应用于金融行业,有利于充分利用信息优势。区块链技术的运用有效地提高了南沙区金融领域资源的优化配置。在此背景下,我国科技水平不断提高,5G技术领先全球。紧跟技术进步的步伐,推动金融科技领域更好更快发展,是南沙区面临的又一机遇。

从政府层面来看,国家重视经济结构调整,坚持供给侧结构性改革;重视金融科技行业监管问题;重视粤港澳大湾区的发展,南沙区作为粤港澳大湾区的地理几何中心,并作为"三区一中心"中的一员,发展定位较高。

南沙区在国际贸易领域具有举足轻重的作用,又有全球优品分配中心这样大型的物流仓储平台,与世界各国均有密切的商贸来往。同时,南沙区作为国家自由贸易试验区和"一带一路"沿线地区,具有其他地区鲜能比拟的区位优势与政策优势。

南沙区可以充分发挥自身优势,积极发挥自由贸易试验区的自由度,设法推动进出口货物及商品以人民币结算,逐步使人民币在物流海关等环节结算的应用常态化,与相关国家探讨机构电子支付、数字货币合作的可能性。除此之外,未来金融科技会更多地助力实体经济的发展,因此南沙区仍有很多潜在的、适合与金融科技结合的领域需要探索。

着眼于人口因素,金融科技的快速发展和专业人才供给不足导致金融科技人才缺口巨大,市场对适应金融科技行业发展的专业人才需求更加旺盛,人才培养建设将走上专业化、体系化的道路。南沙区近年来采取各种措施持续引进人才,但人口适合度指数仍处于较低水平,今后几年吸引人才仍有较大的空间和潜力。

1.3 挑战

金融科技是智能经济的组成部分,发展智能经济的要点在于底层的技术支撑,"描述、诊断、预测、决策"的服务机理,各方高效协同、精准匹配的经济形态,下面将结合这些要点对南沙区金融科技发展可能面临的挑战进行分析。

第一,技术环节。金融科技发展的底层逻辑与重要基础是技术的可行性和有效性。相应地,技术发展不足会制约金融科技的未来进程,给金融科技的发展带来不小的挑战。

第二,信息安全。从平台经济的发展态势来看,网络的虚拟性、地域性目前已然带来众多权益保护问题,明显加大了管理的难度。对全世界所有网络安全的行业排序显示,金融科技、金融企业遭受黑客攻击及其网络安全问题列在所有行业之首。

第三,执行应用环节。在技术可行的前提下,金融科技进入实际应用阶段,我们姑且将这一阶段称为科技在金融领域的执行应用环节。当技术已达到较高水平，满足了金融应用中的技术要求时，如何才能与各金融机构的具体业务进行紧密结合，真正实现效率的可观提升？这一问题同样给金融科技带来了巨大的挑战。

第四，金融与科技结合的紧密程度。南沙区汇聚了许多高科技企业，其中许多企业研发的技术已经达到世界水准。然而，科技企业和金融机构并未全面深挖该金融科技项目在技术层面的提升空间和提升金融与科技紧密结合度的最优方案，并未实现为一类业务打造专属的技术结构方案，缺少对金融科技项目的前瞻性打造，科技手段与业务目标存在更大的相互促进、相互融合的发展空间。

第五，数据获取。金融科技的发展需要以大量、多维度的数据为基础，电商、社交、电信、税收、征信、公务数据都是十分重要的数据信息，金融机构需要探究什么数据能最好地描述金融活动中个人、企业的行为，而数据管理和综合的要点又是什么，数据获取和保密的法律规则在哪里……这些问题都有待一一破解。

第六，中小企业业务限制。在金融科技业务的实操过程中，中小企业面临的融资难问题虽然相比之前有所改善，但仍然存在许多问题。金融科技实现更大规模需要寻找更大的突破口，需要进行更多的研究和分析。

第七，未来蓄力。根据"中国金融中心指数"，广州市的政策综合支持、金融生态环境、开放发展水平三个维度在全国31个金融中心中具有较大的优势，但金融市场规模、机构实力、风险管理水平、人才集聚能力等方面相比上海、北京、深圳较为弱势，与发达国家的金融中心相比仍有诸多不足之处。

从长远来看，金融科技存在许多潜在的具有深远影响的问题，这些问题的解决需要长时间的探索与努力。

2. 关于南沙区金融科技未来发展的建议

基于对南沙区发展状况的了解，我们针对南沙区不同的经济活动主体和发展方向，从以下方面提出一些建议：

2.1 基础设施建设方面

基础设施作为一个区域发展的物质基础，重要性不言而喻。基础设施的完善有利于吸引人才，推动当地其他产业的发展。南沙区作为一块新兴起的土地，具有蓬勃的生命力。但是由于发展历史尚短，在基础设施建设方面还有较大的短板。因此，南沙区需要着重推进相关方面设施的建立和改造。

金融科技产业作为新兴产业，对基础设施建设的要求更高。无论是收集处理信息还是安全保障,都需要较为完善的设施护航。因此,南沙区需要加强金融科技方面的基础设施建设,通过建立大数据中心等方式,加强对信息的处理。同时,也应完善相关政策,规避金融行业风险。政府部门既可以推动大数据和人工智能技术的发展来侧面推动金融科技的发展,也可以整合资源,由政府主导建立一个高效、有序的信息平台。可以利用政府的权威性来保证平台信息的可信度,并且这样的信息平台对金融科技行业的监管也大有好处。

而金融科技行业的发展也需要支付交易方式的推进。金融科技行业离不开信息,也离不开支付交易渠道。支付交易平台同样是基础设施的一部分。政府具有极高的公信力,新兴的金融科技产业可以借助政府的权威,构建越发成熟、可靠、安全的支付交易平台;也可以为金融科技行业的不同具体部门量身定制支付交易平台,降低相关风险,再充分发挥政府辅助、引导、监管和维护的作用,与广大从业人员、企业一同营造有利于金融科技产业持续健康发展的产业生态。

2.2 监管方面

一个产业的诞生和发展,必然离不开政府合理的扶持、引导和监管。南沙区应当营造良好的营商环境,推动金融科技产业的良性发展。为了营造良好的营商环境,区政府应当在上级政府的指导下,不断建立和完善适合南沙区金融科技产业发展现状的法规和政策,对产业进行鼓励、支持和引导,规范金融科技产业的发展。同时,鉴于南沙区重要的战略地位,区政府也可以积极与上级政府联动,申请建立示范区或特批试验区,积极积累经验,助力南沙区更好地发展,也为金融科技在大范围内的进一步发展做好准备。

此外,由于产业发展具有多元性,南沙区政府也可以要求不同部门加强协同,实现对融合产业的监管,比如通过设立专门小组等方式,提升执法效率,从而降低监管成本,促进产业朝着多元和谐的良性方向发展。为了解决政府机构对新兴产业执法经验存在不足的问题,区政府可以引进业界的相关人士作为顾问,辅助政府工作人员进行执法。

南沙区还应当利用域内先进的高科技技术进行智能监管、智能执法。利用信息优势减少违法行为,更加准确而高效地进行监管。此外,南沙区站在巨人的肩膀上,有更多的相关经验可供借鉴。无论是北京、上海等国内金融发达城市,还是境外的金融科技产业经验,都能为南沙区提供很好的范式。南沙区应当兼顾一般性和特殊性,汲取精华经验,少走弯路,推动区内金融科技产业实现更加持久稳定的发展。

2.3 人才方面

人才是一个区域发展和创新的基石。任何一个新发展起来的城市都需要人才的支持。从近年来新一线城市层出不穷的人才招揽政策,到上海等老牌一线城市推出的人才新政,我们都可以看出人才对一个城市产业发展的重要性。南沙区要想发展金融科技产业,就必然要招贤纳士,以人才驱动产业发展。

在金融人才的招揽方面,南沙区乃至广州市并不占优势。在金融人才纷纷流向北、上、深等城市的现实面前,如何招揽金融人才是一个尤为重要的问题。由于南沙区具有得天独厚的区位优势,在发展上具有很大的潜力,因此现阶段南沙区要更多地让人才知道南沙区,来到南沙区,留在南沙区,这样才能将南沙区的潜力全部激发出来。在渠道上,应多管齐下、多线并行:扩大高等院校宣讲的范围,作为实践基地与更多的高等院校展开合作,深化与高等院校、科研院所之间的合作关系。吸引人才既要靠提升待遇和福利,为其提供良好的工作环境,又要靠自身产业发展的优势留住他们,以企业与高等院校、科研院所之间的合作使南沙区变成高学历和高素质研究人才的聚集地。

在吸纳人才的同时,南沙区也不能忘记培养自己的本土人才。南沙区乃至广州域内有较多的高等院校,后备人才资源丰富。这些高等院校和科研院所都是南沙区强有力的人才保障。南沙区应当充分调动知名院校、科研院所与高科技企业的资源,进一步推动"产、学、研"一体化建设。用产业发展促进和完善人才从学生到创业者再到企业家的培育体系,培养具有扎实学科素养、杰出研究能力、丰富实践经验的复合型领军人才,让人才率先进入金融科技等新兴领域,助力南沙区金融科技发展。

最后,吸引来人才后,更要善待人才。这需要南沙区形成完善的城市生态系统,给予人才良好的待遇和舒适的生活环境。出于历史发展等方面的原因,南沙区之前并不是广州市发展的重点区域,因此基础设施稍有落后。而今南沙区地位迅速提升,成为广州城市副中心以及粤港澳大湾区地理几何中心,这造成了城市生态建设和城市实际地位的不平衡。因此,南沙区在为人才提供奖金津贴、完善户口办理的基础上,更应该加强相关基础设施建设,减轻到南沙区学习和工作的人才的住房压力,充分保障他们的住房质量,并在教育、医疗、商业等多方面加大投入,以适应日益增长的人才需求,为人才生活的方方面面提供更好的环境,保障其住房、医疗、子女教育等多方面的权益。

2.4 科技方面

南沙区具备独特的科技优势,域内拥有众多的高科技企业,能够有效地收集、处理数据;但是仍存在金融产业与科技产业结合不紧密、底层理论的产业化应用速度慢等问题。因此,南沙区应当聚焦技术突破,精耕细作促进基层技术的突破,占据基础科学发展高地,充分调动香港科技大学霍英东研究院与香港科技大学广州分校等科研组织的积极性,并与云从科技、科大讯飞等高新技术企业展开合作,以项目制的方式对科研团队进行鼓励与支持,牵头科研组织与技术企业之间的信息共享和技术合作,并成立专门的工作小组跟进科技领域的发展与突破。同时,应将既有科技运用到金融领域,用丰富的信息资源助力金融行业的发展,由南沙区政府牵头,实现科研组织、技术企业同金融机构的长线合作,充分发挥国有企业在企业信用与资金供应上的优势,支撑科研组织与技术企业的存续和发展,也敦促科研组织与技术企业为金融机构量身定制产品和服务,从而形成完整的生态闭环,助力金融科技的发展。

2.5 产业方面

当前,南沙区正在搭建全国领先的全球溯源体系,这有利于其整合产业链上下游,助力全行业中小企业发展,发挥南沙区传统的贸易优势。南沙区可以利用对中小企业的信息优势搭建供应链金融服务平台,整合信息资源,对接消费端以及相应的金融机构和企业,使上下游企业能够做到信息互联互通,帮助企业做大做强,稳固传统行业的营商环境;同时,应加强对金融防控和征信信息的收集,为平台不断容纳新企业进入提供保障。

在金融服务平台建设的过程中,南沙区要利用好信息优势,扩大平台服务的主体,吸纳、整合中小企业的经营资源,将原本流动的资产整合为相对稳定的固定资产,并利用平台担保提供征信服务,这样就能将中小企业的资源在较大程度上进行整合,提升社会资源的利用效率,同时为中小企业提供担保,降低其经营风险,从而提升区域内行业发展的效率、增强其稳定性。